河南省知识产权发展报告

HENAN SHENG ZHISHICHANQUAN FAZHAN BAOGAO

(2016—2017)

王 肃 主编

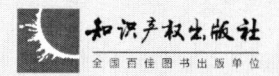

图书在版编目（CIP）数据

河南省知识产权发展报告.2016-2017/王肃主编.—北京：知识产权出版社，2018.11
ISBN 978-7-5130-5913-8

Ⅰ.①河… Ⅱ.①王… Ⅲ.①知识产权保护—研究报告—河南—2016-2017 Ⅳ.①D927.610.34

中国版本图书馆 CIP 数据核字（2018）第 236573 号

内容提要

本书对 2016—2017 年河南省知识产权创造、知识产权运用、知识产权管理、知识产权保护、知识产权服务，以及人才培养、文化宣传、合作交流、国际化等方面的发展总体状况进行总结阐述，涵盖专利、商标、版权、地理标志、植物新品种、商业秘密、集成电路布图设计、其他知识产权等领域。同时，与主要发达省份、中部其余五省相比较，对各直管市、直管县进行比较分析。紧紧围绕河南实际，解决河南问题，体现了较强的问题导向、本土意识，既有对近两年来成绩的肯定，也有对制约河南知识产权发展瓶颈问题的探讨，并出具有前瞻性的意见和建议。

责任编辑：田 姝 崔 玲　　　　　　责任印制：孙婷婷

河南省知识产权发展报告（2016—2017）
王 肃 主编

出版发行：知识产权出版社有限责任公司	网　址：http://www.ipph.cn
电　话：010-82004826	http://www.laichushu.com
社　址：北京市海淀区气象路 50 号院	邮　编：100081
责编电话：010-82000860 转 8598	责编邮箱：tianshu@cnipr.com
发行电话：010-82000860 转 8101	发行传真：010-82000893
印　刷：北京中献拓方科技发展有限公司	经　销：各大网上书店、新华书店及相关专业书店
开　本：720mm×1000mm　1/16	印　张：21.25
版　次：2018 年 11 月第 1 版	印　次：2018 年 11 月第 1 次印刷
字　数：400 千字	定　价：68.00 元
ISBN 978-7-5130-5913-8	

出版权专有　侵权必究
如有印装质量问题，本社负责调换。

顾问委员会

主　任　刘怀章　吴汉东
委　员　韩　平　吴灯展　闻相俊　梁华义　涂先明
　　　　杨宝军　冯红建　王　锋　姜振颖　尹西明
　　　　王鹏祥　崔秀花

编写委员会

主　编　王　肃
编　委　(按姓氏拼音排序)
　　　　柴国生　高金娣　郭　谦　胡翠平　金多才
　　　　李尊然　王晓辉　吴殿朝　杨红军　杨树林
　　　　查国防　张继文　张晓燕
助　理　张　帅　袁　磊

PREFACE 序

刘怀章[1]

2008年12月,《河南省知识产权战略纲要》颁布实施,知识产权工作上升到河南省战略层面,河南省知识产权事业发展迅速,取得了令人瞩目的成就,知识产权制度展现出前所未有的生命力、创造力、影响力。2016年河南省获批国家知识产权局"支撑型知识产权强省试点省",河南省人民政府随后印发《河南省建设支撑型知识产权强省试点省实施方案》,同年底,河南省知识产权局印发《河南省知识产权事业发展"十三五"规划》。2017年5月,河南省政府印发《关于新形势下加快知识产权强省建设的若干意见》,知识产权工作的顶层设计和战略部署日益完善。

当前,河南省正在建设"国家粮食生产核心区""中原经济区""郑州航空港经济综合实验区""郑洛新国家自主创新示范区""中国河南自由贸易试验区""'一带一路'节点区域"和"郑洛新'中国制造2025'试点示范城市群",知识产权面临着难得的发展机遇。有关部门和地方政府认真落实省委省政府工作部署,积极推动"双创"建设,知识产权强省建设向纵深持续推进,专利、商标申请和授权数量/质量逐年上升,知识产权运用水平不断提高,知识产权管理和服务能力不断提升,知识产权保护的社会满意度不断刷新。但是,国家知识产权局发布的《2016年中国知识产权发展状况评价报告》《2017年中国知识产权发展状况评价报告》显示,河南省在知识产权的某些环节、某些领域、某些区域的发展仍然呈现"非均衡、非充分"状态。

---

[1] 刘怀章(1964—),男,汉族,河南夏邑人,硕士学位,高级工程师,现任河南省知识产权局局长,河南省科学技术厅党组成员。

为展示河南省知识产权发展全貌，反映知识产权支撑和引领区域经济社会发展的作用和成就，把握知识产权发展脉络和趋势，研究知识产权发展中的问题与对策，准确了解各直管市、直管县的知识产权状况，以便进行因地制宜分类施策，服务河南省知识产权强省建设，河南省知识产权局委托河南省知识产权研究会、中原工学院知识产权学院研究编写了《河南省知识产权发展报告（2016—2017）》。编写中，几经沟通，深知他们用心用力，但百密一疏，难免瑕疵，坚信他们能以本书为起点，不断修正完善，继续推出更好的新续篇。

《河南省知识产权发展报告（2016—2017）》分为三大部分。第一部分主要对近两年河南省知识产权创造、知识产权运用、知识产权管理、知识产权保护、知识产权服务，以及人才培养、文化宣传、合作交流、国际化等方面发展总体状况进行总结阐述，涵盖专利、商标、版权、地理标志、植物新品种、商业秘密、集成电路布图设计、其他知识产权等领域。同时，与主要发达省份、中部其余五省相比较，对各直管市、直管县进行比较分析。第二部分是对河南省知识产权进行专题研究，按照国家战略性热点、河南省特色产业、河南省重点区域等维度进行研究，包括知识产权与自主创新示范区、知识产权与自由贸易区、知识产权与"一带一路"、知识产权与"大众创业、万众创新"、知识产权与品牌建设、知识产权与战略性新兴产业、知识产权与农业产业、知识产权与非物质文化遗产、知识产权与互联网等专题。第三部分是附录，主要内容有近两年河南省知识产权政策与法规、河南省知识产权大事记、河南省知识产权十大典型案例、河南省知识产权人才培养高校名单等。各部分分别从基本理论梳理、发展状况、存在问题、对策建议等角度进行探讨，比较全面、真实地反映了河南省知识产权发展的全貌，不回避问题，不夸大成绩，问题分析中肯公允，政策建议针对性强，符合河南省实际。专题研究部分紧紧围绕河南省实际，解决河南省问题，体现了较强的问题导向、本土意识，既有对近两年来成绩的肯定，也有对制约河南省知识产权发展瓶颈问题的探讨，并提出具有前瞻性的意见和建议；从知识产权发展的世界趋势、国家政策导向展开论证，兼具世界眼光和区域定位，指出当前河南省知识产权发展面临的战略机遇，也不讳言河南省在全国知识产权发展的落后态势；既有理论的梳理，更有实践问题的结合，表现为理论性与实践性统一，务实求真而视野开阔，通俗易懂且启人心智。

诚如习近平总书记所言，创新是一个民族进步的灵魂，是一个国家兴旺发达的不竭动力，也是中华民族最深沉的民族禀赋。在激烈的国际竞争中，惟创新者进，惟创新者强，惟创新者胜。党的十九大强调，倡导创新文化，强化知识产权创造、保护、运用。《河南省知识产权发展报告》作为河南省创新历史上的一件大事，将不断发现、提出河南省新经验、新问题、新建议，持续推动河南省知识产权事业又快又好地发展，为实现中原更加出彩奋斗目标提供不竭的智力支撑。

CONTENTS 目 录

第一部分 河南省知识产权发展状况（2016—2017）

第一章 知识产权创造／3

第二章 知识产权运用／23

第三章 知识产权管理／36

第四章 知识产权保护／41

第五章 知识产权服务／47

第六章 知识产权人才培养／50

第七章 知识产权文化宣传／54

第八章 知识产权合作与交流／57

第二部分 河南省知识产权专题研究（2016—2017）

第一章 知识产权与自主创新示范区／63

第二章 知识产权与自由贸易试验区／104

第三章 知识产权与"一带一路"／119

第四章 知识产权与"大众创业、万众创新"／135

第五章 知识产权与品牌建设／176

第六章 知识产权与战略性新兴产业／201

第七章 知识产权与农业产业／223

第八章 知识产权与非物质文化遗产／240

第九章 知识产权与互联网／264

第三部分 附录

附录一 2016—2017年河南省知识产权政策与法规／281

附录二 2016—2017年河南省知识产权大事记／285

附录三 2016—2017年河南省知识产权十大典型案例／312

附录四 河南省知识产权人才培养高校名单／324

第一部分

河南省知识产权发展状况
（2016—2017）

第一章

知识产权创造

一、专利的数量和质量同步提升

(一) 专利申请情况

1. 2016 年专利申请情况

河南省 2016 年专利申请总量为 94669 件，比 2015 年增长 27.3%。其中，发明专利申请量为 28582 件，比 2015 年增长 33.9%，占全省专利申请总量的 30.2%；实用新型专利申请量为 51358 件，比 2015 年增长 25.9%，占全省专利申请总量的 54.3%；外观设计专利申请量为 14729 件，比 2015 年增长 20.2%，占全省专利申请总量的 15.6%。职务专利申请量为 66810 件，比 2015 年增长 28.5%，占全省专利申请总量的 70.6%；非职务专利申请量为 27859 件，比 2015 年增长 24.4%，占全省专利申请总量的 29.4%。

按地区分类，2016 年，郑州市申请专利 37411 件，比 2015 年增长 43.7%；许昌市申请专利 11955 件，比 2015 年增长 47.6%；洛阳市申请专利 8872 件，比 2015 年下降 3.7%；新乡市申请专利 7466 件，比 2015 年下降 4.1%；南阳市申请专利 5255 件，比 2015 年增长 11.5%；焦作市申请专利 3751 件，比 2015 年增长 22.5%；平顶山市申请专利 2720 件，比 2015 年增长 11.3%；安阳市申请专利 2570 件，比 2015 年增长 38.8%；商丘市申请专利 2244 件，比 2015 年增长 65.0%；驻马店市申请专利 1917 件，比 2015 年增长 31.8%；信阳市申请专利 1827 件，比 2015 年增长 46.2%；长垣县申请专利 1776 件，比 2015 年下降 51.0%；开封市申请专利 1734 件，比 2015 年增长 25.1%；濮阳市申请专利 1713 件，比 2015 年增长 13.3%；周口市申请专利 1667 件，比 2015 年增长 36.1%；漯河市申请专利 1457 件，比 2015 年增长

25.5%；三门峡市申请专利747件，比2015年增长3.9%；济源市申请专利732件，比2015年增长50.0%；巩义市申请专利697件，比2015年增长11.5%；鹤壁市申请专利631件，比2015年增长3.3%；邓州市申请专利577件，比2015年增长98.3%；永城市申请专利439件，比2015年增长77.7%；汝州市申请专利299件，比2015年下降13.1%；固始县申请专利285件，比2015年增长61.9%；滑县申请专利255件，比2015年增长73.5%；新蔡县申请专利197件，比2015年增长97.0%；兰考县申请专利151件，比2015年增长26.9%；鹿邑县申请专利138件，比2015年增长13.1%（见表1-1）。

表1-1　2016年河南省专利申请情况汇总表

排名	地区	申请总量/件	同比增长/%	发明申请量/件	占比/%	同比增长/%	实用新型/件	外观设计/件
1	郑州市	37411	43.7	12304	32.9	45.6	19627	5480
2	许昌市	11955	47.6	3625	30.3	88.3	5588	2742
3	洛阳市	8872	-3.7	3631	40.9	-11.7	4484	757
4	新乡市	7466	-4.1	2324	31.1	61.5	4527	615
5	南阳市	5255	11.5	1072	20.4	4.9	3442	741
6	焦作市	3751	22.5	1029	27.4	9.4	2364	358
7	平顶山市	2720	11.3	894	32.9	29.8	1424	402
8	安阳市	2570	38.8	784	30.5	46.0	1555	231
9	商丘市	2244	65.0	334	14.9	32.5	1342	568
10	驻马店市	1917	31.8	305	15.9	21.5	1153	459
11	信阳市	1827	46.2	350	19.2	78.6	852	625
12	长垣县	1776	-51.0	308	17.3	20.3	1317	151
13	开封市	1734	25.1	428	24.7	21.2	951	355
14	濮阳市	1713	13.3	329	19.2	6.5	1105	279
15	周口市	1667	36.1	385	23.1	59.1	778	504
16	漯河市	1457	25.5	237	16.3	6.8	846	374
17	三门峡市	747	3.9	218	29.2	31.3	443	86
18	济源市	732	50.0	186	25.4	56.3	435	111
19	巩义市	697	11.5	89	12.8	30.9	463	145
20	鹤壁市	631	3.3	147	23.3	30.1	442	42

续表

排名	地区	申请总量/件	同比增长/%	发明申请量/件	占比/%	同比增长/%	实用新型/件	外观设计/件
21	邓州市	577	98.3	23	4.0	-34.3	454	100
22	永城市	439	77.7	36	8.2	9.1	325	78
23	汝州市	299	-13.1	62	20.7	31.9	130	107
24	固始县	285	61.9	5	1.8	-37.5	53	227
25	滑县	255	73.5	80	31.4	207.7	134	41
26	新蔡县	197	97.0	11	5.6	-26.7	115	71
27	兰考县	151	26.9	21	13.9	-19.2	61	69
28	鹿邑县	138	13.1	39	28.3	129.4	40	59

按申请人类型分类，2016年，企业申请专利48822件，比2015年增长25%，占全省专利申请总量的51.57%；大专院校申请专利14438件，比2015年增长44.7%，占全省专利申请总量的15.25%；科研单位申请专利1668件，比2015年增长17.6%，占全省专利申请总量的1.80%；机关团体申请专利1882件，比2015年增长23.1%，占全省专利申请总量的1.99%；个人申请专利27859件，比2015年增长24.4%，占全省专利申请总量的29.39%（见图1-1）。

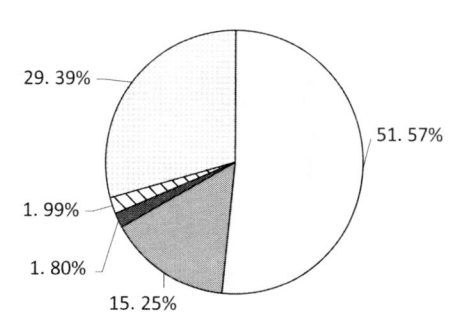

图1-1 2016年河南省专利申请类型情况图

2. 2017年专利申请情况

河南省2017年专利申请总量为119243件，比2016年增长26%。其中，发明专利申请量为35625件，比2016年增长24.6%，占全省专利申请总量的

29.9%；实用新型专利申请量为66805件，比2016年增长30.1%，占全省专利申请总量的56%；外观设计专利申请量为16812件，比2016年增长14.1%，占全省专利申请总量的14.1%；职务专利申请量为86151件，比2016年增长28.9%，占全省专利申请总量的72.2%；非职务专利申请量为33092件，比2016年增长18.8%，占全省专利申请总量的27.8%。

按地区分类，2017年，郑州市申请专利50544件，比2016年增长35.1%；许昌市申请专利13477件，比2016年增长12.7%；洛阳市申请专利10724件，比2016年增长20.9%；新乡市申请专利8995件，比2016年增长20.5%；南阳市申请专利6129件，比2016年增长16.6%；焦作市申请专利4610件，比2016年增长22.9%；平顶山市申请专利3350件，比2016年增长23.2%；商丘市申请专利3022件，比2016年增长34.7%；安阳市申请专利2881件，比2016年增长12.1%；长垣县申请专利2557件，比2016年增长44.0%；驻马店市申请专利2453件，比2016年增长28.0%；信阳市申请专利2241件，比2016年增长22.7%；周口市申请专利2201件，比2016年增长32.0%；开封市申请专利1980件，比2016年增长14.2%；漯河市申请专利1854件，比2016年增长27.2%；濮阳市申请专利1769件，比2016年增长3.3%；济源市申请专利1089件，比2016年增长48.8%；鹤壁市申请专利1028件，比2016年增长62.9%；三门峡市申请专利896件，比2016年增长19.9%；巩义市申请专利669件，比2016年下降4.0%；汝州市申请专利567件，比2016年增长89.6%；邓州市申请专利540件，比2016年下降6.4%；永城市申请专利414件，比2016年下降5.7%；滑县申请专利270件，比2016年增长5.9%；固始县申请专利235件，比2016年下降17.5%；鹿邑县申请专利197件，比2016年增长42.8%；兰考县申请专利181件，比2016年增长19.9%；新蔡县申请专利159件，比2016年下降19.3%（见表1-2）。

表1-2 2017年河南省专利申请情况汇总表

排名	地区	申请总量/件	同比增长/%	发明申请量/件	占比/%	同比增长/%	实用新型/件	外观设计/件
1	郑州市	50544	35.1	18543	36.7	50.7	25675	6326
2	许昌市	13477	12.7	4208	31.2	16.1	6808	2461
3	洛阳市	10724	20.9	3609	33.7	-0.6	6276	839
4	新乡市	8995	20.5	2406	26.7	3.5	6020	569

续表

排名	地区	申请总量/件	同比增长/%	发明 申请量/件	发明 占比/%	发明 同比增长/%	实用新型/件	外观设计/件
5	南阳市	6129	16.6	1212	19.8	13.1	3784	1133
6	焦作市	4610	22.9	1168	25.3	13.5	3120	322
7	平顶山市	3350	23.2	988	29.5	10.5	1824	538
8	商丘市	3022	34.7	396	13.1	18.6	1953	673
9	安阳市	2881	12.1	617	21.4	-21.3	1794	470
10	长垣县	2557	44.0	378	14.8	22.7	2080	99
11	驻马店市	2453	28.0	260	10.6	-14.8	1607	586
12	信阳市	2241	22.7	346	15.4	-1.1	1226	669
13	周口市	2201	32.0	299	13.6	-22.3	1269	633
14	开封市	1980	14.2	432	21.8	0.9	1236	312
15	漯河市	1854	27.2	232	12.5	-2.1	1026	596
16	濮阳市	1769	3.3	327	18.5	-0.6	1199	243
17	济源市	1089	48.8	234	21.5	25.8	582	273
18	鹤壁市	1028	62.9	170	16.5	15.6	793	65
19	三门峡市	896	19.9	179	20.0	-17.9	613	104
20	巩义市	669	-4.0	163	24.3	83.1	428	78
21	汝州市	567	89.6	90	15.9	45.2	235	242
22	邓州市	540	-6.4	52	10.0	126.1	380	108
23	永城市	414	-5.7	36	8.7	0.0	285	93
24	滑县	270	5.9	32	11.9	-60.0	181	57
25	固始县	235	-17.5	13	5.5	160.0	60	162
26	鹿邑县	197	42.8	13	6.6	-66.7	74	110
27	兰考县	181	19.9	22	12.2	4.8	96	63
28	新蔡县	159	-19.3	19	11.9	72.7	75	65

按申请人类型分类，2017年，企业申请专利65182件，比2016年增长33.5%，占全省专利申请总量的54.66%；大专院校申请专利16528件，比2016年增长14.5%，占全省专利申请总量的13.86%；科研单位申请专利1731件，比2016年增长3.8%，占全省专利申请总量的1.45%；机关团体申

请专利 2710 件，比 2016 年增长 44.0%，占全省专利申请总量的 2.27%；个人申请专利 33092 件，比 2016 年增长 18.8%，占全省专利申请总量的 27.76%（见图 1-2）。

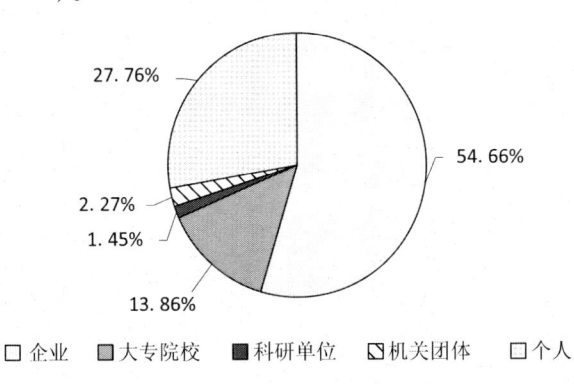

图 1-2　2017 年河南省专利申请类型情况图

（二）专利授权情况

1. 2016 年专利授权情况

河南省 2016 年共授权专利 49145 件，比 2015 年增长 2.9%。其中，发明专利 6811 件，比 2015 年增长 26.5%，占全省专利授权总量的 13.9%；实用新型专利 32197 件，比 2015 年下降 1.28%，占全省专利授权总量的 65.51%；外观设计专利 10137 件，比 2015 年增长 3.5%，占全省专利授权总量的 20.63%。职务专利授权量为 35776 件，比 2015 年增长 1.1%，占全省专利申请总量的 72.8%；非职务专利授权量为 13369 件，比 2015 年增长 7.9%，占全省专利授权总量的 27.2%。

按地区分类，2016 年，郑州市授权专利 17884 件，比 2015 年增长 10.9%；洛阳市授权专利 5298 件，比 2015 年下降 6.1%；许昌市授权专利 4410 件，比 2015 年增长 25.0%；新乡市授权专利 3996 件，比 2015 年下降 29.7%；南阳市授权专利 3531 件，比 2015 年增长 9.3%；焦作市授权专利 2253 件，比 2015 年增长 12.0%；平顶山市授权专利 1876 件，比 2015 年下降 20.8%；安阳市授权专利 1291 件，比 2015 年增长 16.4%；驻马店市授权专利 1162 件，比 2015 年增长 10.4%；开封市授权专利 1157 件，比 2015 年增长 17.8%；商丘市授权专利 1133 件，比 2015 年增长 16.0%；信阳市授权专利 1109 件，比 2015 年增长 32.5%；濮阳市授权专利 1027 件，比 2015 年下降

8.8%；长垣县授权专利987件，比2015年下降64.8%；漯河市授权专利879件，比2015年下降0.5%；周口市授权专利842件，比2015年增长0.6%；巩义市授权专利513件，比2015年增长10.8%；济源市授权专利463件，比2015年增长10.2%；三门峡市授权专利439件，比2015年下降8.9%；鹤壁市授权专利395件，比2015年下降14.9%；邓州市授权专利328件，比2015年增长78.3%；汝州市授权专利324件，比2015年下降53.0%；永城市授权专利275件，比2015年增长32.2%；固始县授权专利200件，比2015年增长72.4%；新蔡县授权专利146件，比2015年增长175.5%；滑县授权专利115件，比2015年增长15.0%；兰考县授权专利112件，比2015年增长43.6%；鹿邑县授权专利86件，比2015年增长56.4%（见表1-3）。

表1-3 2016年河南省专利授权情况汇总表

排名	地区	授权总量/件	同比增长/%	发明授权量/件	占比/%	同比增长/%	实用新型/件	外观设计/件
1	郑州市	17884	10.9	2388	13.4	27.8	11519	3977
2	洛阳市	5298	-6.1	1671	31.5	20.1	3114	513
3	许昌市	4410	25.0	265	6.0	72.1	2631	1514
4	新乡市	3996	-29.7	471	11.8	4.2	3106	419
5	南阳市	3531	9.3	372	10.5	48.8	2590	569
6	焦作市	2253	12.0	374	16.6	9.0	1647	232
7	平顶山市	1876	-20.8	264	14.1	50.0	1207	405
8	安阳市	1291	16.4	197	15.3	43.8	964	130
9	驻马店市	1162	10.4	61	5.2	24.5	698	403
10	开封市	1157	17.8	157	13.6	33.1	727	273
11	商丘市	1133	16.0	60	5.3	-26.8	731	342
12	信阳市	1109	32.5	77	6.9	35.1	583	449
13	濮阳市	1027	-8.8	122	11.9	50.6	728	177
14	长垣县	987	-64.8	52	5.3	79.3	871	64
15	漯河市	879	-0.5	77	8.8	51.0	558	244
16	周口市	842	0.6	97	11.5	120.5	431	314
17	巩义市	513	10.8	51	9.9	142.9	281	181
18	济源市	463	10.2	55	11.9	96.4	295	113

续表

排名	地区	授权总量/件	同比增长/%	发明 授权量/件	发明 占比/%	发明 同比增长/%	实用新型/件	外观设计/件
19	三门峡市	439	-8.9	51	11.6	-10.5	352	36
20	鹤壁市	395	-14.9	52	13.2	18.2	316	27
21	邓州市	328	78.3	13	4.0	160.0	236	79
22	汝州市	324	-53.0	51	15.7	24.4	119	154
23	永城市	275	32.2	10	3.6	-44.4	218	47
24	固始县	200	72.4	2	10.0	-33.3	51	147
25	新蔡县	146	175.5	3	2.1	-40.0	86	57
26	滑县	115	15.0	9	7.8	-18.2	84	22
27	兰考县	112	43.6	3	2.7	0.0	44	65
28	鹿邑县	86	56.4	0	0.0	0.0	28	58

按申请人类型分类，2016年，企业授权专利26312件，比2015年下降5.4%，占全省授权专利总量的53.54%；大专院校授权专利8105件，比2015年增长32.1%，占全省授权专利总量的16.49%；科研单位授权专利529件，比2015年下降7.4%，占全省授权专利总量的1.08%；机关团体授权专利830件，比2015年下降3.4%，占全省授权专利总量的1.69%；个人授权专利13369件，比2015年增长7.9%，占全省授权专利总量的27.20%（见图1-3）。

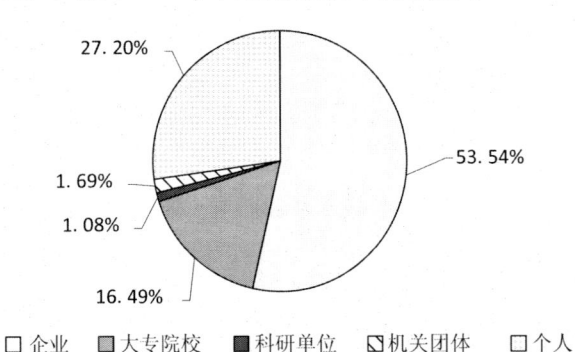

图1-3　2016年河南省专利授权类型情况图

2. 2017年专利授权情况

河南省2017年共授权专利55407件，比2016年增长12.7%。其中，发明专利7419件,比2016年增长16.2%,约占全省专利授权总量的14.30%;实用新型专利35822件,比2016年增长11.3%,约占全省专利授权总量的64.65%;外观设计专利11671件,比2016年增长15.1%,约占全省专利授权总量的21.60%。职务专利授权量为39842件,比2016年增长11.4%,占全省专利申请总量的71.9%;非职务专利授权量为15565件,比2016年增长16.4%,占全省专利授权总量的28.1%。

按地区分类,2017年,郑州市授权专利21249件,比2016年增长18.9%;洛阳市授权专利5692件,比2016年增长7.4%;许昌市授权专利4595件,比2016年增长4.2%;新乡市授权专利4265件,比2016年增长6.7%;南阳市授权专利3111件,比2016年下降11.9%;焦作市授权专利2642件,比2016年增长17.3%;平顶山市授权专利1719件,比2016年下降8.4%;商丘市授权专利1708件,比2016年增长50.8%;安阳市授权专利1516件,比2016年增长17.4%;驻马店市授权专利1373件,比2016年增长18.2%;信阳市授权专利1325件,比2016年增长19.5%;漯河市授权专利1270件,比2016年增长44.5%;周口市授权专利1244件,比2016年增长47.7%;长垣县授权专利1204件,比2016年增长22.0%;濮阳市授权专利1124件,比2016年增长9.4%;开封市授权专利1115件,比2016年下降3.6%;巩义市授权专利540件,比2016年增长5.3%;鹤壁市授权专利526件,比2016年增长33.2%;三门峡市授权专利481件,比2016年增长9.6%;济源市授权专利452件,比2016年下降2.4%;永城市授权专利306件,比2016年增长11.3%;邓州市授权专利269件,比2016年下降18.0%;汝州市授权专利247件,比2016年下降23.8%;固始县授权专利173件,比2016年下降13.5%;滑县授权专利159件,比2016年增长38.3%;新蔡县授权专利118件,比2016年下降19.2%;兰考县授权专利104件,比2016年下降7.1%;鹿邑县授权专利82件,比2016年下降4.7%(见表1-4)。

表1-4　2017年河南省专利授权情况汇总表

排名	地区	授权总量/件	同比增长/%	发明授权量/件	占比/%	同比增长/%	实用新型/件	外观设计/件
1	郑州市	21249	18.9	2954	13.9	23.7	13696	4599
2	洛阳市	5692	7.4	1598	28.1	-4.4	3449	645
3	许昌市	4595	4.2	377	8.2	42.3	2784	1434

河南省知识产权发展报告（2016—2017）

续表

排名	地区	授权总量/件	同比增长/%	发明 授权量/件	发明 占比/%	发明 同比增长/%	实用新型/件	外观设计/件
4	新乡市	4265	6.7	642	15.1	36.3	3122	501
5	南阳市	3111	-11.9	415	13.3	11.6	1990	706
6	焦作市	2642	17.3	451	17.1	20.6	1960	231
7	平顶山市	1719	-8.4	359	20.9	36.0	1085	275
8	商丘市	1708	50.8	80	4.7	33.3	1093	535
9	安阳市	1516	17.4	181	11.9	-8.1	1029	306
10	驻马店市	1373	18.2	76	5.5	24.6	919	378
11	信阳市	1325	19.5	112	8.5	45.5	710	503
12	漯河市	1270	44.5	91	7.2	18.2	765	414
13	周口市	1244	47.7	83	6.7	-14.4	694	467
14	长垣县	1204	22.0	129	10.7	148.1	930	145
15	濮阳市	1124	9.4	138	12.3	13.1	783	203
16	开封市	1115	-3.6	163	14.6	3.8	701	251
17	巩义市	540	5.3	57	10.6	11.8	353	130
18	鹤壁市	526	33.2	65	12.4	25.0	413	48
19	三门峡市	481	9.6	72	15.0	41.2	336	73
20	济源市	452	-2.4	57	12.6	3.6	293	102
21	永城市	306	11.3	14	4.6	40.0	226	66
22	邓州市	269	-18.0	13	4.8	0.0	175	81
23	汝州市	247	-23.8	27	10.9	-47.1	113	107
24	固始县	173	-13.5	2	1.2	0.0	34	137
25	滑县	159	38.3	10	6.3	11.1	97	52
26	新蔡县	118	-19.2	3	2.5	0.0	72	43
27	兰考县	104	-7.1	6	5.8	100.0	49	49
28	鹿邑县	82	-4.7	0	0.0	0.0	14	68

按申请人类型分类，2017年，企业授权专利29606件，比2016年增长12.5%，占全省授权专利总量的53.43%；大专院校授权专利8732件，比2016年增长7.7%，占全省授权专利总量的15.76%；科研单位授权专利636件，比2016年增长20.2%，占全省授权专利总量的1.15%；机关团体授权专利868件，比2016年增长4.6%，占全省授权专利总量的1.57%；个人授权专利15565件，比2016年增长16.4%，占全省授权专利总量的28.09%（见图1-4）。

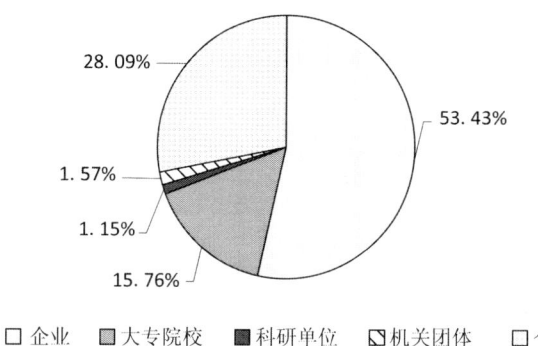

图1-4　2017年河南省专利授权类型情况图

（三）专利对比分析

2016年河南省专利申请94669件，专利授权49145件，分别是"十二五"末期的1.3倍、1.03倍。发明专利申请28582件，发明专利授权6967件，分别是"十二五"末期的1.34倍、1.3倍。拥有有效发明专利达到22601件，较"十二五"末期增长28.6%，发明专利申请量/授权量在中部六省中均处于第三位（见表1-5）。PCT国际专利申请量为107件，较"十二五"末期增长32.1%。每万人拥有有效发明专利达到2.4件，较"十二五"末期增长29.0%。2016年，河南省发明专利申请量在全国排名为第十二位，在中部六省中排名第二位，仅次于安徽省，发明专利授权量在全国排名为第十三位，中部六省中排名为第五位（见表1-6）。

表1-5　2016年中部六省发明专利申请量/授权量统计

排名	地区	申请量/件	授权量/件
1	安徽省	95963	15292
2	湖北省	43789	8517
3	河南省	28582	6967
4	湖南省	25524	6811
5	山西省	8208	2411
6	江西省	8202	1914

表1-6　2016年中部六省有效发明专利状况

排名	地区	总人口/百万	有效量/件	同比增长/%	拥有量/（件/每百万人）
1	安徽省	61.4	39104	50.0	636.5
2	湖北省	58.5	31567	26.3	539.5
3	湖南省	67.8	27863	25.6	410.8
4	山西省	36.6	9896	22.1	270.1
5	河南省	94.8	22601	28.6	238.4
6	江西省	45.7	6896	29.6	151.0

注：各省市人口数据来源于国家统计局《2015中国统计年鉴》。

2017年，河南省发明、实用新型、外观设计专利保持良好的增长势头，特别是PCT国际专利申请量达到了232件，同比增长116.8%，实现了跨越式增长，受到社会的广泛关注（见图1-5和图1-6）。2017年河南省专利申请总量为119243件，居中部六省第一位，全省有效发明专利拥有量为28615件，在中部六省中排名第四位；发明专利授权7914件，在中部六省中排名第三位；每万人发明专利拥有量为3件，见表1-7。其中，郑洛新国家自主创新示范区拥有发明专利18552件，占全省总量的65%，每万人发明专利拥有量达到8.4件，专利创新能力有效支撑了郑洛新国家自主创新示范区和全省知识产权强省建设的推进实施。

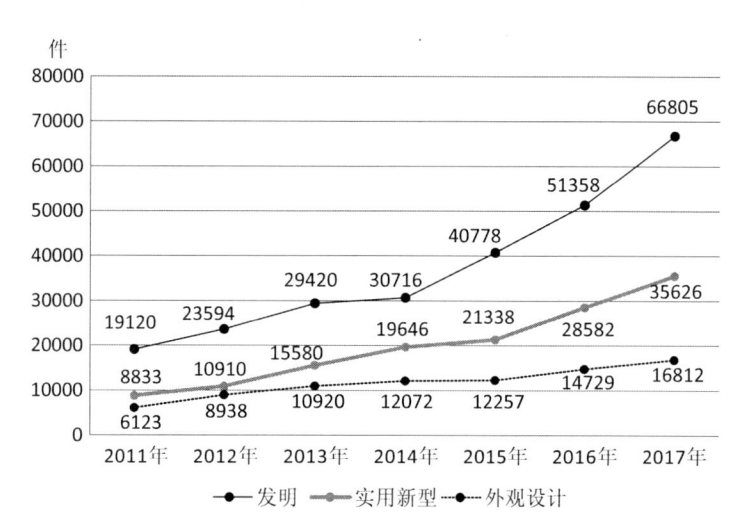

图 1-5　河南省 2011—2017 年三种专利申请情况

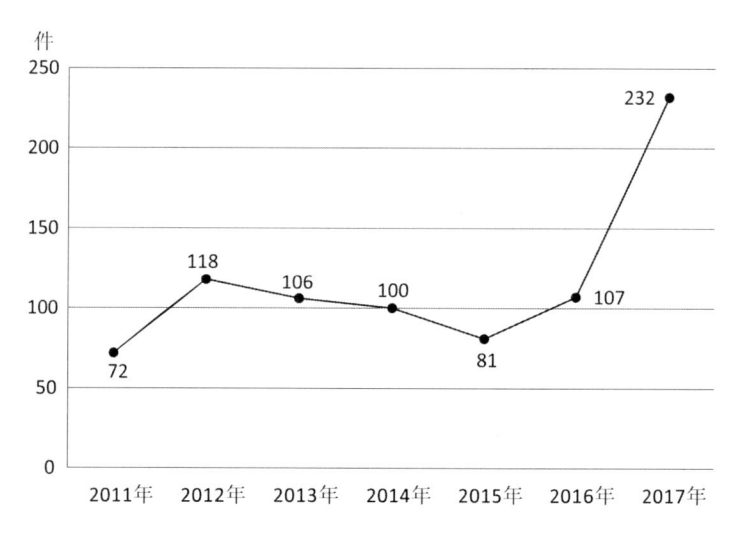

图 1-6　河南省 PCT 专利申请情况

表 1-7　2017 年中部六省有效发明专利状况

排名	地区	发明专利拥有量/件	授权量/件	每万人发明专利拥有量/件
1	安徽省	47734	12440	7.7
2	湖北省	40410	10880	6.9
3	湖南省	34774	7909	5.1

续表

排名	地区	发明专利拥有量/件	授权量/件	每万人发明专利拥有量/件
4	山西省	11675	2382	3.2
5	河南省	28615	7914	3.0
6	江西省	8936	2238	1.9

注：数据来源于国家知识产权局中国专利统计简要数据（2017）。

二、商标申请注册量较快增长

近年来，河南省深化实施商标品牌战略，企业商标品牌意识显著增强。河南省政府于2013年通过了《关于实施商标战略的意见》，制定了第二阶段（2016—2017年）的发展目标：商标注册总量达到35万件，中国驰名商标达到200件以上，河南省著名商标达到3000件。从现有的数据来看，河南省商标有效注册量达到44.8万件，中国驰名商标达到251件。2016年，商标注册申请量较快增长，全年新增驰名商标20件，总量达到224件；2016年河南省商标申请量首次突破10万件大关，达到129946件，居全国第八位，见图1-7；新增注册商标7.4万件，有效注册量达356106件，居全国第九位，见图1-8。2017年河南省商标申请量为208393件，较2016年增长60.4%；注册量为97536件，较2016年增长31.3%；有效注册量为448013件，较2016年增长25.8%。

2016—2017年与"十二五"规划期间商标的申请量、注册量、有效注册量对比可以看出，近年来河南省三项数据不断攀升，截至2017年底，商标申请量较2015年底增长了133.5%；注册量较2015年底增长了37.5%；有效注册量较2015年底增长了56.8%（见图1-9）。著名商标与驰名商标方面，截至2011年底，河南省中国驰名商标共86件，2011年新认定的河南省著名商标有350个；2012年公布河南省商标战略实施示范县（区）12个、示范企业12个，新认定14件中国驰名商标，新认定399件河南省著名商标，重新认定332个河南省著名商标；2013年新认定391件河南省著名商标，截至2013年底，河南省中国驰名商标共153件；2014年新认定22件中国驰名商标，截至2014年底共175件；2015年新认定的河南省著名商标713件，延续认定著名商标484件，新增驰名商标29件；2016年新增河南省著名商标473件，延续认定454件，新增20件驰名商标；2017年新增27件驰名商标，累计已达251件，"十二五"以来河南省中国驰名商标增长情况如图 1-10 所示。

2016—2017 年，对比中部六省商标申请量、注册量、有效商标注册量三项指标，河南省均居首位（见表 1-8）。

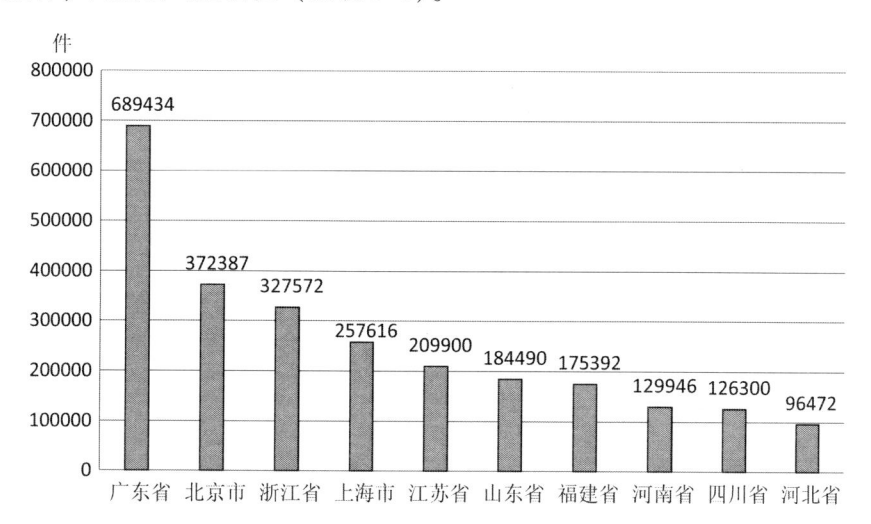

图 1-7　2016 年国内商标申请量前十地区排名

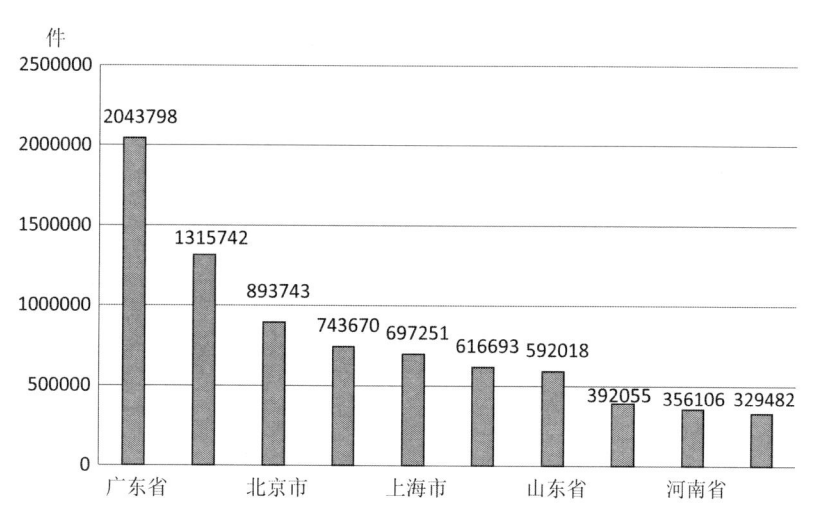

图 1-8　2016 年国内商标有效注册量前十地区排名

河南省知识产权发展报告（2016—2017）

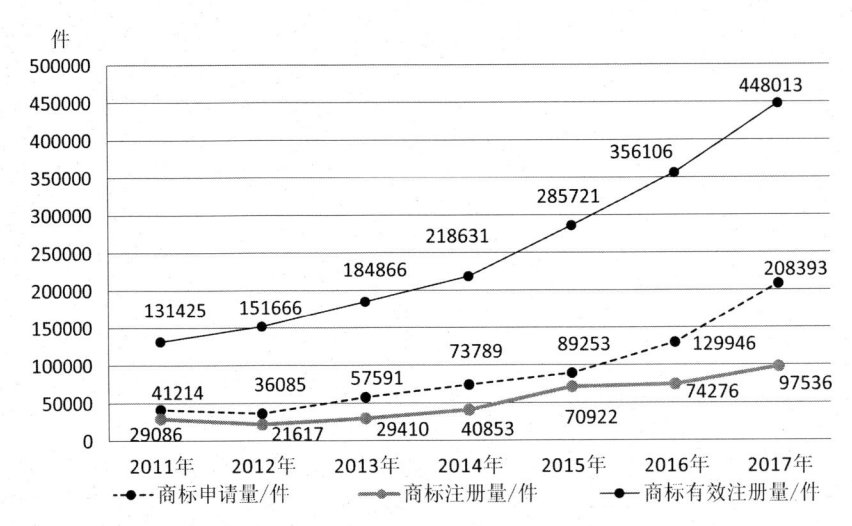

图1-9 河南省2016—2017年商标申请量、注册量、有效注册量与"十二五"时期对比

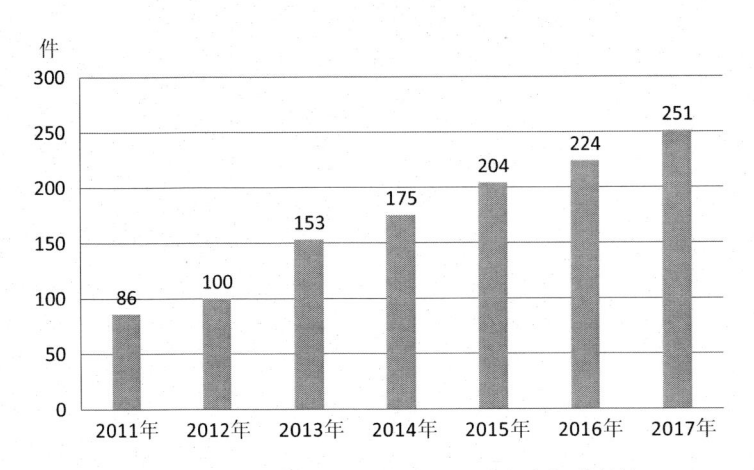

图1-10 "十二五"以来河南省中国驰名商标增长情况

表1-8 2016—2017年中部六省商标申请、注册、有效注册量对比

时间	地区	申请量/件	注册量/件	有效注册量/件
2016年	河南省	129946	74276	356106
	安徽省	88042	47643	239666
	湖南省	87800	52348	257429
	湖北省	79095	47821	238934
	江西省	57838	31563	162765
	山西省	25980	15127	90605

18

续表

时间	地区	申请量/件	注册量/件	有效注册量/件
2017年	河南省	208393	97536	448013
	安徽省	163261	65423	301957
	湖北省	145367	59600	294792
	湖南省	138400	66897	319766
	江西省	105660	43806	204053
	山西省	40016	19948	108969

三、著作权登记量增速明显

"十二五"以来，河南省著作权年登记量平均增速达45.83%。其中，"十二五"前期，著作权年登记量上升趋势明显，末期有短暂下滑，2015—2017年增长势头良好（见图1-11）。其中，2016年河南省著作权登记量同比增长32.1%，但总量在中部六省中仅占第五位。2017年河南省版权年登记量相较于2016年增长62.3%，增长势头强劲，为河南省"十三五"期间著作权事业发展打下良好基础。

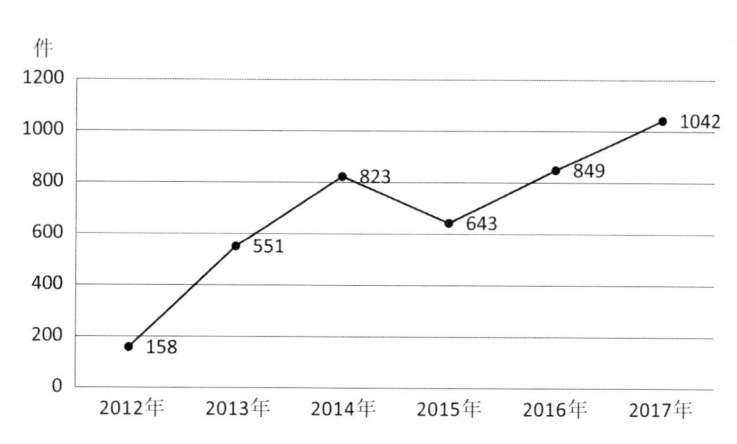

图1-11 "十二五"以来河南省著作权年登记量增长情况

四、其他知识产权发展状况稳中有升

在地理标志方面，河南省政府于2013年《关于实施商标战略的意见》制定的第二阶段（2016—2017年）的发展目标中提出："中国地理标志达到50件。"截至2017年底，地理标志的数量超额完成目标值，地理标志增长情况

见图 1-12。

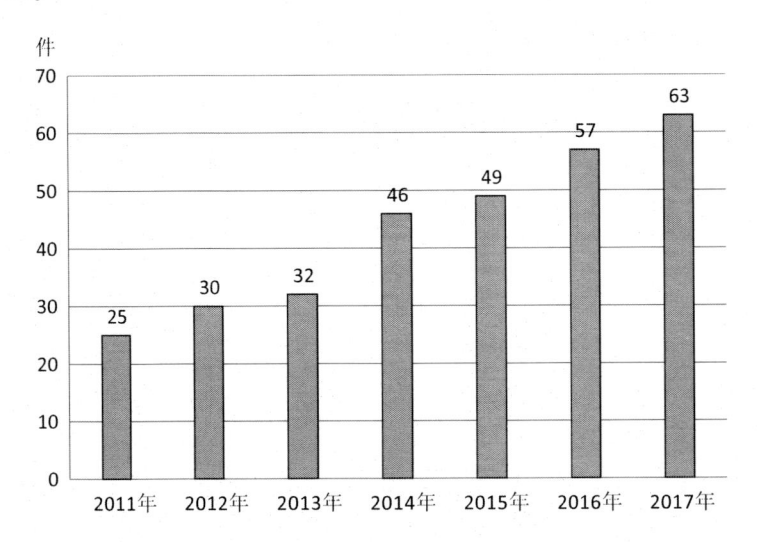

图 1-12 "十二五"以来河南省地理标志增长情况

在植物新品种方面,"十二五"以来,河南省植物新品种拥有量呈现出快速增长的态势,2016年全省植物新品种拥有量已达 340 件(见图 1-13)。

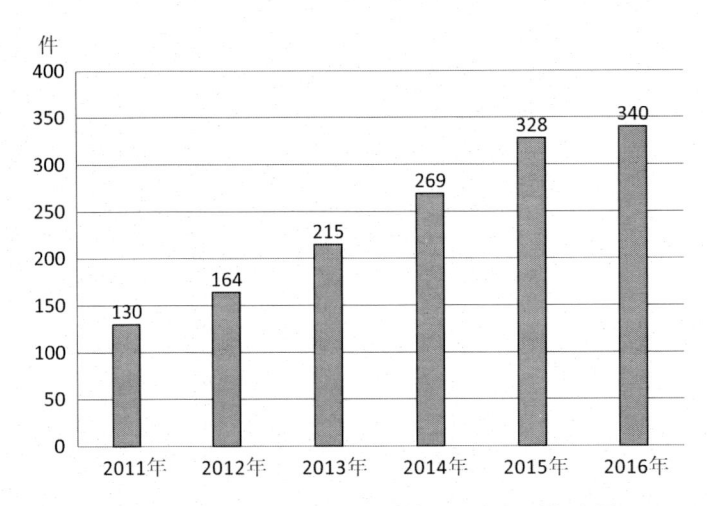

图 1-13 "十二五"以来河南省植物新品种拥有量

河南省非物质文化遗产的保护与开发方面,相对而言,起步较早。河南作为历史文化大省,从 2003 年开始,发动并实施了民间文化遗产抢救工程。2005 年 8 月 1 日,河南省非物质文化遗产保护工程正式启动;2006 年 12 月又出台了《河南省省级非物质文化遗产申报评定实施意见》，制订了切实可行的方案及措施。近年来，河南省持续高度重视非物质文化遗产保护工作，保护措施多策并举，积极推动非物质文化遗产保护方面的立法工作，保护体系基本建立。河南在抢救、保存与开发利用非物质文化遗产方面所做的工作及取得的成就有目共睹：2011年启动实施"铭刻——河南省非物质文化遗产全面记录计划"、积极推动《河南省非物质文化遗产保护条例》立法工作、成立了独立建制的河南省非物质文化遗产保护中心、积极推进文化生态保护区建设、加强对地方戏曲的保护传承；2012年积极推进《河南省非物质文化遗产条例》立法进程、启动实施"河南省稀有剧种抢救工程"；2013年完成了河南省省级非物质文化遗产代表性项目保护单位认定工作；2014年开展传统村落保护工作；2015年启动了"河南省传统美术抢救保护工程"、积极开展国家级非物质文化遗产代表性传承人抢救保护工作；2016年举办了"河南省稀有剧种经典传统剧目展演周"活动、启动了传承人群研修研习培训计划，建立起了国家、省、市、县四级项目名录保护体系和代表性传承人名录保护体系，制订了传承人培训计划，分批对传承人进行轮训，扶持、指导传承人开展传习活动；2017年完成了省级非物质文化遗产保护专项资金1200万元的下拨工作。此外，河南省积极推进非物质文化遗产保护方面的地方立法工作：在2014年1月1日起实施的《河南省非物质文化遗产条例》框架下，《河南省省级非物质文化遗产申报评定实施意见》《河南省省级非物质文化遗产代表性传承人认定管理办法》《河南省文化生态保护试验区申报暂行办法》《河南省非物质文化遗产保护专项资金管理办法》《河南省非物质文化遗产2016—2020年培训工作规划》等相继出台，并不断完善。自2011年6月成立独立建制的河南省非物质文化遗产保护中心以来，目前，全省18个省辖市已有11个省辖市成立有独立编制的非遗科，12个县成立了独立的非遗股。有2个省辖市、15个县区成立了独立编制的非遗保护中心，其余市县区也全部挂靠成立非遗保护机构，建立了"非物质文化遗产保护工作专家委员会"制度，初步形成了较为健全的非物质文化遗产保护工作网络。

在计算机软件保护和互联网领域，河南省人民政府于2016年相继印发并通过了《2016年河南省打击侵犯知识产权和制售假冒伪劣商品工作方案》和《河南省加强互联网领域侵权假冒行为治理实施方案》，严厉打击利用互联网实施的侵权违法犯罪。河南省积极开展打击网络侵权盗版"剑网""清网""闪电""护航"系列专项行动，强化对网络（手机）文学、音乐、影视、游戏、动漫、软件及含有著作权的标准类作品等重点领域的监测监管，加强对网站、QQ群、微信群的巡查监控，及时发现和查处网络非法转载等各类侵权盗版行为。将智能移动终端第三方应用程序、网络云存储空间、微博、微信等新型传播方式纳入著作权监管范围。加强网上专利纠纷案件办理和电子商务领域专利执法维权。开展邮件、快件寄递渠道专项治理行动，重点打击进出口环节"蚂蚁搬家"等各种形式的侵权行为。组织开展了"净网""利剑""2016中原红盾网剑"等集中整治行动，打击网上销售假冒伪劣商品行为。加强对网络交易平台的监管和网络交易商品的定向监测，强化电子商务产品质量执法打假维权协作，落实企业责任，探索建立跨境电子商务侵权假冒商品追溯机制。打击邮件、快件渠道非法寄递进出口侵权假冒商品行为。以保护商标权、著作权、专利权等知识产权为重点，开展了第12次打击网络侵权盗版"剑网行动"，扩大版权重点监管范围，把应用程序（APP）、网络云存储空间、微博、微信等新型传播方式纳入版权监管范围。加强网站备案、网际协议地址（IP地址）和域名管理。此外，河南省商业秘密和集成电路布图设计等的保护和应用有待于进一步的发展。

第二章

知识产权运用

2016—2017年，河南省积极完善知识产权运用体系，运营效益持续提高。为充分发挥知识产权价值，全省知识产权系统进行了一系列有益实践和探索，激发创新创业活力，促进创新能力显著提升，知识产权整体运用方面成绩显著：知识产权优势培育工程取得了扎实成效、知识产权质押融资与运营取得了显著突破、专利导航工作梯形局面全面呈现、知识产权评议工作稳步推进。

一、知识产权优势培育工程取得了扎实成效

"十二五"末期，河南省开展了国家优势示范企业培育工作，制定了《河南省国家知识产权优势企业培育工作总体方案》和《河南省国家知识产权示范企业培育工作总体方案》，河南省多氟多化工股份有限公司等3家企业被评定为国家知识产权示范企业，郑州鸿宾木艺有限公司等9家企业被评定为国家知识产权优势企业（见表1-9）；着力促进小微企业知识产权培育，制定印发《落实国知局关于知识产权支持小微企业发展若干意见的实施方案》，出台促进小微企业发展的16条措施，指导各地市实施落实。组织并指导郑州市和洛阳市开展国家知识产权示范城市复核工作；指导安阳市制定了高标准建设国家知识产权示范城市工作方案，获得国家知识产权示范城市称号，河南省的国家知识产权示范城市达到5个，居中部六省第一位（见表1-10）。

表1-9 河南省"十二五"末期国家知识产权优势示范企业

序号	企业	备注
1	中原内配集团股份有限公司	示范企业
2	多氟多化工股份有限公司	示范企业
3	河南天海电器有限公司	示范企业

续表

序号	企业	备注
4	郑州鸿宾木艺有限公司	优势企业
5	河南省淇县永达食业有限公司	优势企业
6	濮阳贝英数控机械设备有限公司	优势企业
7	洛阳兰迪玻璃机器股份有限公司	优势企业
8	河南威猛振动设备股份有限公司	优势企业
9	郑州后羿制药有限公司	优势企业
10	中铁工程装备集团有限公司	优势企业
11	河南江河纸业股份有限公司	优势企业
12	濮阳惠成电子材料股份有限公司	优势企业

表1-10 中部六省国家知识产权试点示范城市数量对比

中部六省	国家知识产权试点示范城市数量/个	备注	
河南省	5	郑州市	地级
		洛阳市	地级
		南阳市	地级
		新乡市	地级
		安阳市	地级
安徽省	3	合肥市	地级
		芜湖市	地级
		宁国市	县级
湖北省	2	武汉市	副省级
		宜昌市	地级
湖南省	2	株洲市	地级
		湘潭市	地级
江西省	1	南昌市	地级
山西省	0	—	—

2016年，河南省10家企业获批国家知识产权优势示范企业（见表1-11）。省级共认定71家省级知识产权强企，包括4家强企领军企业、8家强企示范企业、59家强企优势企业；郑州等5个示范城市和许昌等4市积极开展试点

示范城市创建工作，巩义市等12个县（市、区）积极开展国家知识产权强县创建工作，试点示范城市群的区域创新格局梯次成形。

表1-11　河南省2016年国家知识产权优势示范企业

序号	企业	备注
1	河南牧翔动物药业有限公司	优势企业
2	鹤壁佳多科工贸股份有限公司	优势企业
3	河南巨烽生物能源开发有限公司	优势企业
4	迈奇化学股份有限公司	优势企业
5	河南心连心化肥有限公司	优势企业
6	河南卫华重型机械股份有限公司	优势企业
7	中铁隧道集团有限公司	优势企业
8	安阳市翔宇医疗设备有限责任公司	优势企业
9	中国烟草总公司郑州烟草研究院	示范企业
10	好想你枣业股份有限公司	示范企业

2017年，河南省9家企业获批国家知识产权优势示范企业（见表1-12），国家知识产权优势示范企业总数达到58家；新增符合强企备案企业58家，其中强企领军企业1家，强企示范企业8家，强企优势企业48家，符合省级知识产权强企备案条件企业总数达到129家。

表1-12　河南省2017年国家知识产权优势示范企业

序号	企业	备注
1	河南亚都实业有限公司	优势企业
2	洛阳北方玻璃技术股份有限公司	优势企业
3	河南新科起重机股份有限公司	优势企业
4	郑州众智科技股份有限公司	优势企业
5	濮阳濮耐高温材料（集团）股份有限公司	优势企业
6	纽科伦（新乡）起重机有限公司	优势企业
7	金龙精密铜管集团股份有限公司	示范企业
8	卫华集团有限公司	示范企业
9	河南海力特机电制造有限公司	示范企业

二、知识产权质押融资与运营不断取得新突破

"十二五"以来，河南省出台了《河南省专利权质押融资管理办法》《河南省知识产权局关于进一步推动知识产权质押融资工作的意见》，明确了加强对企业知识产权质押融资的指导和服务、完善知识产权质押融资风险管理机制、支持发展综合性知识产权质押融资服务公司等六项重点工作。修订出台新的《河南省专利权质押融资管理办法》，强化服务进一步缓解科技型中小企业融资难题；出台《河南省专利权质押融资奖补项目管理办法》，为质押融资工作提供制度保障，加大了质押贷款企业的补贴力度，由原来的 20 万元提高到 80 万元。河南省知识产权局每年申请财政专项经费 1000 万元，用于知识产权融资利息补贴和企业资产评估、担保、保险补贴。此外，河南省积极推进知识产权运营股权投资专项资金使用工作，与相关单位签署《知识产权运营注资代持人委托协议》《增资扩股协议》《知识产权运营业务监督管理协议》，制订出台《河南省重点产业知识产权运营基金实施方案》。河南省知识产权局先后与交通银行、郑州银行、中国银行、民生银行签订了总额达 130 亿元的支持中小企业知识产权质押融资战略合作框架协议，目前全省已有 9 家银行开展了知识产权质押融资业务。

河南省知识产权局自 2010 年底联合科技厅、发改委、财政厅、金融办、工信厅、银监局在全省开展知识产权质押融资工作以来，知识产权质押融资工作开展情况如表 1-13 所示。截至 2017 年底，河南省已经有多家企业通过专利权质押融资渠道获得上亿元的资金支持（见表 1-14）。

表 1-13 "十二五"以来河南省知识产权质押融资工作开展情况

时期	时间	质押融资工作开展情况
"十二五"期间	2011 年	积极推进专利权质押融资工作，与交通银行、郑州银行分别签署了授信额度为 50 亿元和 10 亿元的知识产权质押融资合作框架协议；对首批征集到的 26 家科技型中小企业质押贷款需求进行筛选，并组织评估公司对重点推荐企业进行知识产权评估；重点对国家级、省级高新技术开发区和部分知识产权优势区域内企业开展知识产权质押融资需求调查登记；起草《河南省专利权质押融资专项资金管理规程（草案）》，积极申请设立知识产权质押融资贴息及评估补助专项资金

续表

时期	时间	质押融资工作开展情况
"十二五"期间	2012年	举办"河南省百企知识产权质押融资专项行动启动仪式暨知识产权质押融资工作座谈会";与中国银行河南省分行、民生银行达成战略合作,争取到70亿元的专利质押贷款授信额度;与四家银行共达成130亿元战略合作意向协议;启动河南省百家重点企业知识产权质押融资专项行动,郑州春泉暖通、河南仕佳通信科技等29家中小科技型企业现场获得省、市多家金融机构发放的专利质押贷款2.55亿元,知识产权质押融资贷款总额已达到5.3亿元;被国家知识产权局指定为全国知识产权质押融资工作重点推广省
	2013年	在安阳、洛阳高新区等6个区域开展知识产权质押融资试点;创建科技型中小企业专利权质押贷款项目库,收录需求项目共690个;全省20余家企业专利质押融资额达到3.657亿元
	2014年	出台了《河南省专利质押融资管理办法》,为促进专利权质押融资工作健康发展提供了保障;为开展好专利权质押融资,编印了《河南省知识产权质押融资巡讲政策汇编》,开展全省知识产权质押融资巡讲,先后完成全省18个省辖市22场次巡讲活动,共有400多家企业1300多人参加巡讲,组织银行实地考察企业100多家,有效推动了质押融资工作的开展;累计完成知识产权质押融资总额12.75亿元,涉及企业66家
	2015年	出台《进一步推动知识产权质押融资工作的意见》,建设流转活跃辐射全省专利权质押融资服务平台,全面推广全省"专利贷"金融产品;探索专利权质押融资便捷服务模式,初步建成全省专利权质押融资服务体系;全省实现专利权质押融资额6.14亿元,涉及企业20家
"十三五"开端	2016年	全省新增专利权质押融资需求企业97家,质押融资需求项目库储备项目累计达1000多项;新乡市、郑州高新技术产业开发区、国家知识产权创意产业试点园区获批国家知识产权质押融资工作试点,安阳市获批国家专利保险工作试点。完善质押融资项目库,建立银企对接机制。2016年,全省新增专利权质押融资需求企业97家,截至2016年底,全省累计完成知识产权质押融资总额约26.7亿元,涉及企业128家

续表

时期	时间	质押融资工作开展情况
"十三五"开端	2017年	2017年,通过专利质押融资金额达15.5亿元,惠及88家企业,较2016年增长翻番。河南省首家专业为知识产权质押融资提供服务的联盟——河南省知识产权质押融资服务联盟在高新区成立,标志着河南省知识产权质押融资服务迈向专业化、系统化的新台阶。设立了规模为3亿元的重点产业知识产权运营基金。郑州市获批国家知识产权运营服务体系建设重点城市,获中央财政2亿元资金支持。濮阳市、漯河市、新乡市、郑州高新区、国家知识产权创意产业试点园区等5家单位获批国家知识产权质押融资试点单位。为了缓解企业融资难,拓宽企业融资渠道,修改完善了《河南省专利权质押融资管理办法》、印发《河南省专利权质押融资奖补项目管理办法》、成立知识产权质押融资服务联盟,为知识产权融资提供较大帮扶力度

表1-14 河南省知识产权质押融资典型企业代表

序号	时间	区域	企业名称	贷款金额/万元
1	2012年	周口市	河南科信电缆有限公司	19000
2	2013年	周口市	河南科信电缆有限公司	19000
3	2013年	鹤壁市	鹤壁百运佳印务有限公司	12400
4	2014年	周口市	河南科信电缆有限公司	13000
5	2014年	鹤壁市	鹤壁百运佳印务有限公司	12400
6	2015年	周口市	河南科信电缆有限公司	18000
7	2015年	鹤壁市	鹤壁百运佳印务有限公司	13050
8	2015年	鹤壁市	河南省淇县永达食品有限公司	5400
9	2016年	周口市	河南科信电缆有限公司	18000
10	2016年	鹤壁市	鹤壁百运佳印务有限公司	13050
11	2016年	新乡市	达新源包装材料有限公司	10200
12	2016年	鹤壁市	河南省淇县永达食品有限公司	5400
13	2017年	安阳市	林州光远新材料科技有限公司	17000
14	2017年	鹤壁市	鹤壁百运佳印务有限公司	13050
15	2017年	鹤壁市	河南省淇县永达食品有限公司	5400

2016—2017年,河南省深入推进专利质押融资工作,加快推进知识产权

运营服务体系建设，取得了显著成效，为"十三五"打下良好开端。2016年，河南省累计完成专利质押30项，涉及399件专利，融资总额为6.74亿元，平均每件专利质押金额达168.92万元，平均每项专利质押金额达2246.67万元。2017年，河南省获批国家知识产权质押融资重点推广省，并与省财政厅联合出台《河南省专利质押融资奖补项目管理办法》，研究制定《关于推广专利质押融资促进实体经济发展的意见》；积极开展知识产权质押融资巡讲，组织银企对接活动，全年巡讲企业超300家，对接项目90项，累计征集企业专利质押融资需求756项，年度质押融资额达15.5亿元，比2016年翻了一番，涉及专利740件，平均每件专利质押金额达209.46万元；近5年累计质押融资额达37.3亿元，涉及专利2027件，平均每件专利质押金额达184万元。"十二五"以来河南省专利权质押融资情况如表1-15和图1-14所示。

表1-15 "十二五"以来河南省专利权质押融资情况

时间	质押金额/万元	质押件数/件	涉及专利数/件	平均每件专利质押金额/万元	平均每件质押登记金额/万元
2011年	8200	6	50	164.00	1366.67
2012年	39480	21	189	208.89	1880.00
2013年	48970	22	223	219.60	2225.91
2014年	40340	21	222	181.71	1920.95
2015年	61400	26	443	138.60	2361.54
2016年	67400	30	399	168.92	2246.67
2017年	155000	88	740	209.46	1761.36

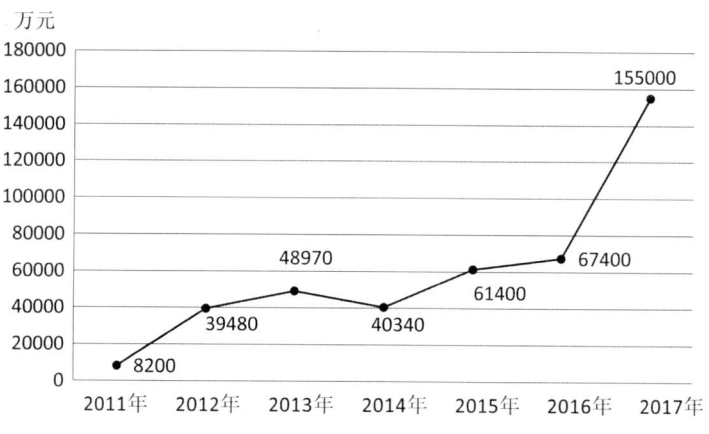

图1-14 "十二五"以来河南省专利质押融资总额增长情况

为加快推进知识产权运营服务体系建设，河南省设立首支重点产业知识产权运营基金，初期总规模达3亿元，以直接投资或设立子基金的方式投资支持河南省境内以超硬材料为主的新材料、电子信息、装备制造等产业领域未上市知识产权企业和知识产权运营机构，有力提升了河南省重点产业专利转化运用能力；郑州市获批全国知识产权运营服务试点城市（全国仅8个），中央财政将给予2亿元资金支持；依托河南省技术产权交易所，建设国家知识产权运营公共服务平台金融创新（郑州）试点平台，探索开展知识产权交易市场试点工作；组织推荐141家单位成功入驻国家知识产权运营公共服务平台。

三、专利导航产业发展成效显著

"十二五"期间，国家（荥阳）专利导航（超硬材料）产业发展实验区获批首批国家专利导航产业发展实验区，是国内唯一一家在超硬材料领域建设的国家专利导航产业发展实验区。期间，支持郑州市建设超硬材料专题专利数据库，指导洛阳等3个示范城市开展专利布局和专利信息分析培训。郑州市新材料产业集聚区所在地荥阳市成立了知识产权局。第一阶段的专利导航产业发展信息分析结果在产业集聚区招商工作中得到应用。园区建立专利导航工作机制，积极探索将专利导航工作机制与园区建设全流程各环节有机融合，坚持以专利导航招商、专利导航研发、专利导航建设，园区已由当初的一片村庄，初步形成了以"国机工业园、华晶工业园、四维碳纤维工业园、CBN工业园"和"创新创业综合体"为主体的"四园一创"发展格局。截至2017年底，国家（荥阳）专利导航（超硬材料）产业发展实验区已累计签约项目50余个，合同总投资350亿元，引进域外境内大资金超百亿元，完成固定资产投资1117亿元，实现规模以上工业增加值29.3亿元，园区每万人有效发明专利拥有量达8.11件，有效引领了相关产业快速发展。

近年来，河南省不断加大专利导航建设力度，采取了一系列措施、开展了一系列活动，专利导航建设相关活动开展情况如表1-16所示。其中，2016年河南省全面启动了省级专利导航产业发展工作，制定印发了《关于开展河南省专利导航产业发展工作的通知》（附《河南省专利导航产业发展工作实施方案》《河南省专利导航产业试验区管理办法》），明确提出到2020年建设36个专利导航产业发展实验区。这是继河南省政府常务会议审议并通过《河南省知识产权强省建设试点省实施方案》后，河南省知识产权局出台的又一重要举措。河南省积极建设国家专利导航产业实验区，在全省重点产业集聚区开展专利导航认定了郑州市北斗导航与遥感产业专利导航发展实验区等首批6家专利导航产业发展实验区和1家专利导航产业发展实验区培育对象（见表1-17），涉及相关产业规模达881.9亿元，每个实验区给予200万元的经费支持。以专利导航引领全省产业集聚区转型升级、创新发展，培育专利密集型产业，也是支撑知识产权强省试点省建设的重要创新举措之一。2017年，河南省相继认定公布了郑州经济技术开发区等12个专利导航产业发展实验区和开封市精细化产业集聚区等5个专利导航产业发展实验区培育对象（见表1-18）。省级专利导航实验区快速发展，按照"知识产权优势企业牵头、全产业技术创新链条设计和一体化部署专利导航服务"的策略，瞄准金属材料、轨道交通装备、机器人及智能装备、生物医药等优势主导产业和战略性先导产业。截至2017年底，河南省已布局建设省级专利导航实验区18家，培育对象6家，累计支持资金1800万元，导航产业总产值超千亿元。

表1-16 2014—2017年河南省专利导航建设相关活动开展情况

时间	开展情况
2014年	1. 为更好地推进郑州国家专利导航产业发展实验区建设，专利导航郑州超硬材料产业创新发展规划编制团队开展专项调研活动，加快专利导航郑州超硬材料产业创新发展规划的编制工作。 2. 建设超硬材料专题专利数据库指导洛阳等3个示范城市开展专利布局和专利信息分析培训。 3. 郑州市知识产权局举行了为期四天的知识产权示范城市专利布局初级实战培训班。共计有来自70多家企、事业单位的近90名学员参加了培训。 4. 郑州市知识产权局举行了为期4天的专利分析暨专利导航队伍初级实战培训班。本次培训班组织报名工作得到了郑州各区县（市）、郑州国家专利导航产业发展实验区以及国家知识产权创意设计园区有关部门的积极配合，相关企业、研究院所积极响应，共计有来自40多家企、事业单位的近70名学员参加了培训。
2015年	1. 发布了《河南省专利导航产业发展实验区管理办法》。 2. 郑州市政府出台了《专利导航郑州超硬材料产业创新发展规划》，对未来四年实验区建设工作进行了专项部署。 3. 成立实验区创新创业综合体建设三年工作领导小组，编制《郑州市超硬材料产业专利导航规划项目阶段性成果汇报》。 4. 绘制了《专利导航郑州超硬材料产业发展信息图》。 5. 组织专家撰写了《专利导航通俗读本》并推广普及。

续表

时间	开展情况
2016年	1. 省委政研室调研荥阳市国家专利导航产业发展实验区建设情况，调研组一行先后到专利导航服务中心、郑州华晶金刚石股份有限公司试验室进行实地调研。座谈会上，入驻实验区的郑州四维特种材料有限公司、郑州磨料磨具磨削研究所有限公司、富耐克超硬材料股份有限公司有关负责人分别就企业运行情况、科研专利、产品创新等情况进行了介绍。 2. 印发了《关于开展河南省专利导航产业发展工作的通知》（附《河南省专利导航产业发展工作实施方案》《河南省专利导航产业试验区管理办法》）。 3. 洛阳市出台促进机器人及智能装备产业发展实施方案。
2017年	1. 审协河南中心赴南阳市开展专利导航园区考察工作。 2. 河南省知识产权局下发《河南省知识产权局关于公布河南省专利导航产业发展实验区名单的通知》，公布了首批确定的六家专利导航产业发展实验区和一家专利导航产业发展实验区培育对象。 3. 漯河市知识产权局赴沙澧产业集聚区开展工作调研，就该区申报省级专利导航产业发展实验区工作等展开了业务交流。 4. 国家知识产权局副局长贺化赴郑州出席郑州市知识产权强市暨专利导航发展实验区建设工作会议，专程实地考察了专利导航产业发展实验区，听取了郑州市有关专利导航产业发展实验区建设情况汇报，充分肯定了郑州专利导航产业发展实验区建设取得的阶段成效。 5. "专利导航驱动产业发展"研讨会暨知识产权联络员聘请仪式在郑州召开。 6. 郑州市首家知识产权联盟——郑州高新区北斗导航与遥感产业知识产权联盟成立，既是高新区加快建设国家自主创新示范区和国家知识产权示范园区的具体行动，也标志着郑州知识产权运营和创建知识产权强市工作实现新的突破。通过联盟的建立和运营，为郑州市其他产业的知识产权联盟探索经验，发挥示范作用，在全市营造更加浓厚的重视知识产权、依靠知识产权、推进科技创新的氛围。 7. 河南省第二批专利导航产业发展实验区拟认定名单公示。 8. 国家知识产权运营（专利导航、试点示范园区）培训班在郑州举办，来自全国有关省市知识产权局、国家专利导航产业发展实验区、国家专利协同运用试点单位、国家知识产权试点示范园区的200余人参加培训。 9. 河南省首批专利导航产业发展实验区工作座谈会在郑州举行。来自河南省知识产权局协调管理处，郑州市、洛阳市、濮阳市、鹤壁市、许昌市、长垣县知识产权局，国家专利导航实验区，首批省级专利导航实验区主要负责人和工作人员共30余人参加座谈会。

表1-17　2016年河南省首批认定导航产业发展实验区名单和培育对象名单

河南省首批认定专利导航产业发展实验区名单				
序号	省辖市/省直管县（市）	导航实验区名称	承担单位	初建期限
1	洛阳市	洛阳市机器人及智能装备产业专利导航发展实验区	洛阳高新技术产业开发区管委会	2017.4—2019.5
2	洛阳市	洛阳市农机智能装备产业专利导航发展实验区	洛阳市涧西区人民政府	2017.4—2019.5
3	郑州市	郑州市北斗导航与遥感产业专利导航发展实验区	郑州高新技术产业开发区管委会	2017.5—2019.6
4	长垣县	长垣县起重装备产业专利导航发展实验区	长垣县人民政府	2017.5—2019.6
5	濮阳市	濮阳市石油钻采装备产业专利导航发展实验区	濮阳市濮东产业集聚区管委会	2017.5—2019.6
6	鹤壁市	鹤壁市镁材料加工产业专利导航发展实验区	鹤壁经济技术开发区管委会	2017.5—2019.6

河南省首批认定专利导航产业发展实验区培育对象名单			
序号	省辖市	培育导航实验区名称	承担单位
1	许昌市	襄城县太阳能装备产业专利导航发展实验区（培育）	襄城县人民政府

表1-18　2017年河南省第二批认定导航产业发展实验区名单和培育对象名单

河南省第二批认定导航产业发展实验区名单				
序号	省辖市	园区名称	所选产业领域	初建期限
1	郑州市	郑州经济技术开发区	汽车及先进零部件产业	2017.12—2019.12
2	洛阳市	洛阳工业产业集聚区	智能工程机械产业	2017.12—2019.12
3	安阳市	安阳高新技术产业开发区	精品钢及深加工产业	2017.12—2019.12
4	新乡市	新乡化学与物理电源产业园区	新能源电池产业	2017.12—2019.12
5	焦作市	孟州市产业集聚区	汽车零部件装备产业	2017.12—2019.12

续表

河南省第二批认定导航产业发展实验区名单

序号	省辖市	园区名称	所选产业领域	初建期限
6	濮阳市	濮阳经济技术开发区	电子化学品化工新材料产业	2017.12—2019.12
7	许昌市	襄城县产业集聚区	太阳能装备产业	2017.12—2019.12
8	许昌市	许昌经济技术开发区	智能电器产业	2017.12—2019.12
9	漯河市	漯河市沙澧产业集聚区	医疗器械产业	2017.12—2019.12
10	商丘市	夏邑县产业集聚区	纺织服装产业	2017.12—2019.12
11	周口市	郸城高新技术产业开发区	生物医药半成品产业	2017.12—2019.12
12	南阳市	西峡产业集聚区	汽车零部件产业	2017.12—2019.12

河南省第二批认定专利导航产业发展实验区培育对象名单

序号	省辖市	园区名称	所选产业领域	培育期限
1	开封市	开封市精细化产业集聚区	精细化工和新材料产业	2017.12—2018.12
2	平顶山市	平顶山高新技术产业开发区	输变电装备产业	2017.12—2018.12
3	驻马店市	驻马店产业集聚区	煤化工产业	2017.12—2018.12
4	信阳市	信阳上天梯产业集聚区	珍珠岩、膨润土等非金属矿精深加工产业	2017.12—2018.12
5	济源市	济源市玉川产业集聚区	再生铅循环产业	2017.12—2018.12

四、知识产权评议工作稳步推进成效显著

"十二五"期间，河南省知识产权局承担了国家知识产权局重大经济科技活动知识产权评议试点工作；出台了《关于加强全省重大经济科技活动知识产权评议工作的意见》；深入开展国家和河南省重大经济科技活动知识产权项目评议试点，选择对促进中原经济区发展有支撑作用的支柱产业或战略新兴产业项目开展知识产权评议；启动知识产权分析评议服务示范机构培育工作、开展战略性新兴产业知识产权集群管理试点工作、指导郑州航空港经济综合实验区建立"集群管理工作协调机制""知识产权评议机制"和"知识产权风险管理机制"等；积极推进重大经济科技活动的知识产权评议试点工作。

2016年，制定出台《重大经济活动知识产权评议办法》，积极探索河南省知识产权评议工作新思路，与省内外经验丰富的知识产权服务机构就评议问题开展深入沟通和交流，结合河南省重点产业和《2017年河南省重大科技专项》，围绕高端装备制造产业开展知识产权评议项目。2016年5月25日，河南省知识产权局召开知识产权评议工作座谈会，来自北京、江苏、深圳、河南的知识产权服务机构和省内的部分企业等20余家单位代表参加了座谈，河南省知识产权局局长刘怀章、副局长韩平出席会议。2016年9月12—13日，河南省知识产权评议培训班在郑州举办，来自各省辖市、直管县（市）知识产权管理人员、国家级和省级优势企业的知识产权工作负责人、省内知识产权服务机构业务骨干等150余人参加培训。

2017年，河南省制定出台知识产权评议政策，规范评议范围和程序，不断加强知识产权评议工作的管理。结合省科技计划项目，研究评议工作切入点，探索开展省重点产业的知识产权评议。建立特定领域知识产权评议报告发布制度。2017年，国家知识产权局公布2016年重大经济科技活动知识产权评议工作验收结果，河南省知识产权局作为项目组织单位，成为10家通过整体工作情况验收的试点承担单位之一，河南行知专利服务有限公司实施的"冶金功能保护材料知识产权评议项目"成为5项获评优秀的项目之一。

第三章 知识产权管理

2016—2017年,河南省紧紧围绕《河南省知识产权战略纲要》和知识产权强省建设要求,知识产权政策法规和管理体系不断完善、财政投入力度不断加大、强企建设不断增强、试点示范工作、重点项目建设稳步推进、综合管理改革亮点频出,知识产权管理方面取得了扎实成效。

一、政策法规环境不断完善优化

在"十二五"时期的基础上,河南省不断完善优化知识产权的政策环境。2016—2017年,相继颁布了《河南省知识产权事业发展"十三五"规划》《河南省专利事业发展"十三五"规划》《河南省知识产权强企培育备案管理办法》《关于新形势下加快知识产权强省建设的若干意见》《2017年河南省知识产权强省试点省建设推进计划》《关于做好2017年企业知识产权管理标准化认证工作的通知》《加强郑洛新国家自主创新示范区专利创造运用保护暂行办法》《关于印发河南省专利奖励办法的通知》等若干政策法规。相较于"十二五"时期,河南省的政策法规环境在不断完善优化。

二、知识产权财政投入力度不断加大

"十二五"期间,河南省的知识产权事业发展驶入了快车道,知识产权财政投入也进入了快速增长期,河南省省级财政知识产权工作经费投入力度日益加大。据河南省知识产权局数据统计,2016年,全省知识产权财政投入预算为1232万元,决算投入为1863.65万元。2017年,全省在知识产权方面的财政预算为1567.3万元,截至2017年底,全省本级财政知识产权专项经费总计5068万元。较"十二五"末期,河南省的财政投入增长率显著提升,其中2014—2017年知识产权财政预算增长情况如图1-15所示。虽然河南省财政投入逐年在加大,但与上海市、江苏省这样的发达省市相比还有较大差距,知识产权财政预算额仅占上海市的46.7%、江苏省的43.4%。

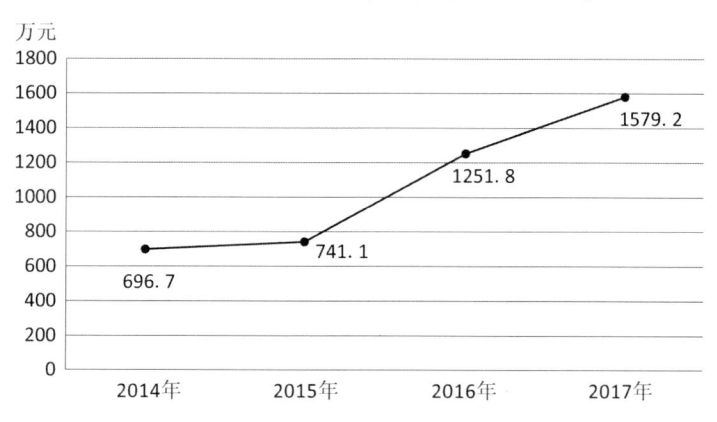

图1-15 河南省2014—2017年的财政预算

三、知识产权管理体系不断完善

河南省的18个省辖市均成立了知识产权局,县级设立知识产权管理部门的由2011年的100个增长到2016年的105个。截至2017年,县市区(不包括直管县)知识产权行政管理机构101个,省辖市及直管县(市)知识产权行政管理人员220人。全省各地纷纷建立健全知识产权组织协调管理机制,全力实现部门间横向合作;同时,省级政府和地市级政府上下之间也加强纵向合作,形成省市联动管理机制;地方政府间跨区域加强合作,全省围绕知识产权形成了一个网格化管理合作体制。

四、知识产权管理强企建设逐渐加强

河南省于2013年首次开展企业知识产权管理规范工作,被国家知识产权局确定为全国企业知识产权管理规范标准推行重点试点省份,并首批选择企业进行知识产权管理规范标准推行(以下简称"贯标")试点。2016年,河南省"贯标"认证工作取得新进展,河南省淇县永达食业有限公司、驻马店中集华骏车辆有限公司等31家公司获"贯标"认证,涵盖10个省辖市。截至2017年底,河南省的知识产权贯标企业达到192家,居全国首列,较"十二五"时期增长了68.8%;备案知识产权强企129家,年自主知识产权产品产值超2500亿元。国家知识产权优势示范企业58家,是安徽省示范企业数的3.4倍,湖南省的11.6倍。2017年,成功设立河南省专利奖,并评审出第

一届专利奖拟奖励专利 49 项；获第十九届中国专利奖 14 项，其中金奖 2 项（全国仅 20 项），专利获奖率较"十二五"末期增长了 35.7%；河南省知识产权局获得"最佳组织奖"（全国仅 5 家）。其中，河南省 2014—2017 年"贯标"企业数和国家知识产权优势示范企业数如图 1-16 所示。

图 1-16 河南省 2014—2017 年"贯标"企业数和国家知识产权优势示范企业数

五、知识产权试点示范工作稳步推进

河南省在"十二五"期间，郑州、洛阳、新乡、南阳、安阳 5 个示范城市和许昌、平顶山、焦作、濮阳 4 市积极开展试点示范城市创建工作，巩义市、长垣县、郑州市金水区等 12 个县（市、区）积极开展国家知识产权强县创建工作。截至 2017 年底，9 个省直辖市获批国家知识产权示范试点城市，数量列中部六省首位（见图 1-17），郑州成功获批知识产权强市创建市（全国仅 10 个）；获国家知识产权强县工程试点示范县（区）12 家，继洛阳高新区之后，郑州高新区成功获批河南省第二个国家知识产权示范园区，试点示范城市群的区域创新格局梯次成形。

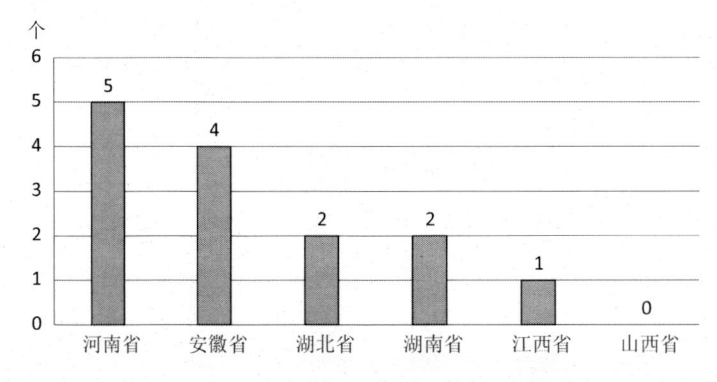

图 1-17 中部六省的国家知识产权示范城市数量

六、知识产权重点项目建设工作稳步推进

河南省在"十二五"时期加强完善建设国家知识产权局专利审查协作（河南）中心（以下简称"审协河南中心"）、国家知识产权创意产业试点园区、国家专利导航（超硬材料）产业发展实验区。2016 年审协河南中心共完成结案 15.37 万件，承接河南省专利导航、专利预警、无效分析、专利检索等项目 20 余项，并于 2016 年底全部完成。

截至 2017 年底，审协河南中心入职职工 1022 人，年审发明专利 8.4 万件，实用新型 9.7 万件；国家知识产权创意产业试点园区入驻企业 175 家，从业人员达 805 人，为省内产业聚集区 1000 余家制造企业提供服务，成为全省自主知识产权产出最为密集的区域。与此同时，园区还承担了河南省知识产权快速协同保护工作；国家专利导航（超硬材料）产业发展实验区，签约项目 50 余个，合同总投资 350 亿元，引进域外境内资金超百亿元，完成固定资产投资 111.7 亿元，实现规模以上工业增加值 29.3 亿元，园区每万人有效发明专利拥有量达到 8.11 件，有效引领了相关产业快速发展。在建立专利导航工作机制方面，河南省在全国处于领先地位，积极开展了专利导航产业公共信息服务体系建设，布局建设专利导航实验区 18 家，培育对象 5 家，累计支持资金 1800 万元，导航产业总产值超千亿元。其中郑州高新区专利导航工作完成了北斗导航与遥感产业规划类专利导航项目和 3 家企业微导航项目，建立了北斗导航与遥感产业知识产权联盟，工作推进成效显著；获批建设国家知识产权服务业集聚发展示范区，示范区固定资产总投资 200 亿元，集聚知识产权服务机构 446 家，涵盖知识产权代理、法律、信息等各种服务类型。

七、知识产权综合管理改革试点工作亮点频出

河南自贸试验区自 2016 年 4 月 1 日正式挂牌以来，向国家提交了 22 项改革创新举措案例（见表 1-19），其中涉及知识产权保护行政与司法衔接机制、知识产权"三合一"服务模式的管理与改革等，多项举措是全国首创。从降低市场准入门槛、优化企业注册流程，到简政放权提升行政审批效率、创新司法服务妥善解决各项知识产权纠纷问题，再到持续提升通关时效、加强事中事后监管等，这 22 项创新举措服务企业发展的方方面面。通过这些创新，河南自贸试验区正逐步形成与国际投资贸易通行规则相衔接的制度创新体系，以及法治化、国际化、便利化的营商环境。

表 1-19 22 项改革创新举措案例

片区	案例
河南自贸试验区郑州片区（9项）	知识产权保护行政与司法衔接机制
	知识产权"三合一"服务模式
	"政银合作直通车"服务模式
	跨境电商"网购保税+实体新零售"
	多模式综合监管
	赋予海关特殊监管区域企业增值税一般纳税人资格试点
	国地税"一站式"服务
	"互联网+税务"服务模式
	一店多模式展示展销
河南自贸试验区开封片区（7项）	企业住所集中地注册
	优化服务"五个办"创新模式
	政务服务"零跑趟"
	项目环评审批全程"零跑趟"
	多规合一
	开展区域规划环评 实施差别化清单管理
	企业投资项目"1234"精准监管
河南自贸试验区洛阳片区（5项）	进口食品化妆品进口商现场备案
	互联网+政务服务及事中事后综合监管平台
	中小企业信用体系建设
	优化"兽药生产许可证"办理流程
	集群注册零成本办公司
河南省地税局（1项）	建设并推广电子税务局

2016—2017年，河南省在全面推行知识产权审判"三合一"、积极探索在河南自贸区进行知识产权综合管理体制改革以外，推动郑洛新国家自主创新示范区和国家级高新区、郑州航空港经济综合实验区、国家知识产权创意产业试点园区开展知识产权综合管理体制改革工作，支持郑州市先行先试，积极跟进知识产权综合管理改革试点工作进展，认真落实国务院关于知识产权综合管理改革等重大改革事项的部署。

第四章 知识产权保护

近年来,科学技术发展日新月异,经济全球化趋势不断增强,产业结构调整步伐加快,国际竞争日趋激烈,知识产权在市场竞争中的作用和地位日益凸显。面对新形势、新情况,需着力构建知识产权大保护工作格局,加快形成知识产权保护的强大合力。2016—2017年,河南省在知识产权保护方面取得了显著成效,知识产权维权援助工作稳步推进、司法保护能力不断提高、执法体系不断完善、执法能力不断提升、执法人员队伍不断壮大,知识产权保护水平更上新台阶。

一、知识产权维权援助工作稳步推进

在"十二五"以来,为履行公共服务职能,河南省知识产权局向国家知识产权局报送了《关于申请成立河南省知识产权维权援助中心的请示》,制定了《河南省知识产权法律援助暂行办法》等框架文件。先后成立4个知识产权维权援助中心和河南省知识产权维权援助联盟,组建"河南省保护知识产权律师服务团",设立举报奖励资金,开展维权援助巡讲,组建省维权援助中心建立举报投诉志愿者队伍。其中,2016—2017年,河南省加快推进维权援助工作,6家国家级中心已累计设立分中心和工作站32家,共14个中心开通了"12330"公益服务热线。联合省维权援助中心组建了省知识产权维权援助专家库;组织专家在省内各地市开展专利保险工作,共有42项专利参保,保险规模142万元。截至2017年底,河南省180个产业集聚区维权援助工作站全覆盖工作,维权援助工作站达到86家,相比"十二五"时期增长了62.8%;洛阳设立维权援助专项资金,助力小微双创工作;举办河南省专利行政执法维权能力提升培训班,举行各类维权援助研讨会,指导各维权援助中心广泛开展以"12330"公益服务热线为重点的宣传活动。河南省积极将维权援助工作纳入全省经济社会发展中心工作整体规划部署加以推进。此外，河南省不断加大展会维权保护的力度。2017年，维权援助中心"12330"先后入驻了第四届中原（濮阳）油气技术装备展览会、2017年全国绿色建材家居博览会、中原第三十一届中原医疗器械（2017年春季）展览会等，设立了"12330"工作站，组织来自高校的大学生志愿者为参展商及公众发放宣传资料3000余份，走访了部分参展商并进行了知识产权问卷调查，受理和处置维权援助和举报投诉案件咨询400多人次。展会期间，维权援助中心受理了多个案件，接到案件后维权援助中心立即派出工作人员对此案件进行实地勘察，帮助专利权人进行维权，保证了专利权人的合法权益。维权援助中心对涉嫌侵犯专利权纠纷的高效、快速、专业的受理、处置和反馈，得到了专利权人及各方的高度肯定，促进了知识产权保护社会满意度持续提升。

二、知识产权司法保护能力不断提高

2015年，河南省法院共受理各类知识产权纠纷案件4250件，审结各类知识产权案件3450件，结案率达81.2%，其中审结著作权案件1920件、审结商标权案件777件、审结专利权案件332件、审结不正当竞争案件196件，期间，省高级人民法院发布了《2015年度河南省知识产权司法保护白皮书》。白皮书显示，河南省法院着力维护知名食品加工企业品牌和商誉，加大对"傍名牌"行为制裁力度，为河南实现由"天下粮仓"向"国人厨房"跨越保驾护航。进入"十三五"以来，河南省认真贯彻实施国家知识产权战略，法院充分发挥审判职能作用，相关部门不断加大知识产权司法保护力度，知识产权审判质效不断提高，知识产权案件数量逐年攀升，司法保护知识产权主渠道作用日益明显。

"十二五"以来河南省司法保护案件受理数如图1-18所示。其中，2016年，全省法院不断加强知识产权司法保护，新收各类知识产权案件3418件，结案3061件，审结率约为90%。其中著作权、商标权、专利权纠纷仍是知识产权主要纠纷类型，案件数分别为1140件、1008件、234件，其他类型知识产权纠纷679件。河南省高级人民法院从全省法院2016年办结的知识产权刑事、民事和行政案件中筛选出了"2016年河南法院知识产权司法保护十大典型案例"向社会发布（见表1-20）。

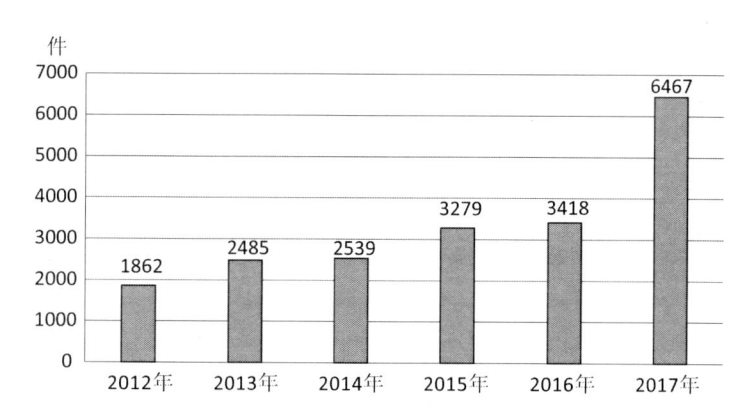

图 1-18　2012—2017 年河南省司法保护案件受理数

表 1-20　2016 年河南法院知识产权司法保护十大典型案例

序号	案件
1	范某非法制造"好想你"注册商标标识罪案
2	被告人何某侵犯著作权案
3	金星啤酒公司与省外某啤酒公司侵害商标权及不正当竞争纠纷案件
4	路易威登马利蒂诉郑州某商贸有限公司及马某侵害商标权纠纷案
5	河南有线电视网络集团有限公司诉商丘某电视公司侵害广播组织权案
6	香港正大国际投资有限公司诉商丘某公司、郑州某公司不正当竞争纠纷案
7	河南梦祥纯银制品有限公司诉郑州某首饰公司侵害外观设计专利权纠纷案
8	驻马店市张书奶粉营销有限公司与张某特许经营合同纠纷案
9	鲁山县尧山大峡谷漂流有限公司与平顶山某公司侵害商标权纠纷一案
10	新乡市华畜商贸有限公司诉沧州某公司要求确认不侵权之诉

2016 年 7 月，最高人民法院出台了《关于在全国法院推进知识产权民事、行政和刑事案件审判"三合一"工作的意见》。为优化审判资源配置，提高审判质量和效率，充分发挥知识产权司法保护的主导作用，推进知识产权审判体制和工作机制改革，加快创新驱动发展战略的实施，建立公正、高效、权威的社会主义知识产权司法制度，依据最高人民法院要求，河南省高级人民法院制定了知识产权审判"三合一"实施方案，自 2017 年 1 月 1 日起，知识产权刑事、行政案件将不再由郑州市、洛阳市中级人民法院集中管辖，而是由相应的中级、基层法院分别受理。河南省高级人民法院和郑州市中级人民法院、洛阳市中级人民法院是最高法院首批指定的知识产权审判"三合一"

试点法院。同时，拟在洛阳高新技术产业开发区法院之外，增加郑州航空港区法院作为河南有知识产权管辖权的基层法院。河南省高级人民法院民三庭改名为知识产权审判庭，全省各中级人民法院以及郑州航空港区法院、洛阳高新技术产业开发区法院，分别成立知识产权审判庭，并对知识产权案件案号单独编制。2017年，河南省法院继续贯彻落实党中央、国务院"实施严格的知识产权保护制度"精神，不断加大知识产权司法保护力度。全省法院大力推行以审判为中心的诉讼制度改革；加强对类型化案件的调研，不断探索更加合理高效的审判流程；知识产权一审案件的审理周期平均90余天，二审案件平均50余天，均远远低于《中华人民共和国民事诉讼法》规定的案件审理期限，一审裁判文书生效率超过90%，有效缩短了权利人的维权周期。数据显示，河南省法院2017年新收各类知识产权案件6467件，比2016年增加3049件。结案6398件，结案率达98%。审结的郑单958植物新品种、路易威登、盼盼食品等多起典型案件被写入河南省法院人大工作报告。2017年河南省高级人民法院公布的2017年知识产权保护十大典型案例如表1-21所示。最高人民法院评选的"王老吉加多宝包装装潢纠纷案"等2017年十大知识产权案例中，河南法院审结的"反光材料商业秘密纠纷案"名列其中。

表1-21　2017年河南法院知识产权司法保护十大典型案例

序号	案例
1	河南金博士种业股份有限公司与中国种子集团有限公司、河南金娃娃种业有限公司侵害植物新品种纠纷案
2	新乡市恒基化工有限公司与新乡市博科精细化工有限公司、吉林万华精细化工有限公司、梁义军侵害商业秘密纠纷案
3	浙江绍兴苏泊尔生活电器有限公司诉郑州市知识产权局行政纠纷案
4	吴某与郑州鸿跃环保科技有限公司、东方希望包头稀土铝业有限责任公司侵害发明专利纠纷案
5	何某销售假冒注册商标的商品罪案
6	湖北新洋丰肥业股份有限公司与洋丰肥业有限公司侵害商标权及不正当竞争纠纷案
7	刘某与郑州市惠济区金润机电设备商行、浙江威普机电科技有限公司侵害实用新型专利纠纷案
8	孔某、王某与浚县鹤中冬熟果树研究中心技术合同纠纷案
9	河南芝麻开门数码商务有限公司侵害著作财产权纠纷案
10	梁某销售假冒注册商标的商品罪案

三、知识产权执法体系日益完善

2016—2017年,河南省每年全面深入开展声势浩大的"雷雨""天网"等专项执法行动,坚持专项行动督导制度,持续加强展会、电子商务等重点领域和关系国计民生的重点行业知识产权保护力度。2017年,接收并处理电子商务领域执法协作调度(浙江)移交的电商案件900余件。同时加强知识产权相关部门协同执法,积极参与"一带一路",深化城市间执法协作机制,"晋冀鲁豫"四省五市跨地区执法协作规模扩充到十一市。中国郑州(创意产业)快速维权中心获批成立并投入运行,开通知识产权快速授权、确权、维权绿色通道。截至2017年底,已备案企业121家,外观设计专利快速维权163件,预审合格案件准确率100%,参与调处专利侵权纠纷案件107件,各项工作逐步走向规范化、制度化。另外,河南省还设立知识产权社会法庭和河南首家知识产权巡回法庭,全面启动省级知识产权保护中心申建工作。河南省各级工商机关深化实施商标品牌战略以来,在监管维权方面,进一步加大商标专用权保护力度,坚持日常监管与专项整治相结合,在抓好日常监管的同时,组织开展商标打假维权专项行动,营造了良好的市场环境,积极利用中部六省商标保护协作网和淮海经济区商标保护协作网,大大提高了区域内的商标专用权保护力度,进一步完善了执法体系。

四、知识产权行政执法能力不断提升

2016—2017年,河南省知识产权执法体系不断完善,行政执法能力得到显著提升。其中2017年,河南省共检查商品超过3万件,共受理专利侵权假冒案件2981件,结案2768件,分别较2016年增长了31.0%、29.0%。其中专利纠纷案件1208件,较2016年增长了72.0%;假冒专利案件1773件,较2016年增长了31.0%。行政执法水平较"十二五"时期取得了很大的提升。在中部六省中,河南省处理的专利侵权案件是安徽省的1.3倍,是江西省的4.3倍,居于中部六省前列。与北京市相比,河南省处理的专利侵权案件是其2.5倍。在商标行政执法方面,各级工商部门保持持续高压态势,严厉打击侵权行为,切实保护商标所有人的合法权益。以驰名商标、著名商标、地理标志、涉外商标为重点,打击侵权假冒行为,切实保护商标专用权;按照国家工商总局和省政府统一安排,积极落实"双打"重点工作,深入开展了打击侵犯知识产权和制售假冒伪劣商品专项行动。"十三五"以来,河南省的行政执法力度虽较"十二五"

时期有了显著的增长，但是相对于其他省份还存在一定的差距。2017年在中部六省中，湖南省共立案办理专利行政执法案件4652件，其中专利侵权纠纷案件510件，查处假冒专利案件4089件。河南省受理的专利侵权纠纷案虽是湖南省的2.4倍，但查处假冒专利案件的力度仅占湖南省的42.6%。对比江苏省这样的发达省份，河南省受理的专利侵权案件总数仅占其37.0%。2016—2017年河南省查处的具体侵权假冒案件数如图1-19所示。

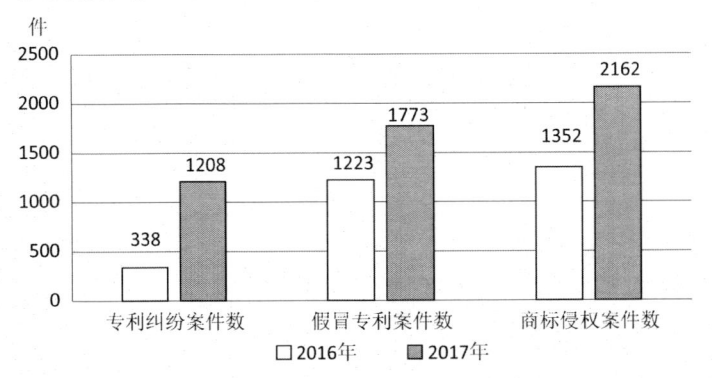

图1-19 2016—2017年河南省查处侵权假冒案件数

五、知识产权执法人员队伍不断壮大

2016年河南省参与执法行动的人员数量为2600人，是"十二五"末期执法人员数量的1.73倍，执法人员数量不断增加。此外，河南省的法官人员队伍也在不断壮大，2017年知识产权法官人数为136人，是"十二五"时期知识产权法官人数的6倍。并且全部具有本科以上学历，其中具有硕士学位65人，具有博士学位2人。其中郑州市中级人民法院13人，洛阳市中级人民法院8人，新乡市中级人民法院6人，洛阳高新技术开发区法院3人。2010—2016年河南省知识产权执法人员数量如图1-20所示。

图1-20 2010—2016年河南省知识产权执法人员数量

第五章 知识产权服务

2016—2017年河南省知识产权事业再上新台阶，知识产权服务机构不断健全、知识产权服务平台不断完善、知识产权服务内容逐步多元丰富、知识产权服务业的快速发展促进服务能力不断提升、服务效果持续向好，进一步服务于强省建设。

一、知识产权服务机构不断健全

"十二五"以来，河南省采取有效措施，不断加强中介服务队伍建设，支持具备资质符合设立新机构条件的专利代理人，设立新的专利代理机构，并组织全省人员参加全国专利代理人资格考试，为河南省人才短缺的专利代理行业增加新鲜血液。2012年，知识产权服务机构品牌培育工作迈出新步伐。通过加强组织领导、认真筛选、积极推荐，河南省2家知识产权服务机构被国家知识产权局评为首批"全国知识产权服务品牌机构培育单位"。2014年，河南财经政法大学获批建设河南省知识产权服务业政策研究基地；中国（郑州）知识产权产业研究院筹建。河南省成功获批第二批国家专利代理行业发展试点省，两家知识产权服务机构获批国家第一批知识产权服务品牌机构，3家知识产权服务机构获批第二批国家知识产权服务品牌培育机构。"十二五"末期，河南省已有3家知识产权中介服务机构荣获示范创建单位，在中部六省名列前茅。

2016年河南省知识产权服务机构拥有执业专利代理人217人，771人拥有专利代理资格证。2017年河南省专利代理行业发展迅速，以国家专利代理行业改革试点省为契机，开展专利代理行业发展促进计划及知识产权服务品牌机构培育工作，专利代理行业规模进一步壮大，年度新增专利代理机构15家，分支机构9家，执业专利代理人42人，全省累计拥有执业代理人259人，专利代理机构 71 家，其中，国家级知识产权服务机构 60 家，全国知识产权服务品牌培育机构 5 家（见表 1-22）。

表1-22　河南省全国知识产权服务品牌培育机构

序号	机构名称	备注	获批时间
1	河南专利孵化转移中心有限公司	企业类知识产权服务机构	2012 年
2	郑州睿信知识产权代理有限公司	企业类知识产权服务机构	2012 年
3	郑州大通专利商标代理有限公司	企业类知识产权服务机构	2014 年
4	郑州联科专利事务所	企业类知识产权服务机构	2014 年
5	洛阳公信知识产权代理有限公司	企业类知识产权服务机构	2014 年

二、知识产权服务平台不断完善

"十二五"期间，河南省构建完善专利导航综合服务平台，建设了知识产权综合服务大厅。为加强知识产权服务体系建设，促进知识产权经济发展，河南省选择了 5 个产业集聚区搭建具有区域产业特色的专利信息服务平台。之后又开展洛阳高新区专利信息服务先期试点，为五个省辖市安装了专利专题数据库，指导专利数据库建设单位为企业开展信息服务。2016 年，国家知识产权服务业集聚发展试验区顺利通过国家考核验收。2017 年，河南省根据国家知识产权局《关于国家知识产权运营公共服务平台遴选入驻单位的通知》，开展了筛选公共服务平台入驻单位工作，一共 141 家单位符合遴选要求，其中知识产权服务机构 24 家，高校 28 家，企业 86 家，其他机构 3 家。此外，2016—2017 年河南省还先后布局建设了郑州高新区北斗导航产业专利导航实验区等首批 7 家省级专利导航实验区，并获批全国专利代理行业改革试点省，拥有专利代理机构 46 家，是"十二五"初期的 2.6 倍；各类知识产权服务机构近 300 家，获批全国知识产权服务品牌机构 5 家，知识产权分析评议服务示范机构 2 家。为进一步推进知识产权服务平台建设，河南省以审协河南中心、国家知识产权服务业集聚发展示范区、国家知识产权创意产业园及国家专利导航产业发展试验区建设为抓手，不断完善全省知识产权服务平台，不断加大载体建设力度。

三、知识产权服务内容逐渐多元丰富

知识产权服务是一项既包含法律服务，又包含专业技术服务的特殊服务，服务内容与技术和知识高度相关；知识产权服务业促进智力成果权利化、商用化、产业化的新型服务业，是现代服务业的重要内容，是高技术服务业发展的重点领域。2016—2017年，河南省积极发挥审协河南中心的辐射带动作用，在大力提高知识产权信息利用率的基础上，积极推动发展知识产权分析评议、导航、预警、运营等新型知识产权服务业；依托审协河南中心的辐射带动作用，引导鼓励知识产权服务机构为中小微企业提供知识产权托管等服务；充分发挥知识产权服务行业协会作用，积极推进知识产权服务标准化；发挥郑州国家知识产权服务业集聚发展试验区的引领带动作用，推进知识产权服务业集聚发展。

四、知识产权服务能力不断提升

2016年，为规范品牌培育工作管理，发挥品牌机构示范作用，河南省出台了《河南省知识产权服务品牌机构管理办法》，组织各省辖市、省直管县推荐申报知识产权服务品牌培育机构，配合国家知识产权局承办全国知识产权服务品牌机构牵手河南发展活动，有效宣传品牌机构的品牌效应，促进小微知识产权服务机构服务能力显著提升。

2017年，国家知识产权局专利审查协作河南中心（以下简称"审协河南中心"）全面建成入驻，年审发明专利8.4万件，实用新型专利9.7万件，服务能力逐渐彰显。2017年，国家知识产权创意产业园建设成效显著，目前已入驻企业175家，从业人员达805人，为省内产业集聚区1000余家制造企业提供服务，特别是中国郑州（创意产业）知识产权快速维权中心、知识产权维权援助工作站、国家专利复审委第九巡回审理庭、郑州市中级人民法院知识产权巡回法庭、省知识产权社会法庭等公共服务载体的入驻，进一步完善了园区知识产权服务链条。2017年，郑州国家知识产权服务业集聚发展示范区建设全面启动，服务集聚区正式获批为示范区，制订上报了服务业集聚发展示范区建设方案，示范区建设全面铺开。目前，集聚发展区固定资产总投资达200亿元，集聚知识产权服务机构400余家，涵盖知识产权代理、法律、信息等各种服务类型，有力带动了知识产权服务业快速发展，促进服务能力不断提升，服务效果持续向好，进一步服务强省建设。

第六章

知识产权人才培养

知识产权人才培养是实施知识产权战略的重要组成部分之一，为努力创造自主创新环境，不断深化体制机制改革，建立公平、有序的竞争秩序，全面有效地实施知识产权制度，河南迫切需要大量高素质知识产权人才。2016—2017年河南省知识产权人员培养制度不断完善、百千万人才工程扎实推进、知识产权远程教育参与度不断提高、知识产权人才培训力度不断加大、知识产权培训基地布局逐步完善，为人才输出提供了有力保障。

一、知识产权人才培养制度不断完善

河南省在"十二五"时期加大颁布人才培养制度政策力度，致力于完善人才培养环境。2010年，河南省知识产权局联合省科技厅、人力资源社会保障厅、教育厅和财政厅五部门制定了《河南省百千万知识产权人才暂行管理办法》，《河南省知识产权人才工作组工作制度》及知识产权人才评价指标体系。2011年，制定《河南省知识产权高层次人才评选工作方案》。之后在"十二五"时期，每年都发布《河南省知识产权战略实施推进计划》，对培养知识产权人才进一步做出了要求，把加强知识产权宣传培训与人才培养列为重点任务。2016—2017年，河南省在"十二五"时期的基础上，不断完善人才培养制度，出台省《知识产权人才"十三五"规划》等各类知识产权人才培养政策。

二、百千万知识产权人才工程扎实推进

在"十二五"初期，河南省知识产权局召开了第一次知识产权人才工作组办公室会议，启动首批知识产权高层次人才评选认定工作。截至"十二五"末期，河南省入选知识产权高层次人才队伍总人数超过65人。2017年，河南

省共有国家级知识产权领军人才2人，进入国家级知识产权专家库8人，国家级知识产权高层次人才17人，省级知识产权高层次人才77人，相比"十二五"时期知识产权高层次人数总量增长了30.9%。

三、知识产权学历教育覆盖度逐步加大

河南省现有河南财经政法大学、河南师范大学、安阳工学院、中原工学院、河南科技大学、郑州成功财经学院、河南师范大学新联学院7所高校开设知识产权（法）本科专业。对比中部六省乃至全国，河南省开设知识产权专业的高校数量位居首列。截至2017年6月，河南财经政法大学已毕业两届学生近120人；河南师范大学和安阳工学院2017年第一届毕业生约120人；中原工学院、河南科技大学、郑州成功财经学院和河南师范大学新联学院尚无毕业生。7所院校已累计培养知识产权本科学生1450余名，毕业240余名学生。同时，在郑州大学设立了民法方向、商法方向和竞争法方向的法学博士；郑州大学、中原工学院、河南大学、河南师范大学、河南财经政法大学五个高校设立了知识产权的硕士点，现已培养170多名知识产权研究生，同时中原工学院在MBA专业硕士点招收知识产权管理方向的硕士研究生，共7名。具体情况如表1-23所示。

表1-23 河南省知识产权人才"学历教育"情况

学校名称	始招生年份	招收类型	本科数量/人	研究生数量/人	毕业生数量（本科）/人
郑州大学	—	—	—	70	—
河南财经政法大学	2012年	文理	300	20	120
河南师范大学	2013年	文理	280	10	60
安阳工学院	2013年	文史	224	—	60
中原工学院	2014年	理科	159	50	—
河南科技大学	2014年	文理	69	—	—
郑州成功财经学院	2014年	文理	150	—	—
河南师范大学新联学院	2014年	文理	270	—	—
河南大学	—	—	—	20	—

四、知识产权远程教育参与度不断提高

河南省利用网络平台的优势，开设网上远程教育课程。人数由"十二五"末期的 23268 人到 2016 年的 26480 人，增长了 12.1%。2015 年，河南省远程教育平台新建中原工学院、河南科技大学、安阳师范学院 3 个知识产权远程教育分站，组建班级 92 个，新增学员注册 4627 人，参与学员 23268 人。2016 年远程教育平台下设 8 个子站，共建立班级 115 个，新增学员 3212 人，参与学员 26480 人，在线学习 5808 人。相较于"十二五"末期，参与学员人数增长了 12.1%。2017 年，远程教育平台下设 8 个子站，共建立班级 135 个，参与学员达到 34046 人，较 2016 年增长了 22.2%，选课 44398 人次。同年河南省知识产权远程教育平台获评"优秀子平台"荣誉称号。这是河南省自知识产权远程教育工作开展以来，连续 16 年获得"优秀子平台"荣誉称号。河南省知识产权远程教育参与人数趋势具体如图 1-21 所示。

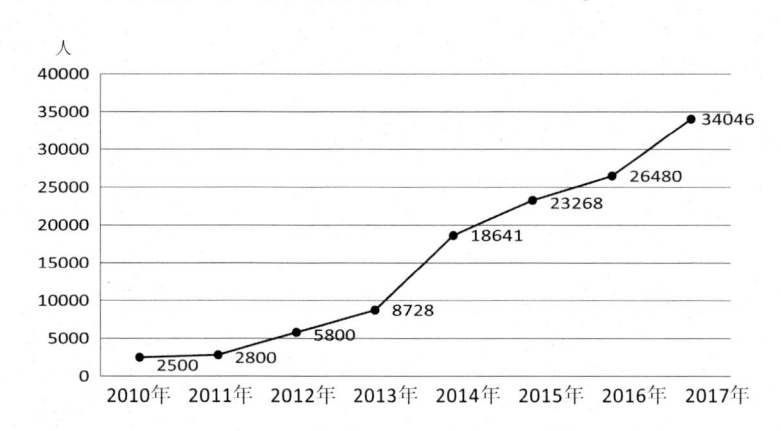

图 1-21 河南省知识产权远程教育参与人数趋势

五、知识产权人才培训力度不断加大

随着知识产权的重要性日益凸显，河南省对知识产权的人才培训力度也在不断加大。2016 年，河南省分级分类举办培训班 10 余个，开展知识产权巡讲活动 20 余场，组织完成全省 10 个直管县（市）、郑州高新区等 6 个重点区域和郑州大学等 5 个高校共计 21 场知识产权巡讲，发放调查问卷 1000 余份，受训规模达 3000 人次。2017 年，河南省培养知识产权行政管理人员和企业管理人员 8000 余人，同时联合省委组织部、中国知识产权培训中心举办第 10

次县处级领导干部知识产权战略研究班。除了政府和企业进行知识产权培训之外，河南省还对专利代理人开展了执业培训，"十二五"末期，河南省的专利代理人数为101人。截至2017年底，河南省执业专利代理人为246人，较2016年翻了一番，较"十二五"时期增长了58.9%。但与江苏省相比，仅占其专利代理人的41.0%。

六、知识产权培训基地布局逐步完善

河南省在加强知识产权人才队伍建设中，知识产权培训基地做出了积极贡献。在"十二五"时期新增郑州大学、河南大学2所高校作为河南省知识产权培训基地，并持续推进河南大学、河南财经政法大学、中原工学院3个省级培训基地建设，认定河南科技大学、新乡职业技术学院、漯河食品职业学院、平顶山教育学院等高校为省级知识产权培训基地。2016—2017年，河南省积极开展知识产权培训基地、实验基地评审工作。截至2017年底，河南省拥有国家级知识产权培训基地1个、省级知识产权培训基地10个（见表1-24），河南省的知识产权培训基地布局在逐步完善。

表1-24 河南省知识产权培训基地

序号	培训基地名称	备注
1	国家知识产权创意产业试点园区	国家级
2	郑州大学	省级
3	河南大学	省级
4	中原工学院	省级
5	河南科技大学	省级
6	河南财经政法大学	省级
7	平顶山教育学院	省级
8	新乡职业技术学院	省级
9	漯河食品职业学院	省级
10	河南师范大学	省级
11	安阳师范学院	省级

第七章 知识产权文化宣传

2016—2017年,河南省积极举办"知识产权宣传周"活动,不断深化与主流媒体之间的合作,利用多个平台开展知识产权宣传,在高校内举办各种宣传讲座,不断扩大知识产权宣传巡讲规模,持续推进中小学知识产权教育试点示范工作,知识产权文化宣传工作取得显著成果。

一、知识产权宣传巡讲活动规模不断扩大

2016—2017年,河南省积极开展知识产权宣传巡讲活动。2016年,河南省依托河南省知识产权局门户网站,举办知识产权宣传周专题宣传活动、专利周和知识产权强省建设等多个专题,并在国家知识产权局门户网站首页进行链接。在宣传周期间,河南省知识产权局举办了知识产权强省建设专家巡讲、"河南省知识产权中原行"媒体集中采访、知识产权高层次人才网络论坛、知识产权维权援助宣传、开展全省中小学知识产权师资培训等一系列活动;举办培训班10余个,开展知识产权巡讲活动20余场,受训规模达5000人次。2017年,河南省围绕"创新创造改变生活,知识产权竞争未来"的活动主题开展了知识产权宣传周,在活动期间,举行了"12330"举报投诉热线宣传、印发专利行政执法十年汇编画册等十余项活动。在2017年全年完成了18个直管县(市)共18场巡讲活动,发放调查问卷2000余份,受训规模达4000余人次。同年,新乡市举行知识产权辩论赛;各市区在社区开展知识产权宣传并取得突出成效;汝州、长垣等联合多部门开展知识产权宣传。相较于"十二五"时期,河南省的知识产权宣传活动规模在不断扩大,"尊重知识,崇尚创新,诚信守法"的知识产权文化氛围进一步形成。

二、联合媒体合作宣传力度不断加大

相较"十二五"时期,河南省在2016—2017年,不断加大与媒体之间的

合作宣传，加大知识产权文化宣传力度。2016年，在国家知识产权局网站、中国知识产权报、人民网、新华网、河南日报等省级以上媒体发稿366篇，其中在中国知识产权报社发稿113篇，连续多年名列全国前茅。组织全省知识产权局系统利用河南省知识产权局门户网站发布知识产权工作信息747篇。2017年，河南省围绕重点和中心工作，以河南日报、大河报、河南科技、河南科技报知识产权专版等省内主流媒体为平台，并在河南卫视投放知识产权公益广告，加大知识产权事业成就的宣传力度，提升社会影响力。全年在中国知识产权报刊登通讯、消息、图片等82篇，在国家知识产权局网站发布稿件91篇，居全国第五位。河南省知识产权局门户网站及刊物发布稿件841篇，漯河、濮阳在省局门户网站发稿均达百余篇；洛阳、新乡、漯河有效利用《中国知识产权报》等平台开展宣传成效明显；南阳、商丘接受市主流媒体和政府门户网站在线访谈，并收到社会普遍关注。

尤其需要提出的是，2017年河南省知识产权局网站（以下简称"省局网站"）的工作有以下几个突出亮点：一是省局网站总访问量突破7600000人次，其中独立IP用户访问总量达到3300000个，充分体现出河南省知识产权工作越来越得到社会各界的关注，省局网站成为社会公众了解全省知识产权工作动态的重要窗口和渠道；二是省局网站信息发布总数达到4180条，其中政务动态信息更新量突破1000条，达到1004条，信息采写数量和更新速度在省直厅局官方网站中位居前列。2017年，省局网站新开设2017年河南省知识产权巡讲活动、河南省知识产权宣传周、河南省专利奖、党的十八大以来河南省知识产权事业发展成就、第十一届中国专利周河南地区活动5个专题专栏。目前，局网站共设有11个专题专栏。2017年省局网站充分发挥和网友交流互动平台的作用，网站在线咨询栏目共收到留言数量405条，办结留言数量和公开答复数量均为405条，没有一条遗漏，为社会公众提供全方面、高质量的信息服务。同时充分发挥利用微信公众号"河南知识产权""河南省知识产权研究会"等新媒体传播广、速度快的优势，全年共发布信息240条，订阅数突破2000，达到2099个，进一步扩大河南省知识产权宣传工作的辐射面和影响力。

三、中小学知识产权教育试点示范工作持续推进

为进一步培养河南省中小学生创新精神和知识产权意识，为创新型人才培养提供基础性支撑，按照国务院《新形势下加快知识产权强国建设的若干

意见》和《"十三五"国家知识产权保护和运用规划》要求，河南省持续推进中小学知识产权教育试点示范工作。2016年，新设立小学知识产权普及教育实验基地74家，相较于"十二五"时期，增长了73.0%。2017年，河南省积极开展中小学知识产权普及教育示范基地，实验基地评审工作，郑州十二中入选全国中小学知识产权教育试点学校。截至2017年底，河南省具有全国中小学知识产权教育试点学校2所。与中部六省的其他省份相比，河南省的中小学知识产权教育试点学校数量仅占江西省的10.0%，湖南省的9.5%，还存在一定差距。

第八章 知识产权合作与交流

随着全社会知识产权意识的显著增强,2016—2017年,河南省在"十二五"基础上继续深化援疆交流,不断扩大与各部门、各地区的协同合作,知识产权学术合作交流活动不断增加,国际合作与交流日益加深。

一、知识产权援疆工作水平不断提升

河南省在"十二五"初期,根据国家知识产权局和河南省委、省政府有关要求,促进与新疆哈密地区知识产权工作的交流与合作,签订了和新疆哈密地区行政公署对口协作协议书,正式启动知识产权援疆工作。2016—2017年,河南省出台相关援疆通知,通过派往由知识产权专家、学者、企事业单位知识产权管理工作者等组成的工作组和邀请哈密相关人员来参加培训加强与哈密地区知识产权互访。同时组织省中小学教育好的城市赶往哈密进行交流,学习哈密先进的工作方式和经验,提升青少年知识产权意识。2016年,河南省组织相关人员前往哈密地区开展援疆工作,并建立健全豫哈对口协作机制,签订了河南省知识产权局和新疆哈密地区行政公署对口协作协议书,选派优秀专利代理人指导哈密地区开展企业知识产权工作,加大经费、项目和技术支持。2017年,河南省继续深化豫哈交流合作,不断加强两地沟通交流,全面推进豫哈对口协议的落实,大大提高了河南省的援疆工作水平,豫哈知识产权交流取得了更大成效。

二、知识产权省级层面协作交流不断加强

2016—2017年,河南省在各个层面积极开展知识产权合作交流。在知识产权协同执法方面,河南省一直积极协同各执法部门参与执法建设,建立协同联盟,召开协作交流会,签订协作协议,努力提高完善河南省的知识产权

执法体系；在外商投资方面，河南省相关部门积极协同开展外商投资企业知识产权保护座谈会，通过与外商投资企业的沟通与交流，为外商投资企业厘清了处理知识产权纠纷的思路，进一步营造良好的招商引资环境。审协河南中心先后与省内知识产权示范城市郑州、安阳、许昌、新乡等市签订长期合作协议，服务地方经济发展。相较于"十二五"时期，河南省2016—2017年的知识产权协作交流日益加深。

三、知识产权学术交流活动不断增加

2016—2017年，河南省积极开展各类学术活动、举办知识产权研讨会、论坛等：相继开展"郑州市新三板挂牌公司投贷联动融资路演活动""专利布局与专利运营专题培训""创意产业知识产权快速维权中心专项讲座""知识产权质押融资巡讲及银企对接会""知识产权运营研讨会""全省各地市知识产权进百企活动""河南省中小学知识产权创意大赛""中小学知识产权师资培训班""海峡两岸创新驱动发展与知识产权保护论坛""知识产权专题讲座""开放日审查员与代理人座谈会"等活动。此外，2016年11月16日，由河南省知识产权局、河南省知识产权研究会联合主办的"河南省知识产权研究会2016年年会暨首届知识产权中原论坛"在郑州举行。研讨会上，来自省内外知名院校、科研院所、知识产权服务机构及企业的人士先后就"创新视野下知识产权运营""品牌建设与运营""产业集聚区知识产权协同创新的政府功能""知识产权运营中的法律问题""高校知识产权运营问题""知识产权证券化及相关问题""知识产权质押融资的多元发展"等问题进行了发言与研讨。2017年10月21日，"2017年河南省知识产权研究会年会暨第二届知识产权中原论坛"在郑州高新区召开，多名知识产权届专家受邀进行了主题演讲，先后就"知识产权综合管理改革试点问题""一带一路、自主创新与知识产权""打造中西部地区知识产权高地的若干政策思考""革新著作权许可制度以共享互联网科技进步恩惠""互联网+知识产权运营""创新成果的产权配置困境及其解决""'一带一路'与知识产权战略协同"等问题进行了发言与研讨，为郑洛新国家自主创新示范区发展献计献策。相关学术交流活动促进了河南省知识产权水平的整体提升。

四、知识产权国际合作交流日益深化

为了响应国家"一带一路"建设倡议，河南省郑州、洛阳作为丝绸之路

节点城市，发挥的作用越来越大。相较于"十二五"时期，2016—2017年河南省不断加大国际交流合作，积极参与国家"一带一路"知识产权合作，围绕"一带一路"建设和国际产能合作，颁布更多优惠政策，服务越来越多的企业参与引进来和走出去；同时不断加大与德国、丹麦、瑞典等欧洲国家在促进科研机构和高校在知识产权人才培养等方面进行交流与合作。

第二部分

河南省知识产权专题研究
（2016—2017）

第一章 知识产权与自主创新示范区

王 肃[1] 张 帅[2]

一、郑洛新国家自主创新示范区概况

（一）基本情况

近年来，河南省大力实施创新驱动发展战略，加快构建现代创新体系，科技实力和创新能力不断迈上新台阶。其中，郑州、洛阳、新乡三个区域已成为河南创新资源最集中、创新体系最完备、创新活动最丰富、创新成果最显著的区域。2016年3月30日郑洛新国家自主创新示范区（以下简称"自创区"）获批，是国务院批准的第12个国家级自主创新示范区，也是河南省体制、机制创新的重要示范基地。2016年5月26日，中共河南省委、河南省人民政府印发《郑洛新国家自主创新示范区建设实施方案》，从总体要求、战略定位、空间布局和功能布局、发展目标、重点任务、保障措施等方面对自创区建设进行了全面安排部署。建设郑洛新国家自主创新示范区，对引领支撑河南创新发展、促进经济转型升级、加快中原崛起河南振兴富民强省具有重大意义。

国家自主创新示范区在推进自主创新和高技术产业发展方面先行先试，有利于进一步完善科技创新的体制机制，促进高新技术产业和战略性新兴产

---

[1] 王肃（1967— ），河南鹿邑人，中原工学院法学院/知识产权学院院长，教授，博士，硕士生导师。

[2] 张帅（1991— ），河南驻马店人，中原工学院法学院/知识产权学院2017级硕士研究生。

业的快速发展。丰富的创新资源加上制度体制优势，由此带来郑洛新国家自主创新示范区的经济快速增长。2016年郑州、洛阳、新乡三市GDP增长速度强劲，明显高于上一年，创新对经济发展的辐射和引领作用更加明显。具体情况如表2-1所示。

表2-1 郑州、洛阳、新乡三市GDP增长情况

地区	年份	GDP/亿元	增速/%
河南省	2015	37010.20	5.93
	2016	40160.01	8.53
郑州市	2015	7315.19	7.94
	2016	7994.16	9.34
洛阳市	2015	3508.75	6.83
	2016	3782.86	9.05
新乡市	2015	1982.25	3.36
	2016	2140.73	8.39

（1）郑洛新国家自主创新示范区行政区划。郑洛新国家自主创新示范区依托郑州、洛阳、新乡3个国家高新技术产业开发区建设而成，以郑州、洛阳、新乡三个城市为主要片区，加上周边其他国家高新区和其他省辖市、省直管县（市）的特色园区及辐射区，形成"3+N"形式的自创区发展格局。

在自创区内部各片区，分别以郑州、洛阳、新乡三个国家高新区为核心区，各片区根据各自创新发展实际需求，实行动态管理，优先保障核心区扩区。自创区具体规划如表2-2所示。

表2-2 郑洛新国家自主创新示范区行政区划

区域	核心区	辐射区
郑州片区	郑州国家高新区为核心区	郑州航空港经济综合实验区、郑东新区、金水区、郑州经开区的等内的重点园区为辐射区
洛阳片区	洛阳国家高新区为核心区	先进制造产业园区、洛龙科技园区和伊滨科技园区等内的重点园区为辐射区
新乡片区	新乡国家高新区为核心区	平原示范区、新乡国家化学与物理电源产业园区、大学科教园、新东产业集聚区等内的重点园区为辐射区

续表

区域	核心区	辐射区
国家高新区及省辖区等园区	—	国家高新区主要包括：安阳、南阳、平顶山、焦作等国家高新区。省辖市、省直管县（市）的各类园区，从省直辖市、省直管县（市）的高新区、经开区、产业集聚区等园区中所选择符合条件的特色专业园区

（2）郑洛新国家自主创新示范区发展规模。自创区随着各种资源的不断丰富，企业和人员不断增加，财政资金投入持续加大，自创区规模也不断扩大。根据自创区"3+N"的架构，加快形成创新一体化发展格局，建设面积初定为530平方千米。其中郑洛新三市核心区及辐射区建设面积为430平方千米，其他辐射区建设面积为100平方千米。

2014年，郑洛新三市集聚了河南省53%的国家高新技术企业、45%的科技型中小企业、45%的上市企业和76%的新三板挂牌企业，引进59家世界500强企业进行投资，培育了宇通客车公司、中信重工公司、中铁装备公司、华兰生物公司等一批具有国际竞争力的创新型企业。同时，高新技术产业涉及的领域非常广泛，包括新材料、改造传统产业、生物与制药业、信息业、高技术服务业等不同领域。自创区科教支撑能力显著增强，2014年，拥有各类科技人才15.7万人，占全省的47.6%，成为河南省科技人才最密集的区域。共建有高等学校74家。同时，建有市级以上研发中心2349家，拥有盾构及掘进技术等11家国家重点实验室、电动客车电控及安全等8家国家工程技术研究中心、22家国家工程实验室（国家工程研究中心）、34家国家企业技术中心。拥有郑州磨料磨具磨削研究所、中船重工713所和725所等中央驻豫科研机构38家，分别占省的58.3%和95%。郑洛新三市共建设科技企业孵化器58家，其中国家级10家、省级25家，孵化面积突破426万平方米。郑州在全国首设小微企业创业投资基金。科技服务能力不断增强，在2014年已规划建设20个创新创业综合体，建立了光电产业技术创新公共服务平台等12个专业信息服务业园区。郑州国家高新区已获批全国首批科技服务业试点区域。

截至2016年底，自创区的核心区总用地面积达到214.32平方千米。企业数量也在不断扩大，从2009年的27748家增长至2016年的32977家，其中自创区规模以上的企业数在2016年发展为292家，高新技术企业总数为412家。自创区年末从业人员总数为264211，拥有研发机构数量为1424个。

河南省将在郑州、洛阳、新乡三个国家高新区着力打造国内具有重要影响力的高端装备制造、电子信息、新材料、新能源、生物医药等产业集群，重点开展科技服务业区域试点和科技成果转移转化、科技企业孵化体系、新型研发组织、科技金融结合等方面的试点示范。按照省政府报送的《郑洛新国家级高新区建设国家自主创新示范区总体方案》要求，到2020年，示范区将引进、吸纳高端创业企业200家，培育形成10个左右"百千万"亿级高新技术产业集群。

(二) 郑洛新国家自主创新示范区产业发展概况

1. 郑洛新国家自主创新示范区产业规划

自创区立足比较优势和发展基础，深化体制机制改革，开展创新政策先行先试，深入推进大众创业、万众创新，激发各类创新主体活力，营造良好的创新创业环境，培育一批"百千万"亿级创新型产业集群。各高新区强化战略先导地位，突出"高"和"新"，充分发挥引领、辐射、带动作用。辐射区突出"专"和"精"，发展特色产业。自创区充分利用各片区的区域优势，错位发展，加快形成示范区特色明显的产业格局。自创区具体产业规划如表2-3所示。

表2-3 郑洛新国家自主创新示范区产业规划

区域	产业规划
郑州片区	重点发展智能终端、盾构装备、超硬材料、新能源汽车、非开挖技术、智能仪表与控制系统、可见光通信、信息安全、物联网、北斗导航与遥感等，打造国内具有重要影响力的高端装备制造产业集群和新一代信息技术产业集群。重点创新发展国家农业研究平台，建设国际物流中心，研发交通装备核心部件，打造国内具有影响力的现代农业、现代物流业及轨道交通装备制造业。以建设国家科技和金融结合试点城市为抓手，重点开展科技服务业区域试点和科技金融结合方面的试点示范
洛阳片区	重点发展工业机器人、智能成套装备、高端金属材料、新型绿色耐火材料等，打造国内具有重要影响力的智能装备研发生产基地和新材料创新基地。重点培育新能源及新能源汽车产业、生物医药产业。以建设国家小微企业创业创新基地城市示范为抓手，重点开展创新创业生态体系和新型研发机构建设方面的试点示范

续表

区域	产业规划
新乡片区	重点发展新能源动力电池及材料、生物制药、生化制品等，打造新能源动力电池及材料创新中心和生物医药产业集群。充分发挥科教资源集聚优势，全力争创国家创新型试点城市，重点开展新能源领域科技成果转移转化和产业组织方式创新方面的试点示范

2. 郑洛新国家自主创新示范区产业发展现状及特点

近年来，自创区产业资源不断丰富，并大力培育具有比较优势的战略性新兴产业和国民经济行业，利用高新技术改造提升传统优势产业，加快发展现代服务业，加快形成三次产业协调、创新驱动主导、绿色低碳发展的新格局。

（1）产业资源发展现状。2014—2016年，自创区的产业资源不断丰富，用地面积、企业数均在稳步增长，从业人员队伍也在不断扩大。产业资源具体情况如表2-4和图2-1所示。

表2-4 郑洛新国家自主创新示范区产业资源

指标	2014年	2015年	2016年	年均增长率/%
用地面积/平方千米	213.5	213.5	214.32	1.9
企业数/家	27710	30671	32977	9.1
规模以上工业企业数/家	264	295	292	5.4
高新技术企业数/家	334	380	412	10.1
工业总产值/千元	219514580	224696044	203402700	-3.5
利润总额/千元	23736631	22772201	18016621	-12.5
出口创汇/千元	49981287	11077075	10107283	-43.3
年末从业人员/人	247824	264229	264211	3.2

注：1. 2014—2016年利润总额中郑州高新区的数据统计的为规模以上企业数的利润总量。
2. 规模以上：2007年至2010年为年主营业务收入在500万元及以上的工业企业；2011年及以后年份为主营业务收入在2000万元及以上的工业企业。
3. 工业总产值：是指工业企业在报告期内生产的以货币形式表现的工业最终产品和提供工业劳务活动的总价值量。
4. 利润总额：利润总额是指企业在生产经营过程中各种收入扣除各种耗费后的盈余，反映企业在报告期内实现的盈亏总额。
5. 出口创汇：出售给外贸部门或直接出售给外商产品或商品从而获得外汇收入。

河南省知识产权发展报告（2016—2017）

6. 年末从业人员：是指在报告期末，在企业汇总从事劳动并取得劳动报酬或经营收入的全部劳动力。

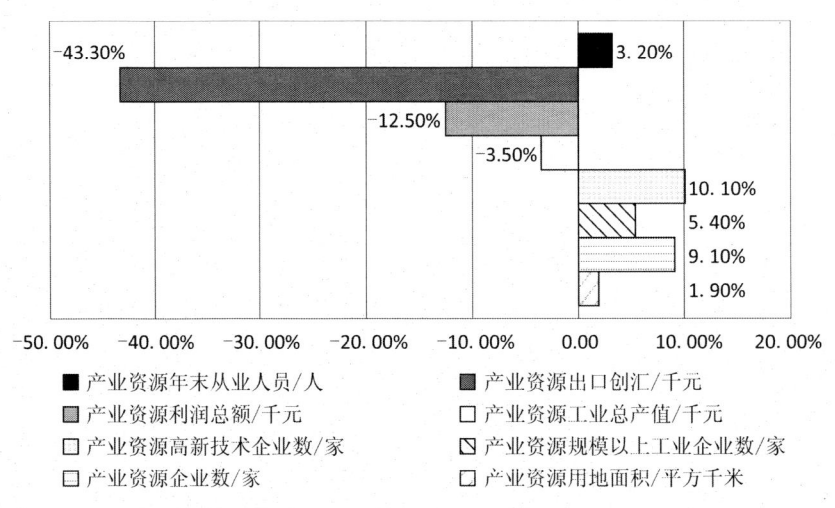

```
-43.30%                                      3.20%
              -12.50%
                        -3.50%
                                            10.10%
                                             5.40%
                                             9.10%
                                             1.90%
-50.00%  -40.00%  -30.00%  -20.00%  -10.00%  0.00%  10.00%  20.00%
```

■ 产业资源年末从业人员/人　　■ 产业资源出口创汇/千元
▨ 产业资源利润总额/千元　　　□ 产业资源工业总产值/千元
□ 产业资源高新技术企业数/家　▨ 产业资源规模以上工业企业数/家
□ 产业资源企业数/家　　　　　□ 产业资源用地面积/平方千米

图2-1　郑洛新国家自主创新示范区产业资源

（2）产业资源发展特点。产业资源总体状态呈现出一些新特征。具体表现为企业数量增长较快，高新技术企业占比增加，但利润总额、出口创汇呈现负增长趋势。截至2016年底，企业家数、高新技术企业数的年均增长比率均超过9%，企业数量由2014年的27710家到2016年的32977家，年均增长率达到9.1%，高新技术企业数年均增长率达到10.1%。但利润总额及出口创汇年均增长率均为负数，其中，出口创汇的年均增长率为-43.4%。

（3）高新技术产业现状。近几年，自创区在高技术产业、战略性新兴产业、国民经济行业取得显著成绩，企业数量和从业人员数量增多、研发经费大量投入，促进了自创区的发展，提高了工业总产值增长的比率。

郑州高新区在2014—2016年，战略性新兴产业的不同领域发展较快、进步较大。截至2016年底，新一代信息技术产业中的企业数量为68家，从业人员数量为2880人，相较于2014年，企业数量增加了8家，从业人员数量增加了372人，年均增长率分别为6.46%、7.16%。高端装备制造业的企业数量由2014年的48家增加到2016年的55家，从业人员数量增长为2304人，企业数量增加了7家，从业人员数量增加了297人。郑州高新区战略性新兴产业具体情况如表2-5所示。

表2-5 郑州高新区战略性新兴产业

产业分类	指标	2014年	2015年	2016年	年均增长率/%
新一代信息技术产业	企业数量/家	60	63	68	6.46
	从业人员数量/人	2508	2605	2880	7.16
高端装备制造产业	企业数量/家	48	51	55	7.04
	从业人员数量/人	2007	2084	2304	7.14

新乡高新区高技术产业由2011年至2016年在不同领域取得显著成绩。在航空、航天器及设备制造业，企业数量累计为43家，从事该制造业的人员数量由2011年的2203人增加到2016年的4059人，增长了近一倍。工业总产值也增长了近2倍多，2015年工业总产值为6691514千元，截至2016年底，工业总产值累计为28408405千元。R&D经费支出的变化的幅度较为平稳，据统计，2012年至2016年，R&D经费总支出为733107千元。新乡高新区高技术产业具体情况如表2-6所示。

表2-6 新乡高新区高技术产业

产业分类	指标	2011年	2012年	2013年	2014年	2015年	2016年	年均增长率/%
航空、航天器及设备制造业	企业数量/家	6	6	7	9	8	7	3.13
	从业人员数量/人	2203	2292	2968	3913	4294	4059	13.00
	工业总产值/千元	2626178	2978806	3558472	6467646	6691514	6085789	18.30
	R&D经费支出/千元	—	127913	147228	135390	149194	173382	7.90
医药制造业	企业数量/家	1	1	2	—	1	1	—
	从业人员数量/人	76	95	255	—	453	495	45.46
	工业总产值/千元	31391	28970	115579	—	273163	30871	−0.33
	R&D经费支出/千元	—	2500	2562	—	4280	3950	−16.47
电子及通信设备制造业	企业数量/家	2	6	8	18	5	4	−14.87
	从业人员数量/人	144	6165	5977	8666	12549	11427	139.84
	工业总产值/千元	42758	3485969	4456101	7112207	8651046	8998979	191.50
	R&D经费支出/千元	—	134016	135359	138795	273418	198749	8.20

河南省知识产权发展报告（2016—2017）

续表

产业分类	指标	2011年	2012年	2013年	2014年	2015年	2016年	年均增长率/%
医疗仪器设备及仪器仪表制造业	企业数量/家	—	1	—	1	1	1	—
	从业人员数量/人	—	97	—	173	195	—	26.20
	工业总产值/千元	—	21468	—	418944	407934	497807	119.44

注：R&D经费支出（千元）是指调查单位内部在报告年度进行研究与实验发展等的实际支出。包括劳务费、其他日常支出、固定资产购建费、外协加工费等。

（4）分产业特点。从图2-2中可看出，自创区的高新技术产业发展迅速，各指标增长较快，整体展现出新的特征和趋势。具体表现为产业发展优势明显、人才队伍不断扩大、研发经费稳定增长、产业产值显著增加。

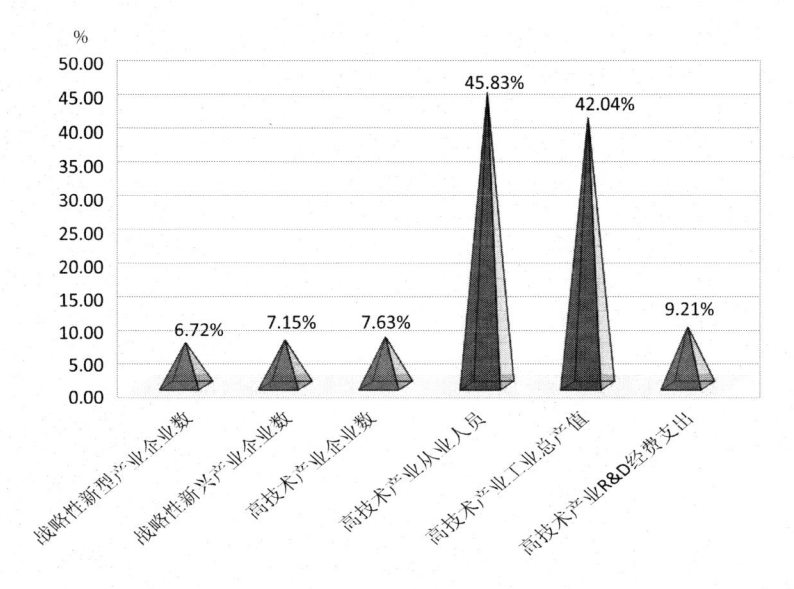

图2-2 自创区高新技术产业年均增长率

其中高技术产业从业人员与工业总产值的年均增长率均超过40%，战略性新兴产业的从业人员也以7.15%的比率增长。此外，2014年，自创区的郑洛新三市高新技术产业增加值占河南省的38.3%，高新技术产业增加值占规模以上工业增加值比重达到39.9%，比河南省平均水平高出9.4个百分点。2015年，郑州市实现高新技术产业产值为6522.7亿元，同比增长12.4%，实现高新技术工业增加值为1752.9亿元，同比增长86.7%，占规模以上的工业产值增加值的

52.9%，高新技术产业对郑州市全市生产总值的贡献率为23.9%。总体而言，高新技术产业中的具体产业在各行业内都保持着一定的优势，其中生物医药产业中的拓新生化公司在核苷和核苷酸类药物研制方面领跑全国。

（三）郑洛新国家自主创新示范区资源布局概况

1. 郑洛新国家自主创新区资源类型及定义

资源作为人力、财力、物力等各种要素的总称，随着自创区的不断发展，各种类型的资源也从无到有，处于不断丰富的过程中。自创区的资源类型具体如表2-7所示。

表2-7 郑洛新国家自主创新示范区资源类型

资源类型	定义
教育资源	教育资源是人类社会资源之一，是指在长期的文明进化和教育实践中所创造积累的教育知识、教育经验、教育技能、教育资产、教育费用、教育制度、教育品牌、教育人格、教育理念、教育设施以及教育领域内外人际关系的总和
科技资源	科技资源是科技人力资源、科技财力资源、科技物力资源、科技信息资源及科技组织资源要素的总和
专利资源	专利资源是指拥有的专利创造、专利运用、专利保护、专利管理的数量，以及提供专利服务的能力

2. 郑洛新国家自主创新示范区科教资源概况

科教资源作为自创区开展创新活动的重要支撑，不断推动着自创区的发展。自创区也不断加大在科教资源方面的投入，努力把科教资源优势转化为自创区的竞争优势，促进科技成果转化，培育创新平台，加大推进自创区的发展。

在科技资源方面。截至2016年底，自创区从事科技活动人员累计超过23万人。在2016年，自创区从事科技活动人员数为3.8万人，其中，洛阳高新区占61.1%。据统计数据显示，自创区R&D机构数累计总数为1424个，相较于2015年增长了11%。在2016年，自创区R&D人员全时当量为30065（人年），同比增长了3.3%，其中郑州高新区R&D人员全时当量为12065（人年），占总量的40%。由于自创区的不断发展，R&D经费的支出也在不断增长中，2016年R&D经费支出为5.1亿元（仅洛阳高新区及新乡高新区总数）。

在教育资源方面。截至2016年底，自创区拥有13所普通高校，其中1所"211"高校。郑州高新区的普通高校教学与科研人员累计23424人。其中郑州大学作为自创区的唯一一所"211"大学，在推进自创区发展过程中，做出了很大的贡献。2015年，郑州大学累计完成科技部、教育部、省内以及其他各类纵向项目共579项，到账经费为8075.48万元，年拨入科技经费总计为1.089亿元，同时积极申报各种项目，组织创新团队，承担国家课题立项等。

3. 郑洛新国家自主创新示范区专利资源概况

自创区在近几年的发展过程中，除在科教资源方面取得较大成就外，在专利资源方面也取得了很好的成绩。自创区的专利资源体现在专利创造、专利运用、专利保护、专利管理以及分产业专利资源五个方面。

在专利创造方面。2009年至2016年，自创区专利申请总量累计为47880件，其中发明申请总量为17368件，实用新型申请总量为36156件，外观设计申请总量为6437件。授权专利量累计为24945件，授权发明量累计为10765件，授权比率分别为52.1%、62.0%。2016年，自创区有效发明总量累计为3905件。此外，自创区2009年至2016年累计获得16次专利优秀奖，2次专利金奖，进行过28次海外专利申请。仅在2016年，郑州高新区就进行过15次海外专利申请。

在专利运用方面。2009年至2016年间，自创区累计达成13件专利交易，交易金额高达11223万元。专利许可累计10件，许可金额累计为5567万元。专利质押22件，仅在2016年，郑州高新区专利质押为11件，占此期间质押总数的57.9%，专利质押金额为7239万元。

在专利保护方面。自创区加大行政执法和司法保护力度，严厉打击各种侵权案件。其中郑洛新三地法院共受理知识产权民事一审案件10815件，占河南省总民事案件的61%。审结涉及知识产权侵权的刑事案件268件328人，其中郑洛新知识产权侵权的刑事案件187件223人。同时，自创区不断加强和高校、科研院所等其他组织之间的沟通合作，加强各方机制之间的协同创新，设立知识产权保护平台，推进专利维权援助建设，推进知识产权贯标工作的开展，建立专利导航平台等方式促进知识产权保护。

在专利管理方面。在2009年至2016年，自创区专利代理机构数累计为43家，专利代理人数累计为44人。在此期间，平均专利率为81.9%，其中新乡高新区2016年，专利代理率为95%，超过平均代理率13.1%（缺少洛阳专利代理人与专利代理率数据）。

（四）郑洛新国家自主创新示范区先行先试特点

先行先试是地方开展全面创新改革的有力武器。它的提出为地方进一步解放思想，锐意求新提供了不竭动力，激发了地方的创新活力，促进了地方的改革建设。自创区在先行先试政策的引导下，取得新突破，高端创新要素加速聚集，不断呈现新特征、新趋势。

1. 大力度实施奖励措施，鼓励开展科技金融结合试点

选择符合条件的银行业金融机构，争取开展科创企业投贷联动试点和设立科技证券机构，为科技型企业提供股权债权融资、上市培育、并购交易等一体化服务。鼓励银行业金融机构在示范区设立科技金融服务事业部和科技支行，在企业贷款准入标准、信贷审批审查、考核激励等方面创新制度和流程。河南省和郑州市、洛阳市、新乡市联动设立风险补偿基金，对开展"科技贷""科技保"业务的银行、担保机构、保险机构，给予一定比例的损失补偿。鼓励科技型企业发行资产证券化产品，成功实现融资的，给予企业实际融资额1%、最高50万元的奖励。

2. 全面采取奖补措施，落实创新企业的税收政策

全面落实高新技术企业税收优惠政策，简化税收优惠备案程序，降低高新技术企业办税成本，确保应享尽享。推行高新技术企业认定奖补，对示范区内首次认定的高新技术企业，给予50万元奖补。对示范区内近三年至少拥有一项知识产权、已建立研发投入预算管理制度的科技型中小微企业、"科技小巨人"培育企业，根据其年度研发投入的10%给予最高200万元的补助。科技型中小企业开发新技术、新产品、新工艺实际发生的研发费用税前加计扣除比例由50%提高到75%。落实国家大学科技园、科技企业孵化器有关房产税、土地使用税、增值税等税收减免政策。对符合条件的新型研发机构进口科研用品免征进口关税和进口环节增值税、消费税。省重大新型研发机构，纳税确有困难的，可向税务机关申请，经批准可酌情减税或免税。省重大新型研发机构名单由省科技厅报省政府审定后，提供给主管税务机关按照规定办理。

3. 积极采取股权激励措施，认定股权激励试点

高新技术企业转化科技成果，给予本企业相关技术人员的股权奖励。国

有科技型企业可以采取股权出售、股权奖励、股权期权、分红等方式,对企业重要技术人员和经营管理人员实施激励,小微企业的股权激励总额不超过企业总股本的30%。

4. 全面完善发展规划,完成产业目标与重点任务

紧紧围绕自创区重点产业和优势领域,汇聚各类创新要素,以提升自主创新能力为目标,坚持优化布局、重点建设、分层管理、规范运行的原则,对自创区的主导产业、人才队伍、新型研发机构、创新引领平台等各方面详细编制发展规划,制定发展目标,划分重点任务。

二、郑洛新国家自主创新示范区科教资源分析

(一)郑洛新国家自主创新示范区教育资源分析

1. 郑洛新国家自主创新示范区教育资源分析指标

教育资源作为人类社会资源之一,在自创区知识产权全面评估中,是一个很重要的衡量体系。在本次自创区知识产权资源分析中,教育资源的具体分析指标如表2-8所示。

表2-8 郑洛新国家自主创新示范区教育资源分析指标

指标	单位
普通高校数	所
"985"高校数	所
"211"高校数	所
普通高校教学与科研人员	人
普通高校年拨入科技经费	千元
普通高校国家重点学科数	个

注:普通高校教学与科研人员(人)是指高等学校在册职工在统计年度内,从事大专以上教学、研究与发展、研究与发展成果应用及科技服务工作人员以及直接为上述工作服务的人员。包括统计年度内从事科研活动累计工作时间一个月以上的外籍和高教系统以外的专家和访问学者。

2. 郑洛新国家自主创新示范区教育资源分布

随着各类资源的投入不断增加,自创区科教资源不断完善,教育资源也

得到很大发展。截至2016年底，自创区的高校数量为13所，其中"211"高校1所。郑州高新区的普通高校科学与科研人员总计为23424人。截至2015年底，5所来自自创区的代表高校承担来自国家级项目、省部级项目、横纵向合作项目超过1600项，国家自然科学基金项目和国家社会科学基金项目超过150项。自创区教育资源的具体情况如表2-9所示。

表2-9 郑洛新国家自主创新示范区教育资源

指标	总计
普通高校数/所	13
"211"高校数/所	1
普通高校教学与科研人员/人	23424
普通高校年拨入科技经费/万元	—
普通高校国家重点学科数/个	12

对于高校而言，国家及政府投入的科技经费更有利于促进高校知识产权的不断发展。经费的不断投入，科研项目的不断增多，同时也是一个高校彰显自身实力的方式，也能更好地带动自创区的发展。2015年，自创区的五所高校在承担科技项目和获得科技经费的具体情况如表2-10所示。

表2-10 自创区代表高校获得科技经费与项目概况

高校名称	指标	总计
郑州大学（郑州）	年拨入科技经费（纵向）/万元	8075.48
	承担项目概况	1. 完成科技部国际合作、水专项、"863计划"子课题、科技支撑计划、教育部博士点基金和农业部等国家部委项目，到账经费2683万元。 2. 河南省科技厅各类项目立项274项，到账经费2939万元。 3. 河南省教育厅各类项目立项199项，到账经费920万元。 4. 郑州市科技局各类项目立项44项，到账经费960万元。 5. 其他来源项目立项21项，到账经费524.48万元。 6. 河南省医药卫生科技攻关项目22项，到账经费49万元。

续表

高校名称	指标	总计
河南农业大学（郑州）	年拨入科技经费（纵向）/万元	132000
	承担项目概况	1. 获资助立项国家自然科学基金 50 项。 2. 获国家科技支撑计划项目 1 项，农业部"948 计划"专项 2 项。 3. 获河南省重大科技专项 3 项，立项总经费 1400 万元。 4. 建设 6 个农业部重点实验室，总经费 3287 万元。
河南师范大学（新乡）	年拨入科技经费（横向）/万元	4270.93
	承担项目概况	1. 新增河南省国家自然科学基金 70 项、新增国家社会科学基金（含艺术学）项目 17 项。 2. 新增河南省社会规划重大项目 1 项、河南省重点科技相关项目 26 项、河南省软科学研究计划项目 14 项、河南省国际科技合作项目 3 项、河南省基础与前沿技术研究项目 6 项。 3. 与河南省政府以及新乡公司达成密切合作，横向到账经费为 586.73 万元。 4. 立项校杰出青年人才项目 3 项、优秀青年人才项目 2 项、优秀青年基金项目 9 项。
中原工学院（郑州）	年拨入科技经费（产学研合作）/万元	2140.7
	承担项目概况	1. 获批国家自然基金项目 10 项，经费 320.2 万元，国家社会科学基金项目 4 项，项目基金为 80 万元。 2. 获批省级项目 70 项，其中自然科学 48 项，人文社会科学 22 项。
河南科技大学（洛阳）	年拨入科技经费/万元	—
	承担项目概况	1. 先后承担国家重大专项、国家"973 计划""863 计划"、科技支撑计划（包括子项）等项目 28 项。 2. 国家自然科学基金、国家社会科学基金等项目 309 项，获国家科技进步二等奖 3 项，省部级科技进步奖、优秀社科成果奖等 127 项。

由表 2-9 与表 2-10 可看出，自创区的教育资源在不断丰富和完善。投入

到高校的科研经费不断增加，承担的项目也越来越多，其中国家级的项目比重越来越大。普通高校教学与科研人员的队伍也在不断扩大，带动了自创区的教育资源发展，进而促进了自创区的整体教育发展。

（二）郑洛新国家自主创新示范区科技资源分析

1. 郑洛新国家自主创新示范区科技资源分析指标

科技资源作为人力、财力、物力、信息资源的综合，在自创区全面评估中，与教育资源一样，也是一个很重要的衡量指标体系。在本次自创区知识产权资源分析的科技资源分析中，科技资源的具体分析指标如表2-11所示。

表2-11 郑洛新国家自主创新示范区科技资源分析指标

指标	单位
科技活动人员	人
R&D 机构数	个
R&D 人员全时当量	人年
R&D 经费支出	千元

注：1. 科技活动人员：是指参与研究与试验发展项目研究、管理和辅助工作的人员，包括课题组人员，企业科技行政管理人员和直接为项目（课题）活动提供服务的辅助人员。不包括全年累计从事科技活动时间不足制度工作时间10%的人员。
2. R&D 机构数：研究与试验发展。指在科学技术领域，为增加知识总量，以及运用这些知识去创造新的应用进行系统的创造性的活动，包括基础研究、应用研究、试验发展三类活动。国际上通常采用 R&D 活动的规模和强度指标反映已过的科技实力和核心竞争力。
3. R&D 人员全时当量：是指全是人员数家非全时人员按工作量折算为全时人员数的总和。例如，有两个全时人员和三个非全时人员（工作时间分别为20%、30%和70%），则全时当量为 2+0.2+0.3+0.7＝3.2 人年。为国际上比较科技人力投入而制定的可比指标。
4. R&D 经费支出：是指调查单位内部在报告年度进行研究与实验发展等的实际支出。包括劳务费、其他日常支出、固定资产购建费、外协加工费等。

2. 郑洛新国家自主创新示范区科技资源分布

科技资源反映了一个地区的科技综合能力。自创区在科技资源方面投入较多，同时也取得了很大的成就。2016年，自创区科技活动人员总数为37709人，R&D 机构数为1424个，R&D 人员全时当量为30065人年，相较于2014年，R&D 机构和 R&D 人员全时当量增长率分别为15.2%、6%。在2016年，新乡高新区和洛阳高新区的 R&D 经费支出为5065258千元。自创区科技资源的具体情况如表2-12所示。

表2-12 郑洛新国家自主创新示范区科技资源

指标	2014年	2015年	2016年	年均增长率/%
科技活动人员/人	41159	38485	37709	-4.28
R&D机构数/个	1236	1281	1424	7.34
R&D人员全时当量/人年	29885	29117	30065	0.30
R&D经费支出/千元	7273580	5574185	5065258	-16.55

注：R&D经费支出统计数据采用的是洛阳高新区和新乡高新区的数据。

自创区随着郑州、洛阳、新乡三市各类资源的不断投入，其科技资源不断丰富和完善，创新实力不断增强。

2015年，郑州市拥有国家级创新型（试点）企业4家、省级创新型企业43家、省级创新型试点企业66家。并认定高新技术企业439家，占河南省高新技术企业总数的34%。其中，郑州高校中，中原工学院被认定为河南省大学科技园和河南省尅机企业孵化器。

2015年，洛阳市拥有国家级高新技术产业化基地2个、省级高新技术特色产业基地5个。备案河南省科技型中小企业1317家，有效期内高新技术企业201家，省级以上创新型（试点）企业47家。

2015年，新乡市拥有科技型中小企业技术创新资金项目25项、工业类科技成果转化资金项目10项、重点科技攻关计划项目42项。有效期内高新技术企业增加至81家、已有24家企业被认定为国家、省创新型（试点）企业。全年新争取省级以上科技项目209项，获得到位资金支持2251万元。拥有市级科技项目260项，累计支持资金达2900万元，其中重大科技项目15项、科技创新平台建设项目25项、科技成果转化项目22项、科技型中小企业创新资金项目25项、科技重点攻关项目42项、科技发展计划项目131项。市科技局集中实施15项市级重大科技项目，资助资金1450万元。拥有企业研发中心625家。其中国家级32家、省级211家。截至2016年底，新乡市的科技资源就得到了极大丰富。19家企业被认定为高新技术企业、12家企业列入河南省科技小巨人培育企业。已有28家企业被认定为国家、省创新型（试点）企业。认定5家"新乡市众创空间"，认定1家"新乡市科技企业孵化器"，组建1家"新乡市科技企业孵化器"。市科技局组织认定首批新乡市创新型单位9家，共支持科技经费90万元、首次组织实施新乡市软科学研究计划项目17

项，支持科技经费 32 万元。新争取省级以上科技项目 137 项，获得到位资金支持 4159 万元。组织实施市级科技项目 170 项，其中：重大科技创新专项 7 项、科技创新发展专项 114 项、技术创新引导专项 29 项、创新体系建设专项 20 项。市科技局集中实施 7 项市级重大科技项目，资助资金 1450 万元，新乡市省级科技富民强县试点县增至 6 个，并获得经费支持 70 万元。

综合来看，自创区的科技资源不断增强。科研经费不断增多、科技企业及研发中心不断增加，进而带动了从业人员的增加、促进了研发产值的增加、促进科技资源得到更快更好发展。

三、郑洛新国家自主创新示范区专利资源分析

（一）郑洛新国家自主创新示范区专利资源分析

专利作为一种高技术含量的知识产权，可直接反映出一个地区的创新能力。自创区的专利资源随着产业的不断发展，专利能力得到不断提升，不同类型的高新技术产业拥有的专利所占比重也在逐年增加。

在本次的分析报告中，自创区的专利资源分析，涉及专利创造、专利运用、专利保护、专利服务几个方面。从这几个具体方面分析自创区的专利发展程度，把握专利发展的特点及规律，以便更好地发布实施相关专利政策，促进自创区的专利发展。

（二）郑洛新国家自主创新示范区专利创造能力分析

专利创造能力是专利能力的关键因素，也是后续提升专利运营管理能力的基础。同时，专利创造能力是一个城市创新水平的重要体现，可以提高城市的科技实力与经济水平，在引导和推进创新型城市建设，促进经济发展方式转变方面发挥着重要作用，已经受到各地的高度重视。

1. 郑洛新国家自主创新示范区专利创造能力整体分析

在河南省专利技术资金及政府专利政策的引导下，专利优势企业创建工程的推动下，自创区专利创造能力不断增强，专利工作取得长足进步，自主创新活动日趋活跃，专利创新主体作用也进一步加强。截至 2016 年底，自创区专利申请总量、授权专利量、有效发明量、专利奖等方面不断取得卓越成绩。自创区专利创造具体情况如表 2-13 所示。

表2-13 郑洛新国家自主创新示范区专利创造

指标	2009年	2010年	2011年	2012年	2013年	2014年	2015年	2016年	总计	年均增长率/%
申请总量/件	1562	2687	3927	4693	5894	7069	8919	13129	47880	35.5
发明申请量/件	475	812	1226	1443	1858	2517	3538	5499	17368	41.9
实用新型申请量/件	831	1529	2434	2712	2877	3007	3927	6651	23968	34.6
外观设计申请量/件	232	346	267	538	1159	1545	1454	896	6437	21.3
授权专利量/件	975	1692	2201	3284	3020	3932	4788	3053	24945	17.7
授权发明量/件	158	253	347	527	479	610	930	1111	5646	32.13
有效发明总量/件	—	—	—	—	—	—	—	—	3905	—
专利金奖/件	—	—	—	—	—	1	1	—	2	—
专利优秀奖/件	—	—	—	—	4	3	3	6	16	58.7
海外申请数量/件	—	—	—	—	—	4	7	17	28	106.2

注：海外申请数量为PCT和巴黎公约两种途径的海外申请数量之和。

表2-13显示，自创区的专利创造能力在不断增强。截至2016年底，自创区专利申请总量达到47880件，占河南省申请总量的11.7%。其中发明申请量累计达到17368件，占自创区申请总量的36.3%，占河南省申请总量的14.3%。实用新型专利申请总量和外观设计专利申请量分别占申请总量的50.1%、13.4%。同时，授权的发明总量为5646件，按照每年32.1%的增长率稳步提升。有效发明总量累计为3905件，有效率达到22.5%。

由图2-3看出，在具体专利类型上，自创区发明申请数量在申请总量中所占比重以及授权发明专利的不断累增，充分展示了自创区企业技术创新数量的明显增长，企业专利申请质量明显提升。此外，截至2016年底，自创区累计获得2次专利金奖，16次专利优秀奖，仅在2016年，获得过6次专利优秀奖。海外申请数量在2015年实现了零的突破，在2016年，进行了17次海外申请，截至2016年底，累计进行了28次海外申请，年均增长率达到106.2%。这从另一个方面说明了自创区专利创造的整体能力在实现质与量的飞跃。

第一章　知识产权与自主创新示范区

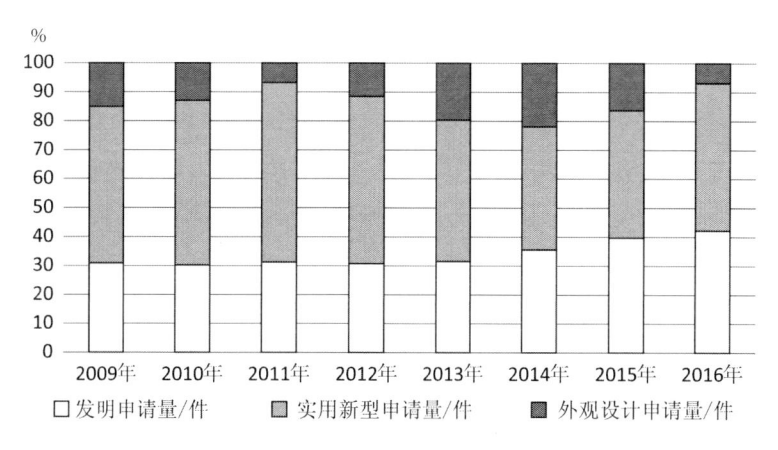

图2-3　郑洛新国家自主创新示范区各类专利申请占比

2. 郑洛新国家自主创新示范区专利创造能力趋势分析

近年来自创区的专利创造整体能力在快速提升，各量化指标也在不断增长，其中作为专利中最主要的发明专利的增长趋势是显而易见的。具体趋势如图2-4所示。

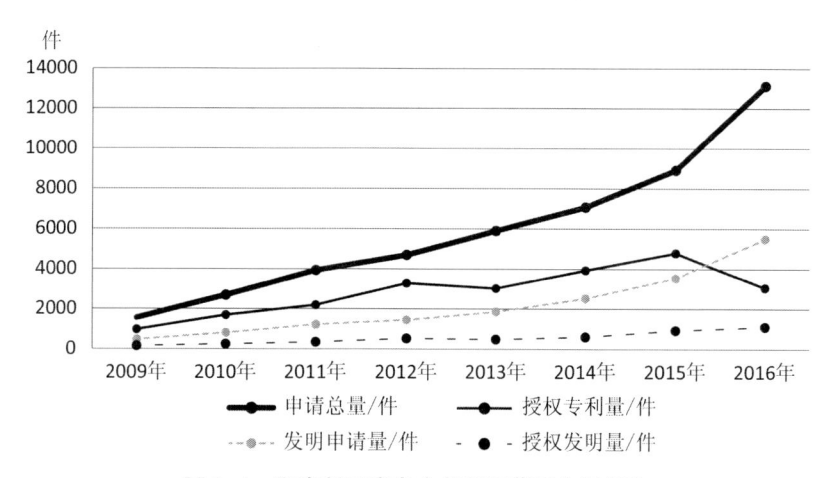

图2-4　郑洛新国家自主创新示范区专利创造

从图2-4可看出，专利申请总量增长趋势最为明显。从2009年的1562件增长到2016年的13129件，增长达7倍之多，年均增长率达到35.5%，并且在2015年后，增长速度明显加快。其中发明申请量相较于前几年的增长率，在2015年增速明显，一定程度上反映出自创区的发展步伐不断加快、发

81

展势头良好。此外，授权发明量的增长较为平缓，但一致在稳定持续增长中，由2009年的158件增长到2016年的1111件，年均增长率达到32.1%。授权专利量虽在2016年有回落的趋势，但总体趋势上还是处于不断增长的状态。并且由表2-13中可知，海外申请量的年均增长率达到106.2%，由2013年的0件发展到2016年的17件，增长势头较为迅速，从侧面反映出，自创区参与"全球化"的意愿强烈，专利质量不断提升。

3. 郑洛新国家自主创新示范区专利创造主体分析

自创区企业的自主创新活动日趋活跃，企业作为创新主体的作用进一步彰显，企业也逐步成为专利创造的主力军。截至2016年底，自创区在专利创造方面领先的机构均为企业。据统计，自创区27家专利创造领先的企业专利申请总量为7988件，占自创区整体申请总量的16.7%。自创区专利创造主体具体情况如表2-14所示。

表2-14 郑洛新国家自主创新示范区专利创造主体分布　　　　单位：件

区域	申请总量	发明申请量	实用新型申请量	外观设计总量	授权专利量	授权发明量	有效发明总量	专利金奖	专利优秀奖
郑州高新区	1437	724	625	105	827	230	—	—	3
洛阳高新区	5245	2455	2562	228	3338	1078	1012	—	4
新乡高新区	1306	199	1048	59	958	83	70	1	1
总计	7988	3378	4235	392	5123	1391	1082	1	8
自创区总计	47880	17368	23698	6437	24945	5646	3905	2	16

注：1. 郑州高新区数据为排名前七位的企业。
　　2. 洛阳高新区、新乡高新区数据均为排名前十位的企业。

由表2-14可看出，对于整个自创区的专利创造主体而言，占比最重的创造主体是企业。在自创区的核心区中，排名前十位的创造主体均来自企业，并且企业的专利创造总量在自创区的创造量中占比很大。其中，申请总量达到7988件，占自创区申请总量的16.7%。发明申请量占自创区发明申请量的20%，有效发明量达到1082件，占自创区有效发明量的27.8%，企业所获得的专利优秀奖占比达到50%。这些数据充分说明，企业已成为自创区专利创造的主体，它们来自不同的产业领域，随着企业创新要求不断提高和发展规模不断壮大，企业内部不断加大对专利的创造投入力度，企业显然已成为自创区专利创造的主力军，且企业自身的发展与自创区的整体发展保持着高度的正相关。

(三) 郑洛新国家自主创新示范区专利运用能力分析

专利运用是专利转化为现实生产力,实现其价值的纽带和桥梁。推进专利运用能够有效夯实专利事业发展的基础,激发市场经济活力,促进自创区的整体发展。

1. 郑洛新国家自主创新示范区专利运用能力整体分析

随着自创区政府不断更新政策,采取激励措施,鼓励各企业加强专利运用,推进专利运用进度。截至2016年底,自创区在专利运用方面取得了良好成绩,专利交易金额累计达到11223万元,专利质押金额为9139万元。自创区专利运用具体情况如表2-15所示。

表2-15 郑洛新国家自主创新示范区专利运用

指标	2011年	2012年	2013年	2014年	2015年	2016年	总计	年均增长率/%
专利交易/件	—	—	—	1	4	8	13	182.84
专利交易金额/万元	—	—	—	1326	3806	6091	11223	114.32
专利许可/件	—	—	—	—	4	6	10	50
许可金额/万元	—	—	—	—	1467	2200	3667	49.97
专利质押/件	—	—	—	5	3	14	22	67.33
专利质押金额/万元	500	500	500	1350	700	5589	9139	62.06

由表2-15可看出,自创区专利运用能力在2016年实现了质的飞跃。6年间专利交易总数为13件,仅在2016年的交易件数就高达8件,占总件数的61.5%。同时,专利交易金额也处于激增的状态,从2015年的3806万元增长到2016年的6091万元,增长了近一倍。专利质押总件数从2014年的5件增长到2016年的14件,增长率达到180%。专利质押金额从2013年的500万元增加到2016年的5589万元,增长了10倍多。总体而言,自创区正式获批后,专利运用能力大幅提升。

2. 郑洛新国家自主创新示范区专利运用能力趋势分析

从表2-15可看出自创区的专利运用能力不断提升,各类型专利运用数据都在不断地增加,其发展趋势如图2-5所示。

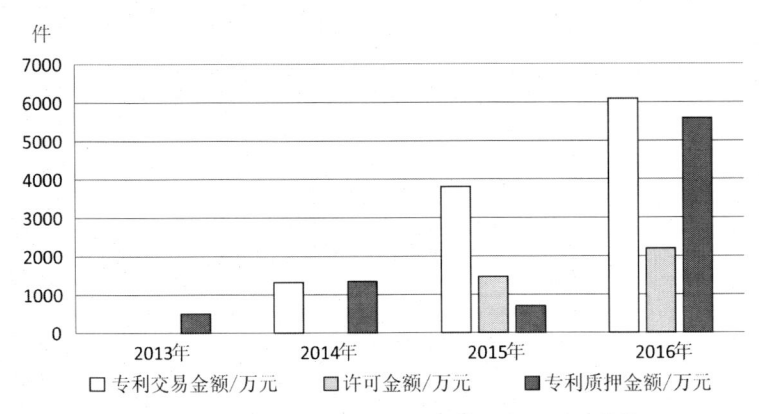

图2-5 郑洛新国家自主创新示范区专利运用趋势

由图 2-5 可看出，自创区专利运用能力显著增强。专利交易件数、许可件数、质押件数都不断增长。相对应的专利交易金额、许可金额、专利质押金额也在不断增长。专利质押金额在其中增长趋势最为明显，2016 年的专利质押金额高达 5589 万元，比 2014 年增长 170%，其中 2016 年的增长率高达 698%，原因之一是 2016 年郑州高新区成为全国专利质押融资试点、新乡市获批国家专利质押融资试点城市，加大知识产权与金融资源的结合，积极鼓励和引导科技型中小企业通过专利质押化解融资难题，取得了较好的成效。同时，专利交易金额增长也较为迅速，年均增长率达到 114.32%，2016 年的交易额是 2015 年的近 2 倍。

（四）郑洛新国家自主创新示范区专利保护能力分析

自创区的专利事业发展离不开专利保护。为了营造有利于创新发展的良好环境，促进自创区的稳步发展，河南省也下达了关于知识产权保护的相关文件，强调要实行严格的知识产权保护，完善行政执法和司法保护。加大专利保护的同时就是保护创新。自创区在专利保护也投入了很大的力度，取得了较好成绩。

目前，自创区中的郑州、洛阳两家中级人民法院设立了专门的知识产权审判庭，洛阳市中级人民法院具有专利等特殊形式的案件管辖权。截至 2017 年上半年，自创区中从事知识产权审判的法官共有 30 人。此外，自创区根据河南省出台的相关政策文件，实行了严格的知识产权保护，有效地处理了知识产权纠纷案件。据 2012 年至 2017 年 7 月的数据显示，自创区知识产权侵权的刑事案件共 187 件涉及 223 人。2013 年河南省知识产权社会法庭在省知识产权保护协会挂牌成立，系全国首个专门化解知识产权纠纷的社会法庭，社会法官由各行业的知识产权专业人士担任，郑州市中级人民法院并给予业务方面的指导。自创区通过各方机制协同保护，不断加强知识产权保护力度，强调自创区知识产权保护的协同创新，司法机关在年度总结报告、资料汇编、法院典型案例裁判等信息领域实现了一定程度的共享，有效地促进了自创区的知识产权保护。同时，自创区还通过与社会组织、科研院所等之间进行沟通，相互协调配合，广泛听取意见，促进自创区知识产权保护有效开展。

对于自创区企业自身而言，除依靠政府的相关制度进行知识产权保护外，还通过在企业内部设立专门的知识产权管理机构、建立知识产权管理规章制度、开展知识产权管理工作、举行知识产权培训等方式，提高自身的知识产权保护意识和维权能力。据2017年《自创区知识产权调查问卷》显示，自创区设有专门知识产权管理机构的企业占61.4%，具有知识产权管理规章制度的企业占62.5%，69.1%的企业在企业年度预算中含有知识产权预算，85.7%的企业在生产经营中有目的、有计划地开展知识产权工作，73.2%的知识产权工作人员参加本单位的技术立项、研发、合同制定、销售策略等会议，64%的企业关注国内外竞争对手的专利、商标、版权等知识产权注册与保护动向，有45.5%的企业内部举办知识产权培训。此外，有的企业还会通过专利预警、专利趋势研究、专利信息应用培训、专利文献翻译、专利数据加工等更高层次的方式来实行专利保护和管理。

综合来看，近年来，随着相关政策不断完善和加强，行政执法力度、侵权惩罚力度不断加大，各方合力形成协同保护，加之企业自身知识产权意识不断增强，都有效地促进了自创区专利保护能力不断提升。

（五）郑洛新国家自主创新示范区专利服务能力分析

专利服务可为企业提供专业化、系统化的中介和平台，在一定条件下，由专业的第三方技术机构支持与指导企业制定技术策略，可规避一定的风险，实现技术创新方式转变，有效增强企业的专利产出能力，提高企业竞争力。截至2016年底，专利代理机构已经发展到43家，自创区专利服务能力显著增强，自创区专利服务具体情况如表2-16和图2-6所示。

表2-16 郑洛新国家自主创新示范区专利服务

指标	2014年	2015年	2016年	总计	年均增长率/%
有效发明量/件	—	—	—	3905	—
专利代理机构数量/个	10	12	21	43	44.91
代理人数量/人	10	15	19	44	37.84
专利代理率/%	74.5	83.5	87.5	81.8	8.37

注：1. 专利代理率采用的为郑州、新乡代理率的平均数。
2. 专利代理机构数为郑州、新乡机构总数。

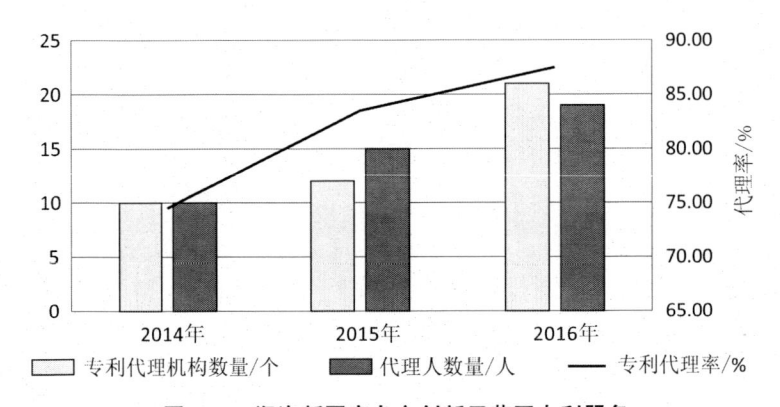

图2-6 郑洛新国家自主创新示范区专利服务

由图2-6和表2-16可看出，专利代理机构数量从2014年的10个增长到2016年的21个，年均增长率达到44.91%，专利代理人数量截至2016年底，累计达到44人（郑州和新乡两市）。专利代理率在2014年至2016年的平均代理率为81.8%，2015年和2016年的专利代理率均高于平均代理率。从发展趋势上看，自创区2016年的专利代理机构数和代理人数相较于2015年增速明显，自创区的专利服务能力提升较快。

（六）结语

专利作为衡量一个地区创新水平和创新能力的重要标准，近年来自创区专利创造和运用能力得到显著提升，多数指标均取得零的突破，个别指标在自创区批复后实现了激增。同时，企业作为专利创造主体的作用越来越明显，政府不断给予政策支持鼓励企业专利产出，以激发创新活力。自创区专利服务和管理能力不断提升，专利代理机构不断增多，专利代理人队伍不断发展壮大，专利代理率也是远超平均代理率水平。自创区除了依靠政府政策支持与机构帮扶外，还依赖民间组织如高校、科研院所等之间的协同合作，通过各种方式增强知识产权保护意识和能力，以更好地促进自创区专利保护能力的提升。总体而言，自创区的专利资源在不断优化，专利创造、运用、保护等能力不断提升。

四、郑洛新国家自主创新示范区产业专利协同发展分析

（一）产业体系及数据获取

1. 国民经济行业分类体系

1984年国家首次发布国民经济行业分类体系，2017年参照2008年联合国新修订的《国际标准行业分类》进行第四次修订（GB/T 4754—2017）。

根据《关于支持郑洛新国家级高新区建设国家自主创新示范区的请示》，自创区具体涉及的国民经济行业为现代农业、现代物流业、食品材料业、轨道交通装备制造业、生物医药业。

2. 战略性新兴产业分类体系

战略性新兴产业是以重大技术突破和重大发展需求为基础，对经济社会全局和长远发展具有重大引领带动作用，知识技术密集、物质资源消耗少、成长潜力大、综合效益好的产业。我国于2012年制定战略性新兴产业分类表，旨在让各地区根据此分类对战略性新兴产业进行监测。

根据《关于支持郑洛新国家级高新区建设国家自主创新示范区的请示》，自创区具体涉及的战略性新兴产业为新一代信息技术产业、高端装备制造产业、新材料产业、新能源汽车及动力电池产业。

（二）郑洛新国家自主创新示范区国民经济行业协同发展分析

1. 郑洛新国家自主创新示范区主导产业现状及发展规划

自创区在国民经济行业中涉及的具体产业表现为现代农业、现代物流业、食品材料业、轨道交通设备制造业。这些产业发展优势明显，自创区也对这些产业制定了一系列的发展规划。产业的具体发展现状和发展规划如表2-17和表2-18所示。

表 2-17　自创区国民经济行业主导产业发展现状

产业	区域	发展现状
现代农业	郑州高新区	拥有棉花生物学国家重点实验室、国家小麦工程技术研究中心等一批国家级平台，其中河南农业大学牵头的粮食作物协同创新中心入选首批14个国家2011协同创新中心
现代物流业	郑州高新区	郑州市以郑州航空港、郑州国际陆港和国际物流园区为核心，陆空高效衔接的国际物流中心建设已初具成效。郑州新郑国际机场货邮吞吐量增速居全国大型机场首位
轨道交通装备制造业	郑州高新区	郑州的中铁装备是中国盾构机行业的领军企业，也是行业标准的制定者。中国大部分城市修地铁用的盾构机，都产自河南的郑州、洛阳和新乡
食品材料业	新乡高新区	培育了三全公司、思念公司、娃哈哈等一批国内外知名企业，引领行业发展
生物医药制造业	洛阳高新区 新乡高新区	建有国家火炬计划生物医药特色产业基地，集聚了华兰生物公司、拓新生化公司、安图生物公司等一批行业领军企业。华兰生物公司研制拥有国内产品品种最多、规格最全的血液制品，拓新生化公司在核苷和核苷酸类药物研制方面领跑全国

表 2-18　自创区国民经济行业主导产业发展规划

产业	区域	发展规划
现代农业	郑州高新区	1. 加快现代农业发展。利用互联网提升农业生产、经营、管理和服务水平，培育一批网络化、智能化、精细化的现代"种养加"生态农业新模式。 2. 加快推动移动互联网、物联网、二维码、无线射频识别等信息技术在生产加工和流通销售各环节的推广应用，完善农副产品质量安全追溯体系。建立与国际接轨的分子育种、细胞工程育种、染色体工程育种、航天育种、诱变育种等为一体的育种体系。

续表

产业	区域	发展规划
轨道交通装备制造业	郑州高新区	将以郑州高新区、郑州经济开发区为重点，重点发展动车组及城际列车、城市轨道交通装备和铝合金车体、转向架、减振装置、牵引变流器、信号系统等关键核心零部件为主的轨道交通装备产业
生物医药业	洛阳高新区 新乡高新区	推进疫苗、血液制品、重组人血白蛋白、单克隆抗体药物、干细胞与生物治疗等关键技术自主研发，发挥在医药中间体方面的优势，打造百亿级生物医药产业集群。同时，郑州市以郑州航空港经济综合实验区、郑州高新区为依托，重点发展生物制药、化学制药、现代中药及医疗器械等领域，积极打造中部领先、国内一流的生物医药创新中心和生物医药产业基地

2．郑洛新国家自主创新示范区专利产业分布

社会不断发展进步的同时，也深深影响并带动了国民经济行业的发展。自创区的国民经济行业覆盖面越来越广泛，所涉及的产业不再仅仅限于产业规划中的主导产业，也为新产业的发展带来契机，产业范围不断增加。自创区的各企业的专利资源在国民经济行业中覆盖范围也在不断突破。

（1）郑州高新区专利资源涉及的国民经济行业主要包括烟草制品业，金属制品、机械和设备修理业，燃气生产和供应业，计算机、通信和其他电子设备制造业，金属制品业，电气机械和器材制造业6个产业，其中烟草制品业，金属制品、机械和设备修理业两个产业的专利申请在其中占比超过2/3，专利分布集中度非常高。专利申请排名前七位的企业专利申请量总量为1437件，其中发明型专利申请总量为724件。专利产业分布具体情况如表2-19所示。

表2-19　郑州高新区国民经济行业专利分布　　　　单位：件

产业	申请量	发明申请量	实用新型申请量	外观设计申请量	授权专利量	授权发明量	有效发明总量	专利金奖	专利优秀奖
烟草制品业	501	334	165	2	241	130	—	—	—

续表

产业	申请量	发明申请量	实用新型申请量	外观设计申请量	授权专利量	授权发明量	有效发明总量	专利金奖	专利优秀奖
金属制品、机械和设备修理业	469	243	245	—	304	72	—		2
燃气生产和供应业	70	29	33	8	45	4	—		
计算机、通信和其他电子设备制造业	35	28	5	2	23	20	—		1
金属制品业	146	60	84	—	63	1			
电气机械和器材制造业	216	30	93	93	151	3	—		
总计	1437	724	625	105	857	230			3
自创区总计	47880	17368	23968	6437	24945	5646	3905	2	16

注：数据采取为郑州高新区专利申请量排名前七位的企业。

由表2-19可看出，郑州高新区专利申请量排名前七位的企业在整个自创区的专利申请量中占比达到3%。其中烟草制造业的专利申请量最高，数量为501件，在郑州高新区国民经济行业中占比为34.9%；金属制品、机械和设备修理业的专利申请总量为469件，略低于烟草制造业。发明专利在专利申请中占比最高，高达50.8%，专利申请的授权比率为59.6%。发明专利和授权专利的占比均超过50%，说明这些国民经济行业中，创新成绩较好，专利质量较高。但与发明专利和实用新型专利相比，外观设计占比较低，意味着企业并未重视专利的市场化价值，在技术商业化、产业化中创新成果较低。在这些行业中还应提高外观设计专利的研发投入和技术成果转化，使其更好地为专利产品化、产业化服务，使其更有效地促进自创区的整体发展。

（2）洛阳高新区专利资源涉及的国民经济行业的具体包括计算机、通信和其他电子设备制造业，电气机械和器材制造业，金属制品业，其他制造业，生物医药业五个行业，专利在国民经济行业中的分布较为集中，前三个行业专利申请在其中占比高达90%。排名前十位的企业专利申请总量为4670件，其中发明型申请总量为2221件。具体产业专利分布情况如表2-20所示。

表2-20　洛阳高新区国民经济行业专利分布　　　　　　　　　单位：件

产业	申请量	发明申请量	实用新型申请量	外观设计申请量	授权专利量	授权发明量	有效发明总量	专利金	专利优秀奖
计算机、通信和其他电子设备制造业	2121	1089	834	198	1347	398	340	—	—
电气机械和器材制造业	1169	576	554	9	899	315	315	—	—
金属制品业	910	305	604	1	354	95	89	—	2
其他制造业	279	68	208	3	237	44	44	—	1
生物医药业	191	183	—	8	100	83	83	—	1
总计	4670	2221	2200	219	2937	935	871	—	4
自创区总计	47880	17368	23968	6437	24945	5646	3905	2	16

注：数据采取为洛阳高新区专利申请量排名前十位企业。

由表2-20可看出，洛阳高新区专利申请排名前十位的企业，专利申请总量为4670件，授权专利总量为2937件，在自创区专利申请总量的占比分别为9.8%、11.8%。发明型专利申请总量为2221件，占自创区发明专利申请总量的12.8%。其中计算机、通信和其他电子设备制造业的专利申请量及发明申请量最多，占比分别高达45.4%、49.0%。与发明专利和实用新型专利相比，外观设计在申请总量的占比仅为4.7%，企业应在注重发明专利和实用新型专利的同时，关注专利成果的市场化效果，加大对产品化阶段的研发投入，促进产品品质的提升，带动自创区的整体发展。

（3）新乡高新区专利资源涉及的国民经济行业具体包括专用设备制造业，建筑装饰和其他建筑业，电气机械和器材制造业，食品材料业，电力、热力生产和供应业，铁路、船舶、航空航天和其他运输设备制造业，金属制品、机械和设备修理业，航空、航天器及设备制造业，汽车制造业，金属制品业，生物医药业11个行业。专利在国民经济行业中的涉及范围较广，分布较为分散，除其中专用设备制造业、电气机械和器材制造业两个行业专利较为集中外，其他9个行业中各类专利占比均不高。授权专利总量为629件，授权发明专利58件。具体产业专利分布情况如表2-21所示。

表 2-21 新乡高新区国民经济行业专利分布　　　　　　　单位：件

产业	授权专利	发明专利	实用新型专利	外观专利
专用设备制造业	114	14	100	—
建筑装饰和其他建筑业	10	—	10	—
电气机械和器材制造业	336	35	284	17
食品材料业	4	1	3	—
电力、热力生产和供应业	18	—	16	2
铁路、船舶、航空航天和其他运输设备制造业	6	—	6	—
金属制品、机械和设备修理业	57	4	53	—
航空、航天器及设备制造业	52	1	50	1
汽车制造业	10	—	10	—
金属制品业	22	3	19	—
生物医药业	8	3	—	5
总计	637	61	551	25
自创区总计	24945	5646	—	—

注：数据采取为2009—2016年新乡高新区授权专利排名前十位企业。

由表2-21可看出，新乡高新区的授权专利比率在自创区的占比不高，占比仅为2.6%。其中发明专利授权量仅为61件，外观设计的授权量25件，相比较于实用新型授权量的551件，三者明显发展不均匀。表2-21中数据显示，在整个国民经济行业中，授权专利最多的行业为电气机械和器材制造业，授权数量为336件。授权专利最少的为食品制造业，授权专利仅为4件。总体来看，新乡高新区的国民经济行业发展并不均衡，而且创新质量也不高，还需要不断地提高企业的创新质量及产品化程度，增加发明专利和外观设计授权量。

总体来看，自创区三个核心区国民经济行业的专利情况总体较好，发明型专利相对实用新型和外观设计而言，在整个专利资源中占比较大。同时有效发明专利量比重也较高，专利优秀奖累计获得7次，说明企业的创新度较高。但在国民经济行业分布中，专利资源集中度较高，前两个或前三个行业的专利占比较高，其他行业创新成果有待提升。而且三个高新区专利资源一个突出问题在于外观设计的申请量和授权量均较低，反映企业在外观设计专利方面并未投入太多研发，对产业化市场价值重视度不够，进而影响技术成果产业化的成功率。企业应在今后的创新活动中，提高外观设计专利的研发投入和技术成果转化，促进自创区在产品市场上的发展更加全面。

3. 郑洛新国家自主创新示范区产业匹配度分析

（1）郑州高新区涉及的国民经济行业的主导产业为轨道交通装备制造业、现代农业、现代物流业。数据显示，郑州高新区的专利主要分布于烟草制品业等六个行业。具体专利匹配情况如表2-22所示。

表2-22 郑州高新区国民经济行业专利匹配分析

专利产业	是否主导产业
烟草制品业	□是 ■否
金属制品、机械和设备修理业	□是 ■否
燃气生产和供应业	□是 ■否
计算机、通信和其他电子设备制造业	□是 ■否
金属制品业	□是 ■否
电气机械和器材制造业	□是 ■否

由表2-22可知，郑州高新区专利主要分布的国民经济产业，并未覆盖到郑州高新区的主导产业，也即是说主导产业并没有成为专利大户。主导产业在区域经济中起主导作用，产值占有一定比重，然而在创新中并没有占据主导作用，创新优势不突出，很难在未来的发展中取得较好的成绩，郑州高新区专利分布和主导产业的匹配度不高。

（2）洛阳高新区专利靠前的国民经济行业覆盖的主导产业为生物医药业。洛阳高新区的专利主要分布于计算机、通信和其他电子设备制造业等5个产业，与主导产业匹配情况如表2-23所示。

表2-23 洛阳高新区国民经济行业专利匹配分析

产业	是否主导产业
计算机、通信和其他电子设备制造业	□是 ■否
电气机械和器材制造业	□是 ■否
金属制品业	□是 ■否
其他制造业	□是 ■否
生物医药业	■是 □否

由表 2-23 可知，洛阳高新区专利分布的产业包括主导产业生物医药业。表 2-20 数据显示，洛阳高新区生物医药业的专利申请量为 191 件，授权专利量为 100 件。其中发明专利申请量为 183 件，有效发明量为 83 件，有效率达到 45.4%。此外，还获得一次专利优秀奖。洛阳高新区的生物医药业取得不错的成绩，但该产业专利情况占比仍然较低，需要在主导产业政策的支持下，发挥创新优势促进该产业的不断发展，增强技术优势，提高专利与主导产业匹配度。

（3）新乡高新区涉及的国民经济行业为食品材料业、生物医药业。根据表 2-21 数据显示，新乡高新区的专利主要分布于专用设备制造业等 11 个产业。具体专利匹配分析如表 2-24 所示。

表 2-24　新乡高新区国民经济行业专利匹配分析

产业	是否主导产业
专用设备制造业	□是　■否
建筑装饰和其他建筑业	□是　■否
电气机械和器材制造业	□是　■否
食品材料业	■是　□否
电力、热力生产和供应业	□是　■否
铁路、船舶、航空航天和其他运输设备制造业	□是　■否
金属制品、机械和设备修理业	□是　■否
航空、航天器及设备制造业	□是　■否
汽车制造业	□是　■否
金属制品业	□是　■否
生物医药业	■是　□否

由表 2-24 可看出，新乡高新区专利分布的产业中包括主导产业食品材料业、生物医药业。表 2-21 数据显示，新乡高新区食品材料业的授权专利为 4 件，其中发明型专利为 1 件，实用新型专利为 3 件。生物医药业的授权专利为 8 件，其中发明型专利为 3 件，外观专利为 5 件。专利的分布产业与主导产业有一定程度的匹配，但相匹配的两个产业专利产出较低，仍然需要扩大创新投入，提升专利产出水平。

(三) 郑洛新国家自主创新示范区战略性新兴产业协同发展分析

1. 郑洛新国家自主创新示范区主导产业现状及规划主导产业

自创区的战略性新兴产业是以新一代信息技术产业、高端装备制造产业、新材料产业、新能源汽车及动力电池产业、生物医药为主导产业。这些产业发展优势明显，自创区也对这些产业制定了一系列的发展规划。产业具体发展现状和发展规划如表2-25和表2-26所示。

表2-25 战略性新兴产业主导产业发展现状

产业	区域	发展现状
新一代信息技术产业	郑州高新区	以富士康集团、辉煌科技公司、中电27所、汉威电子公司、信大捷安公司等企业为龙头，集聚了9家全球知名的手机整机及研发配套企业、菜鸟骨干网、台湾友嘉产业园等创新主体。初步形成了物联网、智能电子电器、智能装备制造、电子商务、软件网络与数据信息服务、广告创意、北斗导航与遥感产业、科技服务业8大电子信息主导产业集群。2014年智能手机产量达到1.4亿部，约占全球供货量的1/8，初步形成全球重要的智能终端生产基地。依托解放军信息工程大学的科研实力，依靠威科姆等公司为科研生产基地，"北斗云谷"产业优势逐渐显现
新能源汽车及动力电池产业	郑州高新区 新乡高新区	以宇通客车公司、郑州日产公司、少林客车公司、新能电动汽车公司为代表，新能源汽车产业占全省的比重接近100%。宇通客车公司是中国客车行业最先进、世界规模最大的新能源客车基地。拥有国家新型电池及材料高新技术产业化基地，培育和发展了中航锂电公司、环宇电源公司等电池全产业链企业
高端装备制造产业	郑州高新区	集聚了中铁装备公司、郑煤机集团、新大方重工公司、中信重工公司、LYC轴承公司、一拖集团、新航集团等一批高端装备制造企业。郑煤机集团是世界最大的液压支架研发生产企业，研制成功了国际领先的6米以上超大采高液压支架系列产品；中铁装备公司成为世界上能独立生产硬岩掘进机并具有自主知识产权的三大企业之一；中信重工公司是全球领先的重型矿山装备供应商和服务商、中国最大的重型装备制造企业之一；新航集团研发成功我国首套双制式机载蒸发循环系统

续表

产业	区域	发展现状
新材料产业	郑州高新区 洛阳高新区	集聚了郑州磨料磨具磨削研究所、洛阳耐火材料研究院、中船重工725所、中铝洛铜公司、洛阳有色院、新乡金龙集团等一批重点企业和科研院所,拥有新材料国家高技术产业基地、新型钎焊材料与技术国家重点实验室等一批国内一流的研发机构。以郑州磨料磨具磨削研究所为依托,形成全国重要的超硬材料研发和生产基地。以洛阳耐火材料研究院为依托,建设了先进耐火材料国家重点实验室等一大批创新载体,成为全国耐火材料关键技术的发源地

表2-26 战略性新兴产业发展规划

产业	区域	发展规划
新一代信息技术产业	郑州高新区	大力推进"中国制造2025"实施,发展基于互联网的个性化定制、众包设计、云制造等新型制造模式,促进新一代信息技术与制造业深度融合,向智能制造、服务型制造、绿色制造方向转型升级,全面提升两大优势产业核心竞争力
高端装备制造产业	郑州高新区	依托盾构及掘进技术国家重点实验室、拖拉机动力系统国家重点实验室、矿山重型装备国家重点实验室、洛阳机器人与智能装备创新研究院等创新平台,重点突破机器人和自动化控制系统、智能装备控制系统集成设计等关键技术,优先发展工业机器人、智能矿山成套设备、智能专用成套设备、智能单机装备等,大力发展盾构装备、煤矿机械、工程机械、智能仪表与控制系统等,打造国内具有重要影响力的千亿级先进装备制造产业集群
新材料产业	郑州高新区 洛阳高新区	依托超硬材料磨具国家重点实验室、耐火材料国家重点实验室、国家反应注射成型工程技术研究中心、多晶硅制备国家工程实验室等创新平台,重点发展钛及钛合金、钼钨及制品、深加工铝铜材、金属靶材等高端金属材料,大力发展新型绿色耐火材料、超硬材料及制品、高分子材料、电子玻璃等高端新材料,打造千亿级新材料产业集群

续表

产业	区域	发展规划
新能源汽车及动力电池产业	郑州高新区 洛阳高新区 新乡高新区	重点发展混合动力客车、纯电动客车、纯电动工程车等，加快建设500亿级新能源汽车产业创新及制造基地。着力突破动力电池、驱动电机和电子控制领域核心关键技术，积极向储能、机车、信息、军工等领域拓展，加大在电池、电机、电控等关键领域的研发投入打造500亿级产业集群

2. 郑洛新国家自主创新示范区专利产业分布

社会的不断发展，带动了战略性新兴产业的兴起。自创区企业加速发展新兴产业，形成了各具特色、优势互补、结构合理的战略性新兴产业协调发展格局。自创区各区域的专利资源在战略性新兴产业不断取得新的突破。

（1）郑州高新区专利资源涉及的战略性新兴产业具体行业包括新一代信息技术产业、高端装备制造产业两个行业。具体产业专利分布情况如表2-27所示。

表2-27　郑州高新区战略性新兴行业分布　　　　　　　　单位：件

产业	申请总量	发明申请量
新一代信息技术产业	8073	6459
高端装备制造产业	2721	2178
总计	10794	8637
自创区总计	47880	17368

注：数据采取为2009—2016年郑州高新区企业申请总量。

由表2-27可看出，郑州高新区两大产业专利申请总量为10794件，发明专利申请总量为8637件，分别占自创区总量的22.5%、49.7%。其中新一代信息技术产业的专利申请总量、发明申请量分别为8073件、6459件，分别占郑州高新区战略新兴产业专利申请总量的74.8%、74.8%。总体来看，郑州高新区战略性新兴产业发展良好。

（2）洛阳高新区专利资源涉及的战略性新兴产业为新能源产业。专利申请总量为575件，发明型专利申请量为233件。产业专利分布情况如表2-28所示。

表 2-28　洛阳高新区战略性新兴产业分布　　　　　　　　　　　　　单位：件

产业	申请量	发明申请量	实用新型申请量	外观设计申请量	授权专利量	授权发明量	有效发明总量	专利金奖	专利优秀奖
新能源产业	575	233	332	9	401	143	141	—	—
自创区总计	47880	17368	23968	6437	24945	5646	3905	2	16

注：数据采取为洛阳高新区申请量前十名企业。

由表2-28可看出，洛阳高新区前十名企业在战略性新兴产业中都表现为新能源产业。新能源产业的申请总量为575件，占自创区申请总量的1.1%。其中发明申请量、实用新型申请量分别占新能源产业的40.5%、62.1%。有效发明量为141件，有效率高达60.5%。相对于发明专利和实用新型专利来看，外观设计申请量仅有9件，在整个行业专利申请中，占比仅为1.7%。企业应注意专利产业化环节的研发投入，提升产品性能和质量，提升外观设计专利数量。

（3）新乡高新区专利资源涉及的战略性新兴产业具体包括新材料产业、节能环保产业、新能源产业3个行业。具体产业专利分布情况如表2-29所示。

表 2-29　新乡高新区战略性产业分布　　　　　　　　　　　　　　　单位：件

产业	授权专利	发明专利	实用新型专利	外观专利
节能环保产业	42	4	38	—
新能源产业	19	12	7	—
新材料产业	97	13	67	9
总计	158	29	112	9
自创区总计	24945	5646	—	—

注：数据统计来自2009—2016年新乡高新区授权专利前十名企业。

由表2-29可看出，新乡高新区授权专利累计为158件，仅占自创区授权专利量的0.6%。发明型专利29件，实用新型专利为112件，在新乡高新区授权专利总量的占比分别为18.4%、67.5%。其中新材料产业的授权专利量多，占比为61.4%。新能源产业的授权发明专利的比例在整个新能源产业授权专利申请占比为63.2%。相比较于发明和实用新型，外观设计的授权比率较低，企业应在注重专利的创新性和实用性基础上，加大对产业化的投入，全面提升企业发展质量。

总体来看，自创区的战略性新兴产业的专利质量情况较为可观，发明型专利相对实用新型和外观设计来说，在整个专利资源中占比较大。同时有效发明专利量比重也较高，说明企业的创新能力较强。但在战略性新兴行业专利资源中反映最突出的一个问题在于外观设计的申请量和授权量均较低，反映企业在外观设计专利方面并未投入太多的研发，不太重视商品化及之后环节的创新，导致专利成果产业化较低。企业应在今后的创新活动中，还应提高外观设计专利的研发投入和技术成果转化。

3. 郑洛新国家自主创新示范区产业匹配度分析

（1）郑州高新区战略性新兴产业的主导产业为新一代信息技术产业、新能源汽车及动力电池产业、高端装备制造产业、新材料产业。郑州高新区专利主要分布于新一代信息技术产业、高端装备制造产业。具体专利匹配情况如表 2-30 所示。

表 2-30　郑州高新区战略性新兴产业专利匹配分析

产业	是否属于主导产业
新一代信息技术产业	■是　　□否
高端装备制造产业	■是　　□否

由表 2-30 可看出，郑州高新区专利分布产业包括主导产业新一代信息技术产业及高端装备制造产业。表 2-27 数据显示，新一代信息技术产业的专利申请总量为 8073 件，高端装备制造产业专利申请总量为 2721 件，在自创区申请总量的占比分别为 16.8%、5.7%。其中，发明申请量分别为 6459 件、2178 件。产业专利资源较为丰富，发挥了作为主导产业的优势，促进了产业的创新和不断发展，专利和产业的匹配度较高。

（2）洛阳高新区战略性新兴产业的主导产业为新材料产业。洛阳高新区专利主要分布于新能源产业。具体专利匹配情况如表 2-31 所示。

表 2-31　洛阳高新区战略性新兴产业专利匹配分析

行业	是否属于主导产业
新能源产业	□是　　■否

从表 2-31 可以看出，洛阳高新区的专利分布未覆盖到主导产业中，主导产业的优势未能在创新环节得以体现。洛阳高新区的专利资源未在主导产业中得到发挥。专利和主导产业的匹配度不高。

（3）新乡高新区战略性新兴产业的主导产业为新能源汽车及动力电池产业。新乡高新区的专利主要分布于新材料产业等 3 个产业。具体专利匹配情况如表 2-32 所示。

表 2-32 新乡高新区战略性新兴产业专利匹配分析

产业	是否主导产业
新材料产业	□是　■否
节能环保产业	□是　■否
新能源产业	□是　■否

由表 2-32 可看出，新乡高新区的专利分布未覆盖到主导产业中，主导产业的产值和规模优势未能在创新中得以体现。专利和主导产业的匹配度不高。主导产业仍需加大创新投入，提升专利水平，使主导产业能在创新的支持下得到可持续的发展。

五、结论与建议

（一）结论

自国家知识产权战略实施以及河南省发布相关知识产权政策以来，自创区取得了显著的成绩。科技资源、教育资源、专利资源都得到不断完善，产业发展优势明显，经济转型升级快速，先行先试方面展现出新优势，对经济社会发展发挥了重要作用。但同时，自创区也面临着产业发展动力不足、科技人才增长缓慢、专利创而不新、繁而不优、市场价值体现不充分、保护不够严格、专利产业匹配度不高等问题，亟待出台新的法规政策和措施加以引导和规范。

1. 创新人才不足

自创区高技术产业企业数量不断增加，创新型平台建设加快，各区域积极承担来自国家及社会的项目，相应地对研发人员的需求加大。但同时，自创区科技从业人员却出现负增长趋势，2016 年相比于 2015 年下降了 2%。在当前河南省上下着眼建设经济强省、打造"三个高地"、实现"三大提升"

的关键时刻，自创区迫切需要实行更积极、更开放、更有效的人才引育政策，大力引进和培育重点领域高层次和急需紧缺人才，为自创区建设提供强有力的人才支撑。同时，自创区专利代理人与专利代理服务机构数量偏少，需进一步加大对专利服务的投入力度。

2. 产业资源分散，高技术企业优势不明显

郑洛新国家自主创新示范区集中了河南省具有重要影响力的一批产业，但从区位上看，三地并没有紧密地连接在一起，"三市三区多园"的空间布局，虽然实现了产业发展的差异化，但产业之间并没有形成专利协同，在创新资源及专利成果利用上并没有发挥整体最优功能。多个园区地理分布零散，园区发展的行业也有重叠，一定程度上分散了产业竞争力，专利成果的流通和应用也会受影响。而且自创区的高技术企业数量众多，但龙头企业较少，产业集聚不明显，创新力量较为分散。自创区核心区营业收入超50亿元的高新技术企业仅有2家，只占自创区核心区高新技术企业总量的0.5%，郑洛新三市营业收入超50亿元的高新技术企业仅有11家，只占三市高新技术企业总量的1.2%，亟须进一步加大培育力度，扶持企业做大做强，支撑带动自创区转型升级创新发展。

3. 专利创造能力较强，但专利质量和运用有待提升

自创区专利资源中企业的专利创造主体地位增强，创造能力较强，但创而不新、繁而不优、专利服务不够完善。截至2016年底，自创区的专利创造申请数量达到47880件，企业在其中的占比为16.7%。其中全国有效发明专利拥有总量1103226件，自创区的有效发明专利拥有量仅为3905件，仅占0.3%，专利拥有总量明显不足。而且自创区虽然在海外专利申请取得了突破，但数量过少，仅有28次，缺少国际竞争力。专利成果的转化和运用虽然增长速度较快，但起步较晚，仅在自创区设立之后才有了本质提升，一些专利运用模式仍然处于起步阶段，年成交数量和金额较低，还需要进一步提升专利运用水平。

4. 专利与主导产业匹配度不高

在三个高新区中，无论是国民经济行业还是战略性新兴行业体系中，专利覆盖的主导产业均较少，专利与主导产业的匹配度不高。截至2016年，自创区高新技术产业专利分布于10个产业中，覆盖较多的国民经济行业体系和战略性新兴行业体系。但与自创区主导产业之间的匹配度不成比例，自创区主导产业专利较少。需要采取相关措施，提高主导产业的专利产出水平和质

量，解决专利匹配度不高等问题。

（二）建议

1. 加大研发人才及专利服务人才遴选和培养

自创区创新能力的提升需要大量的研发、专利运用及专利服务人才的支持。加大自创区人才的培养力度，扩大研发人员队伍。完善人才配套措施，给予奖励补贴，建立激励方式，全方位地完善人才服务机制，以奖励、柔性等方式留住人才、吸引人才，扩大人才队伍。可以通过更具有竞争力的方式，引进高端人才，为人才队伍注入新的活力，提高创新能力。此外还应实施知识产权人才队伍建设工程，开展多层次人才培养，重点培养专业化知识产权行政管理和执法司法人才、具有较强运用知识产权的企业高级管理人才和运营服务人才等。

2. 兼顾多样化的基础上促进产业专业化集聚

推动自主创新示范区产业集聚对专利产出及产业化的贡献，需要从省级战略层面对各园区产业进行梳理和评估，对各园区产业进行规划组合。每个园区均应形成相对专业化的产业集聚，形成规模实力强的支柱产业集群，保证区域特色避免园区产业过于多样化，以培育区域优势主导产业。这样有利于集中各行业的创新资源，突出特色形成园区品牌，相应的专利成果也更容易寻求到需求方，供求关系明确，更容易促进专利成果的产业化和商业化。此外还应完善政策落实，加快发展高新技术企业，提高其创新能力。发布相应的鼓励政策，给予建立高新技术企业的地区奖励，加大对高科技企业的扶持。

3. 提高专利质量，提升专利运用水平

发布相应的政策和激励机制，发挥企业创新主体作用。对发明专利和PCT专利加大奖励力度，鼓励以质量为研发绩效考核指标。进一步加强产业核心专利研发和布局，发掘高校和科研院所的创新潜力，发挥重点实验室、博士后科研流动站和工作站、工程技术中心等科技创新平台的作用，提升原始创新和高价值核心专利创造能力。此外，加强专利综合服务平台建设，建立健全专利预警和专利维权援助机制，培育品牌服务机构，提供高端服务，发挥专利服务机构在提供便捷的申请和维权服务方面的积极作用。利用郑州高新区和新乡市国家专利质押融资试点机遇，促进专利成果的交易转化，探索专利保险等新的专利运用模式，提升专利成果运用效率。

4. 提升主导产业专利水平

根据自创区产业发展规划，自创区可培育相关主导产业的企业，加大主导产业的研发投入力度，给予相应的政策支持和奖励政策，引导主导产业的企业进行技术创新。将主导产业的规模优势和资源优势在创新领域发挥出来，提高专利产出和利用能力，促进产业转型升级，得以可持续发展。在主导产业深入实施专利导航试点工程，引导产业创新方向，提升创新效率和效果，促进专利与产业的融合。同时，政府给予补贴措施，促使企业更好地发展其优势产业，带动自创区整体产业发展。

第二章

知识产权与自由贸易试验区

李尊然[1]

一、基本问题

(一) 自由贸易试验区的相关概念

1. 中国自由贸易试验区

中国自由贸易试验区（Free Trade Zone，FTZ）是指在国境内关外设立的，以优惠税收和海关特殊监管政策为主要手段，以贸易自由化、便利化为主要目的的多功能经济性特区。原则上是指在没有海关"干预"的情况下允许外国货物豁免关税，免除通关、清关的复杂手续，进入自贸区、进行制造、自由流动以及再行出境。

值得注意的是，国内自由贸易试验区一般不存在进出口问题，只有当外国货物从自贸区进入国内非自由贸易区的时候才视为进口，只有当货物从国内非自由贸易区进入自贸区时才视为出口。而且自贸区的这种"境内关外"仅针对进口关税而言，并非指的是没有监管，实际上海关的相关法律法规在自贸区里面仍然要得到实施，其中就包括知识产权海关保护的法律法规。

2. 国际性自由贸易区

国际性自由贸易区是指在国家之间的自由贸易协定（Free Trade Area，

---

[1] 李尊然（1964— ），河南滑县人，中原工学院法学院/知识产权学院副教授，博士，硕士生导师，主要研究方向：国际投资法、国际知识产权法。

FTA）管辖下的各国领土构成的区域。FTA 是指在两国或多国之间设立的在贸易和投资等方面比 WTO 有关规定更加优惠的贸易安排。因此 FTA 全部缔约国领土构成这种国际性的自由贸易区，准许外国商品、投资在特定政策下，在各国海关监管下自由进出各国海关。在相关国家加入世界贸易组织（World Trade Organization，WTO）的情况下，这种国际性的自由贸易区受关税及贸易总协定（General Agreement on Tariffs and Trade，GATT）第 24 条的管辖，其区域经济自由化水平受该条限制，相关国家还应就其成立 FTA 或加入现有 FTA 通知 WTO 缔约方全体，并向后者报告该 FTA 的运作情况。

3. 河南郑开洛自由贸易试验区

2017 年 3 月 15 日，国务院发布《国务院关于印发中国（河南）自由贸易试验区总体方案的通知》和《中国（河南）自由贸易试验区总体方案》（国发〔2017〕17 号）。2017 年 4 月 1 日，中国（河南）自由贸易试验区正式挂牌成立。中国（河南）自由贸易试验区（以下简称"河南自贸区"）实施范围 119.77 平方千米，涵盖郑州、洛阳、开封三个片区。河南自贸区战略定位于加快建设贯通南北、连接东西的现代立体交通体系和现代物流体系，将自身打造成为服务于"一带一路"建设的现代综合交通枢纽、全面改革开放试验田和内陆开放型经济示范区。河南自贸区的发展目标是力求在 3～5 年的改革探索中，形成与国际投资贸易通行规则相衔接的制度创新体系，营造法治化、国际化、便利化的营商环境，努力将自身建设成为投资贸易便利、高端产业集聚、交通物流通达、监管高效便捷、辐射带动作用突出的高水平、高标准自由贸易园区，引领内陆经济转型发展，推动构建全方位对外开放新格局。

（二）境内自由贸易区的基本原则：贸易便利与知识产权保护的平衡

从以上关于自由贸易区的基本概念可以看出，国内自由贸易区以促进贸易便利化为重要目标，是比国际自由贸易区在市场开放与贸易自由化程度上更高。全世界范围内各种形式的自贸区已多达 2000 多个。自贸区国际实践标明，自贸区作为一种经济现象，其基本原则是促进自由贸易，其基本取向和目的是采取贸易便利化措施，促进国内或当地经济发展。而知识产权保护则可能在某种程度上限制自由贸易。因此，自贸区的知识产权保护就是要实现协调、平衡、处理贸易便利化和知识产权保护之间的关系，通过建立良好的知识产权保护环境，促进自由贸易的可持续发展，既不能让自由贸易区成为侵权的"避风港",也不能让知识产权的监管来妨碍自由贸易的实现,一句话,在二者之间达到平衡。这就是自由贸易区知识产权保护的基本原则。

这一原则得到国际上的认可。如国际商会2013年发布的制止假冒和盗版商业行动(Business Action to Stop Counterfeiting and Privacy,BASCAP)报告指出,当前世界各地的自由贸易区大都存在着知识产权保护问题,宽松的贸易政策容易导致知识产权滥用,没有适当的监管,自由贸易区更容易遭受假冒和盗版之害,现在有些自由贸易区已经沦为假药制造与出口的天堂。报告建议应加强自由贸易区的知识产权执法,特别是海关对知识产权的监管能力。

二、国内外实践

(一)自由贸易区知识产权保护国外实践

国际上,特别是欧美发达国家对在自贸区内实行趋严的知识产权保护标准已经达成共识。河南自贸区也应当跟踪并关注这些自贸区的建设情况,借鉴其成功经验。

1. 美国自由贸易区知识产权保护实践

美国的自由贸易区叫对外贸易区(Foreign Trade Zone),开始设立于20世纪二三十年代的大萧条之后,依据的是美国法典第19编第81节a到u款,即《对外贸易区法》。根据其国会1934年通过的《对外贸易区法案》,在美国本土临近海关的地区为促进国际贸易设立的特殊区域,旨在鼓励美国企业提高国际市场竞争力,降低生产成本,创造就业和吸引投资。美国的对外贸易区通常设立在港口、码头、机场或工业区,区内的企业可以从事仓储、分销、展览、加工,经过特殊的批准也可从事生产,进入区内的货物可享受免税或延迟征税。复出口的货物免征关税。美国的对外贸易区的特点是高度自由化,但同时其知识产权保护标准也非常高。主要表现为:

(1)对外贸易区内不限制知识产权保护适用。美国的知识产权立法与海关边境措施都完全适用于对外贸易区中的货物与行为,不存在任何限制适用的情况(BASCAP report 2013)。美国337条款(即美国法典第1337节)针对的是进口贸易中的不公平做法,特别是为了保护美国知识产权权利人的利益不受进口侵权货物的侵害。另外,美国《联邦行政法规》第19编"海关职责"第133节规定了"商标、厂商名称和版权",它是美国海关具体实施知识产权边境保护的法律依据;第133节包括"商标的备案""商号的备案""带有注册商标与备案商号商品的进口""版权的备案""违反版权法货物的进口"以及"没收或协定损害赔偿金的评估程序"等共53个条文,非常详细地规定了知识产权边境执法的具体操作步骤(USA CBP,198)。上述立法均适用于对外贸易区中的知识产权海关边境保护,美国海关可在对外贸易区内禁止或限制商标侵权行为、著作权侵权行为。

（2）对外贸易区对过境货物进行必要的知识产权监管。这方面的法律主要是在海关法之外的成文法以及判例法规则。如在1979年的A. T. Cross案中,一批未于美国生产也并未进口的货物暂存于对外贸易区,纽约南区联邦法院针对其侵权问题判决:此类货物只是在关税的意义上不属于进口,但其仍然属于美国商标法意义上的商业范围从而受该法管辖,海关有权对其采取措施,在1991年的Ocean Garden案中,第九巡回上诉法院再次确认美国商标法对过境货物的使用权,并指出美国海关法规给予商标侵权而对进口货物采取的边境措施规则同样适用于对外贸易区中的过境货物。由于美国海关法规的边境制度将版权和商标都纳入保护范围,签署关于商标的判例法也可适用于涉及版权的过境货物。

从成文法来看,美国联邦法规明确规定了美国海关具体实施知识产权海关保护,对符合法律规定的商标、商号和著作权提供边境保护,相关侵权货物或复制品被禁止进口和进入对外贸易区。此外,进口货物若带有其他名称或标志误导公众,使公众误认为货物是在美国制造,但事实制造地在其他国家或地区以及在对外贸易区内对货物标识虚假或欺骗性的原产地标志（包括出口货物）都是不被美国海关允许的。由此可见,美国成文法授权美国海关可以在对外贸易区内实施知识产权海关保护,保护环节适用于进口、出口、转口。

2. 欧盟自由贸易区知识产权保护实践

欧盟的自由贸易区称为"自由区"。1988年欧共体的自由区与包税制度从协调性指令升级为统一的区域法,即1988年《欧洲经济共同体理事会的自由区和保税仓库条例及其实施条例》。1992年《欧共体海关法典》及随后颁布的《欧共体海关法典实施条例》对自由区的设立、运营和货物的海关法律地位,以及区内货物可以进行的操作做出了全面规定。2008年欧盟《现代化海关法典》及其随后新的海关法典又对原法典做了进一步的简化和修改。欧盟自由区的主要特点是其属于"境内关内"型。2016年《欧盟海关法典》第7编"特别程序"第3章"存储"的第3节将自由区制度视为一种特殊的海关程序制度，而不再是一种"货物海关地位制度"。其意义在于自由区在接受海关监管方面将没有任何例外。欧盟自由区非常重视知识产权保护立法，是源于其知识经济发展的需要以及自由区内侵权现象的严重性。欧盟认为，自由区内的边境侵权行为已经成为其边境侵权的主要行为。同时，其过境货物的知识产权侵权问题较为严重，虽然过境程序下的海关查获侵权批次不多，但每批的货物量很大，这已经成为与进口侵权并行的一种边境侵权形式，逐渐成为欧盟边境执法的重点。我们在此主要阐述以下两方面问题。

（1）加强自由区知识产权边境保护。欧盟1994年《关于侵犯知识产权货物申报进口进入共同体，以及从共同体出口与复出口的促使的第3295/94号理事会条例》在经过1999年修改后，明确规定边境保护扩展适用于自由区与海关仓库。欧盟2003年《关于针对涉嫌侵犯特定知识产权的海关行为及针对侵权货物的处理措施的第11383/2003号部长理事会条例》以及同年6月欧洲议会和欧洲理事会通过的最新欧盟608/2013号条例（即2013年《知识产权海关保护条例》）都沿袭了在自由区进行边境保护的规定，所确定的知识产权海关边境保护措施包括以下四方面：①明确监管范围。2013年《知识产权海关保护条例》规定，海关执法的范围包括进口、出口或复出口的货物，进入或离开欧盟关境的货物，处于终止程序下的货物以及存储在自由区和保税区的货物。②扩大监管类别。新条例扩大了知识产权保护类别，增加了受各个成员国法律保护的商号、实用新型和半导体布图设计。同时还规定了与包装、标签、手册、操作指南、保修文件或其他类似的与货物分开进出的物品，若含有侵权标志或地理标志也被视为侵权货物。另外为了规避技术保护措施而实施的生产等行为也被列入侵权行为。③给予合理迹象的主动监管。新条例对海关主动实施边境措施的情况明确规定：海关对其监管下的货物侵犯知识产权的行为而实施暂停放行或扣留货物等措施必须是基于有合理的迹象。④建立海关联动机制。新条例还对海关联动机制做出规定，欧盟委员会和成员国的海关可以与第三国有关部门共享数据和信息，其中包括源于第三国或目的地位第三国但途径欧盟境内存在知识产权风险的过境货物。上述这些措施规定都扩展至自由区内。

（2）对过境货物的知识产权采取灵活的执法政策。欧盟立法中未对过境货物的管辖权做出明确规定。部分欧盟成员国由于对欧盟第295/94海关条例第6（2）（b）款的误读，运用"制造假定"理论主张对过境货物行使管辖权。即假定被扣押的货物是在过境国生产并进入该成员国市场，因此涉嫌侵权的货物在成员国存在不正当竞争的行为，侵犯了成员国知识产权权利人的利益，海关可以无须论证对过境货物对国内市场的影响，直接主张对这些货物的管辖权。如在2008年的Sisvel v. Soscal案中，海牙地方法院判决欧盟海关条例的相关措施可以适用于该案中涉嫌侵权的过境货物，欧盟国家给予该理论扣押了多批货物。但2012年英国法院在"诺基亚与飞利浦案"的判决中推翻了"制造假定"理论，明确了知识产权侵权嫌疑必须以具体案件的事实为基础，来源于非欧盟国家的仿制品，只有当有明确迹象证明货物会进入欧盟市场销售时，才能认定为欧盟法律上的假货或者盗版，而不能纯粹基于货物临时入境而对其实施边境措施。最新的608/2013号条例中，也已经删除了引发误解的条款。可见，欧盟对过境货物的知识产权管辖权的态度较为宽松。

3. 新加坡自由贸易区知识产权保护实践

新加坡与中国香港地区类似，属于港城一体，自由贸易程度总体上在全球位居前列。但新加坡还在国内划设了一些自由贸易区，同时还在划定的自贸区中为在出口的公司提供一个免税区，商家可以对产品进行存放、改装、分拣和再出口。自贸区为新加坡的自由贸易做出了决定性的作用。与此同时，新加坡特别重视知识产权法律制度，特别是进入21世纪以来，新加坡更加重视经济的创新发展，努力通过高质量的知识产权保护，高水平的知识产权服务，促进创新发展。由于新加坡全国就是一个自由港，因此，其知识产权制度也同时适用于自由贸易区，只有少数园区内有些特别的措施。这主要体现着以下三个方面。

（1）打造世界先进的知识产权保护体制。新世纪以来，新加坡已经成为全球领先的知识产权保护高水平国家（地区）。其知识产权运行体制主要有如下特点：①民事赔偿中设有惩罚性赔偿；②英美法抗辩式法庭程序；③知识产权刑事实施中权利人参与度高，设有知识产权专业警察机构，即警察部队知识产权保护组（知识产权RB）；④设有非诉讼纠纷解决机制（Alternative Dispute Resolution，ADR），即世界知识产权组织仲裁与调解中心，2009年世界知识产权组织（World Intellectual Property Organization，WIPO）决定在新加坡设立知识产权组织仲裁与调解中心办事处，为亚太地区第一家。

（2）大力发展知识产权服务。新加坡政府主要将工作重点集中于知识产权的商用化服务、咨询服务和培训服务，力求能够进一步加强社会各界对知识产权的认识，并进一步推动知识产权服务业的市场化。政府在这方面也发挥了关键性的作用。比如，鉴于知识产权交易存在的搜寻成本障碍，新加坡知识产权局开发了"冲浪IP"（SURFIP）服务项目和"知识产权拓展计划"，为知识产权的市场化交易牵线搭桥。在推动知识产权服务业发展方面还推出"中小企业知识产权管理项目"［IP Management（IPM）for SMEs Program］；专门设立"中小企业专利申请基金"（PAF）。另外，为加强知识产权保护和管理，新加坡政府在教育方面分别开展了面向学术、公众、商务以及公共部门等的教育。特别是新加坡经济发展局在纬壹科技城内建设新加坡领导网络与知识学院，推动相关人才培养；律政部于2003年1月成立了知识产权学院，培养知识产权保护领域的专门人才。

（3）推动建设亚洲或全球知识产权中心。随着新加坡知识产权申请的大幅增加，律政部计划将新加坡发展成为在知识产权的交易和管理、高质量知识产权注册以及化解知识产权纠纷方面的亚洲甚至全球的知识产权中心或枢纽。2012年5月组建知识产权指导委员会，负责制定知识产权中心的总体规划；2013年4月1日公布了未来十年措施规划，具体包括建立知识产权交易与管理中心、优质知识产权申请中心和知识产权纠纷解决中心三项战略成果以及两项助推措施，即培养专业技能人才资源和为知识产权活动营造有益环境。

国际上主要的自贸区在知识产权保护方面为我们提供了重要的经验，包括：①加强打击侵害知识产权的行为能促进自由贸易；②海关是自贸区知识产权保护的重要执法力量；③灵活适用过境货物知识产权监管措施；④专业的争议解决方式助推自贸区贸易投资的发展；⑤形成社会共同参与的知识产权保护机制；⑥积极推进知识产权服务业的市场化发展；⑦精准有力的政府指导及措施。

（二）上海自贸区知识产权保护实践经验

上海自贸区根据《中国（上海）自由贸易试验区总体方案》《中国（上海）自由贸易试验区条例》《中国（上海）自由贸易试验区管理办法》以及《中国（上海）自由贸易试验区进一步改革方案》，在知识产权管理与保护方面做了积极的探索。其主要经验总结如下：将知识产权纳入市场综合监管范围，即由自贸区管委会综合执法机构依法集中行使原来由市知识产权管理部门依据法律法规和规章对著作权、专利权方面的违法行为行使的行政处罚权，以及与行政处罚权有关的行政强制措施权和行政检查权。成立统一的专利、商标、著作权执法统一建制的自贸区知识产权局。推进"五位一体"知识产权社会参与监管体制建设。所谓"五位一体"，是指行政监管、行业规范、第三中介有专业的服务、企业要自律、公众要参与的社会参与体制。知识产权海关监管服务创新，如引进知识产权授权白名单建设、跨境电商商户和商品信息备案机制等；进出境保护与境内保护协同、联动与信息分享机制。多元化纠纷解决机制。2014年8月，上海市文化创意产业法律服务平台知识产权调解中心调解完成第一案，效率高，耗费公共资源少，取得了可复制、可推广的满意效果。

三、河南发展状况

河南自贸区自2017年4月正式成立以来，当地法院、检察院、政府（包括自贸区办公室）工作中与知识产权相关工作主要是完成了顶层设计，明晰了自贸区法律保护框架。由于自贸区与郑洛新自创区管辖地域范围有相当大的重合，因此，其具体的知识产权发展状况从本部分第一章"知识产权与自主创新示范区"中有关自创区专利发展状况可见一斑，本章在这方面不再赘述，仅包括知识产权法律保护方面，其举措主要涉及司法保护（法院、检察院两个系统）、河南省政府（部门）以及河南自贸区管理机构采取的相关法律措施，这些措施已经或者正在得到实施。现分述如下。

（一）河南自贸区知识产权司法保护举措

河南省高级人民法院结合河南省审判实践和工作实际，制定了《河南省高级人民法院关于为中国（河南）自由贸易试验区建设提供司法服务和保障的意见》，就服务保障河南自贸区建设提出了3方面14条具体措施。这些措施均涉及知识产权法律保护的加强。一是全面加强涉自贸试验区案件审判工作，其中包括突出打击重点，严格刑罚适用；平等保护各方，优化投资环境；监督支持依法行政，促进优化政务环境等。二是优化司法功能方式，创新服务保障机制，其中包括完善多元化纠纷解决机制，着力化解各类争端；加强司法交流合作，提升国际化服务水平等。三是加强组织领导，不断提升服务保障水平，包括加强队伍建设，提升司法能力等。

河南省人民检察院针对河南省自贸区的主要措施涉及"积极主动服务，依法规范服务，创新高效服务"三个方面的内容。一是坚持理性、平和、文明、规范司法，积极稳妥办理自贸区建设中各类犯罪和监督案件；二是始终站在有利于保障和促进自贸区建设、支持鼓励制度创新的高度；三是注重健全完善与服务保障自贸区建设相适应的工作机制，加强组织领导，充实专业化办案力量。检察院采取的措施中，特别强调了对知识产权的司法保护，特别是要坚决打击危害自贸区安全稳定的各类刑事犯罪，加强对自贸区建设中知识产权的司法保护，强化监督为自贸区建设营造公平、公正的法治环境。

(二) 河南自贸区知识产权行政举措

1. 河南省政府对自贸区知识产权法律服务方面的总体要求及措施

2017年4月11日国务院批准河南自贸区等第三批7个自贸区，2017年4月17日河南省人民政府便发布了《中国（河南）自由贸易试验区管理试行办法》（河南省人民政府令第178号）。根据该文件第8章《法治环境》第62条、第65条以及第66条的规定，自贸区"依法保护自贸试验区内投资者合法拥有的……知识产权"，同时，要求"加强知识产权保护工作，完善与国际接轨的知识产权管理、纠纷调解、援助、仲裁工作机制，加强跨部门知识产权执法协作"。另外，要求"在自贸试验区内建立民商事纠纷多元化解决机制，借鉴国际商事仲裁惯例，完善仲裁规则，提高商事纠纷仲裁的国际化水平。支持专业调解机构借鉴国际先进规则，完善调解制度，及时合理地化解各类纠纷"。

2017年11月14日，河南省人民政府进一步颁发了《河南省人民政府关于印发中国（河南）自由贸易试验区建设专项方案的通知》（豫政〔2017〕35号），对上述要求进行细化落实。其中的"工作举措"规定了"构建五项服务体系框架，推动五大改革专项"的内容，其中第4项就是"实施法律服务体系建设专项"，其中虽然未直接提及知识产权法律服务体系建设，但可以认为知识产权作为民事法律服务的一部分是其中的应有之义。根据该项规定，自贸区将重点围绕营造法治化营商环境，创新制定仲调结合管理办法，健全多元化纠纷解决机制，构建机制健全、仲调结合、一律平等的法律服务体系。关于仲裁机制建设的标准，该文件要求"对接国际仲裁机制，完善商事仲裁规则，建立与国际投资贸易规则相适应的高效法律争议解决机制"。在此基础上，要"以自贸试验区不同市场主体解决纠纷的便利化、多元化需求为导向，构建调解、仲裁、诉讼互为补充的多层次纠纷解决网络，形成事前预防、事中介入、事后化解的纠纷解决机制"。特别是要"设立自贸试验区法院或法庭，健全涉自贸试验区案件审判工作机制，平等保护中外当事人合法权益，依法保障自贸试验区创新发展"。

2. 河南自贸区管理机构推出的知识产权法律服务体系建设方案及其落实情况

根据河南省人民政府的上述要求，河南自贸区领导小组于2017年11月29日发布了《中国（河南）自由贸易试验区法律服务体系建设专项方案》，对包括知识产权在内的相关法律服务问题提出了较为完善的举措，其目的是构建自贸试验区机制健全、仲调结合、一律平等的法律服务体系，营造法治化、国际化、便利化的营商环境。该方案中多处涉及知识产权法律服务体系的建设，具体内容包括以下三个方面。

（1）构建与国际接轨的自贸试验区仲裁体制机制。根据自贸区该文件中的"主要任务与措施"第1项提出了"构建与国际接轨的自贸试验区仲裁体制机制"。文件指出，构建该体制机制，就是要完善自贸试验区仲裁组织。为适应自贸试验区中外市场主体解决商事纠纷需求，郑州、开封、洛阳三市仲裁机构通过不断提升管理水平和业务能力，积极拓展仲裁业务范围，大力服务当地自贸片区建设；加大仲裁开放力度，吸引中国国际经济贸易仲裁委员会等国内知名仲裁机构在自贸试验区设立分支机构或代表处；主动融入中国自贸试验区仲裁合作联盟，建立与国内其他自贸试验区之间的跨区域合作交流机制。该文件专门提出要积极推进仲裁专业化，适时筹建自贸试验区航空、金融、物流、电子商务、知识产权等专业化仲裁平台；加快涉外商事仲裁人才的培养，吸纳熟悉国际贸易规则的专业人才进入仲裁员名册，不断提高仲裁服务水平，使自贸试验区成为区域性国际商事纠纷解决中心。在仲裁机构引入方面，目前只有郑州市仲裁委员会已在河南省自贸区设立了河南省自贸区商事仲裁院，驻地、人员、资金等问题已经落实。该仲裁院将管辖商事仲裁案件和知识产权案件。郑州市仲裁委员会正在紧张地进行调研，为满足河南省自贸区案件的需要而修订其仲裁规则。其提出的专业化的仲裁平台和区域性国际商事纠纷解决中心的建设还有较长的路要走。

（2）加强自贸试验区审判机构建设。该文件在第2项任务与措施中，提出了"加强自贸试验区审判机构建设"的举措，即本着诉讼便利化和审判专业化的原则，根据郑州、开封、洛阳三个片区区位特点和司法需求，积极争取在郑州片区设立自贸试验区郑州片区法院，在开封、洛阳片区分别设立自贸试验区派出法庭，按照级别管辖的规定，集中管辖自贸试验区内与自贸试验区相关的一审民商事纠纷案件（包括涉外、涉港澳台商事纠纷案件和一般知识产权民事、行政、刑事案件），自贸试验区郑州片区法院同时负责辖区内涉自贸试验区案件的执行。其中特别强调赋予自贸试验区法院及相关基层法院涉外、涉港澳台民商事、一般知识产权案件的管辖权，建设司法服务和保障自贸试验区的重要平台和窗口。目前，河南省高级人民法院已经决定设立自贸区法院。该法院将以河南省高级人民法院民三庭为基础建立，主要管辖自贸区商事案件和知识产权案件。

（3）构建自贸试验区多元化纠纷解决机制。该文件在第3项任务与措施"构建自贸试验区多元化纠纷解决机制"中，要求以自贸试验区不同市场主体解决纠纷的便利化、多元化需求为出发点，有效整合社会力量，构建调解、仲裁、诉讼互为补充的多层次纠纷解决网络，形成事前预防、事中介入、事后化解的纠纷解决机制，实现自贸试验区法律服务与法律需求的无缝对接。其中在"推进商事组织建设"中，提出了加强对金融、航空、物流、旅游、知识产权等商会及行业协会的指导和培训，充分发挥商会及行业协会自我管理、自我服务、自我协调、自我约束的功能，对行业内发生的纠纷及时进行调处；在"建立法律顾问机制"方面，要求加快建立健全金融、投资、贸易、国际物流、知识产权等领域的法律专家库，加强工作联系和信息交流，为自贸试验区政策的制定、重大建设项目的论证、各类涉外商事和知识产权案件的审理、矛盾纠纷的化解等提供理论支撑和智力支持，提升自贸试验区依法治理水平。目前多元化纠纷解决机制都在初步形成中，行业协会以及法律顾问机制建设进展相对靠前，当地知识产权协会已经重点关注河南省自贸区知识产权问题；自贸区已经聘请了大量来自当地和全国的各领域法律专家成为其法律顾问。

3. 河南省政府（部门）对河南自贸区知识产权人才的引进激励措施及其他知识产权支持措施及其实施效果

其包括以下几个方面。

（1）出入境便利措施。在2017年4月1日中国（河南）自由贸易试验区举行挂牌仪式并举办首场发布会上，当地公安部门发布了对河南自由贸易试验区建设的知识产权人才出入境支持政策举措，主要涉及7项优惠政策措施，其中，对符合认定标准的外籍高层次人才及其配偶、未成年子女，经自贸区管委会等单位推荐，可直接申请在华永久居留。具体来说，对符合条件的外籍人才及其家属，可根据外国人来中国许可签发的期限，为其签发5年内长期居留证件，对申请材料实行一次性告知制度，申请材料齐备后，原则上签证签发时间不超过4天，居留许可签发时间不超过8天，比国家法定时间缩短一半。另外，河南省公安厅还开通了签证到期提醒服务，对即将到期的证件，提前1个月时间，给外籍高层次人才或其专办员发短信提醒，预约办理时间。

（2）博士后制度优惠政策。2017年11月7日河南省人民政府办公厅出台了《关于改革完善博士后制度的实施意见》。该意见除了河南省适用的普遍性优惠政策之外，还在"优化博士后工作平台建设"方面对自贸区人才引进规定了更宽松的政策。它规定，郑州航空港经济综合实验区、中国（河南）自由贸易试验区、郑洛新国家自主创新示范区、高新技术产业开发区、经济技术开发区、留学人员创业园区等区域性、园区类工作站设立（注销）分站，可简化相关手续，由省博管办核准，报全国博管办备案。

（3）创新引领型人才和团队的引进措施。在《河南省人民政府办公厅关于促进产业集聚区和开发区改革创新发展的实施意见》（豫政办〔2017〕159号）提出的具体措施中，涉及了创新引领型人才和团队的引进措施。包括完善柔性引才方式，出台更具吸引力的政策，建立"绿色"通道，促进更多高层次创新人才和团队向产业集聚区集聚；深入实施"中原百人计划"、河南省高层次科技人才引进工程，大力引进两院院士、"千人计划"专家、国家重大科技成果完成人等海内外高层次人才和团队，支持其带技术、带成果、带项目到产业集聚区开展创新创业和成果转化；文件同时要求，到2020年，河南省累计引进创新引领型团队要达到200个以上。目前上述人才引进激励方案已经得到落实，为河南省自贸区引进知识产权人才发挥着重要作用。

（4）知识产权综合管理改革措施。2017年4月1日，河南省工商局正式印发《关于支持中国（河南）自由贸易试验区建设的意见》。根据该项文件，省工商局将支持自贸试验区开展知识产权综合管理改革。支持洛阳在知识产权综合管理改革试点城市的基础上，建立统一的商标、专利、版权等知识产权服务平台，将知识产权登记和企业注册登记有机融合，推行"一门式"服务，打通知识产权创造、运用、保护、管理、服务全链条，建立高效便民的知识产权综合管理体制和知识产权公共服务体系。

根据河南自贸区工作办公室于2018年5月14日发布的工作简报《河南自贸试验区2017年发展运行情况》，2017年河南自贸区新增专利申请10203家，新增专利授权3508家，新增高新技术企业93家，这些指标在第三批自贸试验区中分列第二位、第三位、第二位。这些成绩与河南自贸区的知识产权法律保护体系建设、引进激励人才政策有重要的关联。目前尚未获得河南自贸区商标和版权方面的公开统计数字。

四、存在问题与建议

(一) 河南自贸区知识产权发展存在的问题

全面审视刚刚完成的河南省自贸区上述相关政策措施顶层设计，我们发现很难找出其问题所在。因为，这些政策措施是在现有法律框架下所能进行的最大限度的知识产权保护、运营及人才举措。但我国的自由贸易试验区是试验田，是要为我国未来自由贸易区甚至自由港的设立而探索创新发展之路的，因此我们必须跳出现有法律框架甚至法律思想，从全球和历史的高度进行思考。

因此，我们通过横向和纵向对比，从知识产权发展的角度认为，相对于现有的法律和制度框架，河南自贸区的相关顶层设计举措尚有创新不足的情况，未对自贸区知识产权保护原则、保护水平等总体问题提出明确的定位，即自贸区在贸易便利和税收减免方面是境内关外，但未像外国自贸区一样明确强调知识产权保护特别是海关知识产权监管的不豁免原则，或者自贸区内知识产权高标准保护原则。

在具体举措方面存在的问题主要有：仅提出了设立自贸试验区郑州片区法院，在开封、洛阳片区分别设立自贸试验区派出法庭，未考虑设立自贸区知识产权法院，而是等到最高法院决定设立郑州知识产权法庭；对于临时仲裁、知识产权专业警察安排等涉及现行法律障碍和制度壁垒的问题，更没有能力突破，只是提出建立与国际接轨的自贸区商事仲裁体制机制，建立知识产权仲裁平台；在自贸区知识产权社会服务和社会组织建设方面，只是在"推进商事组织建设"中，提出了加强对金融、航空、物流、旅游、知识产权等商会及行业协会的指导和培训以及设立知识产权等方面的人才库和法律顾问制度，似乎缺漏了重要的知识产权代理服务市场的培育和完善；自贸区虽然没有专门的对创新企业的具体激励举措，但缺乏对产业行业进行的宏观和中观指导，如未对于郑州片区提出航空港区发展定位。

基于此，并基于河南省自贸区与外国自贸区以及国内先进的自贸区（如上海自贸区）的比较，我们认为河南自贸区在知识产权发展方面仍存在如下具体不足：河南自贸区甚至中国自贸区与区外的知识产权法律保护一样，权利人参与度相对较低，目前行政执法在知识产权保护中仍居首要地位，当事人维权成本高，政府负担较重；河南自贸区与全国一样，立法上知识产权保护程度较高，但实际执行效果差强人意；在开展刑事措施时没有专业警察机构，在检察院也没有设置专业知识产权检察人员；河南尚未将知识产权纳入市场综合监管范围，未建立由自贸区管委会综合执法机构，并由其依法集中行使原来由市知识产权管理部门依据法律法规和规章对著作权、专利权方面的违法行为行使的行政处罚权，以及与行政处罚权有关的行政强制措施权和行政检查权，未成立统一的专利、商标、著作权执法统一建制的自贸区知识产权行政机构；河南自贸区未提出知识产权海关监管服务创新方面的具体举措，如引进知识产权授权白名单建设、跨境电商商户和商品信息备案机制等；进出境保护与境内保护协同、联动与信息分享机制；河南自贸区知识产权仲裁、调解机制建立迟缓，知识产权仲裁的国际化更是路长维艰。

（二）河南自贸区知识产权发展相关建议

1. 确定河南自贸区知识产权保护的总体原则

河南自贸区知识产权保护的总体原则应该是自贸区知识产权保护水平应当是与国际接轨的高标准保护，不因自由贸易而牺牲知识产权保护。在政府和司法机关相关文件中确立自贸区知识产权保护的原则是高标准保护，并将高标准的知识产权保护落实在海关执法、各级法院、检察院、公安、公证、仲裁和行政执法总则、细则中。

2. 设立河南自贸区法庭知识产权临时仲裁庭

我国上海自贸区、苏州自贸区、合肥自贸区等先后设立了专门法庭，受理了数量客观的知识产权案件，取得一定的成功经验。河南自贸区完全可以借鉴这一经验。同时，作为诉讼方式的替代，仲裁有着更加优越的特点，如审理周期短、一裁终局、专业水平高等，对知识产权案件的快速解决和知识产权保护有着特别的意义。因此，建议国家在相关立法中明确规定知识产权案件的可仲裁性，为设立自贸区知识产权临时仲裁庭奠定法律基础。在此之前，建议地方政府支持自贸区进行知识产权临时仲裁的准备、试验和探索工作。从长远的眼光来看，建议引进或建立国际级别的知识产权仲裁机制。

3. 建立政府产业和企业创新发展知识产权指导方针

在产业和企业创新发展方面，政府可以提出产业定位指导原则和意见，努力优化知识产权相关营商环境，提出具体实效的知识产权营商便利化措施。特别建议在河南省传统优势产业领域（如农业、物流）和新兴产业集聚区

(如航空港区）方面以及产业融合方面，提出有力知识产权支持措施。

4. 建立自贸区知识产权综合管理机构

在河南自贸区建立知识产权综合执法机构，由其依法集中行使专利、商标、版权等行政处罚权，以及与行政处罚权有关的行政强制措施权和行政检查权。设置统一的专利、商标、著作权执法"三合一"式统一建制的自贸区知识产权局，统一管理自贸区知识产权工作。在公安系统培养专业的知识产权警察人才，设置专业性知识产权警察队伍。

5. 加强自贸区海关监管与业务创新

在确保自贸区内不限制知识产权保护适用、对过境货物的知识产权采取灵活的执法政策的原则指导下，强化知识产权执法的自由裁量权。同时，引进知识产权授权白名单制度、跨境电商商户和商品信息备案机制以及进出境保护与境内保护协同、联动与信息分享机制。

第三章

知识产权与"一带一路"

高金娣[1]

2013年,国家主席习近平提出了共建"丝绸之路经济带"和"21世纪海上丝绸之路"的战略构想,立刻吸引了全世界的目光。2015年3月28日,发改委、外交部、商务部联合发布了《推动共建丝绸之路经济带和21世纪海上丝绸之路的愿景与行动》(以下简称《愿景与行动》),这标志着"一带一路"的版图正式进入推进阶段。《愿景与行动》中明确提出,将依托中原城市群,推动产业集聚发展,打造郑州内陆开放型经济高地,打造"郑欧班列"品牌,建设沟通境内外、连接东中西的运输通道,支持郑州建设航空港、国际陆港,开展跨境电子商务服务试点等,为企业"走出去"提供了难得的市场机遇。"一带一路"倡议的推进,将促进中原经济区大发展,推动郑州区域互动合作和产业集聚发展,"一带一路"政策对于河南乃至全国范围内的企业来说,都是高瞻远瞩的大好机遇。

一、基本情况梳理

(一)"一带一路"倡议的内涵

"一带一路"是"丝绸之路经济带"和"21世纪海上丝绸之路"的简称。习近平主席于2013年9月首次提出构建"丝绸之路经济带"的设想,并于2013年10月出席亚太经合组织(Asia-Pacific Economic Cooperation,APEC)领导人

---

[1] 高金娣(1979—),河南长垣县人,中原工学院法学院/知识产权学院副教授,主要研究方向:科技创新与知识产权、知识产权管理。

非正式会议期间提出建设"21世纪海上丝绸之路"的倡议。2013年11月,"一带一路"倡议被写入《中共中央关于全面深化改革若干重大问题的决定》,并在2014年12月召开的中央经济工作会议上被列为2015年经济工作的主要任务之一。2015年3月28日,发改委、外交部、商务部联合发布了《愿景与行动》,这标志着"一带一路"的版图正式进入推进阶段。《愿景与行动》中明确提出,将依托中原城市群,推动产业集聚发展,打造郑州内陆开放型经济高地,打造"郑欧班列"品牌,建设沟通境内外、连接东中西的运输通道,支持郑州建设航空港、国际陆港,开展跨境电子商务服务试点等,为企业"走出去"提供了难得的市场机遇。

"一带一路"沿线有65个国家(包括中国),贯穿亚欧非大陆,且多为新兴经济体与发展中国家,其资源禀赋各异,经济互补性强,且经济发展普遍处于上升期,人口总数与经济总量分别占全球的63%和29%,现有发展规模与未来增长潜力都相当大。❶"一带一路"倡议赋予古代"丝绸之路"以新的时代内涵,是我国处在深化改革开放的新时期提出的一种国家发展战略,旨在促进中国与沿线国家的经贸发展,在政治互信、和平合作的基础上,利用地缘毗邻、经济互补等优势实现互利互赢。"一带一路"倡议惠及沿线多个国家和地区,利于区域经济一体化和经济全球化的和谐发展,改善世界经济发展不平衡现状,促进国际经济贸易多极化发展,加快国际贸易新格局的形成。❷"一带一路"倡议构想的提出,既是我国全面实施"走出去"战略的优化升级,也是我国积极参加国际经贸往来的战略部署,使我国的经济发展空间格局得到进一步优化,为我国经济发展提供了新的增长点。

(二)河南在"一带一路"建设中的地位和区域优势

河南是我国的经济大省,2017年国内生产总值位居全国第二位、中西部首位。河南也是"一带一路"沿线建设重要省份,郑州、洛阳被列入国家丝绸之路经济带规划重要节点城市。在"一带一路"建设方面,河南省具有5大综合优势。

1. 历史文化优势

河南是汉唐时期古丝绸之路的东方起点,与丝绸之路相关的文物遗迹十

---

❶ 吴汉东. 一带一路战略下知识产权保护的中国选择 [J]. 人民论坛, 2017 (1) 下: 95.
❷ 安宇宏. "一带一路"战略 [J]. 宏观经济管理, 2015 (1): 82.

分丰富。2014年,由中国、哈萨克斯坦、吉尔吉斯斯坦3个国家共同申报的"丝绸之路"文化遗产项目入选世界文化遗产,其中包括河南省汉魏洛阳城遗址四项遗产,极大提升了河南丝路文化的国际影响。认识河南省的历史文化优势,以文化资源和文化产品为纽带参与"一带一路"建设,可以增进河南省与丝绸之路沿线国家的合作交流,促进河南省的历史文化优势转化为与丝路国家的经济合作优势。

2. 经济发展优势

河南省早已成为中国的经济大省和新兴工业大省,地区生产总值、社会消费品零售总额、进出口总额等主要经济指标相当于西北五省的总和,投资和消费需求空间广阔。河南省产业门类齐全,钢铁、煤炭、装备制造、食品、农业等具有明显的产业优势和技术优势,手机等电子产品、铝及铝制品、轮胎等优势产品出口比重不断扩大,一批产能合作项目和境外合作产业经贸园区建设加快推进,与"一带一路"沿线国家的经贸交流前景广阔。

3. 中原腹地优势

河南省地处我国中心地带,长期是我国政治、经济、文化中心,在古丝绸之路发展繁荣中发挥了重要支撑作用。在新的历史条件下,河南省实施粮食生产核心区、中原经济区、郑州航空港经济综合实验区、郑洛新国家自主创新示范区、河南自贸区"五大国家战略规划",形成了新的战略组合,作为我国东西部结合的战略支点,辐射周边、活跃全局的腹地效应和优势更加凸显,在全国大局中的地位明显提升,在"一带一路"建设中扮演着越来越重要的角色。

4. 综合交通优势

河南承东启西、连南接北,是全国重要的综合交通枢纽。高速公路里程长期位居全国前列。航空枢纽功能显著提升,郑州机场已具备客运3000万人次、货运100万吨的吞吐能力,基本形成覆盖欧美、连接亚澳的枢纽航线网络。郑州国际陆港作为区域物流集疏中心,带动货量集聚效应持续显现,郑欧班列成为国内唯一一家往返开行平衡的班列,打通了连接"海上丝绸之路"的铁海联运通道,已形成境内覆盖23个省份、境外覆盖22个国家112个城市的集疏网络。

5. 内陆开放优势

河南已建成6个海关特殊监管区域和7个功能性口岸,进口肉类指定口岸常态化运行，国际航空邮件经转口岸开通17个国家直航邮路；进境水果、冰鲜水产品、食用水生动物口岸业务量实现较快增长，成为内陆地区指定口岸数量最多、功能最全的省份；中国（河南）国际贸易"单一窗口"上线运行，电子口岸平台上线运行，关检合作"三个一"通关模式全面推行，实现了与"丝绸之路经济带"沿线9个关区通关一体化；郑州机场口岸实施7×24小时通关服务，实行单证快速审结。河南是目前我国指定口岸最多、种类最全的内陆省份。2015年，河南省对"一带一路"沿线国家进出口694.8亿美元，占全省进出口额的15.1%；2016年河南省对"一带一路"沿线国家进出口额801.8亿元，增长15.4%。

（三）知识产权的"一带一路"

随着"一带一路"倡议进入全面实施的阶段，经贸合作中的知识产权问题被日益关注，包括在"走出去"的过程中如何遵守当地的知识产权法律制度，在合作项目实施时如何保护我国已有的知识产权和合法利用他国的知识成果，产权纠纷出现时如何快捷地予以解决等。知识产权保护已经成为当今国际经贸领域的"标配"。随着知识产权在国际竞争和国际贸易中的地位日益凸显，知识产权战略布局已经成为各发达国家抢占新一轮发展制高点的关键性工具。与传统国际分工相区别，在以全球价值链为基础的国际分工体系中，以著作权、专利、品牌等为主要内容的知识产权决定着不同国家和企业在全球产业链中的地位。一个国家和企业拥有的知识产权优势越明显，它对价值链的主导力越强，在财富分配中的位置越有利；反之，就只能处于国际分工的低端。因此，在与"一带一路"沿线国家合作的过程中，既要充分了解目标国的知识产权制度环境，防止对他人造成侵权引发不必要的纠纷，更要在政府的支持下通过知识产权战略协同对企业知识产权战略实力做好合理的安排和配置，从而塑造、形成有利的知识产权战略态势，为后续的市场竞争创造有利的基础。

知识产权的"一带一路"是国家"一带一路"倡议的应有之义。从某种意义上讲，在"一带一路"倡议中，"一带"就是知识产权的保护带，即以亚、欧、非丝绸之路经贸区域为范围，通过多边、双边协定的方式，形成团结欧洲发达国家，并适宜于中国等广大发展中国家发展水平的知识产权保护带；"一路"则是知识产权的事业路，即在前述"一带"的基础上，以国际经贸促进知识产权向互利、合作、共赢的国际新秩序发展，提升中国在国际知识产权保护中的话语权。从整个区域来看,"一带一路"跨越亚、欧、非三大洲的众多国家,融入国际知识产权保护体系的程度参差不齐,各国国内知识产权保护制度差异显著,特别适用于"一带一路"的知识产权条约尚未形成。实施"一带一路"倡议,促进区域经济一体化的制度创建与和谐发展,知识产权制度必须随之跟进,与之保障,进而致力于建构更加公平、合理的知识产权国际保护新秩序,实现知识产权区域一体化的制度创新。通过"一带一路"沿线国家知识产权合作,促进经济要素、创新资源有序、高效流动,促进沿线各国市场、经济高度融合,对催生世界经济新动力,促进沿线各国人民福祉具有重要意义。国家知识产权局局长申长雨在2015年全国知识产权局局长会议上指出要通过知识产权工作支持"一带一路"核心区发展,积极参与创新驱动发展战略顶层设计。申长雨局长认为,实施新一轮高水平对外开放,推动"一带一路"倡议实施,高水平引进创新资源和技术产品,推动高铁、核能等高端装备"走出去",都需要更加注重产权和知识产权保护。

二、发展状况

　　河南作为中华民族的重要发祥地,在古丝绸之路上留下了历史辉煌,借力"一带一路"建设,河南对外开放进入历史最好时期,"朋友圈"不断扩大,正由内陆腹地走向开放前沿。习近平总书记调研指导河南工作时指出,希望河南朝着"买全球、卖全球"的目标迈进,建成连通境内外、辐射东中西的物流通道枢纽,为丝绸之路经济带建设多做贡献。河南省委、省政府紧紧抓住国家建设"一带一路"的有利时机,把国家战略部署、经济发展规律和自身优势有机结合,大力发展枢纽经济:打通连接世界经济体的空中丝绸之路——获批全国首个航空港经济综合实验区;打通直达欧洲的陆路丝绸之路——开通郑州至德国汉堡的国际铁路货运班列;打通河南买卖世界商品的网上丝绸之路——获批全国首批跨境贸易电子商务试点城市;打通串联境内外集疏节点的高铁丝绸之路——修建"米"字形高速铁路网。近年来,河南省与"一带一路"沿线国家产业合作、经贸往来、人文交流日益密切,参与"一带一路"建设取得了初步成效。

(一)高层引领推动

　　2014年8月27日至9月5日,时任省长谢伏瞻应邀率领河南省代表团赴捷克参加第二次中国—中东欧地方领导人会议,并对丹麦和德国进行了友好访问，先后与德国大众、德国铁路、丹麦马士基公司等达成了17个合作意向，加强了河南省与相关国家和地区政府及企业的合作，有力推动了"一带一路"物流大通道建设。2015年6月15日至24日，时任省委书记郭庚茂率领河南省代表团访问波兰、卢森堡和塔吉克斯坦，达成了21项重要合作事项。2016年8月24日，省委常委会召开会议，时任省委书记谢伏瞻传达学习习近平总书记在中央推进"一带一路"建设工作座谈会上的重要讲话精神，对河南省贯彻落实进行部署，强调"四个突出"：突出承天接地，抓好国际陆空通道建设；突出重点国家和重点领域，选择与河南省发展互补性强、合作潜力大的重点国家，在重点领域开展务实合作；突出载体平台建设，加快建设中国（河南）自由贸易试验区，进一步推进各类功能性口岸建设；突出走出去和引进来相结合，推动农业、资源、装备制造等优势产能"走出去"，全面提升参与"一带一路"建设水平。这"四个突出"是河南省对习近平总书记重要讲话精神的具体落实，也为河南省在新的起点上推进"一带一路"建设明确了实践方向。2017年3月20日至28日，省长陈润儿带领河南省政府代表团访问新西兰、澳大利亚和泰国，代表团开展了一系列高层会见、商务洽谈和项目签约活动，共签约16个项目，涉及航空物流、跨境电子商务、现代农业、产业合作等多个领域。目前签约项目推进顺利，澳大利亚捷星航空开通郑州至墨尔本洲际航线、泰国正大集团农牧合作等项目已取得实质性进展。

（二）签署合作框架

河南省政府与部分国家签署了共建"一带一路"合作备忘录，与一些毗邻国家签署了地区合作和边境合作的备忘录以及经贸合作中长期发展规划。2014年11月7日，塔吉克斯坦总统埃莫马利·拉赫蒙与河南时任省长谢伏瞻共同签署加强农业项目合作谅解备忘录。2015年5月12日，中国一拖集团正式成为白俄罗斯中白工业园的首批入园企业。2015年9月2日，塔吉克斯坦总统拉赫蒙与时任省长谢伏瞻共同见证河南省政府与塔吉克斯坦哈特隆州政府、中国国家开发银行《关于融资推动农业产业项目合作谅解备忘录》的签署。2016年8月4日，商丘贵友实业集团吉尔吉斯斯坦"亚洲之星"产业合作区，通过商务部、财政部确认考核，成为河南省首家国家级境外经贸合作区。

(三) 推动项目建设

在"一带一路"牵引下，河南省以"丝绸之路"精神重新拥抱世界，不断加强与沿线有关国家的沟通磋商，在基础设施互联互通、产业投资、资源开发、经贸合作等领域，推进了一批条件成熟的重点合作项目。由洛阳中铁隧道集团总承包的安帕铁路卡姆奇克隧道通车；河南省机场集团与卢森堡国际机场签订合作协议；航空港智能手机出货量超过全球1/7；河南航投与立陶宛阿维亚航空租赁公司合资组建河南第一家飞机融资租赁公司；省黄泛区实业集团在塔吉克斯坦建成当地规模最大、技术最先进的种子生产线；洛阳一拖集团在吉尔吉斯斯坦、哈萨克斯坦等国建立组装厂，"东方红"拖拉机占据吉尔吉斯斯坦90%的市场份额，宇通、许继、金龙钢管等企业在海外设立生产基地；2016年11月22日，河南豫光国际经济技术合作有限公司、河南工业大学、中信建设有限责任公司组成的联合体中标柬埔寨王国政府"柬埔寨国家稻米公共仓储体系项目"，有力推动河南种植业、养殖业"走出去"和粮食仓储先进技术输出；双汇并购史密斯菲尔德、栾川钼业收购力拓集团澳洲铜金矿，到全球配置资源；河南经研银海种业有限公司在塔吉克斯坦设立农业科技示范园，改写了当地一年一熟的种植历史，让其实现了一年两熟。一方面发挥自身地缘优势，把经济这盘棋盘活，让中原更出彩；另一方面完成了由产品出口向技术出口、标准输出的转变，将"中国制造"变成了"中国骄傲"。河南正在带动着部分国家工业化水平提升，实现着"一带一路"的共商共建、合作共赢。

(四) 完善政策措施

河南省政府统筹省内各种资源，强化政策支持。2015年3月28日，《推动共建丝绸之路经济带和21世纪海上丝绸之路的愿景与行动》发布，明确发挥河南内陆腹地战略支撑作用。2015年10月9日，《河南省参与建设丝绸之路经济带和21世纪海上丝绸之路的实施方案》正式印发实施，系统谋划了河南省在"一带一路"建设中的战略定位、发展目标、战略布局和重点任务，是河南省参与"一带一路"建设的纲领性文件。2016年8月10日，河南省参与建设"一带一路"工作领导小组成立，召开第一次领导小组会议。领导小组由陈润儿任组长、25个省直部门参加。第一次领导小组会议讨论通过了《河南省参与建设"一带一路"2016年工作方案》等文件，建立了工作制度，分解了工作任务，充分体现了省委、省政府全面参与"一带一路"建设、举全省之力打造内陆开放高地的决心。2016年11月9日，省豫资公司与邮储银行合作设立邮银豫资"一带一路"（河南）发展基金。这是河南省第一只支持"一带一路"建设的投资基金，重点支持河南省"一带一路"沿线地区基础设施建设和现代农业、高端装备制造等战略新兴产业发展。2016年11月13日，河南省外国留学生政府奖学金正式启动，首批815名外国留学生获得资助奖学金800万元。这是河南落实教育部《推进共建一带一路教育行动》、促进与沿线国家教育合作的一项重要举措，有利于打造"留学河南"品牌，提高来豫留学生教育层次与质量，为培养一批"知豫、友豫、爱豫"的友好人士奠定了良好基础。2016年12月23日，《河南省政策性出口信用保险"走出去"风险统保平台的实施方案》正式出台。这是强化"一带一路"建设金融服务的有效探索，旨在发挥财政资金的引导作用，完善全省"走出去"企业风险保障体系，鼓励企业积极实施对外投资、对外承包工程及成套设备出口等合作项目，保障"走出去"企业及相关金融机构的海外权益。2017年5月，《河南省人民政府关于新形势下加快知识产权强省建设的若干意见》中强调，加强重点产业知识产权海外布局和风险防控，以中国（河南）自由贸易试验区为重要载体，积极参与"一带一路"沿线国家和地区知识产权国际合作，提升河南省知识产权国际化水平。2017年9月，河南省人民政府出台《郑州—卢森堡"空中丝绸之路"建设专项规划（2017—2025年）》及工作方案，提出构建"双枢纽、多节点、多线路、广覆盖"的发展格局，正推动该规划升级为国家规划。

（五）发挥平台作用

河南省成功举办了一系列以"一带一路"为主题的国际峰会、论坛、研讨会、博览会，对增进理解、凝聚共识、深化合作发挥了重要作用。2014年11月28日，丝绸之路经济带物流枢纽建设国际交流会在郑州举行，通过了《合作共建丝绸之路经济带物流枢纽（郑州）宣言》，时任省长谢伏瞻出席并致辞。中德俄法等国铁路、邮政部门以及境内外知名企业等近500名代表参加会议，共商丝绸之路经济带中欧物流枢纽建设大计，共建陆上贸易走廊合作机制，交流丝绸之路经济带沿线区域合作发展途径等。此次会议的召开，对推动欧亚大陆桥运输通道向贸易走廊嬗变、郑州交通枢纽向国际物流中心跃升，发挥了重要作用。2015年4月21日，首届河南省国际友好城市经贸合作洽谈会在郑州召开,来自波兰、俄罗斯、塔吉克斯坦等20多个国家和地区共60多个团组参会,洽谈会对河南省"一带一路"建设重点领域进行集中推介,共签约项目34个,涉及高新技术、现代农业、航空物流等多个领域,签约总额达到160亿元。2015年9月21日,"一带一路"媒体合作论坛在北京举行,时任省委书记郭庚茂作了题为《东联西进贯通全球构建枢纽,为"一带一路"建设多作贡献》的致辞。此次论坛由人民日报社主办,60多个国家和国际组织、近140家主流媒体的主要负责人,国家有关部委领导、"一带一路"沿途省市有关负责同志应邀出席,郭庚茂系统阐述了河南省参与"一带一路"建设的总体考虑和战略重点。2016年4月8日,第三届河南省海外高层次人才智力引进暨项目对接洽谈会举办,来自俄罗斯、白俄罗斯、新加坡等"一带一路"沿线30多个国家和地区的院士、教授、知名专家与省内企事业单位、科研院校进行对接洽谈,实现了"搭建一个海外智力引进平台、达成一批合作意向、铺就一条引才路、展示一个良好形象"的目的。2016年5月19日,中欧政党高层论坛经贸对话会在郑州召开。此次对话会由河南省委、省政府与中共中央对外联络部共同主办,围绕"一带一路"背景下的地方务实合作主题,中欧双方200多位代表共商合作大计,是河南省参与"一带一路"建设的有效实践。省长陈润儿在致辞中提出,河南省愿与欧洲各国朋友一道,以"一带一路"为纽带,发展经贸往来、人文交流,携手打造互利共赢的命运共同体和共同发展繁荣的命运共同体。2016年5月24日至26日,中国(郑州)国际旅游城市市长论坛在郑州举办。旅游合作是河南省参与"一带一路"建设的重点内容,也是有望收获早期成果的优先领域。此论坛由国家旅游局、联合国世界旅游组织、河南省政府共同主办,围绕"旅游·城市互联互通的纽带"的主题,充分探讨旅游与金融、文化的融合发展,为推动世界城市之间的旅游合作发挥了积极作用。论坛期间,签约额达1073.2亿元,创历届新高。2016年6月16日,丝绸之路经济带发展合作大会在洛阳举行。会议由新华社和洛阳市政府共同主办,旨在推动丝绸之路经济带建设,搭建交流合作平台,助力丝路沿线国家和地区开展互利共赢合作。2017年3月29日至31日,第十一届中国(河南)国际投资贸易洽谈会在郑州举办,其间举办了"一带一路"与枢纽经济发展论坛。在"一带一路"与枢纽经济发展论坛上,时任常务副省长翁杰明发表了题为"大力发展枢纽经济,打造河南经济增长新引擎"的主旨演讲。2017年8月14日下午,举办中国(河南)—捷克经贸洽谈会,深化在交通物流、国际贸易、产能合作、人文交流等诸多领域经贸交流与合作。

三、存在问题

(一) 沿线国家知识产权环境差异较大，知识产权国际合作能力有待提升

"一带一路"沿线国家和地区中知识产权水平较高的国家有新加坡、俄罗斯等，大部分发展中国家的知识产权水平略低，知识产权制度尚不够完善，甚至有些国家还没有自己的知识产权制度。为了推动建立良好的知识产权环境，进而推动区域经济发展，不少知识产权水平较弱的国家和强国之间建立知识产权组织，以此推进知识产权区域一体化的发展。目前"一带一路"沿线国家和地区中涉及的知识产权组织有欧洲专利组织、欧亚专利组织和东盟知识产权合作组织，三个区域知识产权组织仅负责本区域成员国的专利申请的审查、批准及授权后的异议程序，而在审查标准、专利保护和维权的法律确定性方面，不同区域之间有很大差异，甚至同一区域内的不同国家也有所不同。不同区域知识产权组织的成立背景、成员国的知识产权水平各不相同，所关注的知识产权重点不同，知识产权法规和政策不同，在知识产权行政管理方面也存在差异，比如知识产权部门的职责分布不完全对应、管理方式和手段不完全一致、知识产权保护和救济途径不完全相同等。国内企业在进入这些国家或地区进行经济贸易合作时将会面临不同的知识产权障碍。

(二) 企业对知识产权重视不够，缺乏海外布局

不少"走出去"的企业在未对目标国及当地主要竞争对手的知识产权状况有较多认识的情况下就贸然出口商品或对外投资，盲目行动为其遭受知识产权风险埋下了巨大隐患。主要体现在两点：①对境外知识产权相关情况认识不清。对进口国或交易对方所在国的知识产权法律、行政执法和司法状况没有进行必要的调查和分析；对进口国与交易标的相关的知识产权种类、数量、水平及竞争对手的知识产权拥有情况和维权情况缺乏必要的调查分析；对交易或收购所针对的特定知识产权没有进行细致的调查。②对境外知识产权的战略谋划不够。很多海外经营企业没有战略层面上的设计，未做到"产品未动、知识产权先行"，未将知识产权与企业的海外经营战略统筹考虑和有效整合；在实施海外并购时未对知识产权并购与企业整体发展规划的契合度进行认真研究。

(三) 企业自主创新能力不够，境外知识产权储备不足

当前，我国正在由"中国制造"向"中国创造"迈进，自主创新能力是企业乃至整个国家核心竞争力的关键要素。但从现实来看，我国企业自主创新能力显然不足。大部分"走出去"的企业主要是依靠资金和劳动力优势，真正依靠自主知识产权和品牌"走出去"的并不多。如果一个企业在境外的自主知识产权不多，就很容易遭受知识产权侵权指控。长远来看，要想在"一带一路"建设的过程中占得先机、立于不败之地，从根本上讲还是要加强自主创新能力。

(四) 涉外知识产权人才稀缺，企业消极应对境外知识产权侵权指控

目前，我国企业应对"一带一路"市场国的法律问题十分棘手，其困难程度已经超过美、欧等地，主要原因在于精通市场国语言并对相关市场国知识产权法律规范有着深刻了解、能够独立进行知识产权业务办理的律师人才稀缺，使企业进入"一带一路"市场国的知识产权风险和其他法律风险概率增大，不少"走出去"的企业面对当地企业的知识产权侵权指控往往抱着消极应对的态度：有些企业因为不熟悉当地知识产权法律和诉讼制度，或者忌惮巨大的诉讼成本，干脆放弃应诉；有些企业虽然应诉，但缺乏胜诉决心和信心，抱着敷衍态度，不作精心准备。消极应对的后果是我国企业的败诉率很高，这反过来增强了当地企业进行知识产权侵权指控的信心，甚至助长当地企业恶意将侵权指控作为竞争手段的气焰。

(五) 政府知识产权公共服务不到位，国家间服务机构对接缺乏经验

长期以来，各级知识产权政府管理部门更多地将公共资源放在对国内专利创造、运用和保护上，对企业海外发展扶持力度不够。在专利申请上，现阶段对国内专利申请的资助力度较大，对国际专利申请资助明显不足。另一方面，由于国际专利费用高昂，也导致了企业自身缺乏海外专利申请的积极性。在专利信息获取上，由于没有相应的政府信息平台，当发生知识产权国际纠纷后，企业难以在第一时间获取充分的专利信息，无法做出快速应对。近年来，各级知识产权政府管理部门在支持企业"走出去"预警和维权援助上做了不少工作，但限于资金等方面的制约，对企业应对海外知识产权纠纷的作用仍然有限。

目前，河南省内知识产权服务机构在数量和规模上发展势头良好，但对"一带一路"沿线国家复杂的地缘政治和不同的经济状况的了解存在不足。大多数服务机构主要停留在专利代理申请、商标注册、著作权、集成电路图设计登记等单一领域，对开展风险预警、海外维权、战略咨询等高端综合性服务缺乏经验，对"一带一路"沿线国家的政治制度和知识产权制度了解程度不高，造成国际化视野不强，难以提供有效帮助。

四、对策建议

（一）政府方面

1. 制定河南省"一带一路"知识产权总体发展规划和促进战略

围绕战略性新兴产业等重点领域，探索绘制服务河南省产业发展的相关国家和地区专利导航图，推动河南省产业深度融入全球产业链、价值链和创新链。探索开展跨境知识产权交易，鼓励企业运用知识产权进行海外股权投资、海外并购。拓展海外知识产权布局渠道，加强企业知识产权布局指导，支持重点企业在优势领域申请国外专利，推动企业、科研院所、高校等联合开展海外专利布局，对省内企业在"一带一路"沿线知识产权的布局、维权等方面发挥巨大的导向和促进作用，更利于整合各方资源，为防范知识产权风险奠定坚实的基础。

2. 设立"一带一路"知识产权维权援助专项资金，建设沿线国家知识产权信息库，建立知识产权预警服务平台

"一带一路"知识产权维权援助专项资金主要用于企业境外知识产权信息咨询、法律咨询等服务，帮助企业防范境外知识产权风险，支持企业应对涉外知识产权纠纷。"一带一路"沿线国家知识产权信息是我国实施"一带一路"倡议的重要信息资源，而提供沿线国家知识产权信息、信息预警以及最新案例等是政府服务于企业，向企业提供公共基础服务的基本职能。使领馆、驻外经商机构也为政府履行该职责提供了便利的条件。知识产权信息库便于企业了解沿线国家的知识产权法律法规和风险状况，便于企业进行有效专利检索和专利信息查询并采取相应的知识产权风险防范策略，产生纠纷后能够采取有效的应诉措施。建立"一带一路"知识产权预警服务平台，对知识产权风险进行警示、主动防范和制订应急预案，协助企业从被动应对转变为主动防御。

3. 注重培育和规范与知识产权相关的行业协会和社会中介机构

境外知识产权纠纷往往涉及同一行业的多个企业,甚至整个行业,而且较之于政府,行业协会更具有灵活性,因此,企业迫切需要行业协会的引导或组织应诉。另外,企业在处理境外知识产权纠纷过程中需要求助于知识产权代理、信息咨询、法律服务等服务,需要各类中介机构的参与和支持。政府应注重培育和规范与知识产权相关的行业协会和社会中介机构,如制定有利于知识产权服务业发展的财税扶持政策,重点培育一批服务规范、诚实守信、专业化程度较高的知识产权服务骨干企业。支持行业协会、专业机构跟踪发布重点产业国际知识产权信息和竞争动态,降低企业"走出去"的知识产权风险。推动省内服务业机构加强与国外相关组织的合作交流,积极开展实用性强、层次高、具有国际影响力的知识产权研讨交流活动,鼓励和支持知识产权服务业向专业化、规模化和国际化方向发展。探索构建知识产权行业协会国际性联盟,鼓励服务机构向境外发展。加大品牌服务机构培育力度,培育一批既熟悉国际规则又具备实务操作能力的高端知识产权服务机构,为企业境外发展提供全产业链服务。通过规范知识产权服务业从业人员的资质管理,建立职业资格证、资格审查和注册登记制度,明确知识产权服务执业人员的资质条件。

4. 构建知识产权国际合作协调机制

以河南自贸区为重要载体,积极参与"一带一路"沿线国家和地区知识产权国际合作,提升河南省知识产权国际化水平。积极推进与"一带一路"沿线各国双边自由贸易协定的签署,打造"一带一路"知识产权国际合作战略平台,促进不同国家知识产权制度和文化的协调与融合。通过签订合作条约、备忘录等形式处理知识产权争端,共同维护区域知识产权保护环境,健全知识产权法律环境,促进区域知识产权事业的发展。积极探索和构建在知识产权领域加强对话与合作的机制,努力建立良好的知识产权生态体系,营造有利于创新和可持续发展的环境。提高河南省参与知识产权国际合作的深度和广度,为省内企业在海外相关区域开展知识产权工作提供有力的政府支持和保障。鼓励和引导"一带一路"沿线国家参与知识产权国际条约或协议,促进"一带一路"沿线国家融入国际社会普遍接受的知识产权法律体系,促进国家和地区间的知识产权法律合作,保障智力成果得以通过合法途径在"一带一路"沿线国家获得知识产权的授权和保护。

5. 提升企业自主创新能力，确立知识产权竞争优势

积极营造良好的政策环境和有效的激励机制，保护和鼓励发明人、科技人员从事发明创造活动的积极性，为科研人员开展研究、发明创造、技术突破创造良好条件，推动企业提升自主创新能力。加大宣传力度，强化企业知识产权意识，改变企业将申请专利、注册商标等行为视为"荣誉证书"和奖励手段的错误印象，提升企业对专利、商标等背后赋予的法律含义和包含的权利的认识。在企业对欧美发达国家进行知识产权战略布局的同时，加强对"一带一路"沿线国家知识产权布局的意识和重视程度。

6. 完善人才机制，培养涉外知识产权人才

人才是社会经济发展和进步的根本。涉外知识产权人才稀少，影响了河南省对外经贸的进一步发展。河南省要实施"一带一路"倡议，必须重视发展人才战略。首先，完善河南省人才工作机制，建立健全政府和企业的人才激励制度；其次，人才培养环境的建设是关键，政府应努力营造有利于涉外知识产权人才培养、成长和发挥作用的良好环境。一是要吸引海外知识产权高级人才参与河南省"一带一路"倡议的实施。二是落实涉外知识产权人才培养计划，加快培养速度，加大培养力度。可以建立河南省涉外知识产权人才培养（培训）基地，建设省级涉外知识产权人才库和专业人才信息网络平台等。三是要重视高校涉外知识产权专业人才的培养，加强师资队伍建设，注意研究型人才和实务型人才的综合培养。

（二）企业方面

1. 提高知识产权意识，健全知识产权管理体系，规范企业知识产权制度

国外企业对海外开展业务或者建立分支机构时，一般都设置有知识产权职位。省内相当一部分企业都没有独立的知识产权专管人员，很多企业在面临诉讼时甚至都没有专职人员从事知识产权事务，这是知识产权意识淡薄的表现。因此，"走出去"的省内企业，必须要提高知识产权意识，从公司管理体制出发建立相应的知识产权管理体制，必要时设立专门的知识产权部门，规范企业的知识产权制度，使企业在面对知识产权问题时，能够从容应对。

2. 加强海外知识产权预警，及时监控目标区域的知识产权动态

涉外企业遇到的知识产权纠纷几乎涉及国际商务的所有领域，包括被诉侵犯专利权、商标权、著作权、展会侵权、商业秘密，以及违反相关国家出

口管制法等。因此，参与"一带一路"建设的企业都需要加强知识产权预警工作，防范知识产权风险。在企业"走出去"之前，企业要了解和熟悉国际知识产权规则、东道国的知识产权制度以及竞争对手的知识产权情况。密切结合本企业的产品和相关技术领域，建立专利跟踪、检索制度，定期进行相关领域的专利文献检索、分析。提前在"一带一路"沿线市场积累高质量的专利权是有效应对知识产权纠纷的基础。投资"一带一路"沿线的企业应主动到目的国提交专利申请、注册商标，加快知识产权布局。

3. 完善核心技术的知识产权保护，加强知识产权海外布局

合适的核心技术保护策略结合完善的知识产权布局，能够给企业进行知识产权保护的同时，带来更大的收益。在这方面，可以向国外一些跨国公司学习，如IBM、爱立信、苹果公司等，这些公司在保护自身专利技术的同时，每年通过许可授权或技术转让的方式给企业带来上亿美元的收益。因此，对于将要走出国门的企业，要借鉴国外大公司的知识产权策略，在敢于投入人力、物力开发自主知识产权的技术的同时，要对自己的核心技术进行合理的知识产权保护，根据技术的特点和应用前景，可以申请专利进行保护，也可以将其作为商业秘密的形式进行保护。不管从哪方面进行保护，企业都要在海外市场进行充分的布局，为自己的核心技术建立有力的知识产权保护伞。

4. 重视地域性、海外参展、出口产品海关过境查扣带来的专利风险，重视外国企业以专利构筑的非关税壁垒风险

不同国别和地区的专利制度存在差异，忽视这种差异，往往会使企业陷入非常被动的境地。企业应该认真学习贯彻国家知识产权局、外交部等部门联合发出的《关于加强企业境外参展知识产权工作的通知》，积极防御海外参展专利风险。加强对产品进口国知识产权法律环境研究的同时，高度重视对出口产品过境转运地知识产权法律环境的分析。出口的产品中，往往会采用一些国际标准、外国标准或外国企业的标准，这些标准中往往包含外国的专利，应事先取得这些专利实施的许可，以免成为外国企业封杀我们产品向国外出口的依据。

5. 建立行业知识产权联盟，积极应对海外知识产权诉讼

通过建立行业知识产权联盟的方式加强公司的知识产权实力，也是国外很多公司提高应对知识产权风险能力的一种方式。国内企业"走出去"时通常在一个领域存在多家公司，而一旦其中一个公司遭遇知识产权诉讼，其他同行的公司也难逃此劫。比如从2014年至今，有魅族、OPPO、vivo等多家中

国手机企业在印度被提起专利侵权诉讼。而在美国对华企业发起的"337调查"案件中,每次都会涉及同行的多个国内企业。在这些知识产权问题中,一个公司的力量显然单薄乏力,但如果这些企业在进入同一市场时能够建立行业知识产权联盟,建立联盟的专利池和知识产权资源共享,形成一个团结有力的同盟,在面对海外知识产权诉讼时便不会那么被动和受牵制。因此,行业知识产权联盟的建立,有助于企业之间共享知识产权成果,也有助于企业积极面对海外知识产权诉讼问题,提高企业的知识产权保护能力。

第四章

知识产权与"大众创业、万众创新"

王晓辉[1]

一、知识产权助力"双创"命题的提出及其价值

(一)"大众创业、万众创新"的提出及其内涵

"大众创业、万众创新"最早是李克强总理在 2014 年 9 月的夏季达沃斯论坛上提出的,即要在 960 万平方千米土地上掀起"大众创业""草根创业"的新浪潮,形成"万众创新""人人创新"的新势态。此后,他在首届世界互联网大会、国务院常务会议和各种场合中频频阐释这一关键词。每到一地考察,他几乎都要与当地年轻的"创客"会面。他希望激发民族的创业精神和创新基因。2015 年李克强总理在政府工作报告又提出"大众创业、万众创新",推动大众创业、万众创新,"既可以扩大就业、增加居民收入,又有利于促进社会纵向流动和公平正义"。

经济学家熊彼特认为,创新是企业家对生产要素的重新组合。后来,创新的概念和理论不断发展。美国管理学家德鲁克认为,创新是赋予资源以新的创造财富能力的行为,创新主要有两种:技术创新和社会创新。著名经济学家诺思认为,世界经济的发展是一个制度创新与技术创新不断互相促进的过程。相对于创新理论,创业研究起步较晚,目前尚未形成统一的分析框架,一般认为,创业是指一个人发现和捕捉机会并由此创造出新产品或服务的过

---

[1] 王晓辉(1980—),河南许昌人,中原工学院法学院/知识产权学院讲师,博士,主要研究方向:刑法、知识产权法。

程，主要标志和特征是创建新企业或新的组织。创业不仅仅局限于创办新企业的活动，在现有企业中也存在创业行为。创业者既可以指新创企业的创办人，也包括现有企业中的具有创新精神的企业家。

在经济学界，创新和创业是两个既有紧密联系又有区别的概念。二者在某种程度上具有互补和替代关系，创新是创业的基础和灵魂，而创业在本质上是一种创新活动。但创业和创新也是有所区别的，从现有的经济理论和研究看，创新更加强调其与经济增长的关系，比较著名的是经济学家索罗对经济增长中技术进步贡献的定量测算。而创业的内涵更丰富，不仅有创新的内容，还涉及就业和社会发展以及公平正义。

"大众创业、万众创新"的提出把创业、创新与人、企业这几个关键要素紧密结合在一起，不仅突出要打造经济增长的引擎，而且突出要打造就业和社会发展的引擎，不仅突出精英创业，而且突出草根创业、实用性创新，体现了创业、创新、人和企业"四位一体"的创新发展总要求，揭示了创新创业理论的科学内涵和本质要求，为创新创业理论和实践研究开辟了崭新的新天地。❶

大众创业与万众创新是相互支撑和相互促进的关系。一方面，只有"大众"勇敢地创业，才能激发、带动和促动"万众"关注创新、思考创新和实践创新，也只有"大众"创业的市场主体才能创造更多的创新需求、创新投入和创新探索；另一方面，只有在"万众"创新的基础上才能有"大众"愿意创业、能够创业、能创成业。从某种意义上讲，只有包括"创新"的创业才算真正的创业。❷

"大众创业、万众创新"的目的是推动经济良性良好发展。李克强总理说："打造大众创业、万众创新和增加公共产品、公共服务'双引擎'，推动发展调速不减势、量增质更优，实现中国经济提质增效升级。"一方面，只有通过万众创新，才能创造出更多的新技术、新产品和新市场，也就才能提高经济发展的质量和效益；另一方面，只有通过大众创业，才能增加更多的市场主体，才能增加市场的动力、活力和竞争力，从而成为经济发展的内在原动力引擎。此外，"大众创业"与"万众创新"是相互支撑和相互促动的关系。一方面，只有"大众"勇敢地创业才能激发、带动和促动"万众"关注创新、思考创新和实践创新，也只有"大众"创业的市场主体才能创造更多

---

❶ 王昌林. 大众创业万众创新的理论和现实意义 [N]. 经济日报, 2015-12-31 (015).

❷ 赵梅生. 大众创业为什么需要"知识产权保护" [J]. 中国党政干部论坛, 2015 (11): 28.

的创新欲求、创新投入和创新探索；另一方面，只有在"万众"创新的基础上才可能有"大众"愿意创业、能够创业、创得成业，从某种意义上讲，只有包含"创新"的创业才算真正的"创业"，或者说这种创业才有潜力和希望。❶ 国家层面涉及"双创"的主要政策文件如表2-33所示。

表2-33 国家层面涉及"双创"的主要政策文件（2008—2018）

序号	文件名称	发布日期	发布机关	文号
1	关于深化"互联网+先进制造业"发展工业互联网的指导意见	2017年11月27日	国务院	无
2	关于积极推进供应链创新与应用的指导意见	2017年10月13日	国务院办公厅	国办发〔2017〕84号
3	关于推广支持创新相关改革举措的通知	2017年9月26日	国务院办公厅	国发〔2017〕44号
4	关于推广支持创新相关改革举措的通知	2017年9月14日	国务院办公厅	国办发〔2017〕80号
5	关于强化实施创新驱动发展战略进一步推进大众创业万众创新深入发展的意见	2017年7月27日	国务院	国发〔2017〕37号
6	关于县域创新驱动发展的若干意见	2017年5月24日	国务院办公厅	国办发〔2017〕43号
7	关于促进开发区改革和创新发展的若干意见	2017年2月6日	国务院办公厅	国办发〔2017〕7号
8	关于创新管理优化服务培育壮大经济发展新动能加快新旧动能接续转换的意见	2017年1月20日	国务院办公厅	国办发〔2017〕4号
9	关于印发中国落实2030年可持续发展议程创新示范区建设方案的通知	2016年12月13日	国务院	国发〔2016〕69号

---

❶ 大众创业 万众创新［J］.天津经济，2015（5）：29.

续表

序号	文件名称	发布日期	发布机关	文号
10	关于支持返乡下乡人员创业创新促进农村一二三产业融合发展的意见	2016年11月29日	国务院办公厅	国办发〔2016〕84号
11	关于印发"十三五"国家科技创新规划的通知	2016年8月8日	国务院	国发〔2016〕43号
12	关于建设大众创业万众创新示范基地的实施意见	2016年5月12日	国务院办公厅	国办发〔2016〕35号
13	关于完善国家级经济技术开发区考核制度促进创新驱动发展的指导意见	2016年4月1日	国务院办公厅	国办发〔2016〕14号
14	关于加快构建大众创业万众创新支撑平台的指导意见	2015年9月26日	国务院	国发〔2015〕53号
15	关于大力推进大众创业万众创新若干政策措施的意见	2015年6月16日	国务院	国发〔2015〕32号
16	中国制造2025	2015年5月19日	国务院	国发〔2015〕28号
17	关于进一步做好新形势下就业创业工作的意见	2015年5月1日	国务院	国发〔2015〕23号
18	关于发展众创空间推进大众创新创业的指导意见	2015年3月11日	国务院办公厅	国办发〔2015〕9号
19	国务院关于促进云计算创新发展培育信息产业新业态的意见	2015年1月30日	国务院	国发〔2015〕5号
20	关于创新重点领域投融资机制鼓励社会投资的指导意见	2014年11月26日	国务院	国发〔2014〕60号
21	关于加快科技服务业发展的若干意见	2014年10月28日	国务院	国发〔2014〕49号
22	关于金融支持小微企业发展的实施意见	2013年8月12日	国务院办公厅	国办发〔2013〕87号
23	关于强化企业技术创新主体地位全面提升企业创新能力的意见	2013年2月4日	国务院办公厅	国办发〔2013〕8号

第四章 知识产权与"大众创业、万众创新"

续表

序号	文件名称	发布日期	发布机关	文号
24	关于金融支持小微企业发展的实施意见	2013年8月12日	国务院办公厅	国办发〔2013〕87号
25	关于进一步支持小型微型企业健康发展的意见	2012年4月26日	国务院	国发〔2012〕14号
26	转发发展改革委等部门关于促进自主创新成果产业化若干政策的通知	2008年12月18日	国务院办公厅	国办发〔2008〕128号

(二) 知识产权助力"双创"发展的重要意义

知识产权，也称其为"知识所属权"，是人们对于自己的智力创造成果和经营标记、信誉所依法享有的专有权利。❶ 其原意为"知识（财产）所有权"或者"智慧（财产）所有权"，也称为智力成果权。在中国台湾和中国香港，则通常称为智慧财产权或智力财产权。知识产权的类型主要包括文学产权（著作权及其邻接权、数据库等）；工业产权，包括专利权（发明、实用新型和外观设计）、商标权、商号权、地理标志权、反不正当竞争权等；知识财产专有权，包括植物新品种权、集成电路布图设计权、商业秘密权。另外，还有观点认为，宽泛意义的知识产权，还包括商誉权、信用权、商品化（形象）权。❷

知识产权制度及其规范表现——知识产权法律，既是制度文明的典范，也是激发创造力和促进社会进步的加速器。知识产权制度是开发和利用知识资源的基本制度，知识产权制度通过合理确定人们对于知识及其他信息的权利，调整人们在创造、运用知识和信息过程中产生的利益关系，激励创新，推动经济发展和社会进步。当今世界，随着知识经济和经济全球化深入发展，知识产权日益成为国家发展的战略性资源和国际竞争力的核心要素，成为建设创新型国家的重要支撑和掌握发展主动权的关键。❸

---

❶ 吴汉东. 知识产权法：第五版 [M]. 北京：法律出版社，2014：3.
❷ 吴汉东. 知识产权法：第五版 [M]. 北京：法律出版社，2014：25-26.
❸ 国务院《关于印发国家知识产权战略纲要的通知》（国发〔2008〕18号）。

相较于知识产权对创新的激励与保障，2015年6月，国务院《关于大力推进大众创业万众创新若干政策措施的意见》（以下简称《意见》）颁布实施，对大众创业万众创新提供了许多政策支持。创新本来就是知识产权的题中应有之义，《意见》提出对创业进行知识产权保护，是知识产权助力"双创"发展的一大新亮点。加强创业知识产权保护是我国政府的新提法、新课题、新任务。加强创业知识产权保护，实质上是要求全面构建促进大众创业、万众创新的良好知识产权保护环境。知识产权对于我国"双创"发展的基础、支撑和保障作用与重要意义，在加强创新创业知识产权保护方面，表现得尤其明显。

其一，这意味着我国政府特别重视对小微企业知识产权的保护，对广大发明创造者知识产权权益的保护，以激励各类创业者以知识产权作为创业的起点与支点。

其二，依靠知识产权保护创业的工业企业，也都遵循工业企业知识产权保护自身的规律，即以专利发明为先导，商标品牌跟进；文化产业中，则版权先行，商标支撑；商业企业与服务类企业则高度依靠商标、商业秘密；网络信息产业，则专利、版权、商标、技术秘密的保护并重，呈现出这一产业对知识产权保护的高度依赖性。专利、商标、版权等各类知识产权相互支撑，协同促进不同产业领域的创业创新。

其三，这一政策措施的提出与实施，将在有效激励大众创业、万众创新的同时，为我国创新驱动发展战略、知识产权强国战略的实施，构建广泛、坚实的群众基础，对有追求、有勇气的青年学生、科研人员和各类创业者实现自身的"中国梦"插上智慧的翅膀。同时，由于知识产权规则是市场经济国家的通行规则，中国的创业者如要走向世界，也必须依靠知识产权保护；同样，我国知识产权保护到位了，将吸引广大海外留学人员、国际知识精英与资本机构、研发机构到中国创业创新，对中国与世界创新资源的良性互动，对我国创业创新水平的全面提升，必将产生重大影响。

其四，尊重知识产权规则，是发展市场经济、提升社会诚信、建设法治国家的要义，这一规则引导下的创业创新，必将有助于加快我国国家治理体系和治理能力的现代化进程，对我国长远发展、长治久安具有重要意义，对赢得国际社会更多尊重、化解国际层面的风险与挑战，有效参与全球治理，统筹国内、国际两个大局具有重大意义。❶ 国务院办公厅涉及知识产权的主要政策文件如表2-34所示，国家知识产权局涉及"双创"的主要政策文件如表2-35所示。

表2-34 国务院办公厅涉及知识产权的主要政策文件（2008—2018）

序号	文件名称	发布日期	发布机关	文号
1	关于印发《知识产权对外转让有关工作办法（试行）》的通知	2018年3月29日	国务院办公厅	国办发〔2018〕19号
2	关于加强知识产权审判领域改革创新若干问题的意见	2017年11月20日	中共中央办公厅、国务院办公厅	无
3	关于印发知识产权综合管理改革试点总体方案的通知	2017年1月12日	国务院办公厅	国办发〔2016〕106号
4	"十三五"国家知识产权保护和运用规划的通知	2016年12月30日	国务院	国发〔2016〕86号
5	《关于新形势下加快知识产权强国建设的若干意见》重点任务分工方案的通知	2016年7月18日	国务院	国办函〔2016〕66号
6	关于新形势下加快知识产权强国建设的若干意见	2015年12月22日	国务院	国发〔2015〕71号
7	关于转发知识产权局等单位深入实施国家知识产权战略行动计划（2014—2020年）的通知	2015年1月4日	国务院办公厅	国办发〔2014〕64号
8	国务院办公厅转发知识产权局等部门关于加强战略性新兴产业知识产权工作若干意见的通知	2012年5月2日	国务院办公厅	国办发〔2012〕28号
9	关于印发国家知识产权战略纲要的通知	2008年6月5日	国务院	国发〔2008〕18号

❶ 赵梅生. 大众创业为什么需要"知识产权保护"［J］. 中国党政干部论坛, 2015（11）: 28-29.

表2-35 国家知识产权局涉及"双创"的主要政策文件

序号	文件名称	发布日期	发布机关	文号
1	知识产权人才"十三五"规划	2017年6月2日	国家知识产权局	无
2	关于加快建设知识产权强市的指导意见	2016年11月9日	国家知识产权局	国知发管字〔2016〕86号
3	关于进一步推动知识产权金融服务工作的意见	2015年3月30日	国家知识产权局	国知发管字〔2015〕21号
4	关于深入实施国家知识产权战略加强和改进知识产权管理的若干意见	2014年7月15日	国家知识产权局保护协调司	无

(三) 知识产权助推"双创"发展的实践价值

2015年6月11日,国务院以国发〔2015〕32号文件印发的《关于大力推进大众创业万众创新若干政策措施的意见》提出,加强创业知识产权保护,积极推进知识产权交易,加快建立全国知识产权运营公共服务平台等政策措施,同年12月22日,国务院又以国发〔2015〕71号印发《国务院关于新形势下加快知识产权强国建设的若干意见》,强调指出,深入实施国家知识产权战略,保障和激励大众创业、万众创新,为实施创新驱动发展战略提供有力支撑的战略作用,充分发挥知识产权制度在激励创新、促进创新成果合理分享方面的关键作用,推动企业提质增效、产业转型升级。加强知识产权政策支持、公共服务和市场监管,着力构建公平公正、开放透明的知识产权法治环境和市场环境,促进大众创业、万众创新。

在以创新驱动发展为时代特征的新常态下,知识产权是释放社会创造活力、推动产业转型升级的内生动力。上述两个时间有序联结、内容衔接协调的政策文件将"知识产权"战略的实施与"大众创业、万众创新"的政策目标联系起来,"创新"的技术属性、构成基础与"创业"中可依凭的知识手段,都离不开知识产权为其提供的强大技术科技支撑,创新驱动型社会的形成与创业桎梏的破除,也需要知识产权制度体系的制度保障。我国通过知识产权制度推进"双创"政策目标实现的战略布局,既是我国新常态环境下创新驱动战略实现的重要抓手,又是践行经济内涵式发展模式的具体实现,对于促进我国创新型国家的塑造具有重大意义。在此基础上,

第四章 知识产权与"大众创业、万众创新"

河南省人民政府也分别于 2017 年 5 月 11 日、2018 年 2 月 22 日印发了《河南省人民政府关于新形势下加快知识产权强省建设的若干意见》（豫政〔2017〕17 号）和《河南省人民政府关于强化实施创新驱动发展战略进一步推进大众创业万众创新深入发展的实施意见》（豫政〔2018〕8 号）。这两个政策文件提出，以知识产权保护和运用能力建设为主线，建立以知识产权为重要内容的创新发展评价机制，实施"知识产权+"助力创新创业专项行动，在全省布局建设一批具有产业特色的低成本、便利化、全要素、开放式知识产权创新创业基地，支持单位员工和大学生创新创业，构建公平竞争、公平监管的创新创业和营商环境，全面提升河南省创新驱动发展能力和产业核心竞争力。各省职能部门也分别在职责范围内对知识产权助力"双创"工作，进行了具体安排。

知识产权政策法规体系涵盖了知识产权的专利权、商标权、著作权、原产地地理标志权、商业秘密权、植物新品种权、集成电路布图设计专有权、商号权、反不正当竞争权等所有领域，知识产权创造、运用、管理与保护的诸多环节，知识产权"获权、用权、维权"的三个权利维度，以及知识产权法律、商用化、信息、培训、知识产权代理、咨询六大部分的服务与着力范围。其立法理念与政策方向，主要表现为运用国家的强制性力量对知识产权违法行为进行制裁即知识产权保护的倾向，以及对于诸知识产权类型的创造与运用进行制度引导与创新激励的功能。然而，鉴于知识产权法律法规保持相对稳定性的法律机能，某种程度上决定了其无法适时应对知识产权与"双创"环境的急遽变化，此时，知识产权政策的灵活性、时效性、针对性及柔性化治理模式，就可以弥补法律法规的过于刚性的缺憾。通过梳理当前中央及地方层面的知识产权政策法规，可以看出，知识产权助力"双创"发展，主要是以知识产权政策的制度创建与机制创新为发展径路的，由此，笔者所言的知识产权助力"双创"，就是以"双创"环境下知识产权的发展与知识产权政策对"双创"的促进作用为主要关注对象的。

然而，可以看到，在有关政策文件中，对于以知识产权战略的实现为抓手与制度支撑推进"双创"发展的重要性还强调的不够，河南省知识产权存在的大而不强、多而不优、保护不够严格、侵权易发多发、影响创新创业热情，知识产权与"双创"的结合度不高等问题，使其现阶段，还无法完全承担起支撑"双创"的重任，这就要求我们应以知识产权的创造与运用为主线，以知识产权的强力保护为保障,着力提升知识产权的质量与水准,综合运用政策法规、市场机制与制度措施,激发创新动力,推动成果转化,提升创新效率,促进多元创业,推动河南省知识产权强省建设,开拓"大众创业、万众创新"的新局面。

二、知识产权与"双创"的交互效应与制度联系

2015年12月22日国务院发布的《关于新形势下加快知识产权强国建设的若干意见》中的"指导思想"提到,要"深入实施国家知识产权战略,深化知识产权重点领域改革,有效促进知识产权创造运用,实行更加严格的知识产权保护,优化知识产权公共服务,促进新技术、新产业、新业态蓬勃发展,提升产业国际化发展水平,保障和激励大众创业、万众创新,为实施创新驱动发展战略提供有力支撑"。

《关于新形势下加快知识产权强国建设的若干意见》提出,建立以知识产权为重要内容的创新驱动发展评价制度。完善发展评价体系,将知识产权产品逐步纳入国民经济核算,将知识产权指标纳入国民经济和社会发展规划。发布年度知识产权发展状况报告。在对党政领导班子和领导干部进行综合考核评价时,注重鼓励发明创造、保护知识产权、加强转化运用、营造良好环境等方面的情况和成效。探索建立经营业绩、知识产权和创新并重的国有企业考评模式。按照国家有关规定设置知识产权奖励项目,加大各类国家奖励制度的知识产权评价权重。

从上述知识产权与"双创"的关联提法,可以发现,我国知识产权事业的发展与"双创"战略的实现,具有内在的逻辑关联与联动关系。即知识产权制度的成熟与发展,可以为"大众创业、万众创新"体系的建立与深入推进,提供制度创新与技术核心的推进作用。也就是说,知识产权强国意见提出伊始,就将促进创新创业作为自己的发展目标之一加以推动。这既是我国内涵式发展方式转变的必然要求,也是我国构建创新型社会,产业发展优化升级,激发全社会创新热潮的重要抓手、制度保障与创新评价标准。

关于知识产权与"双创"的关系,可以用图2-7概括。

第四章 知识产权与"大众创业、万众创新"

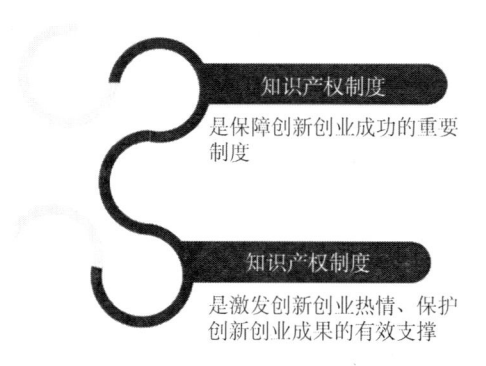

图2-7 知识产权与"双创"的关系❶

（一）知识产权与创新的关系❷

（1）知识产权是创新的工具，在产品的开发期，就应该做好知识产权战略规划，作为无形资产，知识产权能够在产品饱和期使利益最大化，并进一步实现无形资产运作和转化，见图2-8。

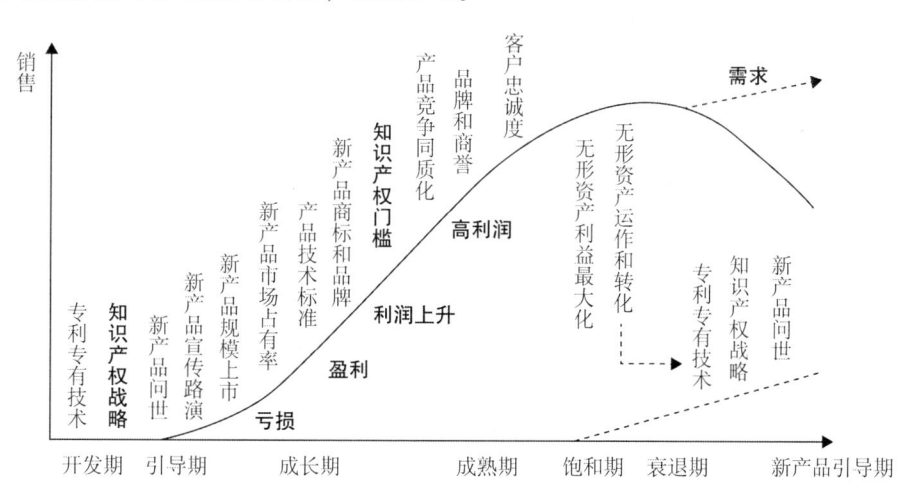

图2-8 知识产权的全生命周期运营

---

❶ 刘珊. 从86%看知识产权对"双创"有多重要！[EB/OL]. (2015-11-30) [2018-04-10]. 中国知识产权资讯网. http://www.iprchn.com/Index_ NewsContent.aspx?newsId=90190.

❷ 双创中的知识产权运用与获利之道 [EB/OL]. (2017-05-02) [2018-04-10]. http://www.sohu.com/a/137716461_ 595829.

145

（2）知识产权对"双创"的作用环节与机制表现如图 2-9 和图 2-10 所示。

图 2-9 "双创"中的知识产权获利基本方式

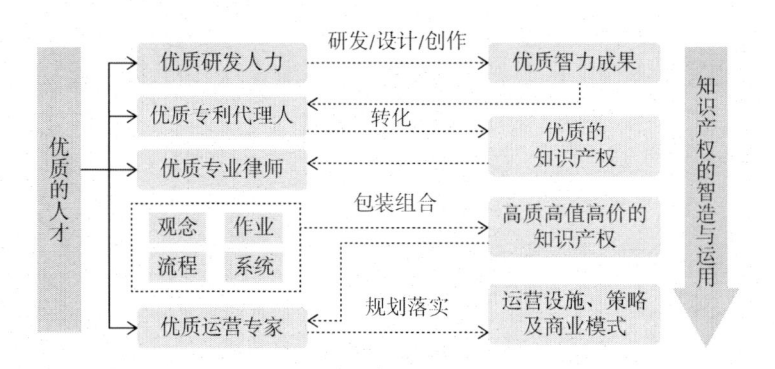

图 2-10 "双创"中的知识产权获利基本路径

传统意义上的创新，其知识产权创意、产品或服务的发明设计、制造、营销及收益的获取，皆酝酿、生发、发展、成熟于企业内部完成。现在，出现了一种新的创新模式——开放式创新，也称开发式创新，是知识有目的地流入和流出企业从而加速创新过程，扩大创新的外部应用市场。开放式创新提供了一种全新的创新模式和机会，通过企业之间的横向合作进行创新。新的创意可以来自企业外部，企业自身创造的创意也可以进行出售。如果使用得当，开放式创新不仅可以提高内部创新成功概率，更能保证更好的创新能够更快地实现市场化，企业也可以更好地将其优势资本化。

在一定程度上，知识产权"创造"了开放式创新，至少使开放式创新成为可能,并且进行大范围的推广。我们可以看到在没有知识产权之前,开放式创新难度很大,因为缺乏对相关知识的评估、定价与保护,因此组织之间进行谈判交易的成本很高。累积起来,整个社会就缺乏总体的机制和信息市场以及交易市场,开展广泛的创新信息搜集几乎不可能,所以不具备进行开放式创新的基础。在知识产权解决了产权问题之后,一些原本属于"秘密"的知识开始逐渐地被检索到,逐渐形成完整的交易市场,从而使企业可以充分利用内外部各种资源进行创新。❶

知识产权与创新的关系——知识产权是创新的推动器。①知识产权及相应法律法规切实保护了创新者的利益,鼓励创新者大胆创新。②知识产权为创新者提供了更好的"退出"或"参与"市场的机会。③知识产权是一种新型有效的融资途径。④知识产权的有效保护不仅决定创新的速度,而且决定创新努力的方向。❷

知识产权在创新各个阶段的作用及可供选择的工具。①创意阶段。当公司出现某一新的技术想法或者创意时,首先必须要将这一想法或者创意保密,因为未来希望利用这一想法或者创意实现独占性或者领先的市场地位和盈利能力。知识产权此时可以提供的工具有商业秘密或者专利。②研发阶段。在研发阶段,商业秘密仍然可以作为一个可供选择的知识产权工具来为创新提供保护。同时,这一阶段往往需要很多外部的信息资源。专利的存在使信息查询成为一种可能,有利于企业便利地获得外部信息资源。如果企业一旦在这一时期决定通过使用实用新型、外观设计或者发明专利来保护自己的研发成果,那么必须马上开始准备相关申请,从而在以后占据先机。❸

(二) 知识产权与创业的关系

世界各国的经验表明,创新创业的基本单元是成千上万的中小企业,其原始创新创业动力主要来自个人,大企业已经不适合进行真正意义上的创新

---

❶ 中国知识产权研究会. 中国知识产权发展报告(2015)[M]. 北京:中国财政经济出版社, 2015:89-90.

❷ 中国知识产权研究会. 中国知识产权发展报告(2015)[M]. 北京:中国财政经济出版社, 2015:92-94.

❸ 中国知识产权研究会. 中国知识产权发展报告(2015)[M]. 北京:中国财政经济出版社, 2015:94-95.

创业。同时,"小微企业"大多处于产业链低端,面临着企业规模偏小、产品附加值偏低、创新能力偏弱、核心竞争力不强等诸多困难,迫切需要采取切实有效的知识产权帮扶措施来促进"小微企业"服务。知识产权在这一过程中扮演的角色非常重要,是"小微企业"创业的"保护伞",进而是整个社会创业氛围的保障机制。知识产权应是"小微企业"创业的保护伞,进而是整个社会创业氛围的保障机制。受制于资金、人员、其他资源以及意识的制约,"小微企业"往往对知识产权缺乏足够的重视,这在一定程度上影响了以后的发展。❶

三、河南省知识产权与"双创"的发展现状

(一)河南省知识产权事业发展指数

为准确反映河南省知识产权的发展现状,本章借鉴学界已有的研究成果,❷通过知识产权指数来表征当前河南省知识产权的发展状况。即将知识产权指数分为知识产权产出水平、知识产权流动水平、知识产权综合绩效、知识产权创造潜力四个指标以及系列分指标,以反映河南省知识产权的创造、运用、管理与保护的情况见图2-11、表2-36。

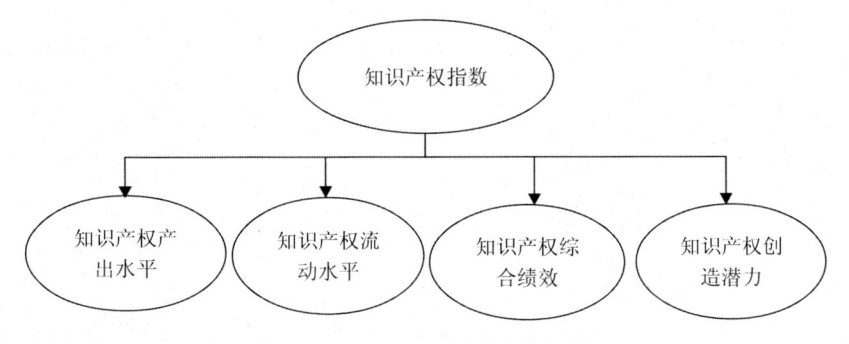

图 2-11 知识产权指数的四个指标

---

❶ 中国知识产权研究会. 中国知识产权发展报告(2015)[M]. 北京:中国财政经济出版社,2015:96-97.

❷ 王正志. 中国知识产权指数报告2017[M]. 北京:中国财政经济出版社,2017:213-214.

表2-36 河南知识产权综合实力分项指标指数及排名❶表❷

知识产权综合实力指数	0.196		综合排名	17	
指标	指数	排名	指标	指数	排名
知识产权产出水平	**0.130**	**21**			
人均产出指数	0.048	14	外贸额与PCT专利比	0.008	25
专利总量指数	0.061	18	产出效率指数	0.157	24
商标总量指数	0.041	20	人才产出效率指数	0.201	23
版权总量指数	0.007	17	资本产出效率指数	0.114	22
集成电路布图设计总量指数	0.000	21	企业产出指数	0.109	24
农业植物新品种总量指数	0.131	5	企业产出规模指数	0.133	12
产出质量指数	0.058	18	企业产出质量指数	0.122	11
专利有效性指数	0.053	17	企业产出效率指数	0.073	28
商标有效性指数	0.055	21	高校和研发机构产出指数	0.275	14
专利金奖指数	0.108	10	高校和研发机构产出规模指数	0.195	14
"中华老字号"商标指数	0.122	18	高校和研发机构产出质量指数	0.100	16
集成电路布图设计登记发证指数	0.001	22	高校和研发机构产出效率指数	0.530	10
知识产权流动水平	**0.128**	**16**			
技术市场交易指数	0.074	21	技术市场规模指数	0.023	20
技术市场开放度指数	0.018	18	律师事务所指数	0.417	8
技术外溢度指数	0.251	19	评估机构指数	0.029	11
技术国际竞争力指数	0.002	29	企业技改、引进指数	0.157	14
知识产权服务机构指数	0.152	10	技术改造指数	0.207	11
商标代理机构指数	0.112	9	国内引进指数	0.207	11
专利代理指数	0.051	11	国外引进指数	0.057	21
知识产权综合绩效	**0.312**	**19**			
宏观经济绩效指数	0.323	14	社会发展	0.530	22
经济发展水平	0.272	20	社会生活信息化	0.080	27

❶ 指数阈值为0.000~1.000。
❷ 王正志. 中国知识产权指数报告2017 [M]. 北京：中国财政经济出版社，2017：213-214.

续表

知识产权综合实力指数 0.196		综合排名	17		
指标	指数	排名	指标	指数	排名
经济增长方式转变	0.275	22	文化进步	0.498	11
经济机构优化	0.422	8	企业发展绩效指数	0.227	15
社会进步绩效指数	0.385	20	产品升级指数	0.237	18
环境改善	0.435	28	设备更新指数	0.217	6
知识产权创造潜力	0.216	14			
创造投入指数	0.271	10	高新技术开发区指数	0.438	10
人才投入指数	0.272	9	知识产权试点示范指数	0.236	7
资本投入指数	0.223	16	知识产权试点示范城市指数	0.385	5
文化投入指数	0.479	4	知识产权试点示范园区指数	0.115	8
创造成果指数	0.116	21	知识产权试点单位指数	0.094	10
论文指数	0.135	29	文化产业示范指数	0.350	11
国家产业化项目指数	0.164	6	企业创造潜力指数	0.199	19
科技成果指数	0.064	24	企业科研基础指数	0.156	19
高新技术产业科技项目指数	0.101	13	企业人才投入指数	0.275	12
创造环境指数	0.242	13	企业资本投入指数	0.196	24
财政支持指数	0.016	28	企业新产品开发指数	0.169	9
金融环境指数	0.000	31	知识产权保护指数	0.233	8
开放程度指数	0.068	21	专利行政执法指数	0.157	8
教育环境指数	0.597	9	商标行政执法指数	0.342	6
文化环境指数	0.418	6	行政执法服务能力指数	0.111	22
科普指数	0.159	11	司法保护能力指数	0.322	6

通过表 2-36 可以看出,河南省 2017 年知识产权综合实力处于全国第 17 位,基本上位于全国中游位次。在知识产权产出水平、知识产权流动水平、知识产权综合绩效、知识产权创造潜力四个分指标中,排位最为靠前的是知识产权创造潜力,排名全国第 14 位。这说明,即使是河南省的优势部分,河南省对于科技创新的教育、文化、金融等部分的投入相对较强,具有较大的发展硬实力潜力与必备的人才基础,然而其仍然处于全国的中游水平。

河南省知识产权指数排名最低的是知识产权产出水平,仅位于全国第 21

位，还在 GDP 落后于河南省的贵州省、宁夏回族自治区、云南省、湖北省、安徽省、广西壮族自治区等之后。同时，集成电路布图设计总量指数（0.000）、集成电路布图设计登记发证指数（0.001）、金融环境指数（0.000），以及与知识产权对经济、社会、就业的贡献度密切相关的指数——知识产权综合绩效来说，河南省仅位于全国第 19 位，实际上属于全国的中下游的水平。这表明，知识产权的总量与有效性较低，知识产权对河南省"大众创业、万众创新"战略的实现支撑的基础尚不稳固，差距巨大，这对河南省创新驱动型社会的建设、科技创新实力的提升也敲响了一记警钟。

（二）河南省"双创"发展现状

1. 支撑环境逐步优化

良好的创新创业生态是双创工作的保障。根据国家一系列安排部署，河南省人民政府结合省情先后出台《关于进一步做好新形势下就业创业工作的实施意见》等文件，强力促进河南省大众创新、万众创业工作。相关部门也结合工作职责制定了相应的配套政策和实施细则，仅人力资源和社会保障部门就出台了《关于引发河南省大中专学生创业培训操作规程的通知》《关于加强创业孵化平台建设的意见》《关于加快推进大中专学生创业担保贷款工作的通知》《关于做好大众创业扶持项目申报工作的通知》等 6 项配套政策，全省形成了较为完善的政策体系。2015 年 5 月，河南省政府出台了《关于发展众创空间、推进大众创新创业的意见》，这是全省首个以设防政府名义出台的《实施意见》。2015 年 7 月，河南省委、省政府出台了《关于深化科技体制改革推进创新驱动发展若干实施意见》，推出了允许科研人才双向流动、科技成果作价入股等在全国具有突破意义的政策，进一步激活了创新创业主体，有力推动了双创工作的开展。12 月，河南省委、省政府起草了《关于发展众创空间推进创新创业工作的若干政策》和《关于推进金融资本与科技创新相结合的政策措施》的"双十条"政策。2016 年，河南省政府先后出台《关于大力推进大众创业万众创新的实施意见》《关于深化高等学校创新创业教育改革实施意见》《关于发展众创空间推进创新创业工作的政策措施》《关于推进金融资本与科技创新相结合的政策措施》《2016 年河南省助力大众创业工作方案》等文件。[1]

---

[1] 喻新安，杨雪梅. 河南创新创业发展报告（2017）[M]. 北京：社会科学文献出版社，2017：2.

2. 双创服务平台得到新发展

郑洛新国家自主创新示范区进展顺利。平顶山、焦作正式获批为国家高新区，至此，河南省国家高新区的总数达到了7个，数量位居中西部之首。中原现代农业科技示范区获得科技部批复，成为全国第一批（共8家）国家级现代农业科技示范区，新增4个企业国家重点实验室，这是河南省自2010年以来获批数量最多额一年。河南省有省级以上企业技术中心1013个，其中国家级80个；省级以上工程实验室（工程研究中心）385个，其中国家级37个。河南省有国家级工程技术研究中心10个、省级工程技术研究中心927个、省级重点实验室91个、国家级创新型（试点）企业428家。新培育国家级众创空间6家、省级众创孔家20家，出现了以黄淮学院、黄河科技学院等高校为代表的"以创业带动教学改革"的新典范；"众创咖啡"模式提供了融资、交流、洽谈的新平台，发展了"线上金融众筹平台+线下孵化基地"的新业态。新培育农业科技园区13个、可持续发展实验区2个、高新技术产业化基地4个、国际科技合作基地3个。河南省规模以上高新技术产业增加值增速达15.5%，比规模以上工业增加值增速高6.9个百分点。河南省专利申请量达到7万件，专利授权量突破4万件大关，发明专利授权量较上年增长54.1%。28个成果获得国家奖励，数量创历史新高，其中有2项填补了河南省在国家奖励上的空白，实现了河南省国家科技奖奖项全覆盖。国务院批准郑州航空港经济综合实验区、中信重工机械股份有限公司为全国首批双创示范基地，河南省获批数量与上海、江苏、浙江、广东、四川并列全国第二位。573平方千米的郑州航空港经济综合实验区作为首批双创示范基地，在2016年上半年新登记企业1212家，同比增长79%，在经济下行压力下呈现较强劲的逆增长态势。洛阳获批入围第二批国家"小微企业创新创业基地城市"名单，将获得中央财政6亿元资金的支持。郑州、洛阳、南阳等国家级创新型城市试点加快建设。❶

3. 创新创业主体规模扩大

创新创业主体大众化、草根化趋势明显。当前创新创业的主体正从过去的"小众化"转变为"大众化"，有越来越多的草根创业。新一轮创业浪潮主要有四大主体：一是海归创业；二是精英创业；三是返乡农民工创业；四是大学生创业。政府通过简政放权，极大激发了全社会的创新创业热情。创

---

❶ 喻新安，杨雪梅. 河南创新创业发展报告（2017）[M]. 北京：社会科学文献出版社，2017：3.

新创业的涌现显示了改革的巨大作用和市场的无限潜力，新一轮创业潮的涌现表明，创新创业已经不是少数精英的专利，而是多数普通人的机会，互联网拉平了以前高大上的创业机会。❶

活跃的创新创业主体是双创工作的核心。河南省科技厅对企业、科技人员等不同类型双创主体的需求和特点，提供各类创新创业的优惠政策、扶持资金、扶持指导服务。实施科技小巨人成长行动，新培育科技型中小企业3392家、"科技小巨人"（培育）企业124家，河南省科技型中小企业突破1.2万家。加大为科技型中小企业服务力度，建成了"互联网+河南省科技型中小企业"综合服务平台，与招商银行实施"千鹰展翼"计划，514家科技型中小企业围绕优势领域进行多元化创新，建设新型创新创业平台，中信重工、众品公司、宇通客车等大型企业搭建了"大工匠创客单元"和"众创平台"，形成了一批专业化众创空间。为激发科技人员创新创业活力，河南省与国家自然基金委共同出资5亿元，用于支持河南省人才培育和自然科学研究。为降低广大创客的创客门槛，河南省采用"你创业、我补贴"的方式，通过全省孵化服务载体为创业者提供各类空间硬件服务和"一揽子"柔性创业服务。加大资金支持力度。2016年河南省财政厅安排科技企业培育专项资金1.07亿元，设立总规模100亿元的中小企业发展基金和5亿元的科技创新风险投资基金。❷

4. 创新创业体系不断完善

一是创新创业组织形态不断涌现。"双创"在一些地方和区域已经有了成功的模式，特别是利用互联网创新创业。多样化的众创空间如雨后春笋蓬勃发展，一些城市已经诞生了一大批各具特色的众创平台，成为帮助广大创业者聚集和链接各类创业资源的孵化平台。当前不仅有千千万万中小微企业投身创新创业，一些大企业也在积极以各种方式参与创新，通过"众创、众包、众扶、众筹"等方式搭建了多方参与的高效协同机制，拓展了创业创新活动与市场资源的对接通道，优化了劳动、信息、知识、技术、管理、资本等资源的配置方式，丰富了创业创新组织形态，为社会大众广泛参与创业创新、共同分享发展成果提供了多元的途径和广阔的空间。二是创新创业服务体系不断健全。近年来，各地不断创新服务手段，加强政策支持，建立各类平台，为创业者努力解决面临的资金需求、市场信息、政策扶持、技术支撑、公共

---

❶ 刘卫红. 打造"大众创业、万众创新"新引擎［J］. 中共山西省委党校学报，2016（2）：55.

❷ 喻新安，杨雪梅. 河南创新创业发展报告（2017）［M］. 北京：社会科学文献出版社，2017：4.

服务等问题,最大限度地拓展市场空间和创业机会,为创业者提供良好的服务。多地陆续出台了推进创新创业的政策文件,这些政策进一步优化了创新创业环境,激发了市场主体的活力。与此同时,第三方服务也正在兴起,根据企业需求,提供注册登记、资金融通、知识产权、法律咨询等"一站式"创业服务。各类社会机构组织的创业论坛、培训辅导等活动也成了重要的服务力量,发挥了越来越重要的作用。❶

四、河南省知识产权助力"双创"发展中存在的问题

(一)"双创"动能与机制活力有待增强

(1)河南省"双创"思想理念有待提升。河南省积极响应,通过政策构建、载体建设、平台搭建等路径促进双创工作。尽管已经取得初步成绩,但由于历史因素和现实条件的制约,全省创新创业的理念相对滞后,创新创业思想尚未成为公众思考问题的一般性思维方式。"鼓励创新、宽容失败"的氛围还不够浓,"风险共担、利益共享"的机制还不完善,创新创业的内生动力还不够强。尤其是受宏观经济环境影响,创业者普遍存在资金困难问题,资金不足成为创业最主要的障碍,导致投资意愿不强,创新项目不多,创业者比例偏低。❷河南省创新创业生态体系主要依赖各级政府构建的"人工生态",而不是依托市场自发形成的"自然生态"。创新创业生态体系具有显著的构建特征和一定的脆弱性,需要进一步改革发展优化生态体系的功能和运行质量。

(2)河南省在"双创"的制度供给方面仍存在自主创新体制不顺、机制不活的问题,已经成为制约"双创"发展的重要因素。这主要表现在以下几点:一是科技资源保障体制机制不健全。部分企业对依靠科技进步驱动经济发展的认识不足,大多数大中型企业R&D投入占企业销售收入的比重都未达到研发费用的提取要求。二是双创的组织协调机制不健全。一些市、县企业研发中心建设硬件水平不高,研发能力偏弱,特别是许多纳入统计的中小企业仍没有自己的研发机构。三是科研成果评价指标体系不健全。高校和科研机构存在虚夸和浮躁情绪,经济功利性强,追逐个人名利、职称、待遇等眼前物质利益,从而放弃了对科技发展、经济进步、科技民生的责任感和使命感,惯于"闭门造车",盲目自大,论文数量很多而发明专利相对较少。四是

---

❶ 刘卫红. 打造"大众创业、万众创新"新引擎 [J]. 中共山西省委党校学报, 2016 (2): 55-56.

❷ 刘卫红. 打造"大众创业、万众创新"新引擎 [J]. 中共山西省委党校学报, 2016 (2): 56.

保护"产学研用"合作各方利益及其分配的制度不完善,一体化长效机制不健全。省内存在企业和科研机构、市场需求三方脱钩的现象,企业、高校以及科研机构之间的合作形式比较单一,中短期合作行为较多,使束之高阁的科研成果多,转化为成果应用的较少。另外,面向河南省企业的服务平台建设的体制机制、创新成果的激励保护机制不健全,河南省创新创业考核指标体系还不完善,部分国有企业不顾实际需要,盲目求新求洋,政府采购程序繁多,对自主创新产品和知识产权保护激励不够,使企业宁愿自己保密也不申请专利。科技创新成果转化带来的技术成果使用权、价值评估、入股和收益分配等活动缺乏相应的规范,实施细则不具体,中小民营企业对于国家、河南省在双创方面的扶持、优惠、导向政策了解不够等。以上这些都亟须河南省在"双创"制度供给侧改革方面重点发力,取得根本性突破。❶

(二)作为知识产权与"双创"基础的科技创新实力不强

近年来,河南省的科技实力及知识产权事业取得了长足进展,然而,根据具有一定权威性的《中国区域科技创新评价报告2016—2017》的研究显示,从综合科技创新水平指数看,北京、上海、天津、广东、江苏和浙江的综合指数得分高于全国平均水平(67.57分),处于第一梯队。湖北、重庆、陕西、山东、四川、福建、辽宁、黑龙江、安徽、湖南、山西、甘肃、吉林和江西综合科技创新水平指数在全国平均水平(67.57分)和50分之间,处于第二梯队。其他地区综合科技创新水平指数在50分以下。也就是说,河南省在全国的科技创新能力与水平,只位于第三梯队的水平,具体如图2-12所示。

从侧重于增量的知识产权综合实力进步指数来看,河南省的知识产权综合实力进步指数仅位列第20名。❷ 这说明,当前河南省的知识创新能力以及与此相称的知识产权创造水平,还无法完全满足河南省经济社会发展的现实需要,科技创新硬实力的相对低水平,一定程度上也会影响知识产权助力"双创"工作的深入发展。

同时,以企业为主体的创新能力不足。从总体上看,河南省企业创新发展的整体水平不高。有自主创新能力的企业规模偏小、个体偏少、产业层次偏低。原始创新少,产业技术中的核心专利技术少,引进技术的消化吸收能力薄弱。企业间没有广泛建立和形成技术创新的战略联盟或协作关系。创新

---

❶ 喻新安,杨雪梅.河南创新创业发展报告(2017)[M].北京:社会科学文献出版社,2017:13-14.

❷ 王正志.中国知识产权指数报告2017[M].北京:中国财政经济出版社,2017:155.

创业领军人才不足，尤其是既懂科技研发又精通"互联网+"思维的人才严重缺乏，支撑引领创新驱动发展的能力有限。[1]

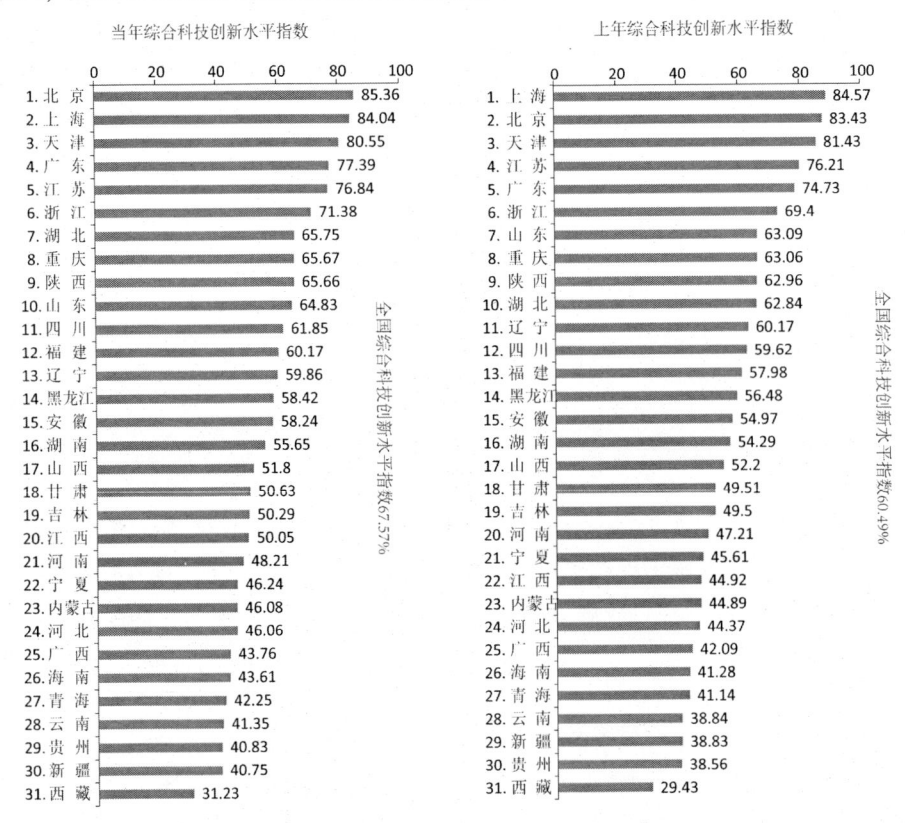

当年综合科技创新水平指数

排名	省份	指数
1	北京	85.36
2	上海	84.04
3	天津	80.55
4	广东	77.39
5	江苏	76.84
6	浙江	71.38
7	湖北	65.75
8	重庆	65.67
9	陕西	65.66
10	山东	64.83
11	四川	61.85
12	福建	60.17
13	辽宁	59.86
14	黑龙江	58.42
15	安徽	58.24
16	湖南	55.65
17	山西	51.8
18	甘肃	50.63
19	吉林	50.29
20	江西	50.05
21	河南	48.21
22	宁夏	46.24
23	内蒙古	46.08
24	河北	46.06
25	广西	43.76
26	海南	43.61
27	青海	42.25
28	云南	41.35
29	贵州	40.83
30	新疆	40.75
31	西藏	31.23

全国综合科技创新水平指数67.57%

上年综合科技创新水平指数

排名	省份	指数
1	上海	84.57
2	北京	83.43
3	天津	81.43
4	江苏	76.21
5	广东	74.73
6	浙江	69.4
7	山东	63.09
8	重庆	63.06
9	陕西	62.96
10	湖北	62.84
11	辽宁	60.17
12	四川	59.62
13	福建	57.98
14	黑龙江	56.48
15	安徽	54.97
16	湖南	54.29
17	山西	52.2
18	甘肃	49.51
19	吉林	49.5
20	河南	47.21
21	宁夏	45.61
22	江西	44.92
23	内蒙古	44.89
24	河北	44.37
25	广西	42.09
26	海南	41.28
27	青海	41.14
28	云南	38.84
29	新疆	38.83
30	贵州	38.56
31	西藏	29.43

全国综合科技创新水平指数60.49%

图2-12　各省综合科技创新水平指数[2]

（三）知识产权政策体系协同失灵现象明显

1. 政策主体之间缺乏部门协同运行机制

一方面，各部门在职能分工方面没能做到明确职责，信息资源和行政资源也没有实现共享化，最终导致决策碎片化；另一方面，政策主体之间缺乏制度化和规范化的约束，没有建立完善的知识产权政策制定和执行过程中责任追溯机制。

---

[1] 刘卫红. 打造"大众创业、万众创新"新引擎［J］. 中共山西省委党校学报，2016（2）：56.

[2] 中国科学技术发展战略研究院《中国区域科技创新评价报告2016—2017》.

2. 政策目标协同失灵现象突出

一方面，负责管理知识产权的部门在政策制定过程中未能充分对接河南省当前的创新实践，也未能够迎合目前"双创"战略对知识产权诉求进行全方面、多领域的目标设定以及措施布局，因此，导致创业创新实践同知识产权政策目标不协同，知识产权政策的具体实施效果较弱；另一方面，知识产权部门与产业经济部门在政策制定过程中因为部门发展目标的不一致未能达成共识，导致知识产权政策无法有效促进创业创新实践发展，知识产权部门难以向产业经济部门提供促进经济发展的最佳专利政策。❶

3. 政策措施协同失灵

现有知识产权政策没能充分发挥市场机制的有效作用，创业创新主体的发展动力未能在具体政策措施帮扶下形成内生性的自主创新驱动力。❷

4. 政策落地效果欠佳

自国务院正式提出"大众创业、万众创新"以来，河南省先后制定并出台了《关于大力推进大众创业万众创新的实施意见》等一系列政策措施，洛阳、平顶山、安阳、南阳、商丘、漯河、驻马店等地市也结合实际，出台了相关细化措施，如南阳市出台了《关于发展众创空间推进大众创业万众创新的若干政策措施》、驻马店市出台了《关于进一步做好新形势下就业创业工作的实施意见》等，初步形成了全省上下联动的双创政策体系。但是，这些政策出资不同部门，各部门之间存在职能交叉，导致多头管理、政策过多、政策重复等问题，甚至出现以"政策"应对"政策"的局面，严重影响了双创政策的落地生根与实施效果。❸

（四）知识产权服务能力对"双创"的支撑作用不明显

以高效合理的知识产权制度为主导的创业创新模式能够有效弥补国家主导模式下研发成果与产业化应用之间的脱节。然而，我国现行的知识产权制度中与国家"双创"战略相关的法律条文规定并不清晰，知识产权制度设计仍相对滞后，没能为创业创新实践提供较好的司法保障，仍有待进一步加强和完善。并且，相关知识产权制度的具体执行在实践中未能落到实处，无法

---

❶ 于之倩，张璇子，曾洪生. 知识产权如何为"双创"保驾护航 [J]. 铜业工程，2017 (2)：3.
❷ 于之倩，张璇子，曾洪生. 知识产权如何为"双创"保驾护航 [J]. 铜业工程，2017 (2)：4.
❸ 喻新安，杨雪梅. 河南创新创业发展报告（2017）[M]. 北京：社会科学文献出版社，2017：13.

切实为了"双创"提供制度保护和政策激励，知识产权制度设计的科学性、合理性和现实性仍有待提高。❶

由于知识产权专业性强，在咨询、规划、申请、维权、融资等环节都需要专业机构的协助和支持，某种程度上专业中介服务机构不可或缺。但是，目前高新区知识产权专业中介服务机构数量少、种类单一、服务能力弱，多为代理、代办服务，能够提供知识产权综合服务如评估、法律、融资担保等业务的机构和人员屈指可数。由于没有建立统一的标准和体系，知识产权专业服务机构的服务标准和质量不统一，导致专业机构的服务缺乏权威性和认同度，既得不到行政机关、司法机关的背书，也得不到权利人和当事人的认可，进而形成一种恶性循环。

融资问题是创新创业活动面临的传统难题，在倡导"大众创业、万众创新"的新形势下，融资难题显得更加突出。近年来，河南省积极探索创新创业融资路径，完善科技金融结合机制，通过政府财政引导、创新创业投资基金引导等方式丰富创新创业融资体系。但是，从目前实际情况来看，全省双创工作仍然面临融资难题，表现在贷款难度大、参与的金融机构少、融资渠道窄、投资机构不合理等方面。更为突出的是，现有的融资渠道仍主要局限于依赖国家银行贷款和各级政府财政投入，社会资本参与双创工作的程度较为有限。由于"双创"工作涉及范围广泛、人数众多，仅靠有限的财政投入和银行贷款难以满足创新创业对资金的大量需求。因而，河南省"双创"工作的推进仍然面临拓展融资渠道的重任。❷

（五）创新创业的知识产权保护不足

（1）知识产权管理意识有待加强。尽管我国已经出台《关于进一步加强知识产权运用和保护助力创新创业的意见》等文件助力中小企业知识产权保护的发展，河南省中小企业自身在知识产权领域并未给予足够的重视，在企业内部没能实现知识产权管理制度化，也未能将知识产权上升到企业战略层面，知识产权管理意识仍偏弱。❸

（2）技术创新成果产权化的意识薄弱缺乏，是目前中小企业普遍存在的严重问题。企业在通过技术创新形成技术成果之后往往没能将成果知识产权

---

❶ 于之倩，张璇子，曾洪生. 知识产权如何为"双创"保驾护航 [J]. 铜业工程，2017（2）：4.
❷ 喻新安，杨雪梅. 河南创新创业发展报告（2017）[M]. 北京：社会科学文献出版社，2017：15.
❸ 于之倩，张璇子，曾洪生. 知识产权如何为"双创"保驾护航 [J]. 铜业工程，2017（2）：3.

化，而有意识进行成果产权化的中小企业在知识产权的管理、运营和保护的过程中，也存在着信息保密意识不强、浪费信息检索资源、知识产权界限模糊、商业化程度低的现象。并且，由于自身技术实力较弱，相当多的中小企业在发展初期主要走的是"跟随者"的发展路径，普遍专注于对领先企业成熟产品的借鉴和模仿，从而忽视了自身知识产权的成果产权化，导致部分侵权现象频发。❶

（3）知识产权保护的能力不足。由于知识产权保护需要相对专业的知识和技能，目前多数企业和创新者在保护知识产权方面往往显得力不从心，而官方的渠道和中介机构服务相对缺乏和单一。首先，在申请知识产权成果和权利方面能力不足。由于申请知识产权需要按规范的格式填报和制作规范的文本，同时对程序和时效也有较高要求，没有专业的机构和人员指导和协助，往往难以完成。其次，在知识产权侵权事件发生后，为了更好地维权，需要及时进行证据保全、分析和评价侵权行为性质、计算损失金额、选择救济途径和方式等，对缺乏专业知识的被侵权主体来说，可以说是更是难上加难。

（4）知识产权司法保护效率和力度不够。从知识产权案件立案和审理情况来看，河南省知识产权司法保护呈现审判压力大，维权效力低的局面。知识产权案件纠纷数量增长快，给人民法院带来极大的审判压力。知识产权类案件具有专业知识要求高、审理难度大、审限长的特点，不仅"案多人少"的情况突出，更为突出的问题具有专业知识的审判人员极为缺乏。根据现行标准，侵权赔偿标准不偏低和举证困难。远远不能达到惩罚和补偿的目的。而且，知识产权侵权行为取证难度大，权利人仅凭自身能力收集、保全证据困难，申请人民法院的调查取证不容易获得支持，造成了现在知识产权领域"侵权成本低，维权成本高"的局面。

（5）知识产权专门管理机构或专职人员匮乏。目前，我国大多数中小企业并没有专门设立负责企业知识产权管理的机构和部门，企业内部的知识产权事务往往由非专业部门进行管理，或者由企业外的专业机构外包负责。内部的非专业部门由于缺乏专业知识往往使企业的知识产权管理流于形式，而外部的专业机构往往由于没能及时了解企业知识产权进展及相关内容，也未能对知识产权进行有效管理。❷

---

❶❷ 于之倩，张璇子，曾洪生. 知识产权如何为"双创"保驾护航 [J]. 铜业工程，2017（2）：3.

（6）知识产权保护的便捷性、协调性还不够强，不利于降低广大创业者、创新者的维权成本。同时，不少创业者对知识产权保护的规则与途径了解不够，面对维权的复杂性难以有所作为，维权能力不足。❶

（六）小微企业创新创业风险与知识产权风险的叠加

（1）在"双创"背景下创办的大批小微制造企业，既有创业者经过深思熟虑、逐步发展成长的企业，也有创业者一时起意，跟风而仓促上马创立的企业。受创业者自身素质及企业经营管理人员受教育程度、专业知识背景的影响，企业经营管理人员的管理水平也因人而异，较少具有知识产权保护意识和创品牌意愿。

（2）受企业发展定位的制约，小微制造企业在初创阶段很难招到合适的专业人员，同时又受工商税务、融资渠道的限制，以及生产成本不断上涨和企业信息化管理程度低等条件约束，很难取得稳步健康发展和成长。

（3）小微制造企业由于缺乏健全的内控制度，没有完善的企业法人治理结构，在客户订单、采购、研发设计、生产、销售流通等环节存在不足或漏洞，并不能很好地取得相应的知识产权（专利权、实用新型和外观设计等），也不能建立完善的知识产权风险防范机制和应对策略，极易出现侵权和被侵权的风险。❷

（七）知识产权与"双创"复合型人才缺乏

创新创业的主体归根结底是人才，青年是创新创业的主力军，尤其是受过高等教育的大学生，可是当前的大学生普遍缺乏创新意识和创业能力，无法胜任"大众创业万众创新"的重担。

由图2-13可见，大学生的大部分精力都放在理论教学和实践教学上。而与创新创业相关的支持系统、意识教学、关联教学只占了很少的一部分。在这样的教育背景条件，培养出的大学生必然会缺乏创新意识与创业意识，从而阻碍"大众创业、万众创新"的推进。❸

---

❶ 赵梅生. 大众创业为什么需要"知识产权保护"[J]. 中国党政干部论坛, 2015（11）：30.
❷ 何能文. 小微制造企业"双创"中知识产权风险防范研究[J]. 中外企业家, 2017（7）：125.
❸ 李华琴, 罗英. 基于大众创业万众创新制度设计研究[J]. 科学管理研究, 2015（6）：17-18.

第四章 知识产权与"大众创业、万众创新"

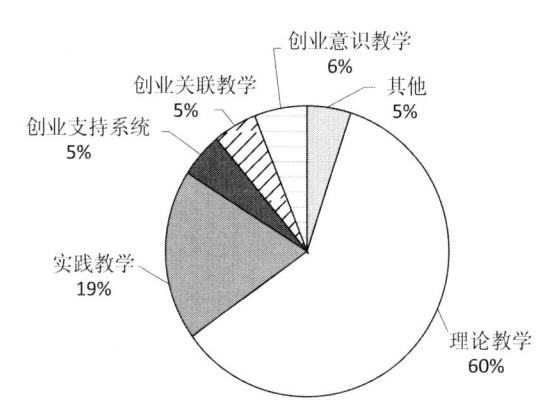

图2-13 中国大学教学内容分布

（饼图数据：理论教学 60%；实践教学 19%；创业支持系统 5%；创业关联教学 5%；创业意识教学 6%；其他 5%）

优质活跃的创新创业人才是"双创"活动的核心，是构建创新创业生态系统的根本要素。不同于一般创新人才和创业人员，"双创"人才通常要求具有较高的文化素养，具备较强的创意设计意识与能力具有复合型知识结构，能够发挥创意设计优势，整合科技、文化、社会等资源，实现创意作品向产品转化。河南省高等学校众多，人力资源丰富，是"双创"人才大省，各级政府部门也高度重视"双创"人才培养，制定并出台多项政策措施，从载体建设、机制创新、人才流动、环境营造等方面安排部署"双创"人才工作，通过给政策、给资金、给服务等方式为"双创"人才保驾护航。同时，加大科研人员股权激励力度、建立健全科研人才双向流动机制，采用"你创业、我补贴"的方式，降低广大创客的创业门槛，通过全省孵化服务载体为创业者提供各类空间硬件服务和"一揽子"柔性创业服务。但由于多种因素的制约，河南省目前尚未成为双创人才强省，在高质量双创人才培育、人才引进、人才作用发挥等方面还面临重大挑战。[1] 这种运用科技创新与学术积累生成的知识产权进行创业的复合型人才缺失的状况，一方面与河南省高水平大学较少，科技硬实力不足有关；另一方面，还与河南省的创新创业体系对于兼备知识产权与"双创"复合型人才的培养体系不健全有关。主要表现为：知识产权人才数量和能力素质还不能完全满足"双创"事业发展的需要；知识产权课程还没有被设置为高校教育的基础课程；具有国际视野符合当代新兴技术要求的高层次人才缺乏；人才结构和布局有待优化，高层次和实务型知识

---

[1] 喻新安，杨雪梅. 河南创新创业发展报告（2017）[M]. 北京：社会科学文献出版社，2017：14-15.

产权人才缺乏；人才资源开发投入不足，制约人才发展的体制机制障碍仍然存在等。

五、河南省知识产权助力"双创"发展的对策和建议

（一）顶层设计，确定知识产权助力"双创"发展的原则

1. 坚持市场主导

发挥市场在资源配置中的决定性作用，健全市场导向机制，不断完善专业化服务，打造中小企业知识产权优势，增强市场竞争能力。发挥政府在战略规划、政策制定、行业管理、公共服务和环境营造方面的作用，有效整合和聚集社会资源，推动和支持中小企业实施知识产权战略。

2. 坚持协调并进

推进大众创业、万众创新的体制机制改革创新涉及多个体制机制，它们之间紧密相关、相互支撑、相互制约。为此，必须以整体的视角审视体制机制构建和变革，强化顶层设计，强化统筹协调，建立部门之间、各级之间政策协调联动机制，确保政策相互有机整合、相互衔接、相互支撑，确保政策有效落地、取得实效。

3. 坚持开放共享

推进大众创业、万众创新的体制机制改革，要善于利用"互联网+"、大数据等现代技术，推动各行业创新商业模式，加强创业创新公共服务资源开放共享，整合利用各种创业创新资源，实现人才等创新创业要素跨地区、跨行业自由流动。

4. 坚持比例协调

统筹兼顾保护权利和激励创新，坚持知识产权保护范围和强度与其创新和贡献程度相协调，侵权人的侵权代价与其主观恶性和行为危害性相适应，知识产权保护与发展规律、省情实际和发展需求相匹配，依法合理平衡权利人利益、他人合法权益和社会公共利益、国家利益，实现保护知识产权与促进技术创新、推动产业发展和谐统一。

5. 坚持大胆创新

注重顶层设计与基层探索相结合，突破妨碍知识产权发展的思想观念制约，尊重基层首创精神，激发全社会创新活力，允许多种类型、多种模式的

改革探索和试验。

(二) 思想引领，营造知识产权助力"双创"的良好发展环境

（1）围绕河南省创新驱动发展战略的实施与自主创新体系的建设，加大对国家、省知识产权战略的宣传力度，扩大宣传覆盖面，关注基层，宣传基层，服务基层，重点面向企业，引导各地开展形式多样的知识产权宣传普及活动，进一步增强领导干部、企业以及社会各个阶层的知识产权保护意识。❶

（2）加强知识产权舆论引导。广泛开展专利技术宣传、展示、推广等活动，宣扬创新精神，激发创业热情，带动更多劳动者积极投身创新创业活动，努力在全社会逐渐形成"创新创业依靠知识产权，知识产权面向创新创业"的良好氛围。依托国家专利技术展示交易中心，搭建知识产权创新创业交流平台，组织开展创业专利推介对接，鼓励社会力量围绕大众创业、万众创新组织开展各类知识产权公益活动。

（3）积极举办各类专题活动。积极举办面向青年的创业知识产权公开课，提高创业能力，助推成功创业。鼓励社会力量举办各类知识产权服务创新创业大赛，推动有条件的地方积极搭建知识产权创新创业实体平台。加强创业知识产权辅导，支持"创青春"中国青年创新创业大赛、"挑战杯"全国大学生课外学术科技作品竞赛等活动。鼓励表现优秀的创新创业项目团队参加各类大型知识产权展会。在各类知识产权重点展会上设置服务专区，为创新创业提供交流经验、展示成果、共享资源的机会。❷

（4）厚植"双创"文化。加大对双创政策、双创成果、先进典型、成功案例的宣传力度，举办中国创新创业大赛、青年创新创业大赛、"互联网+"大学生创新创业大赛等丰富多彩的双创活动，打造一批具有影响力的双创活动品牌，营造鼓励创新创业、宽容失败的良好社会氛围。积极倡导敢为人先的创新文化，树立崇尚创新、创业致富的价值导向，大力培育企业家精神和创客文化。加强信用体系建设，将创业主体信用与市场准入、享受优惠政策挂钩。加强知识产权保护，加大对侵权行为的处罚力度，切实保护创新创业

---

❶ 河南省知识产权局《2015 年河南省知识产权战略实施推进计划》，2015-09-08。

❷ 国家知识产权局、财政部、人力资源社会保障部、中华全国总工会、共青团中央《关于进一步加强知识产权运用和保护助力创新创业的意见》（国知发管字〔2015〕56 号）。

者知识产权合法权益，创造公平竞争市场环境。❶

（三）固本立基，提升科技创新硬实力与知识产权创造能力

1. 培育高价值核心专利

实施知识产权强企工程，培育100家省级知识产权优势企业、示范企业、领军企业等多层级的知识产权强企，提升企业核心竞争力。推进企事业单位落实知识产权管理规范。发掘高校和科研院所的创新潜力，依托技术转移机构建立知识产权运营平台，发挥重点实验室、博士后科研流动站和工作站、工程技术中心等科技创新平台的作用，提升原始创新和高价值核心专利创造能力。引导建立以知识产权强企为龙头，专利布局与产业链相匹配的专利联盟，推动企业、高校、科研院所、知识产权服务机构等协同推进高价值专利培育，形成一批产业化导向的专利组合。推动形成标准研制与专利布局有效衔接新机制。实施"知识产权+"助力创新创业专项行动，在全省布局建设一批具有产业特色的低成本、便利化、全要素、开放式知识产权创新创业基地。

2. 培育知识产权密集型产业

围绕战略性新兴产业链超前部署创新链、导航布局专利链，推行知识产权布局与产业链相匹配的知识产权集群管理。面向重点园区和千亿产业集群建立专利导航产业发展机制，构建专利导航区域、产业和企业创新发展的工作体系，加快国家和省级专利导航发展实验区建设，实施一批产业规划类专利导航项目。深化商标富农工作，推动地理标志商标、涉农商标注册和品牌建设。开展传统知识资源价值开发知识产权试点示范工作，保护和传承老字号品牌，推动版权贸易和实物出口。开展知识产权扶贫工作，推进地理标志申请和品牌价值评价工作，实施地理标志产业化促进和示范工程，加快地理标志产品保护示范区建设。建立省知识产权密集型产业目录，制定全省重点产业知识产权发展规划，培育知识产权密集型产业。加大对政府采购的政策支持力度，通过竞争性磋商、竞争性谈判、单一来源采购等非招标方式，支持自主知识产权产品。

3. 支撑科技创新高地建设

制定郑洛新国家自主创新示范区专利创造运用保护政策，鼓励企业引进

---

❶ 河南省人民政府《关于支持大众创业万众创新基地建设的实施意见》（豫政办〔2017〕28号）。

高价值专利在示范区转移转化。围绕示范区重点产业发展和重大项目建设，实施专利导航工程，建立专利支撑产业发展机制。支持郑州、洛阳、新乡3市创建国家知识产权强市，支持示范区承担建设各类国家级和省级知识产权载体和平台。在示范区引导天使投资、创业投资加大对高技术领域知识产权运营的投资，投资知识产权运营机构的天使投资基金、创业投资基金享受创业投资企业所得税优惠政策。❶

4. 着力提升专利申请数量和质量

实施专利创造能力提升工程，加大资金投入力度，强化专利创造能力奖励资金的引导作用，带动河南省专利产出数量和质量双提升。培育知识产权密集型产业，支持知识产权密集型产品推广、密集型企业培育、密集型产业公共服务平台和产业发展试验区建设等。帮扶、鼓励有能力的企业申请国际专利，有效增加PCT国外专利申请量。开展"知识产权+"助力创新创业专项行动，扶持高价值专利技术创新创业。加强对中小微企业的扶持，完善专利资助政策，降低中小微企业专利申请和维持成本。❷

5. 加快培育和发展战略性新兴产业

以三大战略规划为依托，以推进重大产业创新发展工程和示范园区建设为抓手，坚持创新驱动与开放引进并举，强化知识产权战略与产业发展的衔接，加快推进信息化建设，大力发展电子信息支柱产业，积极培育生物、新材料、新能源、新能源汽车、空间信息等先导产业，加强知识产权创造、运用、保护和管理，推动战略性新兴产业核心技术专利化、标准化和产业化，培育具有核心技术的龙头企业和产业集群。

6. 加强技术创新体系建设，着力提升产业技术创新能力

围绕产业链部署创新链，实施产业技术创新战略联盟发展工程，积极建设产业技术创新联盟，加快制定产业技术规划；加强资源整合统筹，实施重大科技专项、实施传统产业技术创新和战略性新兴产业科技成果转化科技工程，改造提升传统优势产业、积极培育战略性新兴产业，为产业的转型升级提供科技支撑；推进农业科技创新，实施粮食丰产科技工程，强化粮食丰产高效技术体系的集成与大面积均衡增产，为实现粮食丰收提供有力的科技

---

❶ 河南省人民政府《关于新形势下加快知识产权强省建设的若干意见》（豫政〔2017〕17号）。
❷ 河南省知识产权局《河南省知识产权局2016年工作要点》，2016-01-07。

支撑。❶

7. 支持产业知识产权联盟发展

鼓励组建产业知识产权联盟，开展联盟备案管理和服务，建立重点产业联盟管理库，对联盟发展状况进行评议监测和分类指导。支持成立知识产权服务联盟。属于社会组织的，依法履行登记手续。支持联盟构筑和运营产业专利池，推动形成标准必要专利，建立重点产业知识产权侵权监控和风险应对机制。鼓励社会资本设立知识产权产业化专项基金，充分发挥重点产业知识产权运营基金作用，提高产业知识产权运营水平与国际竞争力，保障产业技术安全。❷

(四) 服务支撑，增强支持"双创"发展的知识产权助力

1. 以问题为导向加强知识产权服务保障平台建设

知识产权服务保障平台的组建，应以政府为主导，发挥第三方公共服务平台作用，采用政府补贴+公司化"运作"的模式，整合司法机关、行政机关、法律服务机构、金融机构等多方力量，依托互联网和大数据技术，以知识产权司法机构、行政许可机构、法律服务机构、产业服务机构作为链条，针对知识产权创造、管理、转化、实施、保护，为企业提供低于市场价格的纠纷调解、专利托管、专利检索、查新与技术分析、融资评估、司法鉴定、专利转化、技术交易等公共和专业服务。

平台可下设知识产权大数据中心、知识产权预防与打击假冒中心、知识产权侵权鉴定中心、知识产权仲裁中心、中关村知识产权交易与质押（担保）中心，通过国家知识产权数据库、司法平台数据库、行业权威专家机构、专业知识产权律师团、权威企业征信数据库等数据汇总平台，进行公益免费公开数据检索和收费权威数据报告等形式，系统解决双创企业在知识产权方面所碰到的各类难题。❸

2. 加大知识产权助力"双创"金融支持力度

①积极发展债权、股权融资服务。加大对专利权质押融资补贴力度，支持商业银行和保险、担保、资产评估等机构广泛参与知识产权金融服务。鼓

---

❶ 河南省知识产权局《2015年河南省知识产权战略实施推进计划》，2015-09-08。

❷ 国家知识产权局《"十三五"国家知识产权保护和运用规划》。

❸ 邓佑玲. 以问题为导向加强知识产权服务保障平台建设 [N]. 北京日报，2017-07-13（010）.

励保险公司开发适应科技型中小企业分散风险、补偿损失需求的保险产品，撬动知识产权融资贷款，促进知识产权与保险深度融合，支持市、县级政府给予一定的风险补偿或保费补贴。支持符合条件的上市挂牌科技型企业通过资本市场进行并购重组再融资。支持符合条件的中小企业发行创新创业公司债。引导私募基金加大对科技型中小企业的股权投资力度。选择发展潜力大、产业带动力强、有上市或挂牌意愿的中小企业纳入上市挂牌重点培育清单，将符合条件的纳入省定上市后备企业名录。❶ ②适时循序渐进地推行创新券制度，推广以创新券购买服务，利用省级现有财政资金，以购买服务、后补助、绩效奖励等方式，为创业者和创新企业提供仪器设备使用、检验检测、知识产权、数据分析、法律咨询、创业培训等服务。推广完善"创新券"的管理制度，拓宽"创新券"使用范围。❷

3. 创新知识产权服务模式

推动科技成果、专利等无形资产价值市场化，在作价入股、企业并购、资本流转、知识产权交易过程中强化知识产权价值评估。增加知识产权估值在企业贷款信用评估指标体系中的权重，对高价值专利加大融资支持力度。完善企业专利交易扶持政策，促进企业专利技术运用。补助企业购买高校院所专利技术，奖励高校院所专利技术向企业转移。加强知识产权中介服务体系建设，鼓励现有中介机构拓展业务范围，强化与国内外高端机构合作，提升服务能力和效率。推广应用知识产权公共服务包，通过整合政府管理部门、智库资源、专家人才、专业服务机构等多方力量，以政府购买社会服务的方式为创新主体提供多元化服务，拓展、丰富和提升知识产权服务内容和供给品质。❸

4. 拓宽知识产权价值实现渠道

深化事业单位科技成果使用、处置和收益管理改革试点，调动单位和人员运用知识产权的积极性。支持互联网知识产权金融发展，鼓励金融机构为创新创业者提供知识产权资产证券化、专利保险等新型金融产品和服务。完

---

❶ 河南省人民政府《关于强化实施创新驱动发展战略进一步推进大众创业万众创新深入发展的实施意见》（豫政〔2018〕8号）。

❷ 吉林省人民政府《关于强化实施创新驱动发展战略进一步推进大众创业万众创新深入发展的实施意见》（吉政发〔2017〕35号）。

❸ 福建省人民政府《福建省人民政府关于强化实施创新驱动发展战略进一步推进大众创业万众创新深入发展的实施意见》（闽政〔2017〕49号）。

善知识产权估值、质押、流转体系,推进知识产权质押融资服务实现普遍化、常态化和规模化,引导银行与投资机构开展投贷联动,积极探索专利许可收益权质押融资等新模式,积极协助符合条件的创新创业者办理知识产权质押贷款。支持符合条件的地区设立重点产业知识产权运营基金,扶持重点领域知识产权联盟建设,通过加强知识产权协同运用助推创业成功。❶

5. 发展知识产权虚拟市场

依托河南省技术产权交易所,构建以知识产权评估、转让许可、投融资、股权交易、质押物处置等为支撑的网上网下相结合的交易服务体系。设立知识产权运营投资基金,吸引更多社会资本投资,支持知识产权运营机构采取股权投资等方式参与知识产权运营。支持专利运营公司与企业组建知识产权产业联盟,以共建专利池等方式整合、汇集产业链知识产权。建立健全多元化、多层次、多渠道的知识产权投融资体系和市场化风险补偿机制。鼓励金融机构为创新创业者提供知识产权资产股权化、证券化等新型金融服务。设立知识产权银行。❷

6. 完善知识产权信用体系

建立知识产权信用信息管理机制、信用评价和失信惩戒等机制,编制信用信息目录,规范知识产权(专利)信用信息归集及应用管理。及时与国家知识产权局信用信息平台和省信用信息平台、"信用河南"对接,并对行政处罚信息实现"7天双公示"。建立健全守信激励和失信惩戒机制。充分利用各类行政、社会资源,建立知识产权守信激励和失信惩戒机制。积极探索在评奖评优评先、项目承担、资格评定、专利申请资助、加快审查审批等行政管理事项中,以及在专利代理机构、专利代理人的年检、评优、社会推荐等工作中,对相关市场主体和个人进行守信激励和失信惩戒,对信用记录优良者加大支持和激励力度,对不良信用记录较多者实施严格的限制和惩戒政策。按照国家和省相关要求,建立对失信市场主体和个人依法进行联合惩戒的工作机制。

---

❶ 国家知识产权局等五部委印发. 关于进一步加强知识产权运用和保护助力新创业的意见[EB/OL]. (2015-10-12) [2018-04-10]. http://www.cac.gov.cn/2015/10/12/c_1116800401.htm.

❷ 河南省人民政府《河南省建设支撑型知识产权强省试点省实施方案》。

（五）精准发力，找准知识产权助力"双创"的结合点

1. 提升综合运用知识产权促进创新驱动发展的能力

探索支撑创新发展的知识产权运行机制，构建促进市场主体创新发展的知识产权服务体系。建立健全知识产权评议、专利导航机制，完善知识产权风险预警体系，提升区域创新发展决策水平。统筹制定实施知识产权密集型产业促进政策，培育知识产权密集型产业成为新的经济增长点。指导市场主体综合运用专利、商标和版权组合策略，全方位、立体化地保护产品、技术、工业设计等的知识产权。引导市场主体综合运营知识产权，促进知识产权领域军民融合发展，加快药品等领域过期专利技术的有效应用，提升知识产权价值，加速知识产权转化运用。

2. 构建便民利民的知识产权公共服务体系

坚持"法定职责必须为、法无授权不可为"的原则，大力推行知识产权权力清单、责任清单、负面清单制度，并实行动态管理。加大知识产权领域简政放权力度，强化依法行政，坚持放管结合，合理减少审批和管理事项。放宽专利代理机构准入条件限制，加强知识产权服务机构事中事后监管，完善执业信息披露制度。整合知识产权公共服务资源，优化知识产权公共服务供给，实现知识产权信息等各类服务的便利化、集约化、高效化。加强统筹规划和行业管理，完善知识产权交易市场。加强知识产权维权援助服务，完善知识产权维权援助机制，构建体系完备、运转高效的知识产权维权援助网络。[1]

3. 调整现行政策侧重点，实施精准扶持

一是建议调整目前的知识产权扶持政策，改变现行的重视数量、不作区分和"撒花椒面"式的扶持方式，缩小范围，加强考核，重点扶持具有真正创新性和市场需求，特别是对推动产业转型升级和提升行业国际竞争力的知识产权。二是调整扶持的时间，改变现在提交申请获得受理就发放扶持款项的做法，将扶持款项发放的时间调整为权利申请获得通过之时，避免部分申请人和代理机构仅仅提供申请而骗取扶持资金的现象。三是对后期知识产权市场转化过程中，对市场前景好、竞争力强、带动产业面大的知识产权给予

---

[1] 国务院办公厅《知识产权综合管理改革试点总体方案》。

专项扶持。四是对知识产权综合服务中介机构进行规范管理，对贡献突出的中介机构也纳入扶持范围。同时对奖励扶持资金的申领要制定标准、简化手续、提高效率，做到"好钢用在刀刃上"精准扶持。加强知识产权工作与创新政策措施的结合，将知识产权制度建设、运用能力和效益作为省企业研发中心、重点实验室及创新企业等评价、认定的依据；将知识产权工作与创新体系建设、质量品牌建设、标准制定实施、成果转化应用、公共服务平台建设等有关政策措施相衔接，推动提升企业创新能力。❶

4. 建立以知识产权为重要内容的创新发展评价机制。完善发展评价体系，将知识产权产品逐步纳入河南省国民经济核算范围，将知识产权指标纳入国民经济和社会发展规划。将知识产权强省建设相关指标纳入省辖市、县（市、区）政府年度目标考核体系。探索"一把手"知识产权目标责任制。探索建立经营业绩和知识产权创造运用并重的国有企业考评模式。建立省级科技计划知识产权目标评估制度，政府科技计划优先支持拥有自主知识产权或在项目完成后取得知识产权的项目。设立河南省专利奖。提高省内相关领域奖励制度的知识产权评价权重。❷

（六）激发活力，群力扶持小微企业创新创业发展

1. 构建企业能动机制

"小微企业"应强化知识产权意识和创新意识，培育知识产权文化。建立人才培养机制，积极培训和引进知识产权人才。建立符合企业实际情况的知识产权管理机构并明确其职能，配备专职人员，将知识产权工作纳入企业常规战略管理。"小微企业"应做好知识产权的战略应用，综合运用商业秘密、专利、商标等多种知识产权工具，对自己企业的核心资产进行保护，充分发挥在知识产权建设方面的主体作用。

2. 构建政府推动机制

以河南省政府为主导，理顺省市两级"小微企业"知识产权建设管理体制，加快建立县区级企业知识产权综合管理机构。要进一步加大知识产权行政领域的投入，保证足够的财政资金、人员的投入。加强知识产权行政保护

---

❶ 河南省知识产权局. 2015年河南省知识产权战略实施推进计划［EB/OL］.（2015-09-08）［2018-04-10］. http://www.hnpatent.gov.cn/gover/detail/4/10.shtml.

❷ 河南省人民政府《关于新形势下加快知识产权强省建设的若干意见》（豫政〔2017〕17号）。

和司法保护，严厉打击各种侵权和盗版行为。完善知识产权法律体系，将"小微企业"知识产权建设纳入法制化轨道。加强知识产权公共服务，着眼于解决制约"小微企业"知识产权建设的资金短缺、管理不善、信息闭塞和人才匮乏等问题，提高企业知识产权开发、运营、保护和管理能力。此外，还应培育和发展"小微企业"知识产权市场；充分发挥行业协会的作用，引导并支持中介机构加强对"小微企业"知识产权建设工作的服务；引导并支持产学研合作，为"小微企业"知识产权建设提供技术和人才支撑，引导相关要素向"小微企业"聚集。[1]

3. 完善专利资助政策

积极探索推进小微企业专利费用减免政策，支持小微企业知识产权创造和运用。加大对小微企业专利申请资助力度，推动专利一般资助向小微企业倾斜。结合科技型中小企业专利申请"消零"行动，对小微企业申请获权的首件发明专利予以奖励。鼓励小微企业通过实施专利提高专利产品种类和产值，对小微企业通过独占许可和排他许可方式引进实施专利给予专项资助。

4. 创新知识产权金融服务

建立小微企业知识产权金融服务需求调查制度，深入开展专利价值分析服务和政策宣讲，鼓励小微企业以质押融资、许可转让、出资入股等方式拓展知识产权价值实现渠道。加强与商业银行的知识产权金融服务战略合作，进一步推动开发符合小微企业创新特点的知识产权金融产品，引导各类金融机构为小微企业提供知识产权金融服务。鼓励建立小微企业信贷风险补偿基金，对知识产权质押贷款提供重点支持。加快推动知识产权保险服务纳入小微企业产业引导政策，完善小微企业风险补偿机制。充分发挥支持性财税政策的引导作用，通过财政补贴和风险补偿等方式合理降低贷款、担保和保险等费率。

5. 加快知识产权公共服务体系建设

深入推进中小企业知识产权战略推进工程，建立健全省、市、县三级知识产权服务网络，完善对小微企业创业辅导、管理咨询、投资融资、人才培训、技术创新等方面的知识产权服务功能。在小微企业集聚的创业基地、孵

---

[1] 中国知识产权研究会. 中国知识产权发展报告（2015）[M]. 北京：中国财政经济出版社，2015：98.

化器、产业园等逐步建立知识产权联络员制度和专家服务试点，吸纳专利代理人及其他服务机构人员深入参与，并提供必要财政支持，逐步形成小微企业知识产权服务长效机制。

6. 鼓励专利创新创业

引导高校院所、科研组织与小微企业开展知识产权合作互助，建立订单式专利技术研发体系，帮助小微企业进行专利创业和专利二次开发。鼓励国有企事业单位将闲置专利向小微企业许可转让，引导国家级知识产权示范企业履行社会责任，向小微企业低成本或免费实施专利许可。积极组织拥有知识产权项目的小微企业参加境内外展览展销活动，在名额、费用等方面适当倾斜。

7. 扶持知识产权服务业小微企业发展

实施知识产权服务引导项目，培育知识产权服务品牌机构，支持和引导民营知识产权服务机构健康发展。有序开放知识产权基础信息资源，增强小微型知识产权服务机构市场服务供给能力。完善行业信用评价、诚信公示和失信惩戒等机制。鼓励服务机构成立区域性服务联盟，实现优势互补、资源共享。通过政府投入引导资金或购买服务等方式，支持小微型知识产权服务机构参与知识产权公共服务。支持有条件的地区探索制定项目补贴、定向资助等具体措施。❶

（七）严格保护，撑起呵护创业创新成果的知识产权"保护伞"

1. 构建知识产权大保护工作格局

推动形成授权确权、行政执法、司法裁判、维权援助、社会诚信及调解仲裁相互促进的知识产权综合保护机制，完善覆盖知识产权获权、用权、维权等多个环节的保护链条，构建协调、顺畅、高效的知识产权大保护工作格局。加大网络化、链条式、产业化知识产权犯罪打击力度，加强行政执法与刑事司法有效衔接，利用两法衔接共享信息平台，完善案件移送、案情通报、信息共享、沟通协调等制度，形成知识产权保护合力。探索推进知识产权民事、行政、刑事案件审判"三合一"改革，健全司法确认、诉调对接等工作机制。完善涉外知识产权执法和司法衔接机制。

---

❶ 国家知识产权局《国家知识产权局关于知识产权支持小微企业发展的若干意见》（国知发管字〔2014〕57号）。

2. 加大知识产权行政执法力度

加强知识产权执法队伍建设，完善知识产权执法体系，建设中部领先、国内一流的知识产权执法强省。探索建立综合行政执法机制。以侵权案件高发地、制造业集中地、专业市场、展会、商品流通环节等为重点，开展知识产权执法维权专项行动，严厉打击恶意、重复侵权等违法行为。加强注册商标专用权保护，严厉打击商标侵权行为。加强著作权保护，推动文化产业发展壮大。加强知识产权海关保护。完善植物新品种、生物遗传资源及相关传统知识的知识产权保护措施。[1]

3. 加强新领域、新业态知识产权保护

加大宽带移动互联网、云计算、物联网、大数据、高性能计算、移动智能终端等领域的知识产权保护力度。强化在线监测，深入开展打击网络侵权假冒行为专项行动。加强对网络服务商传播影视剧、广播电视节目、音乐、文学、新闻、软件、游戏等监督管理工作，积极推进网络知识产权保护协作，将知识产权执法职责与电子商务企业的管理责任结合起来，建立信息报送、线索共享、案件研判和专业培训合作机制。

4. 加强民生领域知识产权保护

加大对食品、药品、环境等领域的知识产权保护力度，健全侵权假冒快速处理机制。建立健全创新药物、新型疫苗、先进医疗装备等领域的知识产权保护长效工作机制。加强污染治理和资源循环利用等生态环保领域的专利保护力度。开展知识产权保护进乡村专项行动，建立县域及乡镇部门协作执法机制和重大案件联合督办制度，加强农村市场知识产权行政执法条件建设。针对电子、建材、汽车配件、小五金、食品、农资等专业市场，加大对侵权假冒商品的打击力度，严堵侵权假冒商品的流通渠道。

5. 强化传统优势领域知识产权保护

开展遗传资源、传统知识和民间文艺等知识产权资源调查。制定非物质文化遗产知识产权工作指南，加强对优秀传统知识资源的保护和运用。完善传统知识和民间文艺登记、注册机制，鼓励社会资本发起设立传统知识、民间文艺保护和发展基金。研究完善河南省遗传资源保护利用制度，建立生物遗传资源获取的信息披露、事先知情同意和惠益分享制度。探索构建中医药

---

[1] 河南省人民政府《关于新形势下加快知识产权强省建设的若干意见》（豫政〔2017〕17号）。

知识产权综合保护体系，建立医药传统知识保护名录。建立民间文艺作品的使用保护制度。❶

6. 加大知识产权侵权行为惩治力度，加大知识产权犯罪打击力度

针对情节严重的恶意侵权行为实施惩罚性赔偿并由侵权人承担实际发生的合理开支。依法严厉打击侵犯知识产权犯罪行为，重点打击链条式、产业化知识产权犯罪网络。进一步加强知识产权行政执法与刑事司法衔接，加大涉嫌犯罪案件移交工作力度。进一步推进侵犯知识产权行政处罚案件信息公开。加大国际展会、电子商务等领域知识产权执法力度。

7. 建立健全知识产权保护预警防范机制

将故意侵犯知识产权行为情况纳入企业和个人信用记录。推动完善商业秘密保护法律法规，加强人才交流和技术合作中的商业秘密保护。加强大型专业化市场知识产权管理和保护工作。运用大数据、云计算、物联网等信息技术，加强在线创意、研发成果的知识产权保护，提升预警防范能力。加大对小微企业知识产权保护援助力度，构建公平竞争、公平监管的创新创业和营商环境。❷

8. 对高新技术企业的知识产权司法保护"精准发力"

高度重视河南省汽车制造、机械装备、电子信息、生物科技等产业的发展，对专利技术多、产品附加值高、知识产权纠纷内容复杂、损失数额较大的高新技术企业提起的知识产权诉讼，坚持"又快又高"的审理原则：在审理周期上突出"快"，不给抄袭、模仿者在市场上喘息、盈利的机会；在赔偿数额上突出"高"，充分考虑创新企业的研发成本、丧失的市场份额和侵权人的违法收益，使侵权人承担较重的法律制裁，使高新技术企业有集中精力搞研发的信心和底气，促进河南省知识产权密集型企业的发展。❸

(八) 人才为本，培育知识产权与"双创"复合型人才体系

1. 加强知识产权人才培养

加强知识产权相关学科专业建设，支持高等学校在管理学和经济学等学

---

❶ 国务院《"十三五"国家知识产权保护和运用规划》。
❷ 国务院《〈关于新形势下加快知识产权强国建设的若干意见〉重点任务分工方案》。
❸ 河南省高级人民法院《河南法院知识产权司法保护状况（2015年）》。

科中增设知识产权专业,支持理工类高校设置知识产权专业。加强知识产权学历教育和非学历继续教育,加强知识产权专业学位教育。构建政府部门、高校和社会相结合的多元知识产权教育培训组织模式,支持行业组织与专业机构合作,加大实务人才培育力度。加强河南省知识产权培训基地建设工作,完善师资、教材、远程系统等基础建设。加大对领导干部、企业家和各类创新人才的知识产权培训力度。鼓励高等学校、科研院所开展知识产权国际学术交流,鼓励河南省知识产权人才获得海外相应资格证书。推动将知识产权课程纳入各级党校、行政学院培训和选学内容。

2. 优化知识产权人才成长体系

加强知识产权高层次人才队伍建设,加大知识产权管理、运营和专利信息分析等人才培养力度。统筹协调知识产权人才培训、实践和使用,加强知识产权领军人才、国际化专业人才的培养与引进。构建多层次、高水平的知识产权智库体系。探索建立行业协会和企业事业单位专利专员制度。选拔一批知识产权创业导师,加强创新创业指导。

3. 建立人才发现与评价机制

建立人才引进使用中的知识产权鉴定机制,利用知识产权信息发现人才。完善知识产权职业水平评价制度,制定知识产权专业人员能力素质标准。鼓励知识产权服务人才和创新型人才跨界交流和有序流动,防范人才流动法律风险。建立创新人才知识产权维权援助机制。[1]

4. 构建知识产权驱动型创新发展人才体系

建设高等院校知识产权学院和与知识产权相关的硕、博士学位点,充分发挥国家专利审查协作河南中心的知识产权人才集聚优势,推进河南省各类知识产权人才培养体系建设。知识产权普及教育更加广泛,知识产权文化氛围日益浓厚。基本形成一支素质优良、结构合理的知识产权人才队伍,为全面推进知识产权驱动型创新生态的建设和发展提供全面的智力支撑。[2]

---

[1] 国务院《"十三五"国家知识产权保护和运用规划》。
[2] 河南省人民政府《河南省建设支撑型知识产权强省试点省实施方案》(豫政〔2016〕66号)。

第五章

知识产权与品牌建设

张继文[1]

品牌是市场主体产品质量的体现，承载着市场主体的商誉，凝聚市场主体的专利、版权等最新的创新成果，是市场主体获取竞争优势的重要战略资源。近年来，在河南省委、省政府、省工商局、省知识产权局、省质监局等多部门的引导下，河南省品牌建设取得质的飞跃，基本形成了"企业主体、市场主导、政府推动、行业促进和社会参与"的品牌战略共治的新格局，品牌的价值在数量与质量上都有所提升，品牌对河南省经济贡献的效益也逐渐体现。本章从知识产权与品牌建设的关系入手，总结河南省品牌建设的现实状况，分析河南省品牌建设的成效与不足，为今后河南省品牌建设提出有益的建议。

一、知识产权与品牌建设的关系

（一）品牌的内涵与价值

通常认为，品牌是一种名称、术语、标记、符号或图案，或是它们的相互组合，用以识别某个销售者或某群销售者的产品或服务，并使之与竞争对手的产品和服务相区别。现代营销学之父科特勒在其著作《市场营销学》中将品牌定义为：销售者向购买者长期提供的一组特定的特点、利益和服务，品牌承载更多的是一部分人对其产品以及服务的认可，是一种品牌商与顾客

---

[1] 张继文（1987— ），山东阳谷县人，中原工学院法学院/知识产权学院讲师，博士，主要研究方向：专利法与竞争法。

购买行为间相互磨合衍生出的产物。由此可见，品牌既可以作为区分商品或服务来源的索引，又可以作为市场主体商誉的载体，是企业重要的无形资产。品牌建设对企业而言，可以使其拥有区别或领先竞争对手的独特能力，可以使其在市场竞争中的品质、技术、性能、服务等投入获得回报，换言之，品牌是市场主体产品质量、技术创新、商业信誉、社会责任等方面的声誉，是企业产品打开市场上的入门券和通行证，是企业的核心竞争力，促使企业将创新成果转化为现实生产力，从而获取超额利润。如表2-37所示，"世界品牌500强"中我们所熟知的谷歌、苹果、亚马逊、微软等都是通过品牌的影响力获得市场的认可、获得消费者的追捧，尽管每年的品牌价值有所变动，但是品牌价值一直占据着排行榜前列位置。正如闻名世界的美国可口可乐公司一位总裁曾说：即使一把火把可口可乐公司烧的分文不剩，公司仅凭"可口可乐"这一驰名商标，就可以在几个月之内重新建厂投资，获得新发展。

表2-37　2017年"世界品牌500强"前10名品牌

2017年排名	2016年排名	品牌英文	品牌中文	品牌年龄	国家	行业
1	2	Google	谷歌	19	美国	互联网
2	1	Apple	苹果	41	美国	计算机与通信
3	3	Amazon	亚马逊	22	美国	互联网
4	4	Microsoft	微软	42	美国	软件
5	6	Facebook	脸书	13	美国	互联网
6	13	AT&T	美国电话电报	140	美国	电信
7	5	Coca-Cola	可口可乐	131	美国	食品与饮料
8	7	Mercedes-Benz	梅赛德斯奔驰	117	德国	汽车与零件
9	9	GE	通用电气	125	美国	工业设备
10	10	McDonald's	麦当劳	63	美国	餐饮

品牌价值是消费者判定和感知的结果，消费者购买产品不仅仅是为了消费，有时还用来表达他们的个性和生活方式。品牌价值主要包括声望价值，即品牌是企业质量和可靠性的保证，例如，生活常用的苹果手机，尽管每年最新款的苹果手机最低配置的售价都达到5000元以上，但是市场需求数量仍然巨大；关系价值，即品牌表明企业值得信赖并且愿意建立长期的购买关系，正如麦当劳和可口可乐，虽然被归类为"垃圾食品"，长期使用会导致肥胖的

概率有所增加，但是他们品牌所给予消费者的信赖感却没有因此降低，仍成为生活中不可或缺的产品类别。美国消费者协会曾做过一个调查，问旅游者在一个陌生的地方，有麦当劳和一家本地餐厅，他们选择哪一家就餐，80%以上的被调查者回答会往麦当劳，缘由是麦当劳作为一个连锁经营的品牌代表一种营养与卫生标准的保证；体现价值，即品牌代表消费者对具体产品属性的体验；符号价值，即品牌作为符号表明消费者的价值和身份，正如奔驰轿车即是豪华轿车的体现，代表着车主的特定身份。正如著名广告专家拉里·莱特指出：未来的营销是品牌的战争——品牌互争长短的竞争。加强品牌的建设，才能创造出源源不断的"回头客"。因此，品牌的创建是一个多层次、长期性的过程，品牌至少应该具备3个条件：品牌的知名度、品牌的内涵优势以及消费者对品牌的忠诚度。品牌的创建，应该从这三个角度入手，既要不断加大技术研发，持续地进行技术创新，又要持续地进行广告宣传以保持消费者的忠诚度。

（二）我国品牌创建的现状与发展

品牌反映了消费者对其产品及服务的认知程度，代表了企业的精神和形象，尤其是在当今产品竞争进入白热化的阶段，消费者在追求产品或服务的同时更多地关注品牌所带来的精神愉悦感。因此，品牌正日益成为企业竞争能力和国家综合实力的集中体现。正如世界品牌实验室独家编制的2017年"世界品牌500强"所揭示（见图2-14）：从品牌数量的国家分布看，美国在品牌500强中拥有233席，继续保持品牌大国风范；欧洲传统强国法国和英国分别有40个和39个品牌上榜，分列二、三位；日本、中国、德国、瑞士和意大利是品牌大国的第二阵营，分别有38个、37个、26个、21个和14个品牌入选。我国虽然有37个品牌入选，但是与14亿的人口大国和世界第二大的经济实体称谓不相匹配。品牌是自主创新的结晶，是质量和信誉的载体，作为全球具有重要影响力的工业大国和进出口大国，我国仍缺少具有国际竞争力的自主品牌，许多产品仍属于劳动和资源密集型，产品质量与国际先进水平相比仍存在较大差距，企业在国际国内市场竞争中仍处于被动地位。毫无疑问，我国虽然是制造大国，但是品牌弱国的现状还将会持续很长时间，虽然我国近年来在品牌建设的道路上取得长足的进步，但是与全球品牌强国相比，我国在品牌建设上的差距仍然显而易见，具有自主知识产权的国际品牌乏善可陈，我国从"中国制造"向"中国创造"的跨越，必须突破自主知识产权品牌建设的困局。

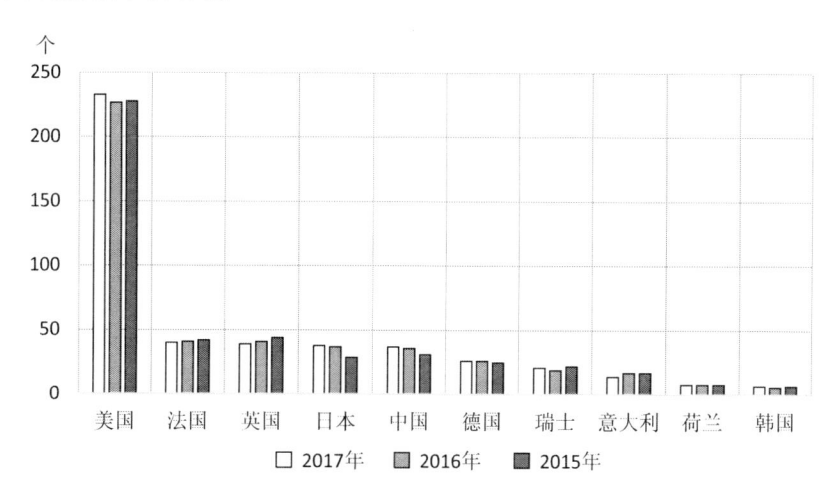

图2-14　2017年"世界品牌500强"各国数量分布

(三) 知识产权助推品牌建设

2017年4月24日，国务院批复同意将每年的5月10日设立为"中国品牌日"，中国品牌建设开启战略新征程，鼓励各级电视台、广播电台以及平面、网络等媒体，在重要时段、重要版面安排自主品牌公益宣讲，讲好中国品牌故事。在市场经济活动中，品牌的价值通常由市场主体的有形资产、无形资产、产品质量与服务等部分所组成，而在当今的知识经济时代，无形资产的价值与比重正逐渐超越有形资产的价值。正如欧盟委员会发布的"2017年全球企业研发投入排行榜"中，大众、谷歌、微软、三星、英特尔、华为、苹果等公司位居前列，其中华为以104亿欧元的投入排名全球第六、中国第一，研发投入最直接的结果就是保证华为在云专项、通信专项、5G专项、人工智能、材料专项等领域技术的全球领先，促使华为累计申请专利数量超过10万件、累计获得专利数量超过6万件，因而拥有与三星、苹果、爱立信等全球知名通信厂商对簿公堂的技术实力。当前我国经济正处在以产品为核心的实体经济过渡到以品牌为核心的品牌经济背景中，知识产权作为市场主体无形资产的重要组成部分，可以将企业的技术优势转化为市场优势进而创造更多的市场价值。因而，品牌的创建与知识产权息息相关，品牌包含的先进的技术、优质的服务、市场的认可、产品的设计等都与知识产权保护的客体如专利、商业秘密、商标、版权、地理标志等密切相关；同时，需要时刻维护品牌的正面形象，对于"搭便车"、不正当竞争、恶意商业诋毁等行为，也需要从知识产权保护的角度予以打击；此外，加强品牌建设还需要从知识产权制度的运用入手，通过知识产权转让、许可、抵押融资、信托等手段进行市场化运作，从而提高知识产权的使用价值，获得知识产权的经济价值，带动品牌价值的增长。总之，通过知识产权的创造、运用、管理和保护可以有效助推企业品牌的创建，具体而言，体现在以下三个方面。

1. 知识产权与品牌初创

在品牌的初创时期，企业的创始人应该为企业设计醒目且附有内涵的商标，并且按照法定程序进行注册，以此才能获得商标专用权，从而为品牌的建设奠定法律基础，避免品牌被其他企业恶意贴牌的可能性。因此，品牌初创时期，企业创始人应该具有明确的商标意识，结合自己的行业类别以及发展规划，制定适当的商标战略。一是对于企业品牌应进行商标专用权注册，全方位地获得法律保护。如阿里巴巴集团控股公司注册商标数量已经超过10000个，其中包括各种近似商标和不同类别的商标，如阿里爷爷、阿里弟弟、阿里哥哥、阿里姐姐等相似商标都进行了防御性注册；小米科技有限责任公司旗下注册了1600多个商标，包括各种"米字型"的商标，如大米、小米、紫米、粟米、青米、黄米、蓝米、黑米、橙米等，对于手机相关的两个核心（小米、红米）更是全类别注册；杭州娃哈哈股份有限公司除注册了"娃哈哈"商标外，还注册了诸如"娃娃哈""娃哈娃"和"哈哈娃"等作为防御性使用。二是作为品牌使用的商标具有一定的内涵。如"好想你"商标寄托了对亲情、友情、爱情的美好诉求，人们在看望自己的父母兄弟、亲戚朋友、爱人孩子的时候，送上印有"好想你"品牌的产品，就可以理解其中所包含的种种情感；"Lenovo"是联想公司的商标，"novo"是一个拉丁词根，代表"新意"，"le"取自原先的"Legend"，承继"传奇"之意，整个单词寓意为"创新的联想"，相对之前所使用的英文单词"Legend"具有较强的显著性。三是在品牌初创期注重知识产权问题，如苹果与唯冠的"iPad"商标之争；"老干妈"与"老大妈"长达4年的商标之诉；腾讯与创博亚太有关"微信"商标的争议；苹果公司与新通天地科技（北京）有限公司"IPHONE"等案件都是因为品牌初创时期未能予以应有的重视而为后期埋下了伏笔，带来不必要的麻烦。由此可见，商标是品牌初创的起点，只有经过注册的商标才可以获得法律上的专用权，成为企业的重要无形财产。因此，品牌在初创时期应该根据自身发展前景制定适宜的商标规划与实施商标战略。

2. 知识产权与品牌培育

品牌的培育是品牌发展壮大的必经之路，品牌的培育即是不断为品牌注入活力与号召力的过程，正如前文所述，品牌是企业创新、产品质量、服务、社会形象、社会责任等多种载体的集合。不同类别的企业应因地制宜，制定不同的知识产权战略。一是科技型企业，应根据市场和消费者的需求，不断进行技术研发并根据创新成果的类别采用适当的保护方法，如所研发的技术具有原创性，涉及产品和产业的关键技术，能为产品市场带来较高的利润，应及时申请专利予以保护，这将会为品牌增值打下坚实的科技基础，构成品牌的价值源泉；而对于诸如配方、核心技术和营销方案等不可为社会公众所熟知的技术信息和经营信息，可采取适当的保密措辞，作为商业秘密受到法律的保护。二是文艺型企业，其所创作的作品能够受到版权法的保护，虽然目前而言，作品登记采用自愿原则，但是作品登记经过国家的认可，在作品遭受侵权时，登记证书可以作为直接证据予以证明。三是农产品加工类的企业，其产品确定来自特定的地域，并且所具有的质量、声誉或其他特征取决于该产地的自然因素和人文因素，可以受到地理标志的保护。

3. 知识产权与品牌保护

品牌的维护是品牌建设的关键和重要环节，品牌的保护是鼓励创新的保证。在现阶段，由于知识产权意识的薄弱，部分企业为了节省品牌建设经费和投入，可能通过各种方式对其他企业品牌进行山寨和跟风，直接损害了品牌所有人的合法权益，品牌所有人应该积极地维护自身品牌形象，适时采用行政、司法等手段制止侵犯其知识产权的行为。

综上所述，在全球化与市场化竞争日益激烈的今天，依靠知识产权制度建设知名品牌是市场主体参与国内外市场竞争的必然选择与必由之路，企业主体应该在品牌建设的各个环节注重知识产权的创造、运用、管理与保护。

(四) 品牌创建迫切需求

长期以来，党中央和国务院高度重视品牌建设工作，早在 2011 年国家质检总局就会同国家发改委、工信部、农业部、国资委、国家知识产权局、国家旅游局七部门研究制定《关于加强品牌建设的指导意见》。2014 年 5 月习近平提出"三个转变"的重要论述，即推动中国制造向中国创造转变、中国速度向中国质量转变、中国产品向中国品牌转变，这从全局和战略的高度，指明了提升经济发展质量和效益的前进方向与实现路径，廓清了建设质量强国的宏大目标和具体要求，是新形势下做好品牌培优孵化的行动纲领和重要遵循。近年来，为了推动中国品牌建设工作，国务院发文《中国制造2015》、国家工商总局颁布了《关于深入实施商标品牌战略推进中国品牌建设的意见》、国资委研究制定了《关于加强中央企业品牌建设的指导意见》等一系列文件，《国民经济和社会发展第十三个五年规划纲要》更是明确提出要开展"质量品牌提升行动"。当前我国经济正处在由"高速增长阶段转向高质量发展阶段"的新时代，加快推进品牌建设意义重大，主要体现在以下几点。

1. 品牌建设是企业获得市场竞争优势的必经之路

无论是世界一流还是中国一流的企业，其不仅提供一流的产品或服务，而且还包括一流的品牌，这种品牌可以促使企业在相同行业、产业领域拥有较高的知名度、美誉度和消费者的忠诚度，此"三度"是企业自主创新能力和市场竞争能力的象征和标志，更是企业产品或服务获得高附加值的保障。目前，我国在高端品牌或世界一流品牌数量上依然凤毛麟角，即使是入选世界500强的企业，总体上仍然属于能源、金融等具有垄断性的行业，我国应着重鼓励类似于华为、海尔、阿里巴巴等依靠技术研发而享誉海内外的知名企业，因为，企业要想参与世界竞争，首先必须打造一批拥有核心知识产权的自主品牌，能够实现规模扩张向质量效益转变，由价值链低端向价值链高端转变，从而才能在激烈的竞争中获得竞争优势。

2. 品牌建设是打造品牌形象的必然选择

"拥有市场比拥有工厂更为重要"，美国知名市场营销专家全球品牌价值协会的主席拉里·莱特曾指出，而拥有市场的方法就是拥有占据主导地位的品牌。据统计，20%的优势品牌占据全球80%的市场份额，而其中不到3%的超一流品牌产量占据全球市场的40%、销售额市场的50%。因此，品牌不仅仅是企业参与市场竞争的核心要素，更是衡量国家整体经济实力的标志，国家或地区的崛起背后往往是一批具有世界知名的品牌的强势崛起，尤其是我国经济总量已经位列世界第二，提升品牌价值和影响力已经成为中国企业走出国门参与全球竞争必须争夺的制高点，只有良好的品牌印象才能打造出良好的中国国家的品牌形象，才能促使我们从经济大国走向经济强国；从制造大国向创造大国过渡。中国装备制造在"走出去"的过程中已经涌现出了中国高铁和中国核电两张亮丽的国家名片，清华大学国情研究院院长胡鞍钢表示，国家名片的背后是中国制造、中国创造的强大实力，它是中国创新驱动发展，进而引领世界创新潮流的重要标杆。

3. 品牌建设是促进产业升级的重要举措

1992年宏碁集团创办人施振荣先生提出了有名的"微笑曲线"理论，十多年后施振荣将"微笑曲线"加以修正，推出了"产业微笑曲线"，作为中国台湾各种产业的中产业发展策略的方向。该理论将产业简单地分为研发应用、生产制造和品牌营销三个环节，并指出当前制造产生的利润低，全球制造已经供过于求，但是研发与营销的附加值高，未来产业应朝向微笑曲线两端发端，即加强研发与营销，这与品牌创建的宗旨不谋而合。当前我国大部分产业仍处在产业链的中低端，产业层次整体有待提高，尤其是近年来我国人力、土地、能源、环保等成本的上升，传统产业结构与商业模式的竞争优势不复存在，而且产能过剩的问题还有待进一步解决，这急需企业以品牌建设为中心不断进行技术创新，进而转化为企业核心竞争力，推动产业升级。2016年国务院发布《关于发挥品牌引领作用推动供需结构升级的意见》明确提出，把发挥品牌引领作用作为推动供需结构升级的重要战略举措，可见，品牌建设是促进产业结构升级、推动产业迈向中高端水平的重要举措。

4. 品牌建设是满足消费者需求的内在要求

按照国际惯例，当人均GDP超过3000美元时，居民消费将会向品牌化升级，开始追求个性化、多元化的品牌，据国家统计局网站发布《2017年国民经济和社会发展统计公报》显示：2017年年人均GDP为59660元，比2016年增长6.3%。如果以美元计价，2017年中国全年人均GDP为8836美元。因此，可以大胆预测，我国居民消费将会从数量型的"产品消费"模式向质量型的"品牌消费"模式跨越。因此，只有加快品牌建设，提供优质的产品服务，才能满足消费者日益增长的消费需求，从根源上减少消费者跨国"代购"，从而以品牌带动国内消费增加，进而增加消费者的福利。

综上所述，品牌建设与知识产权有着千丝万缕的联系，知识产权的重视可以为增添品牌的无形资产价值，而品牌溢价和信任度可以为企业带来巨大的经济效益，一般而言，经济回报又可以进一步激励企业进行深度的品牌建设，以此往复循环，带动企业品牌向更深、更高层次的发展。

二、河南省品牌建设的基本状况

近年来，河南省委、省政府、相关部门以及社会机构、媒体都十分重视品牌建设的工作，将品牌建设作为创新驱动发展战略、经济转型升级的重要举措，主导制定了系列政策文件、主办系列活动，统筹推进各项工作，有效指引了河南省品牌建设工作，主要体现在以下几个方面。

（一）制定政策文件，鼓励企业实施商标品牌战略

商标战略是国家知识产权战略的重要组成部分，是实施创新驱动发展战略的重要抓手。大力实施商标战略，有效利用商标资源，对于提升企业核心竞争力、促进产业结构调整和经济转型升级具有重要作用。河南省政府2013年即研究通过了《河南省人民政府关于实施商标战略的意见》（豫政〔2013〕55号），明确了河南省实施商标战略的总体要求、奋斗目标、阶段性目标、战略重点、战略措施以及组织保障，为品牌战略提供了重要指引。为了保障意见的贯彻实施，河南省人民政府办公厅2016年又印发《河南省实施商标品牌战略2016—2018年行动计划》，进一步发挥商标品牌在创新驱动发展中的重要作用，助推河南省由产品大省向商标品牌大省、由河南制造向河南创造转变。

（二）积极推动知识产权强省建设，助力品牌建设

2016年8月，国家知识产权局批复河南省为支撑型知识产权强省试点省；同年10月，河南省人民政府正式印发《河南省建设支撑型知识产权强省试点省实施方案》，省知识产权强省建设正式启动；2017年5月，河南省人民政府又引发了《关于新形势下加快知识产权强省建设的若干意见》，对知识产权强省建设的路径进行细化，意见提出的推进知识产权体制机制改革、促进知识产权创造运用、实行严格的知识产权保护、推动知识产权协调发展等举措都会推动河南省知识产权事业的发展，无形之中助推河南省品牌建设。

（三）深入实施创新驱动发展战略，设立河南省专利奖

为了深入实施创新驱动发展战略，2017年9月河南省出台了《河南省专利奖励办法》，河南省专利奖每两年评审一次，特别重大的发明专利最多可获100万元的奖励。对于获得河南省专利奖的单位及个人，由省政府进行表彰和奖励，并颁发证书和奖金。其中，特等奖每项奖30万元，对特别重大的发明专利，根据其价值和影响可给予特殊奖励，金额不超过100万元。获奖情况还将被计入发明人本人档案，作为评优评先、专业技术职务评聘、职务晋升、业绩考核的重要依据，这将会激励发明创造的投入与产出，进而为品牌建设奠定基础。

(四) 加快质量品牌建设，推进质量强省战略

为更好地发挥质量品牌引领作用，加快河南省质量品牌建设，推进供给侧结构性改革，促进经济提质增效升级，河南省质监局根据国务院办公厅《关于发挥品牌引领作用推动供需结构升级的意见》和国家质检总局《质量品牌提升"十三五"规划》精神，2017年7月出台了《河南省质量品牌提升实施意见》。在品牌建设方面，该意见制定"到2020年，建成全国知名品牌创建示范区10个、国家级有机产品认证创建示范区10个、河南省知名品牌创建示范区30个、培育河南省名牌产品（服务名牌）1000个以上、新增地理标志保护产品10个以上"的目标，并制定了配套的六大战略任务：一是要实施质量强省战略，提高发展质量效益。二是要培育质量品牌优势，引领供需结构升级。三是要突出重点领域质量提升，增进民生质量福祉。四是要优化质量工作模式，激活企业内生动力。五是要夯实质量技术基础，支撑产业转型升级。六是要推动社会共建共治，优化质量治理体系。2017年8月，河南省出台的《消费品和装备制造业标准与质量提升实施方案》规定，到2020年，标准制定和实施的整体水平显著提升，重点领域消费品和装备产品标准与国际标准一致性程度达到95%以上，部分优势产品和技术的标准达到国际先进水平。2017年11月，省政府办公厅印发了《关于开展制造业"三品"专项行动营造良好市场环境的实施意见》提出：到2020年，河南省要创建150个省级"质量标杆"，培育15个全国"质量标杆"，培育50个省长质量奖企业和8个中国质量奖（提名奖）企业，制造业产品质量监督抽查合格率达到94%以上。品牌方面，要培育100个省级工业品牌示范企业、15个国家级工业品牌示范企业，创建30家河南省知名品牌创建示范区、10家全国知名品牌创建示范区，培育一批进入世界品牌价值500强和中国品牌价值500强的品牌。

(五) 设立商标受理窗口与审查协作中心有效降低商标注册成本

目前，河南省洛阳、开封、驻马店、郑州、安阳、信阳、南阳、三门峡8个省辖市工商局被批准设立商标受理窗口，商标申请人可以就近办理商标业务，切实将受理窗口办成面向广大市场主体，特别是小微企业的便民窗口，有效地节省了申请人的商标成本，不断推动商标品牌建设取得新成绩。

2018年3月，国家工商总局发函同意设立郑州商标审查协作中心，该中

心是工商总局受理商标事务的全国第五个专业机构，也是第四个商标审查协作中心。根据批复文件，郑州商标审查协作中心将接受工商总局商标局委托开展商标审查辅助工作，承担起全国商标审查业务中150万件左右的业务量，将进一步方便河南省及周边申请人商标注册，服务区域商标品牌战略实施；有利于加快实施国家创新发展战略，培育自主品牌，增强地区核心竞争力和影响力，促进产业结构调整和融合创新发展。

（六）安排部署打击商标侵权工作，着力营造公平竞争的市场环境

2017年10月，河南省工商根据国家工商总局《开展打击商标侵权"溯源"专项行动方案》的文件精神，印发《关于组织开展打击商标侵权"溯源"专项行动的通知》，安排部署全省打击商标侵权工作，积极应对打击商标侵权工作新形势，切实提升商标行政执法工作效能，着力营造公平竞争的市场环境和安全放心的消费环境。本次专项行动为期4个月（2017年10月—2018年1月），以驰名商标、地理标志、涉外商标和老字号商标为重点，开展同权利人、行业协会、电商平台等相关各方的合作，加大对商标侵权案件源头追溯力度，对商标侵权商品生产、销售、注册商标标识制造等环节进行全链条打击，重点解决商标专用权异地保护难的问题。

2018年2月1日，河南省工商局发布《关于在全省开展打击"仿冒混淆"行为专项执法行动的通知》，决定2018年上半年（2月1日—6月30日）在全省范围内集中开展打击"仿冒混淆"行为专项执法行动。本次专项执法行动，依据新《中华人民共和国反不正当竞争法》有关规定，重点查处经营者六类引人误认为是他人商品或者与他人存在特定联系的"仿冒混淆"违法行为：擅自使用与他人有一定影响的商品名称、包装、装潢等相同或近似的标识；擅自使用他人有一定影响的企业名称存在特定联系；将他人的知名字号、商标作为自己的字号在境外申请登记企业名称；其他足以引人误认为是他人商品或者与他人存在特定联系的混淆行为等行为。

（七）大力宣传自主品牌建设，提高河南省自主品牌影响力和认知度

2017年11月，河南日报社发起"河南品牌行动计划"，并联合河南省卓越质量品牌研究院推出"2017首届河南自主品牌50强"，把这50家品牌纳入河南品牌培育行动中，借助《河南日报》强大的舆论影响力给予支持，这必将宣传河南自主品牌，提高河南省自主品牌的影响力和认知度。2017年12月

河南日报报业集团、河南卓越质量品牌研究院联合启动了"河南品牌计划"，宇通、双瑞、中原内配、卫华、森源、大信整体厨房、海马汽车、赊店老酒等10个品牌被授予"河南制造十大品牌"，宛西、杜康、凯雪、百泉等10个品牌被授予"最具创新力十大品牌"，通过"河南品牌计划"的评选，有利于提升河南省自主品牌的影响力和认知度，有助于企业品牌的建设和发展。

三、河南省品牌建设的成效与不足

《河南经济蓝皮书》报告显示：2017年全省生产总值达44988.16亿元，比上年增长7.8%，增速高于全国平均水平0.9个百分点，位列全国第五位，第三产业对经济的带动作用进一步提升，高技术产业、战略性新兴产业、新业态新商业模式对经济增长的支撑作用更加明显。伴随着经济增速，河南省品牌建设也取得不错的成绩，知名品牌的数量与质量不断提升，消费者品牌消费的能力不断增强，另外，河南省品牌发展滞后于经济发展，多项数据显示，省品牌建设还存在短板，是名副其实的经济大省但品牌弱省。

（一）河南省品牌建设的成效

（1）品牌建设意识提升，涌现一批知名品牌。商标和品牌虽然内涵不完全相同，但是一般而言商标价值越高品牌价值也越高，对驰名商标而言，更是较高声誉的体现，因此，从驰名商标的数量上大体可以推测知名品牌的价值与数量。1991年1月，中国一拖集团有限公司"东方红"商标是河南省第一件驰名商标，同年12月，白鸽（集团）股份有限公司的"白鸽"商标、河南莲花味精股份有限公司的"莲花"商标、河南新飞电器有限公司的"新飞"商标、河南双汇投资发展股份有限公司的"双汇"商标又被认定为中国驰名商标，从此河南省驰名商标认定开启了快速增长的阶段（见图2-15），尤其是近年来，年均新增认定驰名商标在20件以上，截至2017年底，河南省驰名商标达到251件，诸如王守义、少林寺、南街村、阿五美食、宇通、强人、杜康、黄金叶等一批海内外具有广泛知名度的品牌。品牌的出现离不开企业创新意识的增强，离不开企业对于知识产权的保护。例如，好想你枣业股份有限公司在品牌建设的道路上，不断坚持产学研联合攻关，加大研发投入，形成了一批具有自主知识产权的核心技术，诸如在免洗枣加工、传统枣产品高新技术集成加工、残次枣利用、枣加工成套装备技术等方面都具有较高的研究。同时，"好想你"还从机构建设与体制保障上构建完善的知识产权保护网，坚持实施品牌发展战略与商标战略，既注重商标的申请，全方位地注册，又持续加强商标管理，促使商标运用的规范化，实现了"好想你"品牌价值的飞速增长阶段，打响了新郑红枣的知名度，提升了新郑红枣的档次，促使素有的"灵宝苹果潼关梨，新郑大枣甜似蜜"的盛赞更加真实与体贴。在2016年7月上海社科院发布的中国农业商业公司品牌指数排名中，"好想你"以高达70亿元的价值位列第五位；在2017年5月国家工商总局所主办的2017年中国商标金奖的评选环节中，"好想你"又荣获2017年中国商标金奖之"商标运用奖"，是河南省本年度唯一获得商标金奖的本地企业。

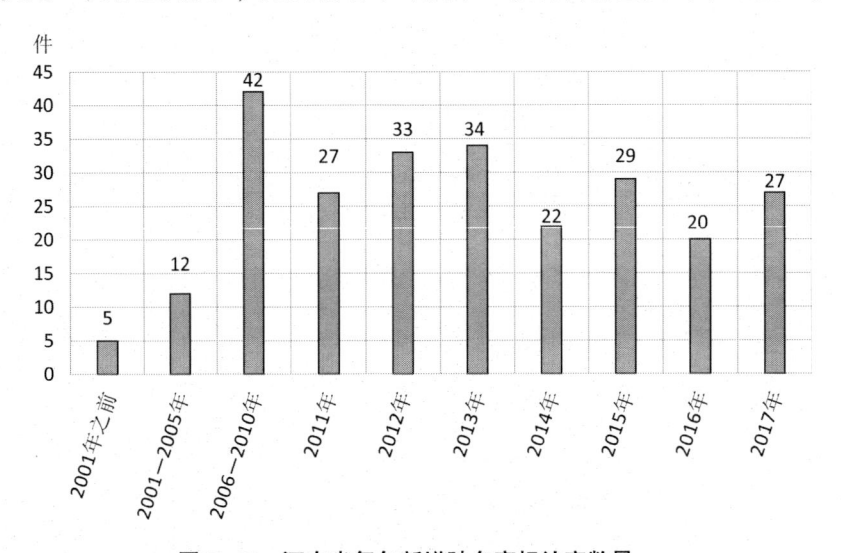

图2-15 河南省每年新增驰名商标认定数量

（2）区域品牌价值和影响力不断提升，有效带动区域经济发展。创建河南省知名品牌创建示范区是贯彻落实省委、省政府《关于推进产业集聚区科学规划科学发展的指导意见》、省政府《关于实施质量兴省战略的决定》，提高产业集聚区总体质量水平，促进产业结构调整和发展方式转变，推动产业集聚区走以质取胜、品牌带动和标准引领道路而组织开展的一项重要活动，旨在通过知名品牌创建示范产业集聚区的典型引导、示范带动，培育形成一批拥有自主知识产权、关键技术和质量竞争力强的知名品牌和大型企业集团，壮大一批产业集中度高、辐射带动作用强、质量高效益好的产业集聚区，加快推动产业结构优化升级和发展方式转变。例如位于牧野区的新乡化学与物理电源产业园区，入驻企业100多家，其中主导产业企业达50家，并且有着依托中国电子科技集团公司第二十二研究所启动的电波科技城项目，创业孵化中心项目，以及绿色电源新技术研究院及河南师范大学等高校为企业提供强大的技术支持，还积极发挥设立在该园区的目前我国唯一集检测、科研、标准制修订为一体的国家级质检中心——国家电池质检中心作用。该园区于2015年12月通过了省质监局的材料审查和文审论证，被批准创建"河南省动力电源产业知名品牌创建示范园区"。总之，通过积极推进知名品牌示范区创建工作，可以有效提升河南省产业集聚区的品牌影响力和示范效能，从而服务河南省产业集聚区发展并有效促进区域经济发展。

（3）商标申请量与注册量迈向新台阶，超额完成阶段目标。截至2017年12月15日，河南省有效商标注册量达到44.8万件，居全国第九位，中部六省第一位，湖北、湖南、江西、安徽、山西分别为29.4万件、31.9万件、20.4万件、30.1万件、10.8万件。如图2-16所示，河南省商标申请量与注册量呈连续上涨趋势，保持快速增长的态势，商标申请量与注册量迈向新台阶，表明河南自2013年开展商标品牌战略以来，从商标大省行列正在向商标强省迈进。

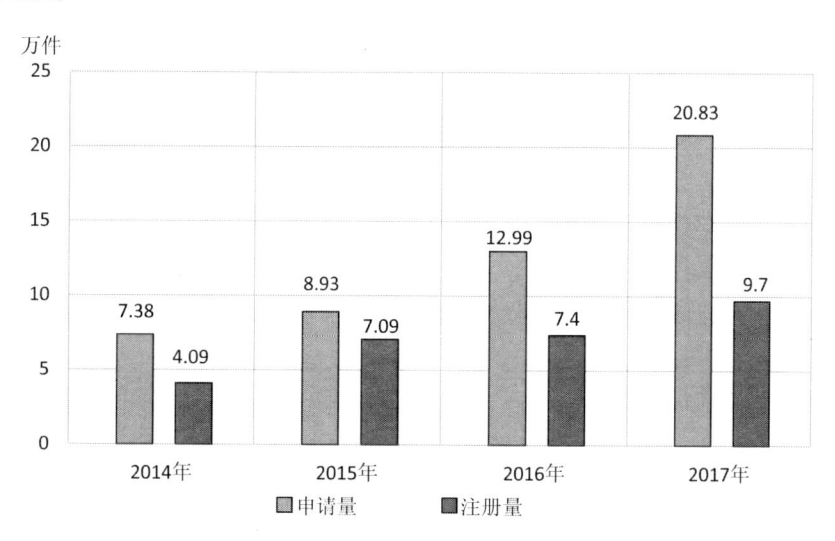

图2-16 2014—2017年河南省商标申请与授权量

河南省政府2013年通过了《关于实施商标战略的意见》，制定了第二阶段（2016—2017年）的发展目标：商标注册总量达到35万件，中国驰名商标达到200件以上，中国地理标志达到50件，河南省著名商标达到3000件。河南省商标发展水平跃居中部前列。从现有的数据来看，河南省商标有效注册量达到44.8万件，中国驰名商标达到251件。地理标志的数量更是超过目标值，值得庆贺的是，中国品牌建设促进会、中国资产评估协会等单位联合发布2016年中国品牌价值评价结果，河南省怀山药、钧瓷、灵宝苹果3项地理标志产品再次上榜。其中，怀山药品牌价值达268.03亿元，在区域品牌初级农产品类地理标志产品中排名第五；灵宝苹果品牌价值为183.4亿元，排名第九。钧瓷以240.7亿元的品牌价值，在区域品牌工艺品类地理标志产品中位居第二，地理标志保护制度对提高产品的知名度、美誉度和附加值起到重要作用，尤其对于农产品而言，加大地理标志保护更有利于区域品牌建设，对推动区域特色经济发展具有重要意义。

（4）商标专用权获得更有效保护，企业品牌形象更具生命力。品牌作为企业的重要资产，其市场竞争力和品牌价值都是长期积累而来，但是市场不是一成不变的，需要企业及政府不断对品牌形象进行维护，这种维护有助于巩固品牌在市场中的知名度、美誉度，有助于保持和增强品牌的生命力。但是市场中，假冒品牌、傍名牌、搭便车等不争的竞争的案例时有发生，对企业品牌印象都会带来极大的负面印象。因此，河南省各级工商部门积极协作，开展了系类打假维权行动，有效地保护商标的专用权，维护了企业品牌的生命力。2013年河南省各级工商部门组织开展了"莲花""南街村""好想你""王守义"等中国驰名商标维权打假行动。2014年，以化肥、农药、钢材、水泥等为重点领域，开展了商标侵权集中整治行动。2015年，开展了保护中国地理标志商标专用权专项行动，组织查处了北京红黄蓝儿童教育科技公司、达芙妮投资集团公司和河南水泵集团公司商标侵权案件。2016年，深入开展农资打假专项治理行动，保障春耕生产，维护农民权益，为农业稳粮增收保驾护航。2017年，集中开展了互联网领域、农村和城乡接合部、中国制造海外形象维护"清风"行动、车用燃油、酒类整治、卷烟打假、外商投资企业知识产权保护等一系列打击侵权假冒专项整治行动。

（二）河南省品牌建设的不足

尽管在品牌建设上取得较好的成绩，但是从全国乃至中部六省比较来看，河南省品牌建设仍存在较大的差距，存在较多不足的地方。

（1）高端品牌缺乏且品牌价值相对较低。品牌评价指标标志体系建设通常是高校研究的重点问题，北京大学经济学院"北京大学中国品牌价值评估研究平台"课题组经过近3年的调研、分析、论证与研究，形成了"北京大学中国品牌价值评价标准"课题初期成果。该评价标准基于品牌领导力、产品及服务质量、创新能力、法律权益、品牌建设、社会责任、财务表现7个维度34大类要素80余项指标，建立了相对完整的综合指标体系，重点关注到品牌系统的运行规律及状况、未来发展趋势，进而对企业品牌价值的形成、存续与发展、品牌收益、品牌强度等各方面开展谨慎而全面的综合评价，作为独立第三方所做出的评价体系，具有相对的独立性与客观性，其所反映的问题特别值得我们关注。表2-38的数据可以反映以下两个问题：其一，虽然品牌排行100强，但是前后悬殊较大，第一名的腾讯与最后一名的长虹，相差了60多倍，而河南省上榜的双汇和宇通品牌，分别位列第61名与74名，位于品牌榜的中下部位，与排名前六位的诸如阿里巴巴、中国工商银行、中国建设银行、中国移动、华为等相比，相差20余倍。其二，与同样所处中西北地区的同行业相比，如双汇与伊利同处于食品、乳品行业；宇通与长城同处于企业领域，但是品牌价值相比仍有较大的差距，尤其是长城的品牌价值近乎宇通的3倍，这也为河南省品牌建设指明了方向，既需要品牌数量的增多，也需要品牌价值的增加，进一步缩小河南省品牌与全国领先品牌价值差。

表2-38 2018中国品牌价值百强榜单部分排名

排名	品牌	品牌隶属机构	品牌价值/亿元	行业	地区
1	腾讯	腾讯控股有限公司	6726.25	互联网	广东
2	阿里巴巴	阿里巴巴集团控股有限公司	5923.32	互联网	浙江
3	中国工商银行	中国工商银行股份有限公司	4227.28	金融	北京
4	中国建设银行	中国建设银行股份有限公司	3757.91	金融	北京
5	中国移动	中国移动有限公司	3657.48	电信服务	北京
6	华为	华为投资控股有限公司	3418.56	电信服务	广东
44	长城	长城企业股份有限公司	629.62	汽车	河北
53	伊利	内蒙古伊利实业集团股份有限公司	437.18	食品、乳品	内蒙古
61	双汇	河南双汇投资发展股份有限公司	371.88	食品、乳品	河南
74	宇通	郑州宇通客车股份有限公司	214.79	汽车	河南
100	长虹	四川长虹电器股份有限公司	107.15	电器	四川

2017年6月22日，由"欧元之父"罗伯特·蒙代尔教授担任主席的世界品牌实验室（World Brand Lab）所主办的第十四届"世界品牌大会"发布了2017年《中国500最具价值品牌》，从地区分布上（见图2-17），北京与广东占据绝对领先地位，分别有96个、88个品牌入选，山东、上海、福建、浙

江等东北沿海省份依次有45个、37个、36个、35个品牌上榜,河南有12个品牌上榜,位于四川(16个)之后,湖北(11个)之前。此数据亦可以证明河南省品牌数量的不足,仍有较大的发展空间。

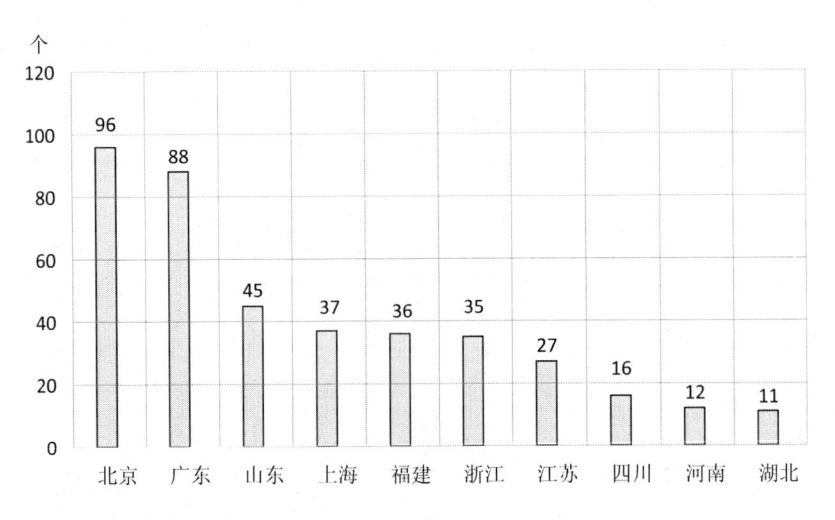

图2-17 2017年《中国500最具价值品牌》地区分布情况

（2）品牌数量中知识产权密集型产业相对较少。知识产权密集型产业是指在生产过程中,对技术和智力要素依赖大大超过其他生产要素依赖的产业,具有设备、生产工艺建立在先进的科学技术基础上,资源消耗低、科技人员在职工中所占比重较大,劳动生产率高、产品技术性能复杂,更新换代迅速的特点。发展知识产权密集型产业有助于发挥科技人才的作用,有利于应用于推广国内外最新的科技成果,有利于提高企业的经济效益。2017年9月10日,中国企业联合会、中国企业家协会连续第16次发布"中国企业500强"排行榜,表2-39为河南企业的基本情况,从表2-39可以看出两个问题：一是上榜中企500强的河南企业主要是以资源、能源等初级生产要素的企业,尤其是以煤炭、钢铁、有色金属等纯属依靠资源垄断而发展的企业,知识产权密集型企业缺乏；二是由于500强指标过多地依靠营业收入,但是从利润的角度来看,前述能源型企业大多面临亏损。《江苏省知识产权密集型产业统计报告》表明,2016年,江苏共有102个知识产权密集型产业,其中33个是专利密集型产业,35个是商标密集型产业,51个是版权密集型产业,同时为专利密集型和商标密集型产业的有17个。2016年,江苏知识产权密集型产业增加值为24427.07亿元,从业人员数为599.93万人,以12.61%的就业创造了32.10%的GDP。其中专利密集型产业平均增加值是非专利密集型产业的3.36倍，平均从业人员数是非专利密集型产业的2.63倍。由此可见，河南省知识产权密集型产业与东部沿海省份还有较大的差距。

表2-39　2017"中国企业500强"中河南企业情况

排名	企业名称	全国排名	营业收入/万元	利润/万元
1	万州国际有限公司	117	14305682	549401
2	河南能源化工集团有限公司	129	12405083	-510409
3	中国平煤神马能源化工集团有限责任公司	131	12285986	-266150
4	郑州宇通集团有限公司	379	3768502	268750
5	安阳钢铁集团有限责任公司	381	3729747	-2736
6	天瑞集团股份有限公司	406	3500265	116963
7	河南豫联能源集团有限责任公司	444	3214676	-24641
8	河南森源集团有限公司	471	3078635	61699
9	河南豫光金铅集团有限责任公司	490	2953921	-72

2017年11月，由亚洲品牌网、河南省豫商经济文化交流协会、河南省中小企业发展促进会共同主办了"河南首届品牌大会暨2017河南品牌100强发布会"，通过该发布会，一方面对河南优秀的本地品牌进行表彰；另一方面让企业的决策者更多地了解自身品牌的价值，从而可以使企业获得更长远、更持续的发展。本章以河南品牌中的前50名品牌为样本（表2-40），分析河南省品牌的行业分布以及竞争趋势。

表2-40　2017河南品牌100强榜单之前50名情况

排名	名称	价值/亿元	行业
1	宇通客车	691.8	汽车制造业
2	河南能源化工	447.73	煤炭开采和洗选业
3	双汇发展	359.26	农副食品加工业
4	天瑞集团	336.03	非金属矿物制品业
5	牧原股份	305.99	畜牧业
6	东方希望	296.66	有色金属冶炼和压延加工业

续表

排名	名称	价值/亿元	行业
7	多氟多	186.75	化学原料和化学制品制造业
8	神火股份	127.69	有色金属冶炼和压延加工业
9	登封电厂	118.21	电力、热力生产和供应业
10	万基控股	111.59	有色金属冶炼和压延加工业
11	爱民药业	113.17	医药制造业
12	河南建业集团	112.69	房地产业
13	郑州煤炭工业	109.39	煤炭开采和洗选业
14	三全食品	106.20	食品制造业
15	豫联能源	106.08	有色金属矿采选业
16	仰韶酒业	103.11	酒、饮料和精致茶制造业
17	洛阳钼业	90.59	有色金属矿采选业
18	华兰生物	82.44	医药制造业
19	中航光电	81.28	计算机、通信和其他电子设备制造业
20	众品食业	75.66	农副食品加工业
21	平高电气	74.67	电器机械和器材制造业
22	龙成集团	60.36	黑色金属冶炼和压延加工业
23	万洋冶炼	55.67	黑色金属冶炼和压延加工业
24	金利金铅	54.72	黑色金属冶炼和压延加工业
25	安阳钢铁	53.46	黑色金属冶炼和压延加工业
26	好想你	51.12	农副食品加工业
27	河南交通投资	50.35	其他金融业
28	平煤股份	49.34	煤炭开采和洗选业
29	济源钢铁	48.79	黑色金属冶炼和压延加工业
30	河南金汇不锈钢	48.66	金属制品业
31	新乡航空	48.40	专用设备制造业
32	白象食品	44.98	食品制造业
33	圣光投资	44.14	其他金融业
34	卫华集团	42.55	通用设备制造业
35	安图生物	39.02	医药制造业
36	豫光金铅	38.79	有色金属冶炼和压延加工业

第五章 知识产权与品牌建设

续表

排名	名称	价值/亿元	行业
37	羚锐制造	38.43	医药制造业
38	大地传媒	38.06	新闻和出版业
39	南街村	34.70	食品制造业
40	中原出版传媒投资	34.33	新闻和出版业
41	中钢网电子商务	33.35	批发业
42	大桥石化	31.80	石油加工、炼焦和核燃料加工业
43	凤宝特钢	31.48	黑色金属冶炼和压延加工业
44	晋开化工	30.23	化学原料和化学制品制造业
45	心连心化肥	27.83	化学原料和化学制品制造业
46	思念食品	27.06	农副食品加工业
47	河南蓝天集团	26.37	燃气生产和供应业
48	河南五建建设	26.09	建筑安装业
49	思维列控	25.33	铁路、船舶、航空航天和其他运输设备制造业
50	中信重工	23.33	专用设备制造业

通过对该榜单前50名行业领域的研究（表2-41），其中金属冶炼（包括黑色金属和有色金属）达到15个，占总数量的30%，煤炭开采与石油化工的达9个，占总数量的18%，因此与能源相关的品牌数量占据前50强品牌的一半，可见河南省无论是企业经济实力还是品牌建设的体现都是以能源为主的产业布局。

表2-41 2017河南品牌50强榜单之行业数量分布

金属冶炼	煤炭开采	石油化工	农副食品	食品制造
15	3	6	5	3
医疗制造	设备制造	房地产	其他	总计
4	7	2	4	50

2017年《中国500最具价值品牌》河南省一共有12家企业上榜（见表2-42），总数量在全国排第九，由于该品牌排行榜主要基于财务数据、品牌强度和消费者行为进行综合分析，因此与其他品牌排行榜具有较大的差异。纵观12家上榜品牌，制造业上榜品牌较多，诸如宇通、风神、中国一拖、太

阳、新飞、许继；食品饮料领域也体现突出，双汇、三全、思念等4家品牌位居中国品牌500强。总体来说，知识产权密集型产业发展不够充分，自主专利密集型产业、版权密集型产业、商标密集型产业发展成熟度不强，尚难以支撑品牌形象，大部分品牌企业仍停留在资源密集型和劳动密集型阶段。

表2-42　2017年《中国500最具价值品牌》之河南企业上榜情况

豫排名	品牌名称	全国排名	企业名称	所属领域	品牌价/亿元
1	宇通	113	郑州宇通客车股份有限公司	汽车	311.2
2	双汇	151	河南省双汇实业集团有限责任公司	食品饮料	265.7
3	风神	181	风神轮胎股份有限公司	轮胎	225.98
4	中国一拖	244	中国一拖集团有限公司	机械	161.69
5	三全	255	郑州三全食品股份有限公司	食品饮料	151.94
6	思念	246	郑州思念食品有限公司	食品饮料	156.79
7	太阳	265	洛阳北方易初摩托车有限公司	摩托车	148.1
8	新飞	297	河南新飞电器有限公司	家电	126.37
9	红旗渠	303	河南中烟工业有限责任公司	烟草	123.56
10	许继	310	许继集团有限公司	机械	121.76
11	大河报	353	河南日报报业集团	传媒	94.7
12	莲花	350	莲花健康产业集团股份有限公司	食品饮料	95.08

通过对上述数据的分析，不可否认河南省品牌建设取得不错的成绩，但是总体来说，知识产权密集型产业发展不够充分，自主专利密集型产业、版权密集型产业、商标密集型产业发展成熟度不强，尚难以支撑河南品牌"高大上"的形象，大部分品牌企业仍停留在资源密集型和劳动密集型阶段，品牌中的知识产权含金量还有待进一步加强。

（3）忽视品牌形象的保护，为后续经营留下隐患。河南省企业大多走"粗放型"的品牌发展战略，缺乏品牌保护的经营意识，尤其是初创型的企业，对企业有明确的发展规划，但是缺少品牌战略，当企业发展到一定规模时，才意识到品牌战略的重要性，但是此时品牌法律保护的对象商标往往不在自己手中，对后续的经营留下了重大隐患，往往需要更大的代价才能收回商标。据有关资料显示，我国有80个企业的商标在印度被抢注；有100个企业的商标在日本被抢注；有近200个商标在澳大利亚被抢注等，商标被抢注对企业进军国际市场带来了巨大的困难。近年来，河南省商标的抢注与纷争

"狼烟四起"，充分说明了河南省企业品牌建设初期的品牌保护意识的不足，省品牌保护不足的地方从现实案例来看主要体现在两个方面：一是商标纠纷连续不断：诸如伊川杜康与汝阳杜康纠纷案件、洛阳杜康与陕西白水杜康纠纷案、"好想你"与"真的好想你"商标之争。二是商标被抢注严重：诸如《武林风》作为河南电视台一档具有国际影响力的电视栏目，可以说是中华武术搏击类栏目中无可匹敌的第一品牌，但是早在2002年《武林风》栏目筹备之时，商标就遭到职业商标抢注人张怀魁的抢注，抢注的商标类别中就包含着最重要的41类。因此，虽然《武林风》节目从2004年开播后迅速走红，成为河南电视台的金字招牌，但是苦于商标不在河南电视台手中，因此难以进行有效的商业开发和对外品牌授权。经过了商标撤销申请、商标撤销复审、行政复审等一系列维权程序，终于2017年北京市高级人民法院对于他人抢注41类节目制作服务项目上的《武林风》商标的事实做出终审判决，认定不属于商标法意义上的使用，依法予以撤销，《武林风》商标终于回到河南电视台手中。众所周知，少林寺是世界著名的佛教寺院，是汉传佛教的禅宗祖庭，在中国佛教史上占有重要地位，被誉为"天下第一名刹"，位于河南省郑州市嵩山五乳峰下，因坐落于嵩山腹地少室山茂密丛林中，故名"少林寺"，但是这座迄今已有1500年历史的千年古刹少林寺也经历过知识产权搜到侵害的苦恼。据中国商标专利事务所对全球五大洲的11个国家和地区进行了调查显示除中国香港外，其他国家和地区都在抢注"少林"或"少林寺"商标，共发现117项、164个商标品牌，平均每个国家和地区10余项。在欧洲，奥地利、匈牙利都有"少林寺"，仅美国西海岸就有3所，而这些"少林寺"跟嵩山少林寺无任何"血缘"关系。因此，少林武僧在国外表演"少林功夫"被认为是侵权的尴尬已经不可避免。

四、河南省品牌建设的政策建议

品牌建设不会一蹴而就，离不开政府、企业与社会的共同努力，未来河南省要加快培育国内外知名品牌，形成一大批具有自主知识产权、竞争力强、附加值高的品牌，通过品牌的建设来带动经济的发展，具体而言，可以从以下几个方面做出努力。

（一）增强品牌意识与建设品牌文化

品牌建设可以通过大力宣传知名自主品牌，讲好河南品牌故事，提高河南省消费者品牌认知度，形成良好的品牌文化，增强消费信心，从而提升企业市场价值，在激烈的市场竞争中获得更多的市场份额、获取更多的超额利润。省各级政府机关要积极引导市场主体增强品牌意识，树立品牌观念、增强品牌理念、加快品牌建设。具体措施有三个方面：一是多元化大力宣传品牌建设的重要性。品牌建设不但可以增强消费者的忠诚度，提高市场占有率，成为企业竞争的有力武器，让企业清晰地认识到拥有高端品牌就拥有丰厚的市场利润，没有品牌只能在低端市场进行残酷的竞争，以此激励企业形成创建品牌的意识和凝聚浓厚的企业品牌文化来带动全社会形成消费品牌、尊重品牌的品牌文化。二是加大培训，引导市场主体进行品牌建设。各级政府应着力组织开展品牌创建、经营管理、开发、维权培训等系类课程，提升市场主体品牌创建与管理的能力，摒弃侵权与假冒行为，鼓励企业树立自由品牌意识，做好品牌定位，确定品牌长期发展战略。三是建立人才培养与引进制度。通过高校、专门培训机构等加强品牌建设人才的培养，同时注重对具有优秀品牌管理人员的引进，为河南省品牌建设的推进提供人力支持。

（二）营造保护知识产权的良好环境

推进品牌保护工作，需要政府、企业、社会各方共同努力，对于知识产权侵权行为应该进行有效和有力的处罚，对于严重和屡次侵权者要积极调整惩罚措施，限制其参与市场经营活动的，重点打击其侵权的能力，良好的知识产权保护环境，有助于品牌建设的持久性与稳定性。具体而言，可以从以下三个方面入手：一是要增强品牌保护意识。政府及社会媒体进一步加大知识产权宣传力度，增强企业知识产权保护意识与维权意识，避免侵权他人知识产权同时当自身知识产权受到侵犯时能够积极维护自身权利。二是健全品牌保护机制。构建品牌保护的大保护格局，拓展品牌保护中司法保护、行政保护、自我保护与社会保护之间的纽带与渠道，不断理顺各个保护路径之间的衔接机制，政府应严格执法，依法严肃查处假冒品牌、侵犯知识产权的违法行为，使打假维权工作常态化、专业化，为品牌建设保驾护航。三是积极开展知识产权领域信用体系建设工作，进一步完善品牌信用信息平台，将驰名商标和地理标志等信息纳入全国注册商标维权联系人信息库，同时建立健全守信激励和失信惩戒机制，充分利用各类行政、社会资源，建立知识产权守信激励和失信惩戒机制，从而为品牌建设营造良好法制环境。

(三) 加大研发投入为品牌建设注入新内涵

品牌作为企业综合实力的载体，品牌的建设离不开知识产权的有效支撑，因此企业在品牌建设时必须加大研发投入为品牌注入新内涵。娃哈哈作为食品饮料行业的领军企业，但是在生物工程、高端制造和人工智能技术三个领域进行布局，持续创新为消费者提供高质量的产品，从而带动娃哈哈品牌的建设。正如，近期娃哈哈已投资、启动了与加州大学伯克利分校的肿瘤细胞检测联合研究项目，并与以色列海法大学正式签署了在以色列共建"海法大学娃哈哈联合创新实验室"的协议，正在启动首批进驻产业化研发项目。与上海理工大学庄松林院士团队合作建设"上海理工娃哈哈太赫兹医药技术联合研究院"，共同推进太赫兹这一新技术领域的产业化应用研究。娃哈哈还计划与以色列、欧美等国家在细分产业领域拥有核心技术的公司合作，在浙江成立合资企业，将他们的先进技术转移到中国，服务中国制造业转型升级的技术需求，填补国内精密伺服驱动和运动控制、智能安防硬件及系统、功能性生物菌种筛选和培育等领域的产品和技术空白。通过诸多产学研的结合的实例，进一步发挥高校、企业与科研机构的各自优势，有效推动科研成果转化、科研攻关、项目合作，有效弥补企业技术创新的短板，为品牌建设奠定坚实的知识基础，进一步增强品牌建设的内涵。

(四) 鼓励引导注册海外商标

注册商标可以为品牌商誉的凝聚提供受法律保护的稳定基础。国家工商行政管理总局曾经发文指出：我国商标战略的目标之一是使企业"国际注册商标数量与我国的对外贸易地位相适应"，使"商标成为我国企业参与市场竞争和实施'走出去'战略的有力支撑"。随着"一带一路"倡议的推进，河南省企业参与全球竞争，开拓国家市场的机会越来越多。为帮助河南省企业"走出去"，扩大国际市场力，首先应该鼓励与引导企业加强商标的国际注册，积极地在目标市场进行商标、专利、版权、地理标志灯知识产权的布局，为品牌的国际化扫清知识产权障碍，在引导、支撑企业注册海外商标方面，东部沿海地区走在前列。深圳 2011 年起就为取得海外商标注册的企业以及代理深圳商标国际注册的代理机构予以资助；佛山 2016 年开始也为商标国际注册提供资助，旨在引导本地企业进行商标国际注册。截至 2016 年底，浙江省马德里商标注册量达 4710 件，位居全国第二。其中，注册量排名前五位的下辖地级市分别为宁波、温州、台州、杭州和金华。在商标国际注册方面，河南省市与沿海地区省市差距比较明显，如截至 2017 年 7 月，洛阳市拥有马德里商标国际注册数量仅有 28 件，因此有必要专门出台新的政策，通过运用财政补贴手段刺激商标的国际注册，从而提供河南省企业商标国际注册的意识。

（五）综合运用地理标志、集体商标、证明商标等创建知名农产品品牌

自古以来，河南省得益于独特的地理和气候条件，适宜发展农业，但是农产品的产值并没有体现资源的优势。据市场调查，河南小麦的产量虽然全国第一，但市场需求量大的强弱筋小麦只有 10% 左右，面粉中 80% 是卖不上高价的普通粉。因此河南省应积极推进农业结构调整，以市场需求为导向，推进绿色食品业和优势特色农业发展，各地立足资源禀赋、生态条件、产业基础等，实现优质中高端农产品供给能力、产业绿色发展水平、产业竞争力和综合效益的明显提升。世界贸易组织在 TRIPs 协议中，对地理标志的定义为：地理标志是鉴别原产于一成员国领土或该领土的一个地区或一地点的产品的标志，但标志产品的质量、声誉或其他确定的特性应主要取决于其原产地。通常认为：地理标志是指标示某商品来源于某地区，该商品的特定质量、信誉或者其他特征，主要由该地区的自然因素或者人文因素所决定的标志。河南应该综合运用地理标志、集体商标、证明商标、地理标志产品创建省知名农产品品牌，从而将农业资源优势转化为区域优势，将地域资源优势转化为市场竞争优势，从而提高农产品的附加值，既带动区域经济发展，又可以提高农产品的国内外市场竞争力。具体而言，一是要鼓励行业协会积极挖掘和培育本地区的优势农产品资源，结合本身农产的情况，进行合理的布局，选择合适的地理标志类型。二是要培养地理标志保护的意识，积极地利用地理标志进行品牌维权。三是要利用集体商标、证明商标建立区域品牌优势，尤其是当个人经济实力不济，难以进行大规模的生产，借助集体商标与证明商标的品牌商誉，可以有效减少个体品牌建设与维持的费用。品牌不仅是一个企业经济实力和市场信誉的集中反映，更是国家综合实力的象征，河南省作为经济大省与农业大省，只有做大做强品牌经济，才能推动企业迈向国际产业链高端、提升国际市场的竞争力、增强经济发展的质量和效益，推动河南省向制造强省、贸易强省和经济强省转变。

第六章 知识产权与战略性新兴产业

胡翠平[1]

一、基本理论

(一) 战略性新兴产业

1. 战略性新兴产业内涵及特征

战略性新兴产业是以重大技术突破和重大发展需求为基础,对经济社会全局和长远发展具有重大引领带动作用,知识技术密集、物质资源消耗少、成长潜力大、综合效益好的产业。[2] 战略性新兴产业的提出主要基于当前全球日益严峻的能源、环境、健康等问题,缓解资源环境瓶颈制约,促进产业结构升级和经济集约型发展,由此需要加快培育和促进对经济影响较大、发展潜力足、能耗低环境友好、技术密集的战略性新兴产业的发展,保持经济社会可持续发展。

战略性新兴产业同时具有战略性和新兴产业的高增长型特征,它们基于重大前沿科技突破基础之上,引领未来科技和产业发展的新动向,因此对经济社会具有重大带动和引领作用,对未来区域竞争优势和长远发展具有全局长远的战略性意义。战略性新兴产业具有区域性特征,在不同的地区由于产

---

[1] 胡翠平(1980—),河南汝南县人,中原工学院法学院/知识产权学院副教授,管理学博士,主要研究方向:企业知识产权管理、技术创新管理。

[2] 王丽丽,王鹏. 加强和完善战略性新兴产业统计的思考 [J]. 中国统计,2017 (10):68-69.

业基础和技术水平的差异，以及比较竞争优势所带来的产业优势差异，不同地区的战略性新兴产业有较大的差距，不能单纯地以国家战略性新兴产业目录来确定地方战略性新兴产业类别。战略性新兴产业还具有演进性特征，随着本地技术水平的进步，不同产业的技术优势会发生较大的变化，而且新技术的产业化应用水平也影响着产业竞争力的变化。因此，不同地区的战略性新兴产业有较大差异，而且在同一地区随着发展阶段和发展水平的变化相应的战略性新兴产业政策也不断发生变化。

2. 国内外战略性新兴产业发展

在世界范围内，美国最先开展新一轮战略性新兴产业革命，美国《The Administration's Innovation Agenda》（2009）提出重点培育战略性新兴产业，以新能源为驱动力，优先发展新能源、生物医药、智能电网等领域。在具体支持政策方面，美国通过加大对这些领域的基础研究支持、鼓励私人部门研究试验、加强保护知识产权、优先发展扶持领域、更多政府参与协作等，落实促进战略性新兴产业的政策措施。欧盟的战略性新兴产业则基于既有的优势产业，倡导发展节能环保产业和新能源产业，通过实行灵活的市场机制与严格的法律制度相结合，不断推行新的鼓励政策保证欧盟节能与环保目标的实现。日本在战略性新兴产业领域非常重视发展信息技术等新兴产业，并计划把太阳能和风能发电等新能源技术扶持为基干产业，具体做法上，日本坚持实行政策引导为核心，在促进创新技术开发和试验证明方面通过提供政策支持，竭力降低创新风险，鼓励开发和推广高效利用能源的创新技术。芬兰把新能源和节能环保作为战略性新兴产业主导产业，鼓励开发和利用新能源，在具体措施上，芬兰强调本国教育优势，通过高度发达的教育鼓励开发尖端高科技产品，基于大学优势打造产业园区，根据当地的经济发展特色和当地大学的人才优势打造国家技术创新系统。

中国战略性新兴产业提出较晚，在《国务院关于加快培育和发展战略性新兴产业的决定》（国发〔2010〕32号）中，我国确定了7大产业为战略性新兴产业：节能环保产业、新一代信息技术产业、生物产业、高端装备制造产业、新能源产业、新材料产业、新能源汽车产业7大产业。而根据我国"十二五"和上述决定，我国为发展这些产业而制定了《"十二五"国家战略性新兴产业发展规划》（国发〔2012〕28号），为每一类战略性新兴产业指明了发展重点、发展任务和重要支持政策，以促使节能环保、新一代信息技术、生物、高端装备制造产业成为国民经济支柱产业，新能源、新材料、新能源汽车产业成为国民经济先导产业，使整体战略性新兴产业成为经济重要推手。随着"十二五"期间，我国战略性新兴产业快速发展，"十二五"末战略性新兴产业增加值占国内生产总值比重达到8%左右，新一代信息技术、生物、新能源等领域一批企业的竞争力进入国际市场第一方阵，高铁、通信、航天装备、核电设备等国际化发展实现突破，一批产值规模千亿元以上的新兴产业集群有力支撑了区域经济转型升级，成为经济发展的有力支撑。在国务院《"十三五"国家战略性新兴产业发展规划》（国发〔2016〕67号）中，将战略性新兴产业摆在经济社会发展更加突出的位置，结合"中国制造2025"战略实施，采取创新驱动方式将战略性新兴产业培育成支柱产业，提升产业发展科技水平，加快战略性新兴产业中的网络经济、高端制造、生物经济、绿色低碳和数字创意五大领域；根据未来发展需要，在战略性新兴产业的空天海洋、信息网络、生物技术和核技术领域进行提前布局；以"一带一路"建设为契机，以国际化开放视野提升战略性新兴产业的国际竞争力。并且更为具体的为每一类战略性新兴产业提出发展重点和具体任务目标，如在对新一代信息技术产业发展规划中，指出要跨域发展拓展网络经济新空间，从构建网络强国基础设施、推进"互联网+"、实施大数据战略、做强信息技术核心产业、发展人工智能以及完善网络经济管理方式等方面进行了规划，不仅指明重点发展技术和产业领域，还提出了具体的措施和保障，指导性和可执行性更强。

（二）战略性新兴产业与知识产权关系

1. 战略性新兴产业更需要知识产权的支持

战略性新兴产业以创新为核心，以重大发展需求和重大发展技术突破为基础，是我国转变经济发展方式，调整经济、产业结构的重要力量。战略性新兴产业创新要素密集，且主要表现为技术密集型，因技术的不确定性而投资风险较大，市场竞争激烈，因此对知识产权创造与运用的依赖性强，对知识产权管理和保护的要求高。推动战略性产业的创新成果市场化和产业化，培育其创新链和产业链，就需要有效地运用知识产权。同时，依法对知识产权进行保护，是激发其创新活力，支撑战略性产业稳步发展的重要途径。根据《国务院关于加快培育和发展战略性新兴产业的决定》（国发〔2010〕32号）、《国务院办公厅印发贯彻落实国务院关于加快培育和发展战略性新兴产业决定重点工作分工方案的通知》（国办函〔2011〕58号）等文件精神，强调战略性新兴产业在培育与发展过程中,知识产权的支持必不可少。

鉴于知识产权在市场中的巨大作用,一些主要的发达国家都纷纷加快知识产权布局,推动战略性新兴产业的快速发展,利用"专利先行"原则实行"跑马圈地",通过在国内和国外进行专利布局抢占市场先机。近些年,随着"要想在市场竞争中取胜,就必须要将战略性新兴产业的创意与市场有效地连接在一起"意识的提高,我国加大对新兴产品的投入。但部分跨国企业利用我国对知识产权保护不健全的情况,展开知识产权战略进攻,导致有的战略性新兴产业无法绕开知识产权的壁垒而陷入大量的知识产权纠纷中,遭受了一定的侵权损失。尽管我国颁布了相关的知识产权法律法规,出台了重大专项的知识产权管理保护政策,也存在很多专业机构从事专利分析研究工作,但是由于有的战略性新兴产业链较长,所涉及的部门无法形成及时的互动,在面对上述纠纷时,无法做出及时的回应,开展有效的保护工作。要想有效地发展战略性新兴产业,就必须要知识产权作为其发展的支撑,让知识产权保护一路为战略性新兴产业"保驾护航",战略性新兴产业更需要知识产权以及知识产权战略的支持。❶

2. 战略性新兴产业专利竞争更为激烈

根据产业生命周期理论,在产业生命周期的初创期和成长期,技术创新和产品创新远远高于工艺创新和外观创新,在该阶段行业整体发明专利和实用新型比例较高,创新的技术含量更高,产业关键创新对企业乃至整个产业的发展都将产生影响。战略性新兴产业属于新兴产业,处于产业生命周期的前期,未来发展空间更大,技术发展方向不明确,因此产业内各主体创新热情较高,竞争更为激烈。战略性新兴产业发展中,很多技术首次出现,产品技术方案不明确,产品设计方向不确定,制造工艺不成熟,技术变化较为频繁,为了使自己的技术方案成为主导技术,相应的不仅要围绕自己的核心技术不断进行创新,提升技术优势;也要为核心技术和改进技术申请知识产权保护,避免被模仿者低成本抄袭,保障自己不断加大的创新成果,也为了在未来竞争中为自己的投入获取高额回报,因此战略性新兴产业的竞争更多地体现为专利竞争。对于战略性新兴产业的主体,企业更应该注重创新,以专利以及专利的恰当布局占据行业竞争的有利地位,才能在未来更激烈的技术

---

❶ 孟海燕. 实施知识产权战略是培育和发展战略性新兴产业的关键 [J]. 中国发明与专利, 2011 (9): 17-18.

及市场竞争中立足并不断发展。

战略型新兴产业处于初创期和成长期,相应的产业阶段更容易产生高质量的专利。❶ 中国战略性新兴产业发明专利授权总量比重在2008—2012年年均增长率达26.04%,高于同期我国发明专利授权总量23.37%的年均增长率,成为带动我国发明专利授权的重要力量。我国战略性新兴产业的PCT发明专利申请更为突出,2013年为37037件,2014年为39420件,我国战略性新兴产业的国际竞争意识和竞争能力都不断增强。但同时国外主体在我国战略性新兴产业的专利布局也在不断加剧,日本、美国占据国外在中国战略性新兴产业领域发明专利申请、授权量约六成,其中日本新能源汽车产业在中国发明专利授权量中所占比重最大,优势明显,美国的生物产业发明专利授权优势明显,韩国在新一代信息技术产业、法国在高端装备制造业均具有较为明显的竞争优势,对我国产业竞争压力较大。

3. 知识产权贯穿战略性新兴产业发展全程

战略性新兴产业不同于传统的产业,它的着眼点在于占据产业高端,目标是掌握核心技术和知识产权,占领国内外市场。它本身是以重大技术突破和重大发展需求为基础,要求将技术转变为产品,再将其投入市场,进而实行产业化,其中每一步都面临着潜在的知识产权风险。在战略性新兴产业发展过程中,通常伴随着关键技术的攻克,核心技术和创新成果不断涌现,知识产权的竞争日益激烈。很多发达国家对此的做法是"知识产权谋划在先,技术开发在后",以主动姿态应对,避免处于被动位置。我国的知识产权制度起步较晚,企业对知识产权了解程度不高,在发展战略性新兴产业时,未意识到知识产权在其过程中的重要性,经常处于被动局面。为此,我国企业更应该在发展战略性新兴产业中,重视知识产权工作。

知识产权贯穿战略性新兴产业发展全程。在发展的前期,需要学习国外发达国家的做法对知识产权进行提前谋划。尤其是专利方面,保护核心基础专利,这也是为了防止在后期产业化的过程中出现不必要的侵权和法律纠纷。除了在国内市场进行战略性新兴产业的专利布局,也不能忽视海外市场,在海外进行专利布局,以求更进一步地掌握领先世界的核心技术。在发展过程中,需不断围绕核心技术进行创新,但由于战略性新兴产业技术创新具有

---

❶ 唐恒,李绍飞,朱宇. 不同生命周期阶段的企业专利质量影响因素——基于江苏省战略性新兴产业企业的实证分析 [J]. 技术经济,2014,33(9):10-16.

"周期长、风险大"等特点，技术领域交融高，技术发展环境较为复杂。各企业之间可能会采取协同合作的方式，形成优势互补。针对这种情况，为了有效地解决合作机制和利益分配问题，充分调动各方在技术开发创新中的积极性，离不开以知识产权为纽带，明确各方的权利归属，实现各方的效益最大化。在技术及产品成熟之后，企业为了维护其技术优势，需实施商标战略，将其开发的技术实行品牌化，让技术成为企业的一笔无形资产，成为代表企业的一张"名片"。实施商标战略，不仅可以有效增强企业的自主创新能力，优化战略性新兴产业机构，还是提高技术产品竞争力的一条重要途径。

(三) 河南省战略性新兴产业目录及发展规划

在国家战略性新兴产业发展规划指导下，河南省根据自身产业发展实际，也确定了适合省情的战略性新兴产业目录和发展规划，并根据产业发展状况适时调整发展任务和目标。

1. "十二五"时期

为发挥战略性新兴产业，河南省自"十二五"时期开始将培育发展战略性新兴产业作为关键，制定了《河南省"十二五"战略性新兴产业发展规划》（豫政〔2012〕75号），把加快培育和发展战略性新兴产业放在推进产业转型升级的突出位置。在规划中，河南省为战略性新兴产业发展重点和主要任务制定了明确的方向和目标，具体战略性新兴产业名录及发展规划如下。

在新一代信息技术产业中抢抓机遇，加快智能终端、新型显示、半导体照明生产基地，积极发展物联网、云计算、高端软件、新兴信息服务等新一代信息网络技术，推进电子信息产业跨越式发展。在生物产业，依托市场和资源优势，以生物医药、生物制造和生物育种为核心，打造国内先进的现代生物产业。在新能源产业，提出重点提升生物质能、太阳能产业技术和成本优势，积极发展风电、核电、地热能产业，扩大新能源产业规模。在新能源汽车产业，发展纯电驱动技术为中心，以电池生产带动整车发展，带动混合动力客车、纯电动客车、电动乘用车等产业化发展，完善汽车电池服务链。在新材料产业，发挥资源和原材料优势，重点发展新型合金材料和新型功能材料，加快发展高品级超硬材料及制品，跟踪发展纳米、超导、智能等新材料，提升新材料产业发展水平，引导全省材料工业结构调整。在节能环保产业，重点突破能源资源高效利用、废物资源化利用、生态与生活环境污染防治、清洁生产等关键核心技术，大力发展高效节能、先进环保和资源循环利用的新装备和产品。在高端装备制造产业领域，以提升重大装备的高端制造和整机配套能力为方向，重点发展轨道交通装备，大力发展智能电网和智能制造装备，积极发展航空装备、卫星应用产品等，促进制造业智能化、精密化、绿色化发展。

2."十三五"时期

经过一段时期的发展，结合新的发展水平和形势，河南省政府办公厅印发《河南省"十三五"战略性新兴产业发展规划》（豫政办〔2017〕11号），提出以新一代信息技术、生物、高端装备、先进材料、新能源、新能源汽车、节能环保、数字创意等领域为重点，力争在新型显示、大数据、智能制造等细分领域取得重要突破，推动战略性新兴产业发展壮大。各产业发展的重点任务如下。

大力发展新一代信息技术产业，主要在建设信息网络设施、发展高端智能信息产品、深入实施"互联网+"行动和大数据发展战略方面加大力度，促进新一代信息技术与各行业的全面融合渗透，扩大产业规模。

在生物产业领域，重点在加快发展生物医药：发展化学创新药和生物创新药，提升中药现代化水平；加快发展高性能医疗器械；推进生物农业规模化应用和绿色农用产品，培育生物服务新业态；鼓励新型制剂和新型辅料研发和产业化，推广化学原料药绿色制备、清洁生产技术等。

在高端装备产业寻求突破，以智能化、绿色化、服务化、高端化为方向，重点发展先进机器人、智能制造成套装备、高档数控机床、航空航天装备和增材制造装备、人工智能等。

在先进材料产业加快发展，以超轻化、合金化、专用化、高性能、绿色化为主攻方向，重点发展高端合金材料、电子信息及新能源电池材料，提升超硬材料、尼龙材料发展优势，积极发展新型功能材料，研发石墨烯、3D打印材料、纳米材料等前沿新材料，提高先进材料供给能力。

加快壮大新能源产业，实现规模化发展；大力发展新能源汽车产业、节能环保产业和资源循环利用产业。

培育发展数字创意产业，将数字技术与文化创意相融合，突出地方文化特色，促进数字创造与各领域的渗透发展。

二、发展状况

(一) 河南省战略性新兴产业发展现状

近些年,河南省实行创新驱动,加强战略谋划,扩大交流合作,加大对新兴产品的研发投入,战略性新兴产业取得了显著成效的同时也存在一定的差距。

(1) 河南省战略性新兴产业增长迅速但产业规模有限。战略性新兴产业增长迅速。据统计,"十二五"期间,战略性新兴产业以年均超过18%的增速高速发展,规模迅速扩大,高于总体工业产业增长率。其中2010年河南省战略性新兴产业实现规模以上主营业务收入3266亿元,新一代信息技术、生物、新材料、节能环保产业重达到80%;2015年河南省战略性新兴产业实现增加值占规模以上工业的比重达到11.8%;2017年,河南省战略性新兴产业增长12.1%,高于全省规模以上工业增速4.1个百分点。河南省对战略性新兴产业项目大力支持,如2016年洛阳战略性新兴产业完成投资260亿元,共实施154个该产业项目。2015年郑州市三次产业结构比重分别为2.1∶49.5∶48.4,高新技术产业增加值比重增至24%,工业中战略性新兴产业比重提高到49.4%,实现工业中战略性新兴产业比重超过传统资源高耗能产业,产业转型升级明显,总体经济发展的质量和效益显著提升。2015年河南省战略性新兴产业增长迅速,新能源汽车产量增长高达201.9%,信息产业增加值同比增长51%。

特色战略性新兴产业领域优势明显。"十二五"期间,河南省智能手机总产量达到2亿部,占全球智能手机产量的1/7,并且郑州已经成为全国重要的智能手机生产基地。在规模以上工业企业产品生产中,2016年河南省智能手机生产高达1.7亿台,工业机器人生产487套;太阳能电池产量209.29万千瓦,同比增长38%;新能源发电量38.68亿千瓦时,同比增长15.6%,而同期河南发电量年增长为-0.1%。2016年河南省新能源汽车产量2.66万辆,同比增长29.1%;2017年郑州市新能源汽车产量达到3.1万辆,同比增长17.1%。河南省高世代显示用ITO(铟锡氧化物)靶材、T700碳纤维、大尺寸硅抛光片等新材料产业化能力达到国内先进水平,新能源客车产量占全国的30%以上,锂离子动力电池及材料产能居全国前列。

但河南省战略性新兴产业规模同其他省市相比仍有较大差距。2013年河

第六章 知识产权与战略性新兴产业

南省的战略性新兴产业产值为7500亿元，仅为江苏省的25%；从比重上来看，2015年河南省战略性新兴产业实现增加值占规模以上工业的比重达11.8%，即使与中部地区的湖北省、安徽省比，也差距甚远。如早在2014年，安徽省战略性新兴产业对工业增长的贡献率就超过了40%，2015年安徽省规模以上工业中，战略性新兴产业产值增长17.6%。2016年，安徽省战略性新兴产业继续保持较快发展势头，产值突破万亿元大关，达到10161.3亿元，增长16.4%，对全省工业增长的贡献率超过40%。

（2）河南省战略性新兴产业创新支持产业发展能力增强。创新支撑产业发展的能力不断增强。"十二五"期间，河南省省级以上创新平台数量突破2400家，比"十一五"末增加1345家。河南省战略性新兴产业在生物育种、血液制造、智能电网设备、新一代合金材料以及生物能源等领域已经确立了技术优势地位，[1]在这些领域技术及其产业化均走在了国家前列。在具体技术领域中，突破了硬岩盾构、特高压输变电设备等一批关键核心技术；2016年河南省荣获国家科技奖励19项，其中国家技术发明奖2项，国家科技进步奖17项，高水平科技创新能力显著增强。在技术创新驱动发展下，河南省战略性新兴产业规模不断扩张，2014年战略性新兴产业集群中新材料、新兴信息技术、生物医药、环保节能等产业收入超过8000万元。

新业态、新模式蓬勃发展。河南省战略性新兴产业基于云计算、互联网、大数据及物联网等科技技术发展迅猛，依托"互联网+"产业发展模式，催生了智能装备制造、机器人、现代物流、互联网金融等一批新产业、新业态。在推动工业化和信息化深度融合过程中，河南省在战略性新兴产业发展中积极发挥信息技术对工业转型升级的引领作用，推动制造业服务化转型。如2016年河南省电子商务交易额突破万亿元，电子商务企业占全省企业数量比重达到2.7%，其中挂牌上市电商企业超过40家，电子商务产业逐渐成为经济增长新动力。2016年河南省跨境电子商务进出口业务规模居全国首位，郑州海关首创的"电子商务+保税中心"跨境电商保税通关模式，打造了领先全国的"秒通关"综合信用服务平台，通关能力快速稳定。河南省平台经济快速发展，世界工厂网、中华粮网、企汇网、鲜易网等一批特色平台水平国内领先，中原云、河南工业云等公共服务云平台上线运行。

（3）河南省战略性新兴产业研发创新力与发达省市相比存在一定差距。

---

[1] 郭利平. 新常态下河南省战略性新兴产业集群发展模式与对策研究 [J]. 中原工学院学报, 2017（5）：61-66.

整体研发投入与研发能力不足。在一般情况下，R&D 与 GDP 的比重（研发强度）可衡量一个地区对研发的重视程度。2015 年河南省研发经费 440 亿元，研发投入强度为 1.19%，与广东省的 2.5% 相距甚远，即使与中部的湖北省相比（1.91%）也有较大差距。2016 年河南省科技研发经费投入总量为 494.19 亿元，研发经费投入强度为 1.22%，相比而言，研发投入仍有待加强。在研发人员上，河南省的科研人员数量为 93833 人年，占全国的科研人员数量比重为 4.83%，同期，江苏省的占比为 14.8%，广东省的占比为 17.9%。河南省的战略性新兴产业人员远远低于同期的人员规模，尤其是高水平的科技领军人才和创新团队缺乏问题更为突出。河南省战略性新兴产业研发强度和研发人员比重多年来没有明显增加，研发需求不能充分得到满足，抑制了产业自主创新能力的提高，河南省战略性新兴产业在创新的规模、速度、能力和效果方面都需要改进。❶ 在由研发投入、新产品销售额、技术市场成交额以及专利授权件数等指标构成的战略性新兴产业技术创新能力评价中，河南省战略性新兴产业的技术创新能力远低于发达省份，即使在中部地区也落后于湖北省。❷

创新水平仍较弱。2017 年河南省发明专利申请量为 35626 件，发明专利授权量为 7914 件，专利授权率为 22.2%；而同期全国的专利申请总量为 138.2 万件，专利授权量为 42.0 万件，河南省的发明专利授权量仅占全国的 1.88%。截至 2017 年底，河南省的专利密度仅为 3.02 件，仅相当于北京的 3.2%，上海的 7.3%。2017 年，河南省 PCT 国际专利申请量为 232 件，远低于广东的 2.68 万件、山东的 0.17 万件。具体到战略性新兴产业，2006—2015 年河南省主要的战略性新兴产业发明专利和实用新型专利申请量大多处于各省市第十位左右，❸ 整体看与总体创新水平相当；但是其中创新性较强的发明专利远远低于其他省市，尤其是专利授权中发明专利比重在所有的战略性新兴产业中均低于 40%，甚至河南省高端装备制造产业专利授权中发明专利仅占 9.3%，无论是创新数量还是创新质量上均有待提升。

---

❶ 王文霞. 河南省战略性新兴产业自主创新能力评价研究 [J]. 河南工业大学学报（社会科学版），2015（2）：96-103.

❷ 赵文武. 河南省战略性新兴产业技术创新能力的横向比较 [J]. 河南工业大学学报（社会科学版），2013，9（1）：23-27.

❸ 陈虹，王景，王韡怡. 战略性新兴产业专利竞争研究 [M]. 北京：知识产权出版社，2016.

(二) 河南省战略性新兴产业面临的形势

1. 战略性新兴产业国际发展形势

从国际上看,在新的科技力量推动下,战略性新兴产业逐渐成为全球产业结构调整,产业转移和技术转移的重心。新技术、新产业迅猛发展。节能环保、新一代信息技术、生物产业、高端装备制造业、新能源、新材料和新能源汽车等产业日趋规模化、效益化,成为拉动世界各国经济增长的支柱。信息技术已全面渗透于社会的各个领域;生物新技术也在加速普及应用,例如,基因检测、细胞治疗等,这些生物科学技术可能会引发生物技术领域的重大变革;绿色低碳发展成为全球共识;数字创意产业逐渐成为国家展现软实力的一个平台。

在新一轮产业变革深度演变的关键时期,各国纷纷调整发展战略,大力培育新兴产业,力图抢占未来发展制高点。例如,美国以能源产业为首选,以制造业为核心,同时大力发展信息业、节能环保、生物技术、航天海洋等战略新兴产业,并且其产业发展和创新活动已由早先的单一企业行为转变为政府推动和引导的市场化、社会化行为。❶ 如2016年1月美国推出抗癌"登月计划",加速推进在癌症预防、疗法和治愈方面的进展,计划两年投入10亿美元重点支持该项目。2016年6月奥巴马颁布智能制造创新研究所(原智能制造领导力联盟),新的制造研究由该所主导并与美国能源部合作。为恢复其基础研究的领先地位,力求掌握科技竞争主动权,美国不断加大对基础研究的投入,成倍增加国家主要科研机构的研发经费。在信息产业领域,法国、英国也相继发布了"数字国家"的战略,德国也推出了"信息与通信技术2020创新研究计划",力图增强在信息通信领域的国际竞争力。纳米技术的快速崛起,也逐渐成为各国创新的领域重点,俄罗斯曾在2009年宣布在纳米领域投入2000亿卢布,使其成为国家的"科技战略的火车头"。战略性新兴产业逐渐成为推动全球经济复苏和增长的主要动力,引领全球的经济发展进入新的创新时代,谁先占领制高点谁将主导未来产业发展的方向,因此各国均加速开展战略性新兴产业领域的创新和产业发展。

---

❶ 沈坤荣,杨士年. 美国的战略性新兴产业发展趋势及其启示 [J]. 群众, 2011 (8): 76-77.

2. 战略性新兴产业国内发展形势

从国内来看，我国经济发展进入了新常态，"创新、协调、绿色、开放、共享"五大发展理念深入贯彻实施，供给侧结构性改革加快推进，国家创新驱动发展战略迫切需要战略性新兴产业实现突破提升。因此，国家大力鼓励发展战略性新兴产业，加大对各产业的扶持力度，陆续出台财政、税收、市场等方面的扶持政策。各省（区、市）也纷纷把战略性新兴产业作为发展重点，出台扶持政策，抢占发展先机，区域竞争日趋激烈。国内新兴产业进一步深化布局调整，部分新兴产业从沿海发达省份向中西部有条件地区转移的步伐加快。

据统计，在2017年上半年，我国的战略性新产业增速全面提升，产业结构不断优化，具体体现在生物制药、新能源汽车、节能环保产业；产业投资力度也在不断增大，主要集中在人工智能和新能源汽车等产业方面；产业创新不断涌现，例如无人店、大型客机、可燃冰试采等，这些领域的创新，对全球新兴产业竞争格局产生了重大影响。总的来说，我国战略性新兴产业的发展趋势可以总结为：新一代信息技术、生物两大产业发展稳中有进、节能环保、新材料和新能源汽车产业高速发展、新能源、数字创意和高端装备制造产业面临两难境地。产业结构和消费结构升级加速，消费需求不断向多元化、高质量、高层次变化，"互联网+"、云计算、大数据带来层出不穷的新业态，为战略性新兴产业发展开辟了广阔空间。

在国内战略性新兴产业市场竞争中，国外来中国进行专利布局，对我国企业专利竞争压力较大。2016年国外在中国发明专利授权量达5.4万件，而同期我国战略性新兴产业发明授权15.8万件，国外占比34.18%；至2016年12月31日，战略性新兴产业中国有效发明专利共71.9万件，国内有效发明专利42.9万件，国外来中国有效发明专利29万件，占战略性新兴产业有效发明专利的比重为40.3%。战略性新兴产业国外来源发明专利申请公开量中，美国、日本占据绝对竞争优势地位，韩国、德国和法国位居3~5位；而在国外来中国专利授权量中，日本、美国、韩国、德国、法国占据前五位，共在中国发明专利拥有量24万件。中国战略性新兴产业中国外企业在中国的专利优势，对我国战略性新兴产业的长远发展造成较大压力。

3. 战略性新兴产业河南省面临的形势

从河南省来看，人口数量庞大，随着人均收入水平的提高和城镇化进程的加快，消费水平也在不断地提升，经济社会发展迈入新的阶段，这为培育战略性新兴产业提供了广阔的空间。在这种情形下，传统优势产业的快速转型升级，也为战略性新兴产业提供了基础。在经过"十二五"时期的培育与发展后，河南省的战略性新兴产业发展水平与发展规模得到了明显的提高。特别是加快推动四个强省建设；提高完善产业集聚区、服务业"两区"（商务中心区、特色商业区）、城乡一体化示范区等服务功能；持续提升发展载体优势；加快推进工业化、城镇化；创新发展的政策制度、体制机制不断取得完善。

总的来说，"十二五"期间河南省的战略性新兴产业取得了显著的成绩，但也需要看到，河南省的战略性新兴产业发展依旧面临着一些明显的短板。主要表现为创新能力不足、研发投入不够、产业规模较小、缺乏自主知识产权的核心技术、产业链不够完善、相关的改革政策法规无法满足传统产业转型升级的要求。在国内外形势风云巨变的情况下，河南省又处于加快发展战略性新兴产业的关键时期，必须牢牢抓住"十三五"期间的机遇，加强统筹规划，发挥出自身优势，准确把握产业的正确定位和发展方向，打破制约发展的瓶颈，促进战略性新兴产业快速健康发展。

（三）河南省战略性新兴产业知识产权发展状况

战略性新兴产业的发展离不开知识产权的战略的应用。近些年，河南省战略性新兴产业取得了显著的成效，显著成效的背后也蕴含着区域产业知识产权的质量和数量的提高。据2017年的数据统计显示，河南省科研院所单位专利申请量前十名中有一所单位属于战略性新兴产业，并且位居第三，专利申请量为116件，占前十名科研院所专利申请总量的12.6%；企业专利申请量前十名中的前四位都属于战略性新兴产业，涉及的产业具体为新一代信息技术业、生物产业、新材料业，专利申请总量为9452件，占前十名企业专利申请总量的66.3%。

河南省战略性新兴产业较为集中，郑州市战略性新兴产业产值占全省战略性新兴产业产值的比重达35%以上，许昌这一比重超过15%，两市占了全省战略性新兴产业的半壁江山。[1] 2017年洛阳市机器人及高端装备制造、新能源等战略性新兴产业实现主营业务收入占全市规模以上工业主营业务收入比重为30.4%。新乡市获批国家新能源材料及电池材料战略性新兴产业区域

---

[1] 郑许战略性新兴产业占全省一半. http://newpaper.dahe.cn/hnsb/html/2018-01-30/content_221409.htm.

集聚发展试点城市，生物医药被定为国家火炬计划特色产业基地，培育形成了电池电动车、生物与新医药、电子信息等战略性新兴产业积聚区。

因省级层面行业专利信息统计的缺失，本研究选择战略性新兴产业较为聚集的有较强代表性的郑洛新国家自主创新示范区相关数据进行分析。随着响应国家开展"先行先试"的政策，郑州、洛阳、新乡三个区域已经成为河南省创新资源最集中、创新体系最完备、创新活动最丰富、创新成果最显著的区域，并成立了郑洛新国家自主创新示范区（以下简称自创区）。自创区自成立以来，积极发展战略性新兴产业，并规划其主导产业，最大限度地发挥"先行先试"的特点，加速战略性新兴产业的转型升级。河南省为促进战略性新兴产业的整体发展，在自创区的不同区域规划了其主导产业，而且均将战略性新兴产业归为主导产业，力求通过自创区的新兴产业发展带动全省的产业发展。河南省战略性新兴产业在自创区主导产业分布情况为：郑州高新区主要为新一代信息技术产业、高端装备制造产业、新材料产业和新能源汽车及动力电池产业；洛阳高新区为新材料产业和新能源汽车及动力电池产业；新乡高新区为新能源汽车及动力电池产业。

1. 自创区战略性新兴产业分布情况

自创区企业加速发展新兴产业，形成了各具特色、优势互补、结构合理的战略性新兴产业协调发展格局。自创区各区域的知识产权资源在战略性新兴产业不断取得新的突破。其中截至2016年，郑州高新区、洛阳高新区、新乡高新区的战略性新兴产业专利申请总量超过11369件，具体情况如表2-43所示。

表2-43 郑洛新国家自主创新示范区战略性新兴产业专利资源分布情况　　单位：件

区域	产业	专利申请量	专利授权量	发明申请量	发明授权量
郑州高新区	新一代信息技术产业	8073	—	6459	—
	高端装备制造产业	2721	—	2178	—
洛阳高新区	新能源产业	575	401	233	143
新乡高新区	节能环保业	—	42	—	4
	新能源产业	—	19	—	12
	新材料产业	—	97	—	13

注：郑州高新区、洛阳高新区数据来源于2016年自创区专利排名前十名的企业、新乡高新区数据来源于2009—2016年新乡高新区授权专利前十名企业。

第六章 知识产权与战略性新兴产业

从表2-43中可看出，郑州高新区两大产业专利申请总量为10794件，发明专利申请总量为8637件，分别占自创区总量的22.5%、49.7%。其中新一代信息技术产业的专利申请总量、发明申请量分别为8073件、6459件，分别占郑州高新区战略性新兴产业专利申请总量、发明申请总量的74.8%、74.8%；洛阳高新区前十名企业在战略性新兴产业中都表现为新能源产业。新能源产业的申请总量为575件，占自创区申请总量的1.1%。其中发明申请量占新能源产业的40.5%；新乡高新区专利授权累计为158件，仅占自创区授权专利量的0.6%。其中新材料产业的专利授权量最多，占整个自创区的比重为61.4%。新能源产业的发明专利授权的比例在整个新能源产业专利授权申请占比为63.2%。

从自创区专利优势突出的战略性新兴产业与该区主导产业的匹配性方面来看，创新优势突出的战略性新兴产业并未构成主导产业。而主导产业是在区域经济中起主导作用的产业，它们在产值中比重较高，采用了先进技术，对其他产业和整个区域经济发展有较强带动作用的产业。根据表2-43所示，郑州高新区专利主要分布于新一代信息技术产业、高端装备制造产业；洛阳高新区专利主要分布于新能源产业；新乡高新区的专利主要分布于新材料产业等3个产业。其中郑州高新区专利分布较高的产业包括新一代信息技术产业及高端装备制造产业，属于该区主导产业。新一代信息技术产业的专利申请总量为8073件，高端装备制造产业专利申请总量为2721件，产业专利资源较为丰富，发挥了作为主导产业的优势，促进了产业的创新和不断发展，专利和产业的匹配度较高。但是洛阳高新区的专利较高的战略性新兴产业却并不属于该高新区的主导产业，主导产业的优势未能在创新环节得以体现。专利和主导产业的匹配度较低，意味着一方面战略性新兴产业需要促进专利成果的产业化应用，以期成为对经济发展作用较大的主导产业，另一方面现有主导产业仍需加大创新投入，提升专利水平，使主导产业能在创新的支持下得到可持续的发展。

2. 河南省主要战略性新兴产业专利竞争力状况

现尚未有对河南省各产业专利相关数据的统计，结合既有的研究，现对河南省2006—2015年十年间主要的战略性新兴产业专利状况（包含发明专利和实用新型）进行分析，具体见表2-44。

表2-44 河南省主要战略性新兴产业专利状况

产业	申请/件 合计	申请/件 发明	授权/件 合计	授权/件 授权	有效专利/件 合计	有效专利/件 发明	全国排名	中部排名
生物产业	30440	20739	15978	6277	11447	6206	11	2
高端装备制造产业	127937	33425	104179	9667	70619	8423	9	2
新材料产业	98988	48405	65015	14432	41598	11556	11	3
新能源产业	52415	18754	38964	5303	25440	4301	9	2
节能环保产业	86076	25188	68827	7939	46432	6723	9	2

注：1. 排名根据申请量合计数进行排名。
2. 数据来源：根据《战略性新兴产业专利竞争研究》❶进行整理。
3. 中部六省为河南、安徽、湖北、湖南、江西、山西。

从十年间主要的战略性新兴产业专利数据来看，河南省排名第9~11位之间，稍高于总体专利申请量（发明专利和实用新型专利之和）在全国的排名（2016年第13名），可见，河南省在战略性新兴产业的研发成果相较于其他产业具有一定的优势，对科技创新力有一定的拉动作用。其中高端装备制造产业十年间专利申请量达到127937件，位居各战略性新兴产业专利申请量第1位，但与江苏、广东、浙江、北京、山东等省相比，差距较大，这些省市该产业专利申请量超过30万件。与此类似，河南省其他战略性新兴产业十年间累计专利申请量与发达省市也相距甚远。即使在中部六省，河南省5类战略性新兴产业专利申请量都位列安徽省之后，新材料产业还排在湖北省之后，在中部六省战略性新兴产业专利竞争力方面也没有明显优势。在专利类型构成上，除生物产业外，其他4类战略性新兴产业专利申请的主要类型是实用新型，在原创性较强、竞争力较强的发明专利方面比重过低，不利于长远的产业竞争优势培养。在有效专利方面也面临同样困境，除生物产业发明专利所占比例超过一半（54.2%）之外，其他4类产业有效专利中发明所占比例远低于50%，高端装备制造业仅有11.9%，新能源产业这一比例仅为16.9%，节能环保产业不到14.5%，即使是新材料产业这一比重也只有27.5%，在这些产业中创新成果的质量以及保护效果均不是很理想。

总体而言，尽管河南省把战略性新兴产业放在优先位置，全省的经济状

---

❶ 陈虹，王景，王韡怡. 战略性新兴产业专利竞争研究 [M]. 北京：知识产权出版社，2016.

况也呈现良好的发展趋势，战略性新兴产业也呈现出"增速不减"的态势。但是在这种优越成绩的背后隐藏着巨大的危机，新一代信息技术产业等7大战略性新兴产业中存在很多知识产权问题，已经成为制约河南省产业快速发展的"瓶颈"。知识产权的资源分布与其区域主导产业的匹配度不高，专利质量不高，分布区域较为分散，没有形成知识产权向重点产业的集聚，这些影响河南省产业发展的知识产权问题需引起足够的重视。

三、主要问题

（一）河南省战略性新兴产业缺少研发资金支持

河南省战略性新兴产业集聚程度较高，但是各产业内部集中程度并不高，虽然有一些大型企业带动，但总体而言新入企业比例较高，研发资金支持不足，导致基础研发投入较少，难以产生高质量的基础专利和重大专利。河南省战略性新兴产业除了一些大型企业之外，大多是一些新入企业，作为初创期或者成长前期的产业，战略性新兴产业的企业一般拥有专有技术、具有高成长性，拥有一些核心专利技术，但在持续创新中无论是对核心技术进行产业化还是围绕核心专利技术进行专利布局，都需要大量资金的支持。然而该行业企业大多是新创高技术企业，创业者技术素养较高，但是对技术的未来发展方向判断力不明，技术的产品化产业化规模有限，资金回收难。在吸引外部投资者中，新兴产业需要投资者准确判断企业的成长空间，投资者对企业专利技术认可度有限，投资兴趣低，战略性新兴产业企业外部融资难度大。而即使企业核心技术产品化成功，企业业绩快速成长，企业组织规模扩大，资金问题暂时得以解决。但企业为了快速占领市场、把握竞争先机而可能申请大量专利、进行知识产权的初步布局，企业仍需要围绕核心技术进行持续创新，甚至引入专业专利技术研发人员，但这种高成长、高投入的模式抗风险能力较低，一旦出现技术问题或经营问题，企业很容易陷入危机。

（二）河南省战略性新兴产业专利竞争力不高

从河南省主要战略性新兴产业专利相关数据来看，虽然专利申请量排名还不错，在全国省市排名十名上下，但是从其中新颖性、创造性和适用性较高的发明专利数量及所占比例而言，河南省主要的战略性新兴产业专利质量不高、缺乏长远竞争力。总体而言，战略性新兴产业无论从国际视角还是国内视角来看，均属于新兴产业，主要的技术领域均处于技术生命周期的前端，即导入期与成长期，处于原始创新活跃、技术价值更重要的环节，在专利布局中应以发明这种基础专利为主，实用新型专利用以外围补充。此时应集中在重要的基本发明、应用发明的创造上，致力于寻求技术上的突破性进展，然后以大量的改进性实用新型专利进行外围布局。然而，当前情况下无论是专利申请还是专利授权乃至有效专利相关数据来看，河南省主要的战略性新兴产业专利却以实用新型为主，专利的创造性和新颖性不高，影响未来的产业技术竞争力。

（三）河南省战略性新兴产业知识产权引领效应不显著

战略性新兴产业兼具"战略性产业"和"新兴产业"两类产业特征，其发展关系到国家经济竞争地位及未来科技经济变化趋势，是引领一国或地区产业经济社会转型升级的主导力量。❶ "十二五"期间，河南省战略性新兴产业以年均超过18%的增速高速发展，各产业取得了一定的成效。但是从发明专利申请量和发明专利授权量上来看，战略性新兴产业的引领带动效应明显不足。据2017年的数据统计，河南省战略性新兴产业在发明专利申请量排名前十名中仅仅只存在两所在内，发明专利申请量为531件，占总发明专利申请量的6.7%，涉及的战略性新兴产业为高端装备制造产业和生物产业；河南省战略性新兴产业在发明专利授权量排名前十名中无一所在内。战略性新兴产业虽增速明显，但是产业发展并未展现足够的引领效果。造成这一现象的原因有两个：一方面，可能是从事战略性新兴产业的企业和科研院所并未展现出产业优势，进行产业规划，利用现有的产业资源。特别是未对主导产业引起足够重视，致使其专利资源分布与主导产业匹配出现了很大的矛盾之处。另一方面，企业和科研院所在申请相关专利时，注重量而不注重质，且不注重核心专利的研发，导致做了很多无用功，消耗企业和科研院所的大量资源。

（四）河南省战略性新兴产业创新驱动发展不足

在战略性新兴产业发展过程中，河南省在一定程度上出现"低端锁定"的现象。如虽然智能手机生产量较高，产值贡献大，但是主要为其他企业代工，实行的是订单生产甚至仅仅为组装方式，缺少核心技术甚至关键零部件、

---

❶ 林念修. 2017年战略性新兴产业发展展望［M］. 北京：中国计划出版社，2017.

生产工艺的支持，利润率非常有限，仅为5%。造成这一现象的原因在于传统的人力资源和生产资源较为丰富，生产要素价格较低，一直以来部分企业以加工贸易的方式参与全球产业链。另一方面，河南省在战略性新兴产业的发展上习惯固有的简单发展模式，甚至有的地区仅仅只发展加工、生产等环节，产业发展层次较低。战略性新兴产业实质上讲求的是突破关键的核心技术，创新的发展领域，以关键核心技术和创新来获取产业在市场中的竞争优势。而河南省大多企业和科研院研发投入不够，创新人才短缺，有利于战略性新兴产业的创新体系和生态环境还未形成，缺乏对战略性新兴产业的顶层设计和统一协调配合，无法给予其足够的支撑，导致了战略性新兴产业在迈向高端产业时动力不足，致使在高端产业发展仍处于大量空缺状态。

四、对策建议

（一）完善风险投资机制加强战略性新兴产业创新扶持

河南省乃至全国战略性新兴产业整体创新水平不高，一些核心技术受制于人，需要适应新技术新业态蓬勃发展的新形势，首要的就是坚持创新发展理念。战略性新兴产业处于产业发展前期，企业处于高成长、高投入的模式，总体抗风险的能力较低，会使企业处于危机中。战略性新兴产业技术领域发展并不明确，尚未形成主导的技术模式，技术创新不确定性和风险较高，中小企业在技术研发乃至技术产业化过程中容易陷入"创新失望之谷"，因畏惧失败的风险，创新投入尤其是基础研究投入较低。河南省战略性新兴产业构成中，中小企业以及新入企业较多，难以投入较高的研发投入，因此除了企业自身科研投入外，更需要政策引领拓宽研发融资渠道，以市场化的风险投资支持创新发展。一方面，完善的风险投资机制，不仅可以给企业提供资金上的支持，还可以通过风险投资者的管理监控使企业避免在管理、营销中出现危机。河南省目前的风险投资机构数量较为短缺，风险投资机制尚不完善，需要政府积极引导建立战略性新兴产业的风险投资机构，多出台相关的风险投资政策，吸引更多的投资者参与到战略性新兴产业的投资中，扩大资金投入来源，促使更多的企业发展战略性新兴产业。另一方面，企业可能无法准确地判断战略性新兴产业的发展方向，导致盲目进行投资，最后陷入一定的困境。这种情况下，政府应组织相关部门制定相应的战略性发展规划，让企业能够根据自身优劣有个大概的发展方向，避免因投资方向的失误导致不必要的损失。同时，为了进一步地促进战略性新兴产业成为经济发展的支撑行业，政府应减免相关产业的税收，针对不同的产业领域，出台相关政策激励政策，通过减免财政税收、补贴等形式支持战略性新兴产业的发展。

（二）发挥专利导航作用创造并培育产业高价值专利

战略性新兴产业因其出现晚、发展快，技术领域及技术发展趋势变化较快，很多领域尚未形成主流技术，甚至重大的基础专利尚未出现，技术发展态势并不明朗。河南省战略性新兴产业中发明专利比重较低，因此在确定研发领域、研发方案之前以及在研发过程中，需要关注本领域技术发展趋势，以明确研发方向并提升专利质量。在大数据时代，充分检索并分析专利信息资源，有助于降低产业信息不确定与风险，从而导航引领战略性新兴产业的健康持续发展。战略性新兴产业技术发展的不明朗性，导致企业自身为了突出技术特色必然会对相关领域进行个性化改进，企业为了应对市场竞争和技术不确定性的挑战，并在新一轮的产业竞争中脱颖而出，需要及时准确地获取并利用专利信息资源。专利导航的关键是建立个性化服务平台，在传统的专利信息平台上给予战略性新兴产业相关用户一个专门的服务接口，针对战略性新兴产业由专门的信息资源储存层提供清洗、转换、加载等处理后的数据信息，提供战略性新兴产业相对精准的个性化技术、资源、服务、流程信息。同时加强专利导航服务，成立专门的战略性新兴产业专利导航项目团队，由专门的专利检索、技术专家、研发人员、管理人员等构成，针对不同技术领域的技术生命周期、技术-功效矩阵等信息，提供研发、专利布局、产业化等服务，提升专利技术价值、市场价值及战略价值等。

（三）确立知识产权引领战略性新兴产业发展模式

面对日益纷繁复杂的国际形势，大多数国家都采用以知识产权来抢占发展的制高点。国外很多国家的经验也都表明，实施知识产权战略有利于产业结构的调整，促进经济更好更快的发展。河南省应立足于现实，确立以知识产权引领战略性新兴产业的政策导向，以核心专利技术、知识产权创新为基础，推动战略性新兴产业的价值链往远处延伸，促使战略性新兴产业发挥出积极的引领效应。第一，应努力提升知识产权的质量，强调企业要拥有自主知识产权，培育自主品牌。在涉及战略性新兴产业的专利技术时进行前置审查，设定发明专利考核目标，严控其专利质量，杜绝量多而不精的现象出现。第二，筛选更多的优秀企业，将其纳入知识产权战略计划，给予相关的政策支持，鼓励企业利用自身优势推动战略性新兴产业快速发展。第三，根据河南省的区域发展规划，督促企业加大对主导产业的研发力度的同时培育更多发展主导产业的企业。在主导产业深入实施专利导航试点工程，引导产业创新方向，提升创新效率和效果，促进专利与产业的融合，将主导产业的规模优势和资源优势在创新领域发挥出来，促进产业转型升级，得以可持续发展。

在提升产业自主创新能力方面，战略性新兴产业处于快速成长期，尚未形成稳定的核心技术，后发者也可以通过一些颠覆性、突破性的技术创新后来居上。因此，通过对各产业技术发展动态进行剖析，可以对产业核心技术、空白技术、前沿技术以及技术发展方向进行了解，从而进行研发布局，集中优势公关战略性新兴产业发展的关键技术，起到事半功倍的研发效果。在资金支持和知识产权政策方面，可以设立专门的支持战略性新兴产业的创新基金，支持战略性新兴产业前沿技术和关键技术的研发，并进行专项补贴和产业化发展基金支持。

（四）推动战略性新兴产业高端领域的专利产业化应用

河南省应根据自身发展优势，突破传统固化的发展思维，改变既有的劳动密集型、资源密集型发展方式，以专利的产业化应用提升产业竞争力，尤其是在产业高端领域的竞争力。一方面，根据产业发展趋势，随时改变发展战略。紧盯高端产业市场，大力引进和发展技术密集、水平领先的高端产业，以提升战略性新兴产业的整体质量，获得在市场中的竞争优势，推动战略性新兴产业的产业链和价值链往更高端的方向发展，实现战略性新兴产业从"河南制造""河南产品"向"河南创造""河南品牌"转变。另一方面，要发展传统的产业高端，推动战略性新兴产业从加工制造向研发方向和服务方向转变。全面提升战略性新兴产业的能力，除了企业自身需要审时度势外，政府也应充分地发挥其导向作用，积极吸引社会的参与，引进创新和外商投资，着力推动关键核心技术的攻克。围绕核心重点的产业技术，建立必要的研发中心，打造优越的创新平台，坚持"引进来"和"走出去"的理念相结合，紧跟国家发展战略，打造河南省战略性新兴产业的高端产业链，提高国内外影响力。

此外，集群化发展战略可以更好地促进战略性新兴产业的培育和发展，产业集聚可以扩大产业规模，提升产业影响力。产业影响力提升带来市场需求的增加，从而引起企业对新技术、新产品的需求增加，继而带来企业研发投入和创新热情的提升，在这种循环中积极促进产业化所需技术的研发，适销对路的专利转化效率更高。产业集权内企业的分工和协作，可以促进原材料、零部件、生产设备及工艺等环节的配合与支持，带动整个产业价值链的优化和升级。产业集群过程中，还可以引驻产业发展技术需求相关的科研院所、高校研发团队、专利代理等专利信息服务平台等，使产业所需的专利技术的研发、产业、服务及支撑平台集聚到一起，加强交流与合作，提升专利技术的适用性和转化成功率。在战略性新兴产业集群发展中，推动工业物联网、现代人工智能技术在制造中的应用，也可以很好地推动战略性新兴产业重点领域的技术突破和促进产业快速发展。

第七章 知识产权与农业产业

杨树林[1]

农业知识产权主要是指植物新品种权，也包括涉农的商标、地理标志、专利等。此处专门探讨植物新品种权与河南农业发展之间的关系。所谓植物新品种，是指经过人工培育的或者对发现的野生植物加以开发，具备新颖性、特异性、一致性和稳定性并有适当命名的植物品种。植物新品种权简称"品种权"，同专利、商标、著作权一样，是知识产权的一种类型。完成育种的单位或者个人对其授权品种享有排他的独占权，任何单位或者个人未经品种权所有人许可，不得为商业目的生产或者销售该授权品种的繁殖材料，不得为商业目的将该授权品种的繁殖材料重复使用于生产另一品种的繁殖材料。林业植物与农业植物在生长周期、特性、株高、容重、叶宽、籽粒类型、用途等方面有很大不同，植物新品种分为农业植物新品种和林业植物新品种。我国于1997年颁布实施《中华人民共和国植物新品种保护条例》（以下简称《植物新品种保护条例》），该条例于2013年、2014年先后进行两次修订。1999年我国加入国际植物新品种保护公约（UPOV），农业部和国家林业局分别颁布实施《中华人民共和国植物新品种保护条例实施细则》（以下简称《植物新品种保护条例实施细则》）农业部分和林业部分。2016年1月1日起实施的《中华人民共和国种子法》（以下简称《种子法》），新增了"植物新品种保护"一章。最高人民法院也先后颁布《关于开展植物新品种纠纷案件审判工作的通知》《关于审理植物新品种纠纷案件若干问题的解释》《关于

---

[1] 杨树林（1973— ），河南沈丘县人，中原工学院法学院/知识产权学院副教授，法学博士，硕士生导师。主要研究方向：近代诉讼制度、知识产权司法保护。

审理侵犯植物新品种权纠纷案件具体应用法律问题的若干规定》等司法解释，规范植物新品种纠纷案件的审判。植物新品种保护的法律法规不断完善。

一、基本理论

（一）植物新品种的范围

农业植物新品种包括粮食、棉花、油料、麻类、糖料、蔬菜（含西甜瓜）、烟草、桑树、茶树、果树（干果除外）、观赏植物（木本除外）、草类、绿肥、草本药材、食用菌、藻类和橡胶树等植物的新品种，可以大致分为粮食作物和经济作物两大类，经济作物包括油料作物、蔬菜作物、花、草、树木。小麦、水稻、谷类、甘薯等为粮食作物；油籽、棉花、花生、麻类、糖料等为经济作物；萝卜、白菜、芹菜、韭菜、蒜、葱、胡萝卜、菜瓜、莲花菜、菊芋、刀豆、芫荽、莴笋、黄花、辣椒、黄瓜、西红柿、香菜等为蔬菜作物。植物的繁殖材料为植物新品种制度保护的对象。繁殖材料是指整株植物（包括苗木）、种子（包括根、茎、叶、花、果实等）以及构成植物体的任何部分（包括组织、细胞）。

（二）植物新品种权授予条件

《种子法》第 25 条规定，国家实行植物新品种保护制度。对国家植物品种保护名录内经过人工选育或者发现的野生植物加以改良，具备新颖性、特异性、一致性、稳定性和适当命名的植物品种，由国务院农业、林业主管部门授予植物新品种权，保护植物新品种权所有人的合法权益。植物新品种权的内容和归属、授予条件、申请和受理、审查与批准，以及期限、终止和无效等依照法律和行政法规规定执行。国家鼓励和支持种业科技创新、植物新品种培育及成果转化。取得植物新品种权的品种得到推广应用的，育种者依法获得相应的经济利益。授予植物新品种权的条件有以下方面。

（1）申请品种权的植物新品种应当属于国家植物品种保护名录中列举的植物属或者种。植物品种保护名录由农业部植物新品种保护办公室确定，承担品种权申请的受理、审查等事务，负责植物新品种测试和繁殖材料保藏的组织工作，目前共公布了十批138类。

（2）授予品种权的植物新品种应当具备新颖性。所谓新颖性，是指申请品种权的植物新品种在申请日前该品种繁殖材料未被销售，或者经育种者许可，在中国境内销售该品种繁殖材料未超过 1 年；在中国境外销售藤本植物、林木、果树和观赏树木品种繁殖材料未超过 6 年，销售其他植物品种繁殖材料未超过 4 年。

（3）授予品种权的植物新品种应当具备特异性。所谓特异性，是指申请品种权的植物新品种应当明显区别于在递交申请以前已知的植物品种。

（4）授予品种权的植物新品种应当具备一致性。所谓一致性，是指申请品种权的植物新品种经过繁殖，除可以预见的变异外，其相关的特征或者特性一致。

（5）授予品种权的植物新品种应当具备稳定性。所谓稳定性，是指申请品种权的植物新品种经过反复繁殖后或者在特定繁殖周期结束时，其相关的特征或者特性保持不变。

（6）授予品种权的植物新品种应当具备适当的名称，并与相同或者相近的植物属或者种中已知品种的名称相区别。相同或者相近植物属内的两个以上品种，以同一名称提出相关申请的，名称授予先申请的品种，后申请的应当重新命名；同日申请的，名称授予先完成培育的品种，后完成培育的应当重新命名。品种名称应当使用规范的汉字、英文字母、阿拉伯数字、罗马数字或其组合，不违反法律规定。

（三）植物新品种权的内容

（1）生产权，即禁止他人为商业目的生产该授权品种繁殖材料，或者为商业目的将该授权品种的繁殖材料重复使用于生产另一品种的繁殖材料。生产权是一项排他性权利，除权利人自行生产或者授权他人繁殖材料外，有权禁止他人未经其许可的生产其授权的植物新品种。

（2）销售权，销售权也是品种权人所享有的一项排他性权利，除法律规定的用途外，任何人未经品种权人同意不得销售授权品种繁殖材料。

（3）使用权，使用是对授权新品种加以利用，是品种权人实现其自身利益的又一重要方式。但是，利用授权品种进行育种及其他科研活动，农民自繁自用授权品种的繁殖材料，可以不经品种权人许可，不向其支付使用费，但是不得侵犯品种权人享有的其他权利。

（4）许可权，即品种权人可以通过签订许可合同等方式授权他人在一定范围内利用其植物新品种，从而获取经济利益，包括普通实施许可、排他实施许可、独占实施许可等类型。在法定条件下，基于国家利益或公共利益的需要,审批机关可以作出实施植物新品种强制许可的决定,并予以登记和公告。

(5) 转让权,转让权包括品种申请权的转让和品种权的转让。转让的双方当事人应当订立书面合同,向农业部登记,由农业部予以公告,并自公告之日起生效。中国的单位或者个人就其在国内培育的植物新品种向外国人转让申请权或者品种权的,应当经审批机关批准。国有单位在国内转让申请权或者品种权的,应当按照国家有关规定报经有关行政主管部门批准。

(6) 名称标记权,即在自己拥有的授权品种的包装上标明品种权证书、品种权申请号、品种权号或者其他品种权申请标记、品种权标记,以证明自己是品种权人。

(四) 植物新品种权归属的认定

一个植物新品种只能授予一项品种权,根据不同的情况确定其归属。

(1) 职务育种的品种权归育种单位。个人执行其单位的任务或主要是利用其单位的物质条件,包括资金、仪器设备、试验场地以及单位所有的尚未允许公开的育种材料和技术资料等所完成的育种属于职务育种,品种权属于育种单位。其中,完成新品种培育的人员称为培育人,是指对新品种培育作出创造性贡献的人。仅负责组织管理工作、为物质条件的利用提供方便或者从事其他辅助工作的人不能被视为培育人。

(2) 非职务育种的品种权应属于完成育种的个人,合作育种的品种权属于共同完成育种工作的单位和个人。

(3) 委托育种的品种权的归属应由委托方与受委托方的合同确定,如没有合同约定,其品种权属于受委托方。也就是说,不直接从事育种工作的单位或个人也可以通过委托育种的形式获得品种权,由此获得经济效益。

(4) 两个以上的申请人分别就一个植物新品种申请品种权时,品种权授予最先申请的人;同时申请的,由申请人自行协商确定申请权的归属;协商不能达成一致意见的,品种保护办公室可以要求申请人在指定期限内提供证据,证明自己是最先完成该新品种育种的人。逾期未提供证据的,视为撤回申请;所提供证据不足以作为判定依据的,品种保护办公室驳回申请。

(5) 植物新品种的申请权和品种权可以依法转让,双方依法签订书面合同并支付对价,受让人可以依法获得品种权。

(五) 植物新品种权保护范围

目前我国只保护授权品种的繁殖材料。任何单位和个人没有得到植物品种权人的许可，不得以商业目的生产或者销售授权品种的繁殖材料，不得以商业为目的将授权品种的繁殖材料重复使用于生产另一种品种的繁殖材料。繁殖材料是指可繁殖植物的种植材料或植物体的其他部分，包括籽粒、果实和根、茎、苗、芽、叶等。司法实践中，被控侵权物的特征、特性与授权品种的特征、特性相同，或者特征、特性的不同是因非遗传变异所致的，一般应当认定被控侵权物属于商业目的生产或者销售授权品种的繁殖材料。被控侵权人重复以授权品种的繁殖材料为亲本与其他亲本另行繁殖的，一般应当认定属于商业目的将授权品种的繁殖材料重复使用于生产另一品种的繁殖材料。"非遗传变异因素"是指因土壤、气候、肥料、管理水平或者其他环境因素的影响，导致植物的特征或者特性发生差异，这种差异是不能遗传的。"特征"是指植物的形态学特征，如花的颜色、果实的现状等；"特性"是指植物的生物学特性，如抗病性、抗旱性等。所谓"非遗传变异"，是指被控侵权物的繁殖材料虽与授权品种相同，但由于生长过程中外来花粉等非遗传变异因素的介入，导致两者特征、特性的不同。[1]

二、发展状况

(一) 河南省植物新品种政策

河南是全国第一人口大省、第一农业大省、第一粮食生产大省，2009年9月，河南省粮食生产核心区建设规划获得国家批准，河南省成为全国重要的粮食生产核心地区。2010年5月出台的《河南省人民政府办公厅关于河南粮食生产核心区建设规划的实施意见》（豫政办〔2010〕114号）明确粮食生产的总体目标、年度目标和具体指标等。围绕此项规划，河南省以党的十八大和十八届三中、四中、五中、六中全会以及习近平总书记系列重要讲话精神为指导，牢固树立创新、协调、绿色、开放、共享发展理念，坚持"创新突破、高端引领、市场主导、统筹协调"原则，紧紧围绕国家粮食生产核心区国家战略，深入实施国家知识产权战略和知识产权强国建设规划，以深化知

---

[1] 蒋志培，李剑，罗霞. 关于对《最高人民法院关于审理侵犯植物新品种权纠纷案件具体应用法律问题的若干规定》的理解与适用 [J]. 知识产权审判指导，2006（2）.

识产权重点领域改革为突破，以知识产权保护和运用能力建设为主线，促进知识产权和经济社会深度融合，全面提升河南省创新驱动发展能力和产业核心竞争力。在农业生产方面，坚持市场导向，加快结构调整，提高供给效率，促进农民增收，制定科学的农业政策，推动农业科技创新，推进优质品种布局区域化、经营规模化、生产标准化、发展产业化，提升农业产业质量效益与产品竞争力。

2016年3月，河南省人民政府印发《河南省加快转变农业发展方式实施方案》，指出加强农业科技自主创新与推广，加快农业科技创新能力建设，构建完善小麦、玉米、花生、畜禽加工等一批产业技术创新战略联盟，完善小麦、玉米等11个主要农产品现代农业产业技术体系。开展农业科技"展翅行动"，启动一批省级重大科技专项，加强农业科技国际交流与合作，着力突破农业资源高效利用、生物育种、生态环境修复等共性关键技术。支持科研院所、大专院校与华大基因公司开展合作，加快提高河南省生物育种水平。支持鼓励涉农企业和科研院所加大生态安全和循环节约型技术创新研发力度，建立安全型农业评价体系。2018年底前新构建一批产业技术创新战略联盟，组建一批工程技术研究中心和重点实验室，实施一批省级重大科技专项。2016年7月，河南省人民政府出台《2016年河南省打击侵犯知识产权和制售假冒伪劣商品工作方案》，明确以与农村居民日常生活和农业生产紧密相关的种子、化肥、农药等农资产品为重点，围绕重要节庆时点和春耕、夏种等重要时段，集中开展执法检查，加强全链条监管，着力从生产源头、流通渠道和消费终端三个方面大力整治，加强市场监督检查，严厉打击侵权假冒违法犯罪，维护农村市场秩序。结合农时部署开展春秋季农资打假、"红盾护农""农资打假下乡"等集中整治行动。强化农资生产经营企业产品抽检，重点检测种子苗木质量、品种真实性以及肥料、农药、兽药和饲料有效成分含量及是否添加违禁成分，严肃查处虚假宣传行为。对抽检发现问题多、媒体曝光多、举报投诉多的地方开展专项治理。2016年10月发布的《河南省建设支撑型知识产权强省试点省实施方案》也强调，着力培育现代农业，提高知识产权密集度，植物新品种创新能力明显提高，拥有一批优良植物新品种。支持植物新品种、农业技术专利、地理标志产品和农产品商标保护，推动创新成果产权化，建立地理标志联合认定机制，促进农业向技术装备先进、综合效益明显的现代化方向发展。以知识产权利益分享为纽带，加强品种权保护体系建设，建立品种权转让交易公共平台，建设品种权保护展示基地，提高农产品知识产权附加值，促进农业知识产权运用，推动现代农业大省建设。运用知识产权助推生物遗传资源保护、开发和利用，推动生物遗传资源获取与惠益分享。

2017年2月出台的《河南省推进优质小麦发展工作方案（2017—2018年）》《河南省推进优质花生发展工作方案（2017—2018年）》《河南省推进优质果蔬发展工作方案（2017—2018年）》《河南省农业机械化提升工作方案（2017—2018年）》《河南省农产品加工业提升行动方案（2017—2018年）》五个专项工作方案，发展优质小麦、优质花生、优质果蔬，提升农业机械化和农产品加工业发展水平，深入推进河南省农业供给侧结构性改革，建设现代农业强省，推动农业增效、农民增收，在确保全省小麦种植面积稳定的基础上，到2018年，河南省优质专用小麦面积发展到1200万亩，其中优质强筋小麦达到950万亩，优质弱筋小麦达到250万亩；花生种植面积发展到2200万亩，花生总产提高到700万吨左右。2017年加大优质专用小麦发展力度，力争全省优质专用小麦生产面积发展到800万亩，其中优质强筋小麦600万亩、优质弱筋小麦200万亩；花生种植面积发展到2000万亩，花生单产增长10%，花生总产提高到620万吨左右，优质花生规模化种植得到快速发展。

2017年5月，《河南省人民政府关于新形势下加快知识产权强省建设的若干意见》发布，明确到2020年，知识产权创造水平显著提高，拥有一批优良植物新品种权，建立以知识产权为重要内容的创新发展评价机制，建立重大经济活动知识产权评议制度。2017年9月出台的《河南省粮食生产功能区和重要农产品生产保护区划定工作方案》强调，2019年底前，划定粮食生产功能区7580万亩，其中水稻900万亩、小麦7380万亩、玉米4600万亩，种植面积有重叠；划定重要农产品保护区1000万亩，其中大豆700万亩、油菜300万亩，大豆与小麦重叠700万亩、油菜与水稻重叠200万亩。"两区"地块做到全部建档立卡、上图入库，实现信息化和精准化管理。

（二）河南省植物新品种授权分布特征

（1）年度申请及保护授权情况。河南省申请保护及授权的农作物种类有大田作物，也有经济作物。大田作物有小麦、玉米、水稻、大豆、棉花，经济作物有花生、芝麻、甜瓜、甘薯、油菜、辣椒、桃、马铃薯等农作物。2016年，全国申请2519项，授权1934项，申请授权比为77%。河南省申请

176项，授权136项，申请授权比为77%，占全国授权总量的7%。2017年，全国申请1760项，授权1486项，申请授权比为84%。河南省共提出品种权申请138项，授权71项，申请授权比为52%，低于全国申请授权比例，授权量占全国的5%。❶ 2017年申请及授权数量较有所下降。

（2）分植物种类品种权申请情况。2016年至2017年，河南省新品种获得授权共207项，其中玉米71项，小麦42项，大豆和水稻各19项，棉属18项，花生15项，桃11项，谷子、猕猴桃、普通西瓜、大白菜各2项，甘薯、辣椒属各1项。国家授权作物品种、数量不一，以玉米占比最大，小麦次之，与河南省农作物的种植面积、农民种植偏好和数量基本一致，也与河南省的农业政策相应。

（3）分单位性质品种权的申请情况。植物新品种技术创新体系包括科研机构、高等院校、企业、政府等，均为农业科技创新活动的主体。农业部将申请人分为国内科研机构、国内企业、国内教学机构、国内个人及国外科研机构、企业、教学机构、个人八类。国家授权的新品种中，河南省国内个人及国外个人申请者不多，申请的主体是种子企业及科研院所。2016—2017年，公司申请授权的有54项，占比26%，其中较多的为河南金苑种业股份有限公司、河南滑丰种业科技有限公司、河南黄泛区地神种业有限公司各3项，河南金博士种业股份有限公司、河南省豫玉种业股份有限公司、洛阳市中垦种业科技有限公司、河南省许科种业有限公司、郑州北青种业有限公司等各2项。教学机构、科研机构申请量为128项，占比为62%，教学科研机构为品种创新的主力军，个别农业科研机构成果非常突出。其中，河南省农业科学研究院获得授权32项，占比16%；新乡市农业科学院获得16项，占比8%；个人申请13项，多集中在玉米、大豆、辣椒等经济作物品种上。

（4）分区域植物新品种授权情况。河南省各地植物新品种申请、授权情况差异很大。就2016—2017年河南省获得品种权的207个品种来说，主要集中在郑州，有79项，占比为38%，主要为小麦和玉米品种；新乡21项，占比为10%，主要为小麦品种；其他地市分别为周口9项，信阳8项，商丘7项，开封、许昌各6项，安阳、洛阳、南阳、漯河各4项，焦作3项，濮阳、鹤壁各2项，济源、驻马店、平顶山、三门峡四市授权数为零。

可以看出，各地品种授权比例地市差异很大。郑州集聚了较多科研机构、

---

❶ 本处及以下河南省植物新品种审定及授权保护数据均来自中国种业大数据平台，http://202.127.42.145/home/service。

高等院校、种业科技公司，具有明显的地域优势和信息优势，品种授权的数量较大，为79项，其他的地市品种授权数量在6~9项的地市有5个，2~4项的地市有7各，四个地市品种授权数量为零。说明河南省各地植物新品种创新能力不平衡，作为农业大省，种子市场创新潜力很大。

（5）植物新品种权申请与当地农业发展实际的相关性分析。创新多围绕社会经济发展实际展开。就河南省而言，2016—2017年，国家授权的207品种中，玉米71项，占比34%；小麦42项，占比20%；大豆、水稻各19项，各占比9%；花生15项，占比7%；棉花18项，占比8.6%。在国家品种授权的农作物结构比例中，玉米所占比例最大，小麦占1/5强。说明河南是农业大省，国家粮食主产区，主要种植小麦和玉米，其中小麦为主粮，保证国家粮食安全，并没有偏离国家的粮食政策；作为附加值很低的农业，种植小麦收益率很低，玉米产量高，适应性强，常常是作为经济作物种植，栽培面积很大，所以，玉米品种的比例较大。

就具体的地市而言，除郑州外，周口、新乡、濮阳、驻马店、安阳、许昌、商丘为小麦的主产区，国家审定和河南省审定的品种中，授权的小麦品种较多。玉米在各地均有种植，各地玉米品种授权的数量也比较大。而培育水稻的地市，通常也出产水稻，比如信阳地区和新乡原阳均出产大米，授权保护的19个水稻品种均出自这两个地市的科研院所、高等院校及种业公司。

（三）植物新品种创新助推农业发展

河南是我国粮食主产区。河南省以"四优四化"为抓手推进农业供给侧结构性改革，深入实施"藏粮于地、藏粮于技"战略，大力加强粮食生产核心区建设，粮食综合保障能力巩固提高。高标准良田建设持续推进，为保障粮食安全打下了坚实基础。优良的农作物品种的生产和推广，保证了河南省粮食生产连年维持较高的产量，也涌现出一批创新能力较强的科研机构和种业企业，如河南省农科院、新乡市农业科学研究院、河南秋乐种业科技股份有限公司、河南金博士种业股份有限公司等。其中，河南省农科院对新育成的品种申请了品种权保护，其中，玉米新品种"郑单958"和小麦新品种"郑麦9023"连续多年成为全国推广面积最大的授权作物品种，"郑麦7698"在豫东地区大面积推广种植中表现出的高产、优质、适应性广、商品性好等优良特性，"郑1307"大豆品种亩产328.3千克，"豫花""远杂"系列花生品种相继成为我国北方花生产区主栽品种，为河南农作物品种的更新换代和国家的粮食安全做出了重要贡献。从2013年以来，河南省粮食综合生产能力连续稳定在1100亿斤以上，2015年还跨越1200亿斤大关。2016年河南农业生产稳定发展，粮食总产量达1189.32亿斤，是历史上第二个高产年。此外河南油料、果蔬、水产等菜篮子产品供应充足。强筋、弱筋小麦种植面积达600万亩，籽粒玉米面积调减40万亩，青贮玉米种植面积200万亩，花生面积增加93万亩。2017年，粮食总产量再获丰收，是历史第二高产年，河南省粮食总产量1194.64亿斤，约占全国的10%，位居全国第二位。其中，夏粮产量稳居全国第一，小麦产量约占全国的25%，夏粮生产再创历史新高，达到710.8亿斤对全国夏粮增产的贡献率达58.8%。

（四）植物新品种权保护策略

植物新品种权的保护有行政保护、司法保护、社会保护等多种方式。所谓知识产权行政保护，是指知识产权行政管理机关通过做出行政确权、查处侵权行为等具体行政行为保护知识产权权利人或利害关系人的合法权益。知识产权司法保护是指应知识产权权利人的请求或依职权，公安司法机关通过履行知识产权民刑事案件的侦查、公诉、审判、监督职责或通过知识产权行政诉讼，审查具体行政行为的合法性等审判活动，实现对权利人和利害关系人合法利益的保护。[1] 知识产权的社会保护则是指通过仲裁、调解等非诉讼纠纷解决机制实现的保护。河南省知识产权社会保护目前尚未有效开展，以行政保护和司法保护最为常见。

1. 植物新品种行政保护

在种子行政管理方面，河南省农业厅出台工作方案，加大种子侵权打击力度，加强对种子生产企业的管理，积极开展种子流通环节的品种权执法检查，查处种子违法经营及侵权案件。2016年8月，河南省种子管理站发布《关于做好2016年秋季农作物种子市场专项检查的通知》（豫种〔2016〕61号），要求各地种子管理执法部门采取明察暗访形式开展了自查、推磨检查。各市积极行动，以不同形式开展了市场检查，检查面达60%以上；各地认真落实《种子法》配套办法，全面开展种子经营门店备案工作，采取不同形式对当地经营门店进行备案；三是充分利用网络开展市场监管服务，建立农业执法公众号，方便其企业及经营门店的政策把握；企业档案逐步规范，经营

---

[1] 王肃. 知识产权保护教程 [M]. 北京：知识产权出版社，2015：30-49.

门店接受检查日趋常态化，关门拒绝检查现象明显减少。2017年下半年，针对河南省内小麦种子生产企业法制意识淡薄，肆意制假售假，张冠李戴，套牌侵权，严重扰乱种子市场秩序的问题，河南省种子管理站开展2017年度全省秋季农作物种子尤其是小麦种子精准打假扶优治劣为核心的专项监管活动，进一步加强秋季种子市场监管，打击制假售假、套牌侵权的违法行为，要求县种子管理机构按照属地管理原则，对其他生产企业由抽样检测，抽检覆盖率不低于80%；种子市场和销售门店。各市县种子管理机构对辖区内种子市场及门店进行抽样检测，抽检覆盖率不少于60%。各级种子管理执法部门组织开展以种子市场及基层经营门店为重点的秋冬季种子市场专项检查行动；组织省辖市、直管县种子管理执法部门开展推磨互查，同时省站将派人参加各组进行推磨检查；省站抽调种子管理执法人员集中统一行动，对全省重点地市及种子市场进行巡查和督察。重点针对省际交界、案件多发地尤其是春季市场检查过程中发现问题多的市县作为重中之重，将采取多次长期蹲点检查，比如郑州市北建材种子市场、邓州市种子市场、滑县生产基地、驻马店正阳县、南阳唐河县等，改善了当地市场状况。

2. 植物新品种司法保护

司法保护在植物新品种权保护中居于主导地位，既是行政保护、自我保护、社会保护的后盾，也是植物新品种保护的最后一道防线。河南省内的植物新品种权民事、行政案件由郑州市中级人民法院管辖，二审由河南省高级人民法院管辖。两级法院创新工作思路，加大知识产权司法保护力度。2017年6月13日，在河南省农科院现代农业科技试验示范基地揭牌成立"农业知识产权司法保护基地"，为方便当事人诉讼，助推大众创业、万众创新，以及促进河南省农业科技创新发展，探索了新路径，积累了新经验。2016年郑州市中级人民法院新收植物新品种权纠纷案件3件，结案15件；2017年新收19件，结案14件，案件数量不多。郑州市中级人民法院一审的河南金博士种业公司诉某种业公司植物新品种案，一审判赔近5000万元，二审双方达成调解结案，此案一审赔偿数额为河南省植物新品种案件的新高，被推荐为河南省十大知识产权案件之一。两级法院的司法审判工作，对于保障河南省粮食安全、促进农业经济发展及鼓励创新起着重要的作用。

从2016—2017年河南省知识产权案件的数量来看，植物新品种案件与植物新品种的发展阶段密切关联。就河南省来说，《植物新品种保护条例》《种子法》等法律法规颁布伊始，农作物品种市场化运作刚刚起步，种业企业关注的重点多在于品种权、经营权的获取及市场的开发，植物新品种纠纷不多，主要为侵权案件。在其后的市场调整阶段，品种权人出于市场利益的考虑，主动拿起法律武器维权，案件数量较大，案件的类型日趋多元，不再是单一的新品种侵权，品种权权属纠纷和合同纠纷案件开始出现。随着市场的日益成熟、相关法律法规的健全和政府监管力度的不断加大，打击侵权行为的力度增强，市场经营主体植物新品种权的保护观念日益加强，普遍性的保护意识已经建立，市场销售中的直接、明显的侵权行为日渐减少，侵权形式呈现多样化的发展趋势，侵权的手段更加隐蔽，案件涉及市场经营的领域越来越广，查处更加困难，维权的成本更高。

三、存在主要问题

（一）植物新品种权利意识不强

知识产权具有无形性、专有性的特征，人们对知识产权的认知和传统财产权有很大的区别。人们对传统财产权的认识是根据生活的经验和习惯，权利人因占有、控制某物而享有相应的权利；而知识产权源于法律的规定，是一个国家公共政策的产物，很难把智力成果和传统物权意义上的占有相提并论。世界范围内，知识产权法律意识普遍不高。[1] 同时，知识产权是新兴学科，是民法的一个分支部门，是一个小法，主要涉及一些高技术产业，很多人甚至司法工作人员没有接触过，不了解知识产权创造、运用、保护的重要性和意义，对知识产权的司法保护缺乏应有的重视。更进一步地讲，在日常的知识产权宣讲中更多地注意专利、商标、著作权等传统的知识产权，植物新品种权作为知识产权领域中很小的一个部分，更容易被人忽视。主要表现为上级重视，下级应付，领导重视，下级敷衍的状况。机关的层级越高，植物新品种权的重视程度越高。法律意识方面，缺乏群众基础、社会基础，不利于河南省植物新品种权保护工作的开展。

（二）植物新品种侵权现象依然严重

植物新品种纠纷案件主要为侵权案件，部分企业或种子商户缺乏诚信，对同一品种权人重复侵权，有的甚至销售假种子。种子市场问题严重，一是白袋包装销售依然存在；二是小麦品种套牌销售严重；三是散装销售时有发

---

[1] 王迁. 知识产权法教程（第三版）[M]. 北京：中国人民大学出版社，2011：8.

生；四是一些县区执法管理部门对市场监管缺乏主动性。2016年河南省共查获涉案种子83.4773万千克，没收种子数量19.6096万千克。全省抽查检验不合格种子企业17家，其中张掖市金丰种业有限责任公司"桥玉20"真实性不合格，张掖市裕泰种业开发有限公司"郑单528"真实性不合格，发芽率不合格的有甘肃三盛农业开发有限公司"豫单802"，山东登海先锋种业有限公司"先玉335"，安徽隆平高科种业有限公司"隆平206"和武威甘鑫物种有限公司"平玉8号"等。这些问题严重阻碍河南省植物新品种的创新。

（三）植物新品种行政保护力度不够

农业行政执法手段具有便捷、高效的优点，对于进行市场流通的种子产品来说，行政保护无疑是最直接快捷的。但目前河南省植物新品种行政保护力度不够，突出表现为：第一，种子侵权纠纷案件管辖过于集中，不利于侵权案件的处理。种子侵权案件由省级以上农业行政部门的种子管理机构负责查处，县级以上人民政府农业行政部门只负责假冒授权品种案件的行政执法。省级以上种子管理部门由于人力、物力等方面的制约，无力查处植物新品种侵权案件，而下级种子管理机构又无权管辖侵犯品种权的案件。因此，在种子行政执法中，种子行政管理部门侧重于市场中假、劣种子的经营、包装及种子标签等不合规范、证照不全等行为的查处，而对单纯的品种权侵权行为处理的较少。第二，种子管理执法中存在地方保护和部门保护的现象。在历史上，各地种子管理部门与国营种子公司原本就是一家或者同受当地农业行政部门主管，彼此间存在千丝万缕的联系，也有地方政府为保护本地企业利益，实行地方保护主义，直接或间接私下设置市场准入限制，排斥外来企业和优良品种，甚至袒护本地违规侵权单位，阻挠执法部门查处。第三，种子管理部门执法权限过小。《植物新品种管理条例》规定，农业行政部门在查处品种权侵权案件、假冒授权品种案件时，根据需要，可以封存、扣押销毁与案件有关的植物品种的繁殖材料，查阅、复制或者封存与案件有关的合同、账册及有关文件，可以责令侵权人停止侵权行为，没收违法所得继续罚款。这种执法权限规定过于原则，可操作性不强，不能适应查处假冒种子的需要。并且，行政机关只能采取没收、罚款等行政处罚措施，无法对侵权人进行市场禁入等限制，无法弥补品种权人的经济损失。

（四）植物新品种权分布不合理

第一，品种权结构不甚合理。河南省农业植物新品种授权绝大多数是大田作物，经济作物品种较少，尤其是油料作物品种占比不多，如大豆和花生品种，品种权结构不合理，不利于保障国家粮食安全。第二，植物新品种授权地区差异较大。申请与区域农业相关性较强，由于区位优势，授权较多的企业集中在郑州，为79项。其他地市则授权数量不平衡，与郑州相比有很大差距，有的地市甚至授权数量为零。第三，品种的市场化比例过低。2016—2017年，授权的207个植物新品种中，推广的仅有45个品种，转化率为22%，说明品种的质量不高，品种的市场化率较低，创新缺乏市场动力。

（五）农业生产附加值低

由于河南省农业科技创新能力不强，生产的集约化程度不高，科技创新在农业增产增收中的比重较小。加之农业位于产业链的底端，生产附加值低，农业产出较低，农民从事农业生产的积极性不高。2018年《河南经济蓝皮书》分析显示，河南农业经济发展依然是挑战和机遇并存。粮食生产比较效益低，农民种粮积极性不高。根据河南省地调队对40个县600个农户抽样调查，2017年河南全省小麦、玉米粮食作物的亩均生产收益分别为440.7元、174.3元，明显低于外出务工收入，不利于激发农民投入粮食生产的积极性。

（六）缺乏有竞争力的种子龙头企业

作为农业大省，农业科技创新是促进农业生产的重要抓手。在市场经济条件下，种子企业应当是最活跃的主体，但河南省种子企业中，多为有限责任公司，股份制公司不多，上市企业更少，只有两家在新三板挂牌的公司，没有主板上市的企业，企业体量不大，创新能力不强。如2016—2017年，河南金博士种业股份有限公司获得玉米品种权2项，而河南省德宏种业股份有限公司授权为零。说明作为河南种子行业的优势企业，其创新能力、市场竞争力尚且如此，其他的种子企业就更不用说了。2016—2017年授权的品种中，种子企业申请的有54项，占比26%，推广10项，转化率为19%，创新转化的比例低，市场没有动力。

四、对策建议

植物新品种权保护有助于实现育种人创新收益，激励品种改良，提升品种创新农业增产增收中的作用，保障我国粮食安全具有重要的意义。针对河南省植物新品种权创造、利用、管理和保护中存在的问题提出以下改进之策。

（一）加强对植物新品种权知识的宣传与普及

观念是行动的先导。植物新品种权利理念的落后，带来对品种创新的轻视。加强对植物新品种保护的宣传与普及力度，提高全社会的植物新品种保护意识。有效的植物新品种权的司法保护需要坚实的群众基础、社会基础，为植物新品种的创新提供社会支持。一是积极争取各种新闻媒体的支持和配合，采取多种形式深入宣传植物新品种权保护的重要作用和相关知识，普及植物新品种保护法律、法规，使全社会认识到植物新品种权也是一种知识产权。二是针对不同的对象，以普及教育、专业培训、业务交流等多种形式，深入、持久、扎实的开展宣传工作。因此，要加强公安司法机关工作人员的植物新品种专业培训，增强公安司法人员的知识产权司法保护的自觉性、能动性，提高知识产权司法保护的能力。三是定期对某些关键行业进行培训，把知识产权通识教育纳入学生通识教育课程中，提高全社会尤其是科研、教学单位、政府农业管理部门、企业的知识产权保护意识，使他们对植物新品种保护制度的一个正确的认识，培育进植物新品种司法保护的文化氛围，为植物新品种保护奠定扎实的社会文化基础。

（二）提升农业行政管理部门执法队伍素质，加大行政保护力度

采取多种措施，重点强化对省级农业行政管理部门的执法人员、种子管理站的工作人员、植物新品种保护中介机构的代理人员的培训，使他们了解植物新品种保护的相关法律、法规和规章，提高植物新品种执法队伍整体素质，强化执法力度。第一，与许可证年审挂钩，建立诚信档案。对出现植物新品种侵权行为的企业，可根据其不同程度采取延期审验、暂停审验直至吊扣相关证照的行政处罚措施，对违法种子经营者形成震慑力，营造相对有利的种子执法环境。第二，加强检验检测技术手段，及时查处违法犯罪行为，强化执法的时效性。第三，充分发挥行政调处功能，及时化解矛盾冲突。从河南省两级法院受理植物新品种案件的情况来看，该类案件的调解撤诉率常年保持在70%以上，行政机关作为行业主管部门，发挥调解功能更有优势，可以使大量纠纷在发生的初期得到解决。第四，优化种子行政执法与司法保护衔接机制。加强司法与行政部门之间的联合与沟通，建立健全科学高效的运作机制，及时了解植物新品种权发展、保护的最新状况，做好行政与司法保护环节的衔接工作，共同营造有利于植物新品种保护的法治环境。

(三) 优化植物新品种协同创新机制

同一区域内、同一行业内、供应链的上下游企业之间的知识产权协同创新，可以通过专业化的分工和跨产业的发展，获得规模经济和范围经济，降低经营成本，以及通过区域内不同行业、不同学科之间的互动，形成有利于创新的机制和环境，提升区域内创新主体的整体竞争力。❶ 植物新品种产业同样如此。目前，河南省出台政策，培育创新平台，构建创新战略联盟，启动农业科技专项，构建植物新品种协同创新的机制。当下，亟须政府充分发挥其主导功能，进一步优化植物新品种协同创新机制，推动协同创新的开展。

首先，充分发挥种业创新平台的示范作用，加快农业科技创新能力建设。结合河南省农业政策，持续推进河南粮食作物协同创新中心、小麦玉米作物学国家重点实验室、国家小麦工程技术研究中心、小麦国家工程实验室、花生遗传改良国家地方联合工程实验室、省部共建农业气象保障与应用技术重点实验室等创新平台建设，提升科技创新能力。构建完善小麦、玉米、花生、畜禽加工等一批产业技术创新战略联盟，完善小麦、玉米等11个主要农产品现代农业产业技术体系，形成产业集聚效应。开展农业科技"展翅行动"，启动一批省级重大科技专项，加强农业科技国际交流与合作，着力突破农业资源高效利用、生物育种、生态环境修复等共性关键技术。支持鼓励涉农企业和科研院所加大生态安全和循环节约型技术创新研发力度，建立安全型农业评价体系。着力构建一批产业技术创新战略联盟，组建一批工程技术研究中心和重点实验室，实施一批省级重大科技专项。

其次，深化种业体制改革。加快构建商业化育种创新体系。落实种业科技成果完成人分享制度，建立健全种业科技资源、人才向企业流动机制。财政科研经费加大对种质资源挖掘、育种材料创新、常规作物育种等基础性公益性研究的投入，逐步减少用于农业科研院所和大专院校开展商业化育种的投入。设立科技创新驱动基金，鼓励以企业为主体、院校参与和科研机构共同承担或通过并购、参股等方式参与重大农业科技创新项目。建成以企业为主体的商业化育种创新体系。加强种业基础条件建设，重点加强种质资源体系、植物新品种测试体系和品种区域试验体系建设，加大种质资源保护力度，完善植物品种数据库。引导城市工商资本和农产品加工业向优势产区、重点

---

❶ 杨树林. 论产业集聚区知识产权协同创新中的政府功能 [J]. 决策探索, 2017 (7).

销区及关键物流节点梯度转移。围绕产业链条建设和资源循环利用，开展招商引资和银企对接活动。推动科研院所、大专院校同企业进行深度联合，加强科技创新推广，建成"产学研推用"有机融合的农产品加工业创新体系。

（四）培育种子龙头企业

第一，转变龙头企业发展方式。重点由单一规模扩张、简单粗加工、依靠资源粗放式发展向精深加工、高附加值、上下游相互协作、依靠科技的集约式、集群式发展。鼓励支持企业通过兼并、重组、改制、上市等方式，按产业链推进企业联合，培育一批产业集团，增大体量，增强创新能力和市场竞争能力。第二，推动龙头企业对接多层次资本市场。分别按照在主板（含中小板）、创业板上市，在新三板、区域性股权市场挂牌以及发行公司债券等目标，有针对地培育企业。加快建设中原股权交易中心"三农"板块，为涉农企业提供股权融资、债信融资、并购重组等服务。

第八章

知识产权与非物质文化遗产

吴殿朝[1]

一、知识产权与非物质文化遗产的关系

(一) 非物质文化遗产的内涵

在人类社会发展和历史进步的进程中,人类创造的丰富文化遗产,不仅包括大量的物质文化遗产,还包括数量极大的非物质文化遗产。这些文化遗产是人类创造力、想象力、智慧和劳作的结晶,是人类文化多样性生动的展示。它们对一个民族和整个人类社会来说,是现存文化的记忆,物质文化遗产和非物质文化遗产具有同等的重要意义。从历史的角度和非物质文化遗产存在的形态来看,非物质文化遗产是一种包含更多随时代迁延而容易湮没的文化记忆,更应该加以珍视。

在英语中,最初使用 Nonphysical Heritage (非物质遗产),后来使用 Oral and Intangible Heritage (口头与无形遗产),再后来就是 the Intangible Cultural Heritage (无形文化遗产)。在中文中,先后使用过"非物质遗产""无形文化遗产""口传与非物质遗产""口述与无形遗产""口头和非物质遗产""非物质文化遗产"等词。

"非物质文化遗产"作为一个学术概念,是比较新的术语。1982 年,联合国教科文组织内部设置了一个管理部门,叫作"非物质遗产"(Nonphysical

---

[1] 吴殿朝 (1968—),河南濮阳市人,中原工学院法学院/知识产权学院教授,管理学博士、法学博士后,主要研究方向:刑事法学,教育法学。

Heritage)部门。1989年11月，联合国教科文组织在巴黎通过《保护民间创作建议案》，正式在联合国教科文组织文件中提出保护非物质文化遗产的建议。只是该建议并未明确使用"非物质文化遗产"的概念，而是以"民间创作"（"民间传统文化"）来指代"非物质文化遗产"的称谓。1992年，联合国教科文组织受日本"无形文化财"术语的影响，将"非物质部门"改为"无形遗产"（Intangible Heritage）。1997年11月，联合国教科文组织第29次全体会议通过的《人类口头和非物质遗产代表作宣言》（Proclamation of Masterpieces of the Oral and Intangible Heritage of Humanity），对"人类口头和非物质遗产"的界定，基本沿用了《保护民间创作建议案》对"民间创作（民间传统文化）"的定义。2001年3月，在都灵召开了联合国第31届成员国大会，在会议的文件中，以"非物质文化遗产"代替了"民间传统文化"的概念。2003年10月17日，联合国教科文组织第32届大会通过了《保护非物质文化遗产公约》（Convention for the Safeguarding of the Intangible Cultural Heritage）。由此可见，"非物质文化遗产"的概念是与"物质文化遗产"相比较、相对应而提出来的，发端于非物质形态的文化遗产保护本身的现实而迫切的需要，也是为了充实和补充《保护世界文化和自然遗产公约》对于非物质文化遗产保护的遗漏。

联合国教科文组织在《保护非物质文化遗产公约》中做出如下解释：非物质文化遗产是指被各社区、群体，有时为个人，视为其文化遗产组成部分的各种社会实践、观念表述、表现形式、知识、技能及其相关的工具、实物、手工艺品和文化场所。包括口头传统和表现形式；表演艺术；社会实践、礼仪、节庆活动；有关自然界和宇宙的知识和实践；传统手工艺。

国务院办公厅颁布的《关于加强我国非物质文化遗产保护工作的意见》的附件《国家级非物质文化遗产代表作申报评定暂行办法》中如此定义：非物质文化遗产是指各族人民世代相承的、与群众生活密切相关的各种传统文化表现形式（如民俗活动、表演艺术、传统知识和技能，以及与之相关的器具、实物、手工制品等）和文化空间。全国人大常委会通过的《中华人民共和国非物质文化遗产法》中：非物质文化遗产是指各族人民世代相传并视为其文化遗产组成部分的各种传统文化表现形式，以及与传统文化表现形式相关的实物和场所。包括：①传统口头文学以及作为其载体的语言；②传统美术、书法、音乐、舞蹈、戏剧、曲艺和杂技；③传统技艺、医药和历法；④传统礼仪、节庆等民俗；⑤传统体育和曲艺；⑥其他非物质文化遗产。

(二)"非物质文化遗产"的特点

(1) 非物质文化遗产不是当代的而必须是"老祖宗留下来的"。非物质文化必须是我们"老祖宗留下来的",它应该同时具备传承性、口头性和可塑性三个特点,后两个特点是由传承性衍生出来的。"传承性"是指非物质文化遗产具有被人类以集体、群体或个体方式一代接一代享用、继承或发展的性质。这一特点是由遗产的本质所决定的,换句话说,在我们的祖辈长期劳动过程中,经过一代代劳动积累和改进并以师徒或团体的形式流传下来,逐渐形成今天的技能或习俗。它是我国劳动人民智慧的象征,是我们祖先汗水的结晶。可以得出,非物质文化遗产大多没有具体的创造者,即使有,也是后人对前辈已有技艺或习俗的加工和创新。这里的"传承"是指传授继承,即师传徒承。而"师传"有口头和书面两种形式。长期以来,非物质文化一直没有得到过与精英文化同等的地位,有关史籍志书也难得有记载,其传承形式主要靠口传心授,言传身教,具有很强的"口头性",而很少以书面形式流传下来。当然,并不是所有非物质文化一定要以口头传承,有些非物质文化遗产在前人的总结下早已整理成册的,最著名的就是《天工开物》一书。"可塑性"就是可以改变,是"活态"的,它不像汉字那样,几百年甚至几千年不变,更不像实物,一旦成形,亘古不变。非物质文化遗产的这种"可塑性",在非物质文化遗产之口头传说和表述及其语言、表演艺术、社会风俗、礼仪、节庆以及传统工艺技能等遗产中,表现得尤为突出。它们的文化内涵是通过人的活动表现的,通过人的活动传达给受众。非物质文化遗产的"可塑性"还体现在非物质文化遗产在传承、传播过程中的变异、创新。非物质文化遗产不管经历多少年或多少代人,它都不会脱离各族群众的生产和生活方式。随着时代的发展,以口头或动作方式相传并创造出新的文化内容,一代代下来,具有一定的可塑性。也就是说,它是通过人的智慧创造出来的,对于上一代的技艺、方式可以凭着个人及集体的力量和智慧才智加以创新改造,进行再发展,可以说,它是一个民族、一个区域历史文化的"活化石",是活态的。

(2) 非物质文化遗产不是"到处存在着"而是"濒临失传的"。1700年前,诸葛亮发明木牛流马,用其在崎岖的栈道上运送军粮,且"人不大劳,牛不饮食"。那么,"木牛流马"是什么样子的?自古以来,莫衷一是。"木牛流马"可以说是我们老祖宗智慧的结晶。非物质文化遗产同时应该具备

"濒临失传的"的"濒危性",也就是说,这项技艺或习俗,到目前为止,尚有传承人(至少也要有人懂得这项技艺或习俗的制作过程)。而"木牛流马"不具备这个特点,非物质文化遗产不是"到处存在着",也就不在非物质文化遗产之列。

(3)非物质文化遗产的范畴不是有形的,多数"技艺和习俗"是无形的。我们知道,物质文化是实物的,是存在的、有形的、看得着的、摸得到的。而非物质文化遗产相对于物质文化而言则是非物质的,是不存在实物的,往往看不见也摸不着,是无形的。非物质文化遗产与物质文化有着不可分割的联系,物质文化是相对应的非物质文化的载体。如果说非物质文化是因,那么,物质文化则是果;如果说非物质文化是源,那么,物质文化则是流。

联合国教科文组织通过《保护非物质文化遗产公约》后,其专门委员会每年都会审议各国申报的遗产,然后决定是否将其列入名录。目前,编制了"人类非物质文化遗产代表作名录""急需保护的非物质文化遗产名录"和"优秀实践名册"三项人类非物质文化遗产名录。不言而喻,非物质文化遗产极其重要:它既是文化多样性的熔炉,又是可持续发展的保证,它与物质文化遗产和自然遗产之间具有内在的相互依存关系。

(三) 非物质文化遗产的法律特征

非物质文化遗产具有自发性、民间性、传承性、融合性、民族性、地域性、活态性、流变性等特点,与这些特点相关联,非物质文化遗产的法律属性具有下列特征。

(1)在权利客体上,无形和有形相结合,以无形文化为主。非物质文化遗产是各族人民世代相承、与群众生活密切相关的各种传统文化表现形式(如民俗活动、表演艺术、传统知识和技能,以及与之相关的器具、实物、手工制品等)和文化空间。

(2)在权利主体上,群体和个体相结合,以民间群体为主。非物质文化遗产是一种随时代变迁而发展但也容易湮没的文化记忆。从实体法的角度来看,需要关注的是谁记忆或传承了并正在传承这种非物质文化遗产,谁拥有并正在使用该种技能。

(3)在权利内容上,精神和经济相结合,以精神权利为主。非物质文化遗产是民族身份的象征,是培育民族自豪感的宝贵资源,是促进民族团结、增强民族认同感和凝聚力的文化基础,是推动民族发展的重要精神力量。同时,某些传统手工艺品、传统医药的制作和技艺的传承,是该民族群体重要的经济来源,甚至是生存和发展的基础。

(4) 在权利性质上,私权和公权相结合,以特定私权为主。非物质文化遗产是一个国家文化遗产的重要组成部分,是文化遗产中的活化石,是活生生的文化形式。非物质文化遗产和其他文化形式一样,要受到国家文化主权的管制。同时,非物质文化遗产主要依靠民间自发的内在动力来传承和弘扬。公权的行使,最终要通过私权的实施来推动非物质文化遗产的弘扬和光大。

(四) 非物质文化遗产知识产权保护的必要性

非物质文化遗产本质上属于知识产权,非物质文化遗产与知识产权都具有无形性、财产性、人身性这些特征,而且从客体范围来看,非物质文化遗产与知识产权具有一定的重叠性。故可以利用知识产权规则体系保护非物质文化遗产。非物质文化遗产与知识产权确实存在着某些相容的地方。非物质文化遗产的保护和传统的知识产权保护存在巨大的差异。一项智力成果要想获得现行知识产权法体系的保护,应当在主体——权利人身份可以确定、客体——智力成果符合特定要求以及法定保护期限等方面都满足条件才可以。

(1) 非物质文化遗产的法律保护有助于传承民族精神。民族是指居住在某一地域、具有血脉上的同源性、从属于统一的行政机构治理的人群共同体。这一人群共同体以自己的传统、风俗、语言和历史形成了一个具有共识的、稳定的文化共同体。民族的存在、延续和发展离不开人们共同的信念、宗教、伦理、风俗、语言和生活方式。这其中,最重要的莫过于民族精神的形成和传承。民族精神是一个民族在长期共同生活和社会实践中逐渐形成的、为多数民族成员所信奉的、具有广泛影响的、能够激励人们前进、有促进社会发展作用的民族文化的主体精神。它反映了一个民族的历史和文化,是民族文明程度的主要标志,也是一个民族特有的精神风貌,大力培育和弘扬民族精神具有重要的意义。

文化为整个中华民族文化传统的重要组成部分,保护文化也就是保护我们的民族文化。非物质文化遗产法律保护的社会功能不仅体现在对其蕴含的经济利益的"定份止争"方面,还体现在法律对其保护对象的价值评价方面,即通过法律保护体现了对文化主体创造性活动的肯定态度。这种肯定态度必然有助于非物质文化中所体现的民族精神得以在社会群体中传承。

(2) 非物质文化遗产的法律保护有助于文化的可持续发展。文化属于一种公共领域，而文化产品则属于一种公共产品，即对包括非物质文化遗产在内的文化产品可以为所有社会大众所共享，从而有助于促进整个社会的文化增量。但这只是问题的一个方面。问题的另一个方面是公共领域出现的一个必然后果是处于公共领域内有价值资源的租金会发生消散，进而产生"公地的悲剧"。因此，对非物质文化遗产予以知识产权保护有助于非物质文化的可持续发展。

（3）非物质文化遗产的法律保护有助于区域经济发展。非物质文化遗产是人类社会长期劳动实践的产物，无疑具有巨大的文化经济价值，在一定条件下可以转化为文化资本。当文化产品连同其文化价值从形式上被储藏下来时，文化价值就在时间维度上沉积下来了，成为人类的文化资源。这些文化资源表现出两个特征：一方面，它拥有潜在的使用价值；另一方面，它凝聚着共同的人类劳动价值。故非物质文化遗产对于经济发展具有重要作用。在文化产业已成为全球经济新的增长点的背景下，非物质文化对经济的发展具有更强的推动力。

（4）公共资源的稀缺性与非物质文化遗产保护的巨大需求之间存在矛盾。保护非物质文化遗产要投入大量的人力、物力和财力，但政府往往只能投入有限的资源，无法使非物质文化遗产得到全面、及时、有效的保护。再加上有限的保护资源的分配必然导致权力"寻租"现象。公权力易被滥用的特征，使它本身对非物质文化遗产保护来说是一个潜在的威胁。如果公权力失控，对非物质文化遗产的侵害往往比其他因素的影响程度更深、涉及面更广。而公法保护的目的在于维护公共利益，其权利主体是国家，主管部门行使的是"权力"而非"权利"，主管部门的职能只能是代表国家行使权力，运用公权力来保存非物质文化遗产，但不能维护非物质文化遗产所有人或管理人的利益。

（五）非物质文化遗产知识产权保护的可行性

（1）非物质文化遗产符合知识产权的客体特征。知识产权是民事主体所享有的对其智力劳动成果依法享有的专有权利。换句话说，知识产权（Intellectual Property Right）即知识财产权，也就是无形财产权，它是法律上确认和保护人们（包括公民和法人）在科学、技术、文学、艺术等精神领域创造的"产品"所具有的专有权或独占权。可见，知识产权的对象是人的脑力、智力的创造物，对这类知识财产及与之有关的各类信息享有的各种权利就是知识产权。知识产权的客体特征体现在：人类创造性智力活动的产物。无论著作权、商标权还是专利权，其保护的客体都可以说是人类智力活动的产物。可以说，知识产权在本质上就是对人的脑力劳动的确认和保护。非物质文化就是人类智力活动的产物和成果，同样应当受到知识产权的保护。这些智力成果完全符合知识产权所要保护的对象范围。

（2）非物质文化遗产符合知识产权的无体性。从外在特征上看，知识产权客体与物权客体最大的区别在于其无体的特征，即知识产权客体的表现为一种摸不着、看不见的信息，这种信息必须借助一定的媒介方能显现出来，如著作权保护的作品等。

（3）非物质文化遗产具有知识产权经济价值性。作为知识产权的信息必须具有财产价值，可以交换。因为如果不能进行商业性利用，那么，也就没有必要给予其法律上的保护。非物质文化遗产具有十分巨大的经济价值或潜在经济价值。

（六）非物质文化遗产知识产权保护的意义

非物质文化遗产是精神智力成果的创造与积累，是技能、艺术的传承与表达，体现了历代传承人（群体）恒久、旺盛的创造力，在总体上符合知识产权制度对其保护客体的精神性、创造性的要求。非物质文化遗产知识产权保护是我国全面深化改革的需要，是其自身传承与保护不可少的环节，也是推动国家经济结构转向优化升级过程的重要举措。非物质文化遗产知识产权保护的意义体现在两个方面。

一方面，知识产权保护制度能够促进非物质文化遗产传承人（群体）文化权利的实现。传承人（群体）具有非物质文化遗产保护主、客体的双重身份，是非物质文化遗产传承、发展的内源性力量。传承人（群体）的文化权利主要包括文化平等权、文化认同权、文化私有权，契合了"知识产权是一种人权与财产权并存的权利"的特征。对非物质文化遗产进行知识产权保护，有利于传承人（群体）获得应有的尊重和平等的对待，有利于增强传承人（群体）的自豪感、归属感以及被外界认可的程度，尤其有利于保护传承人（群体）对其非物质文化遗产所拥有的精神上和物质上的权利。促进传承人（群体）文化私有权的实现是非物质文化遗产知识产权保护的主要目标。非物质文化遗产是历代传承人（群体）反复创造、多元重构的精神成果，具有一定的或潜在的经济价值。相对于传承人（群体）内部而言，非物质文化遗产是公开的、公知的、公有的。但如果超出这一范围，非物质文化遗产就具有了相对的私有性。在传统社会，受科技手段和传播能力的局限，对这种私有权的侵犯不易成为普遍行为。但在现代社会，强势资本和科技力量对非物质文化遗产的产业化开发、市场化利用、现代化整合、发展性重构以及全球性争夺已是必然，一些团体和个人也寻求各种机会大量采集、收购、记录、复制和盗用非物质文化遗产。所以，如果只看到非物质文化遗产的相对公有性，不对其进行私有权保护，就必然会助长现已频繁发生的侵害行为，从而不利于非物质文化遗产及其相关的文化事业和文化产业的可持续发展。就目前已有的法律调控手段而言，作为财产的"非物质化"在私有权保护领域中的体现，知识产权制度应该是对非物质文化遗产传承人（群体）文化私有权进行保护的最佳选择。

另一方面，知识产权保护制度能够激励非物质文化遗产的传承与创新。在传统社会，名声、威望、美誉、兴趣爱好、对生活的调剂、对生产的改良等因素构成了非物质文化遗产传承与创新的激励机制和价值确认系统。但在全球化、信息化、商业化的社会环境下，传统的激励机制和价值确认系统已功能弱化甚至失去作用，以权利和发展理念为核心的法治社会分配机制成为文化发展的主要动力。于是，没有及时更新动力系统的非物质文化遗产便不可避免地陷入后继乏人、只能借助历史惯性暂存于世、传承链条断裂、"空壳化"等困境。对此，知识产权制度以维护人权以及促进经济、社会和文化发展为最高原则，通过主客体确认、授权许可、补偿救济、合理垄断、收益分配等手段，能够给予传承人（群体）及开发创新者以直接或间接的激励和价值确认，从而可以成为非物质文化遗产在现代社会得以传承、创新的新动力系统。

二、河南省非物质文化遗产的保护与管理

河南省地处中原，是中华民族和华夏文明的重要发源地，文化底蕴丰厚，文化遗产丰富多彩，是全国非物质文化遗产资源大省。河南省非物质文化遗产保护工作呈现出良好的发展态势，取得了明显成效。

（一）河南省非物质文化遗产概况

（1）非物质文化遗产机构逐步健全。河南有人类非物质文化遗产代表作名录项目1个（保护单位2个），国家级非物质文化遗产代表性项目113个、

代表性传承人84名，省级非物质文化遗产代表性项目728个、代表性传承人641名，市级非物质文化遗产代表性项目2596个、代表性传承人3013名，县级非物质文化遗产代表性项目9021个、代表性传承人8515名。现有国家级非物质文化遗产生产性保护示范基地5个、国家级非物质文化遗产保护研究基地2个。国家级文化生态保护试验区1个、河南省文化生态保护实验区8个、河南省非物质文化遗产研究基地33个、河南省非物质文化遗产社会传承基地25个、河南省非物质文化遗产展示馆（传习所）68个、河南省非物质文化遗产生产性保护示范基地30个。

河南省文化厅成立非物质文化遗产处，具有独立建制的河南省非物质文化遗产保护中心成立。全省18个省辖市已有11个省辖市成立有独立编制的非物质文化遗产科，12个县成立了独立的非物质文化遗产股。有2个省辖市、15个县区成立了独立编制的非物质文化遗产保护中心，其余市县区也全部挂靠成立非物质文化遗产保护机构。建立了"非物质文化遗产保护工作专家委员会"制度，初步形成了较为健全的保护工作网络。

（2）非物质文化遗产保护体系基本建立。建立起了国家、省、市、县四级项目名录保护体系和代表性传承人名录保护体系，制订了传承人培训计划，分批对传承人进行轮训，扶持、指导传承人开展传习活动。2016年又启动了传承人群研修研习培训计划。

（3）非物质文化遗产保护措施多策并举。文化厅坚持把抢救性保护放在第一位，切实保障濒危项目得到有效保护，相继启动实施"铭刻——河南省非物质文化遗产全面记录计划""河南省稀有剧种抢救工程""河南省传统美术抢救保护工程""非物质文化遗产数字化建设"试点工程等，通过录音、录像等综合性、科技化手段，对一些重大项目和濒危项目及其代表性传承人进行全面系统的建档、记录、立体化保存。积极运用生产性保护等方式，通过命名"河南省非物质文化遗产生产性保护示范基地"、开展传统技艺成果大展、研究传统工艺振兴计划等工作，推动保护工作。推进整体性保护工作，已公布命名8个"河南省文化生态保护实验区"。积极申报国家级文化生态保护区，目前说唱文化（宝丰）生态保护区已获文化部批准，是河南省首个国家级文化生态保护区。

（4）加强非物质文化遗产理论研究工作。命名公布了"河南省非物质文化遗产研究基地"30个，《河南省国家级非物质文化遗产名录图录》《传承人图录》《"牧野论坛"论文集》《河南省非物质文化遗产科研成果汇编》等一批成果已经出版或即将出版。据不完全统计，仅2016年河南省共出版非物质文化遗产方面图书和编辑资料3500多册。

（5）注重培育非物质文化遗产保护社会氛围。特别是利用春节、"文化遗产日"等大型民俗节庆日，举办各具特色的非物质文化遗产展示展演活动。比如利用淮阳伏羲庙会举办的"河南（淮阳）国家级非物质文化遗产展演活动"已历时九届，展演期间每日人均观看人数达到30万；借助鹤壁浚县古庙会、宝丰马街书会、老子祭祀等庙会举办的展演活动等已形成非物质文化遗产展演品牌效应，非物质文化遗产保护成果惠及了更多的老百姓，提升了广大民众的思想认识和自觉保护非物质文化遗产的意识，撬动了更多的社会力量加入非物质文化遗产保护队伍中，使我们的优秀传统文化能够更好地生存和传承。

（6）积极推进非物质文化遗产保护方面的地方立法工作。在2014年1月1日起实施的《河南省非物质文化遗产条例》框架下，《河南省省级非物质文化遗产申报评定实施意见》《河南省省级非物质文化遗产代表性传承人认定管理办法》《河南省文化生态保护试验区申报暂行办法》《河南省非物质文化遗产保护专项资金管理办法》《河南省非物质文化遗产2016—2020年培训工作规划》等相继出台，并不断完善。

（二）河南非物质文化遗产的特点

（1）历史悠久，地域特色鲜明，价值较高。河南的非物质文化遗产大多历史悠久，源远流长，承载着中原文化的厚重历史，记载了河南人民社会生活的变迁，是河南历史文化的重要载体，堪称是活着的"历史文化"，具有原生态的文化基因。无论是豫剧、曲剧、越调、宛梆、怀梆等传统戏剧和唢呐艺术、板头曲等民间音乐，还是梁祝传说、董永传说、木兰传说、盘古神话等民间文学和关公信俗、马街书会、洛阳牡丹花会、浚县民间社火等民俗，或者朱仙镇木版年画、灵宝剪纸、卢氏剪纸、辉县剪纸、洛阳宫灯、汴京灯笼张等传统技艺，其产生、发展的历史都很悠久，深深植根于中原文化中，成为河南各地人民群众所喜闻乐见的文化载体。它们为研究河南的地方史、社会史、经济史、文化史等提供了详细的资料，对旅游者全面、深刻了解河南的历史文化具有重要的参考价值。

河南非物质文化遗产的地域特色十分鲜明。河洛大鼓、朱仙镇木版年画、滑县木版年画、灵宝剪纸、卢氏剪纸、辉县剪纸、洛阳宫灯、汴京灯笼张、四大怀药种植与炮制、平乐郭氏正骨、百泉药会、禹州药会、镇平玉雕、汴绣、方城石猴、钧瓷烧制技艺、唐三彩烧制技艺、宝丰酒传统酿造技艺（蒸馏酒传统酿制技艺）、洛阳牡丹花会、真不同洛阳水席制作技艺等非物质文化遗产都有着浓厚的地域特色，与产生地的历史地理环境和文脉结合得十分紧密，堪称是当地人们社会生活和文化变迁的"活化石"。很多项目，如民间文学中的神话传说等，流传久远，带有华夏民族早期文化特征，对于中华民族文化的传承等具有广泛的影响和重要价值。

(2) 艺术观赏价值高，体验、娱乐、休闲等功能完备。在河南的非物质文化遗产里，传统表演艺术类，包括传统音乐、舞蹈、戏剧、曲艺等，占了相当大的比例。在2006年国家公布的第一批非物质文化遗产名录中，河南共有22个项目被列入，其中属于上述类型的就占了14项，包括唢呐艺术、板头曲、大平调、豫剧、宛梆、怀梆、越调、大弦戏、四平调、曲剧、道情戏、目连戏、河洛大鼓、河南坠子等，占入选总数量的60%以上。之后在2008年国家公布的第二批非物质文化遗产名录和第一批扩展项目中，又有柳子戏、罗山皮影戏、信阳民歌、西坪民歌、黄河号子、超化吹歌、大铜器、开封盘鼓、大相国寺梵乐、麒麟舞、苏家作龙凤灯、跑帷子、官会响锣、二夹弦、罗卷戏、二股弦、南阳三弦书、大调曲子等多项表演艺术入围。这些数量众多的传统表演艺术类文化遗产，展示了河南人民丰富多彩的文化生活，代表着河南人高超的艺术创造力和高雅的审美情趣，有着浓厚的中原地域风格和特色，具有很高的艺术观赏价值。从旅游资源角度看，它们又具有参与性强、体验空间大和娱乐性强、休闲功能完备的特点，适宜打造成为动态的文化旅游项目，有利于增强河南旅游产品的综合吸引力。

(3) 民间文学流传范围广，受众人数多。民间文学是一种由广大劳动人民口头创作，在民间广泛流传，主要反映劳动人民的社会生活、思想感情和表现劳动人民的审美观念、艺术情趣的口头语言艺术。作为一项极具魅力的旅游文化资源，它对旅游活动的开展有着不可估量的促进作用。梁祝传说是我国四大民间传说之一，它自1600多年前的晋代形成以来，主要流传于宁波、上虞、杭州、宜兴、济宁、汝南等地，并向中国的各个地区、各个民族流传辐射。此外，梁祝传说还流传到朝鲜、越南、缅甸、日本、新加坡和印度尼西亚等国家，其影响之大在中国民间传说中实属罕见。董永传说因主题突出、情节完整，在我国农村地区广泛流传。由于董永与七仙女的故事是一则既有教化作用又有爱情色彩的民间传说，其教化内容同中国民众长治久安的大众心理需求相适应，爱情故事又契合了民众追求婚姻幸福的内在感情，所以它的神奇幻想同人间现实巧妙融合的艺术特色深受民众喜爱。木兰传说则是源于我国南北朝时期流传在北方的一首长篇叙事民歌《木兰辞》，讲述了一位巾帼英雄代父从军的传奇故事，也造就了一位家喻户晓的巾帼英雄花木兰。以梁祝传说、董永传说、木兰传说等为代表的河南民间文学类遗产流传范围广、受众人数多，具有极高的旅游开发价值。

（4）武术文化遗产影响范围广，知名度高。河南有"武术之乡"的美誉，传统体育、游艺与杂技类非物质文化遗产数量也颇多，其中以少林功夫、太极拳的影响范围最广，知名度最高。少林功夫是指在河南登封嵩山少林寺这一特定佛教文化环境中形成的、以佛教神力信仰为基础、充分体现佛教禅宗智慧，并以少林寺僧人修习的武术为主要表现形式的一个传统文化体系。"十三棍僧救唐王"的历史传奇和"天下功夫出少林"的少林功夫闻名遐迩，成为中国武术文化乃至中华文化的著名品牌。20世纪80年代初，电影《少林寺》在全国的热映，让少林功夫和少林寺世人皆知，在中国甚至全世界都掀起了一股热爱武术的热潮。太极拳是河南的又一著名武术流派，它是集技击、强体、健身、益智和修性为一体的独特运动方式，其中蕴藏着东方哲学的深刻内涵，是中华武苑的古老奇葩，数百年来已衍生出遍布海内外的陈、杨、武、吴、孙、和等诸多流派。目前，太极拳已经传播到了150多个国家和地区，练太极拳者近1亿人，80多个国家和地区建立了太极拳组织。可以说，以少林功夫、太极拳等为代表的河南武术文化，已经成为河南旅游的一张王牌和特色旅游资源。

（三）河南在非物质文化遗产保护与开发方面取得的成就

（1）建立系统的保护与开发机制，确保非物质文化遗产传承。河南从2006年起全面启动非物质文化遗产保护制度后，建立省级、市级、县级非物质文化遗产项目名录及传承人保护体系。各级名录申报严格遵循只有入选县级名录的项目，才能申报市级非物质文化遗产录；只有入选市级名录的项目，才能申报省级非物质文化遗产名录。而国家级的非物质文化遗产名录，必须从省级名录中产生。

河南利用高校文化传授、研究的优势和非物质文化遗产的故乡，设立了非物质文化遗产研究基地、传习所、展示馆等，加大了民间非物质文化遗产研究、保护力度。河南大学、河南师范大学、河南省艺术研究院、河南省古代建筑保护研究所、河南中医学院、淮阳县太昊陵管理处等单位入列河南省非物质文化遗产研究基地；洛阳正骨医院、河南陈正雷太极文化有限公司陈家沟太极拳馆、偃师市河洛大鼓传习所、巩义市鲁庄镇小相村狮鼓文化传习所等列入河南省非物质文化传习基地；焦作师范高等专科学校、禹州市宇航瓷业有限公司、长垣河南省博大烹饪学校、濮阳杂技艺术学校等列入河南省非物质文化遗产社会传承基地；河南省民俗艺术馆、开封市博物馆、汴京灯笼张彩灯展览馆、淮阳泥塑艺术馆等展馆，被评为"河南省非物质文化遗产展示馆"。河南非物质文化遗产项目所在地的许多社会团体和个人成立了相应的推广"中心""协会"等，特别是一些赛事活动的举办，也有力地推动了非物质文化遗产的保护与发展。

（2）强化非物质文化遗产普查工作，新的非物质文化遗产项目不断被发现。自2006年3月17日起，河南非物质文化遗产普查工作持续不断，特别是2009年3月的全国非物质文化遗产大普查启动后，河南在短短的数月里就基本完成了田野调查与资料整理工作。仅2010年1月22日出炉的《河南省非物质文化遗产普查工作报告》，这次非物质文化遗产资源普查共投入经费近1600万元，直接投入普查人员达16万人次，整理各类线索180余万条，其中基本立项22万余个，共整理文字资料30204万字、照片10万余张、录音3800余小时、录像4300小时，重大发现40项。综合专家、媒体等多方面的意见，从中评出的郑州市中国古典式摔跤和朱氏彩绘两个项目、焦作神农传说、信阳商城叶雕、三门峡土布印花技艺、平顶山大槽油传统制作技艺、济源天坛砚制作技艺、三门峡夜社火、濮阳五花营狮子舞和鹤壁秦李庄周氏口腔咽喉科十个项目，为"河南省非物质文化遗产普查十大新发现"。

（3）以"文化遗产日"及大型会展活动为载体举办非物质文化遗产展演活动，大力宣传和推介非物质文化遗产。河南非物质文化遗产展演活动起步较早，早在1993年9月国家旅游局举办的"世界旅游日中国郑州主会场"开幕式上，"信阳花挑舞"就参加了展演。从2008年6月，河南已开始利用"文化遗产日"这个载体，在省会郑州多次举办系列非物质文化遗产展演活动。来自全省各地的非物质文化遗产项目，如焦作太极拳、开封盘鼓、中州大鼓、郏县大铜器、河洛大鼓等传统体育竞技和许昌越调剧团演出的《白奶奶醉酒》《收姜维》及太康县道情剧团演出的《王金豆借粮》《张廷秀访苏州》等相继走进公园、广场和社区，给广大群众免费表演，使非物质文化遗产走进群众，融入群众生活。如2010年6月，在中国第五个"文化遗产日"

上，首次组织中小学生及家长亲自动手体验非物质文化遗产传统技艺项目，展示朱仙镇木版年画、汴绣、洛阳唐三彩、洛阳水席、浚县泥咕咕等国家级和河南省级非物质文化遗产中的传统手工技艺，在中小学生中普及非物质文化遗产知识、技艺的传承和教育。河南还利用古老的庙会节展演非物质文化遗产，其中规模最大的当属古城淮阳一年一度的庙会节。庙会期间，每年全省各地入选的省级以上民间音乐、民间舞蹈、传统戏剧、曲艺等非物质文化遗产节目，集中在淮阳县羲皇文化广场展演，淮阳因此成为国内外闻名的民间文化圣地。河南艺术中心艺术馆二楼展厅的"河南省非物质文化遗产精品展"对外开放，河南省图书馆研议厅举办非物质文化遗产专题讲座，使省会人民不仅了解河南丰富的非物质文化遗产，也分享了非物质文化遗产带来的愉悦。

（4）非物质文化理论研究向纵深拓展。河南非物质文化遗产理论研究受到省内外专家学者重视。他们运用不同方法，从不同角度解读河南非物质文化遗产内涵，使河南的非物质文化遗产理论研究向更深、更广的幅域拓展。例如，2002年10月，河南省文联、省民协联合在开封举办的"中国木版年画国际学术研讨会暨中国木版年画全国大联展"，2010年7月13日至14日，河南省文化厅在信阳主办的河南省非物质文化遗产保护工作理论建设研讨会召开，以及当年10月12日在新乡市举办的首届河南省非物质文化遗产保护"牧野论坛"，既有专家学者参加，也有在非物质文化遗产保护一线的工作者与会。他们纷纷建言，就河南省非物质文化遗产保护与开发提出许多建设性意见，对非物质文化遗产的保护、传承与利用起到了一定的指导作用。

三、河南非物质文化遗产保护存在的问题

河南省在非物质文化遗产方面的成就巨大，但是，存在的问题也是必须面对的。

（一）认识有待进一步提高，民众保护与开发意识淡薄

不论是政府还是民间，都存在对非物质文化遗产资源认识不到位的情况。或强调保护大于开发，在保护性传承和生产性传承两者之间，重视保护性传承，忽视生产性传承。或认为非物质文化遗产保护是政府的事，过于依赖政府有限的经费。这种认识只能使非物质文化遗产项目更加处于濒危的境地，毕竟非物质文化遗产具有较大的文化价值、历史价值、艺术价值、产业价值、

经济价值、市场价值。

非物质文化遗产保护工作已被提升为政府行为，各级政府部门都非常重视非物质文化遗产的保护。然而，光靠政府的引导和扶持显然不够，民众的参与也是一个重要环节。由于宣传力度不够，众多民众对非物质文化遗产保护工作的重要性、紧迫性认识不足，缺乏非物质文化遗产保护的责任感与使命感，缺乏主动保护非物质文化遗产的文化自觉。不少人认为非物质文化遗产的保护跟自己无关。甚至在整理与挖掘非物质文化遗产项目过程中，出现了不同程度的应付现象、"重申报轻保护"现象，无法从保护民族精神文化的高度对非物质文化遗产加以守护与传承。

(二) 专业人才缺乏，保护资金不足

目前，非物质文化遗产传承人普遍年龄较大，知识老化，与时代脱节，非物质文化遗产产品跟不上形势，销售不畅。农村的年轻人虽然观念新、知识新、有想法，但大部分已流向城市打工，不愿花长时间学习一门手艺，致使非物质文化遗产传承人出现青黄不接局面。由于后继乏人，一些非物质文化遗产项目正在衰落或消失，更不要说产业化。同时，对非物质文化遗产保护专业人员的设置不合理，极度缺乏专职人员与各类专业化工作者。目前，河南非物质文化遗产的保护工作只是由各地艺术馆与博物馆调研部的工作人员兼职承担，在人员、效率、时间上使保护与开发工作都无法得到很好的保证，致使诸多资料征集后无法及时得到开发与保护，严重影响了非物质文化遗产保护工作的质量和效率。

非物质文化遗产的挖掘与保护需要投入大量的人力、物力和资金。目前，非物质文化遗产资金的投入主要依赖于政府。但是，政府投资力度有限，对于非物质文化遗产的保护工作来说远远不够，一些地区政府将投资仅限于普查和申报方面，对于需要保护的项目没有实质性的经费投入，甚至部分地区政府并未将对非物质文化遗产保护资金列入财政预算中。因经费问题而将非物质文化遗产保护工作搁置的情况屡见不鲜，已影响到濒危非物质文化遗产的保护与抢救。

(三) "非物质文化遗产" 法律法规的保护方面存在保护方式单一，缺乏全面性和系统性，管理机制不健全

当前我国"非物质文化遗产"的保护方式仍然比较单一，对"非物质文

化遗产"知识产权的保护很少有涉及，而相关的民事法律的制定更是严重滞后，利用行政的方式对"非物质文化遗产"进行保护虽然有着一定的效果和作用，但是在一些偏远落后地区，由于行政效率较低，而且地方保护主义盛行，部分拥有类似文化遗产的相邻地市间常常因为保护方式的不同而产生一些文化摩擦，各自为战往往导致保护效果不如人意，最终影响了"非物质文化遗产"的保护质量。对可能引起争议的民事部分予以回避，更多地注重"非物质文化遗产"精神因素的保护，由此导致保护模式显得单一和过于原则性，进而导致建立在非物质文化遗产之上的权利主体缺位、权利内容模糊、权利救济阙如。

从国家层面看，还没有专门的法律条款对非物质文化遗产的原创、传承、传播进行保护。现有的文物保护法只是将有形文化遗产列入保护范围，非物质文化遗产则未能列入该法的保护之下，只是地方政府出台了一些地方性法规，但可操作性差，非物质文化遗产保护工作所需的资金、队伍、政策配套等得不到保障。非物质文化遗产保护工作组织机构尤其是县区级的尚不健全，基本都设立在文化部门内部，工作人员由文化部门工作人员兼任，长效保护机制还未真正建立，缺乏严格的保护标准和目标管理，缺乏考核、监督机制，不能适应非物质文化遗产保护工作综合性、多部门协作性、专业性、长期性的要求。

（四）保护与发展途径单一，产业缺乏规划

在对非物质文化遗产经济价值的开发过程中，存在着重开发轻保护的现象。对于非物质文化遗产保护与传承方面，也存在着其保护与发展途径单一的弊端。河南省对非物质文化遗产的保护不外乎运用旅游产业对其进行开发与传承，实现对非物质文化遗产经济价值开发的最大化，也符合将其传承与保护的原则性要求。但是，这种方法对于非物质文化遗产进行保护与开发的力度远远不够，无法真正实现文化价值与社会效益的双赢。

非物质文化遗产产品门类繁多，即使同一门类也有不少生产商和手艺人。但是，非物质文化遗产产业大都停留在个体化、零散化、手工化阶段。作为一个地区，非物质文化遗产资源虽然很多，但缺少整体的发展规划。同行之间各自为政，互不交流，有的甚至认为同行是冤家。整个非物质文化遗产产业呈现散、小、弱的局面，无法适应市场经济的发展形势。

（五）非物质文化产品缺乏创意

有些非物质文化遗产项目虽然可以产业化，比如玉雕、钧瓷、唐三彩，但由于一些经营者目光短浅，致使产品只讲数量，不讲质量。非物质文化遗产产品缺少美学品质，同质化现象严重，简单粗糙，恶意竞争。比如，镇平玉雕原来由手工雕刻，现在大都变成了机器雕刻，失去了原来的韵味。钧瓷原来讲究"雨过天晴云破处"的审美意境，现在变成了千篇一律的红瓶子。

四、发展河南非物质文化遗产的对策与建议

（一）充分认识非物质文化遗产保护的重要性，增强民众非物质文化遗产保护与利用意识

非物质文化遗产的保护和开发，是当今社会难以回避的矛盾，处理得当相得益彰，处理不当则两败俱伤。各级政府和有关部门要站在对国家和历史负责的高度，充分认识保护文化遗产的重要性，进一步增强责任感和紧迫感，采取切实措施做好非物质文化遗产的保护工作，充分发挥政府的主导作用。政府要明确规定各级行政管理部门、非物质文化遗产保护部门的职责权限，建立有效的保护和开发的工作领导机制的同时，还要通过宣传教育，普及与非物质文化遗产相关的法律法规和知识，增强人民群众对非物质文化遗产的保护意识，充分发挥非物质文化遗产的教育、科学和文化作用，不断提高非物质文化遗产的社会效益和经济效益。

非物质文化遗产来源于普通民众的生产生活，是普通民众情感最直接的表达，如何提高群众保护非物质文化遗产的意识至关重要。要解决非物质文化遗产人才缺乏这一问题，必须加强对于现有非物质文化遗产传承人的培训，帮助他们开阔视野，提高素质。同时，吸引更多年轻的有文化的大学生进入非物质文化遗产领域，使青年人成为非物质文化遗产的传承者和产业的介入者，只有高水平的传承人才能真正谈得上非物质文化遗产的传承与产业化。

要借助于国务院确立的我国"文化遗产日"契机，让文化遗产概念走进普通民众视野，使人们了解什么是非物质文化遗产。同时，应充分利用电视、广播、报刊、互联网等媒体积极宣传，通过举办非物质文化遗产展示、民族民间文艺节目巡演、"文化遗产周"等系列活动，让民众了解河南的非物质文化遗产。各级政府还应加大非物质文化遗产申报力度，进一步提高河南非物质文化遗产知名度，提高人们对非物质文化遗产的关注度。积极将与优秀的

非物质文化遗产有关的学科纳入学校教育教学体系中,在学生中普及非物质文化遗产保护知识,激发青少年热爱祖国优秀传统文化的热情。

(二)坚持"保护为主、抢救第一、合理利用、传承发展"的方针,遵循保护为主、开发为辅的原则

一方面,要在全面了解和掌握河南各地的非物质文化遗产资源的种类、数量、分布状况、生存环境、保护现状及存在问题的基础上,做好对河南非物质文化遗产的普查、认定和登记工作,并建立河南非物质文化名录体系。对那些濒临灭绝的非物质文化遗产,要进行抢救性保护;有条件的地方还可以建立非物质文化遗产资料库、博物馆或展示中心,还要加强对河南非物质文化遗产项目代表性传承人的保护,政府部门要有计划地对列入非物质文化遗产名录的代表性传人提供资助,鼓励和支持其开展传习活动,确保非物质文化遗产的传承与发展。此外,还要加强对非物质文化遗产的综合研究,综合历史学、考古学、地理学、地质学、生态学、社会学、旅游学、管理学、经济学等各学科的优势,开展学科间的协作研究,全方位地挖掘、整理、研究、保护、开发河南的非物质文化遗产。

另一方面,由文化部门出任主管部门,重视"非物质文化遗产"的收集、整理、建档工作,强调对传承人的认定和保护等。将列入名录的各级"非物质文化遗产"分为保存、保护两个层次:对所有"非物质文化遗产"项目采取认定、记录、建档等措施予以保存。对体现中华民族优秀传统文化,具有历史、文学、艺术、科学价值的"非物质文化遗产"采取传承、传播等措施予以保护,而且保护工作要体现"有利于增强中华民族的文化认同,有利于维护国家统一与民族团结,有利于促进社会和谐和可持续发展"的社会主义核心价值观。

(三)对非物质文化遗产既要实施积极保护,又要实施防御性保护,还要加强非物质文化遗产的立法保护这一最根本的保护方式

(1)对非物质文化遗产实施积极的知识产权保护。

第一,对涉及非物质文化遗产的邻接权进行保护。大部分非物质文化遗产由于已流传很久,并不适合直接纳入知识产权保护范围,但并不妨碍对其领接权进行保护。如梁祝传说,由于不能确定其创造主体且流传已久,其本身并不能直接受到著作权保护。但是,就像根据非物质文化遗产中的梁祝传

说拍摄成的电影、电视剧、动画片、表演的戏剧,这些作品都应受到著作权的保护,作品传播者依法享有邻接权,包括出版者权、表演者权、录制者权和广播电视组织权等。同样,对于传统音乐、舞蹈、戏剧、曲艺和杂技,其作品本身也不能受到著作权的保护,但其衍生品受到《著作权法》领接权的保护。

第二,对传统技艺、医药的改进可以适用专利权进行保护。传统技艺、医药由于大部分属于已公开的内容,并不能受到《专利法》的保护。河南省国家级非物质文化遗产的钧瓷烧制技艺属于公开的传统技艺,不能被授予专利权,但利用现代科技对钧瓷烧制技艺的改进可以申请专利。如河南许昌学院发明了一种通过外加纳米材料在氧化气氛下烧制钧瓷的方法,是利用现代纳米技术对传统钧瓷烧制技艺的改进,因而被授予了专利。

第三,对未公开的传统技艺、医药可以适用专利权或商业秘密进行保护。对那些尚未公开的传统技艺可以由权利主体申请专利,如河南国家级非物质文化遗产杜康酿酒工艺、宝丰酒酿造工艺,这两种酿酒工艺分别由杜康酒厂与宝丰酒厂掌握,属于未公开的技艺,并且可以确定权利主体,可以由权利主体申请专利。对于不愿公开的,可以适用商业秘密进行保护。国家级非物质文化遗产河南洛阳正骨医院的"平乐郭氏正骨法"因属于医疗诊断方法,根据《专利法》的规定,不能申请专利,但却可以作为商业秘密受到保护。

第四,商标权的保护。对具有地方特色的非物质文化遗产可以申请证明商标与集体商标进行保护。这方面河南已有先例,开封"汴绣"成功注册地理标志证明商标。同时,"汴绣"的成功注册,也开创了国家刺绣行业地理标志证明商标的先河,对开封汴绣产业的发展将起到极大的推动作用。焦作"怀山药、怀地黄、怀菊花和怀牛膝"四大怀药也都成功注册地理标志证明商标。除此之外,作为非物质文化遗产的河南镇平玉雕、信阳毛尖、钧瓷等都可以注册证明商标或者集体商标,既有利于扩大非物质文化遗产的影响,也有利于增加经济效益。

(2)对非物质文化遗产进行不当使用或冒犯性使用的,应当实施防御性保护。防御性保护是指如果有人利用知识产权制度对非物质文化遗产进行不当使用或冒犯性使用,应当予以禁止。如果有他人已经或正在申请或者主张某项已公开的非物质文化遗产的专利权,可以以其不符合专利法的创造性、新颖性和实用性标准而提出复审申请,以防止他人不当占有非物质文化遗产,从而防止对非物质文化遗产的盗用。如一些国际非政府组织和印度农民代表成功地经专利异议程序，使欧洲专利局在 2000 年撤销了先前已授予美国 W. R. Grace 公司的采用疏水方式提取印度楝树油，用于防治植物真菌方法的专利，其原因是该方法印度人已经使用了几个世纪，该发明不具有新颖性和创造性。对于非物质文化遗产的名称与图案也应进行保护，禁止非权利主体恶意申请商标、注册网络域名或者企业名称，以防止对他人产生误导。对非物质文化遗产侮辱性、贬损性等冒犯性使用也应当被禁止。对非物质文化遗产不当使用或冒犯性使用的，法律规定的机关和有关组织可以向人民法院提起诉讼。

（3）加强非物质文化遗产的立法保护这一最根本的保护方式。针对保护与发展途径单一问题，政府要做好产业规划，整体谋划宣传和推介，统一发展。企业要转变思路，研究市场、突出特色，加强产业集聚，形成规模，通过良性竞争，形成活力四射的市场格局。当然，保护非物质文化遗产是一项长期而艰巨的系统工程，要实施好这项工程，必须有坚实的法律和政策的规约和保障。

2011 年 2 月 25 日，十一届全国人大常委会第十九次会议通过了《中华人民共和国非物质文化遗产法》，并于当年 6 月 1 日开始实施，该法对非物质文化遗产的调查、代表性项目目录、传承与传播和法律责任作了明确规定。但是，由于我国的非物质文化遗产种类繁多，性质各异，一部法律不可能包罗万象地涉及各个区域的每个问题，需要有与之相匹配的法规条例。然而河南省还未正式出台健全的有关非物质文化遗产保护的法律法规。因此，加强与推动相关法律法规的建设，建立与之相匹配的法规条例细则，将传承与创新、保护与发展融为一体，以确保河南非物质文化遗产保护与传承工作的可持续性发展。2005 年，国务院办公厅颁发《关于加强我国非物质文化遗产保护工作的意见》，以及国务院又颁布了《关于加强文化遗产保护的通知》；一些地方也制定了保护条例，进行针对性的地方性保护。以非物质文化遗产传承人的保护为例，从国家到地方都出台了关于非物质文化遗产传承人保护制度。财政部逐年加大对非物质文化遗产保护资金的投入，国家每年给每个国家级非物质文化遗产项目 20 万元，每个国家级非物质文化遗产继承人 8000 元。但是，相比其他国家，我国这方面的立法还不是很健全，没有完善的监督机制，专款难以专用，保护得好不好很大程度上依赖于当地政府的重视程度，具有很强的主观性，目前对非物质文化遗产的保护力度很有限。在非物质文化遗产保护立法中，存在一些和《文物保护法》相矛盾的地方。文物保护法保护的是实物，但非物质文化遗产离开了物质实体又不能独立存在。在某些方面，非物质文化遗产保护法和文物法保护的内容界限不明晰。可以将二法合一，对物质的和非物质的文化遗产进行统一的保护，这样人力集中、经费集中，能有效避免出现分工不明，管理缺位的状况。非物质文化遗产法保护的是传统技艺，比如，制作年画的技术，如果有了物质载体，作为作品，它也受著作权法的保护；如果经鉴定后是文物的，当然同时受文物法的保护。

（四）既要依靠精通专业理论且又有实践经验的专业人士指导非物质文化遗产的保护和开发，又要充分利用互联网手段保护、传播、传承、发展非物质文化遗产

（1）要依靠精通专业理论且又有实践经验的专家及专业人士的指导非物质文化遗产的保护和开发。要成功地进行非物质文化遗产的保护，离不开精通专业理论且又有实践经验的专家及专业人士的指导，他们不仅能够从理论层面对非物质文化遗产进行深入探究，还能够从应用实践的层面形成一套具有可操作性的经验。因此，为了更好地保护河南非物质文化遗产，应通过组织培训班、定期实地考察学习、经验交流等方式，对现有工作人员进行培训，提高其业务水平和工作能力，建立起一支专业知识丰富、具有奉献精神的相对稳定的专兼职工作队伍，建立健全省、市、县、乡四级保护工作网络。同时，加强与高校及科研部门的合作，积极与研究机构和学者进行交流与合作，整合资源，壮大研究实力，为河南非物质文化遗产的保护工作提供理论依据。

（2）要充分利用互联网手段保护、传播、传承、发展非物质文化遗产。

第一，切实把握好互联网为非物质文化遗产带来的极大机遇。互联网突破了空间、地域和时间的界限，为非物质文化遗产的传播构建了一个更为宽广的平台，扩大了非物质文化遗产传播的范围，让非物质文化遗产在互联网时代的保护、传播、传承、发展更加方便、高效、便捷。同时，互联网还为非物质文化遗产开通了新的销售渠道。如今，很多非物质文化遗产的传承人移居互联网，很多电商大咖吸纳非物质文化遗产项目，他们都是在借助互联网，最大可能地开发非物质文化遗产及其产品，最大可能延长非物质文化遗产项目的产业链，最大可能找到非物质文化遗产持续发展的盈利点，最大可能地让传承人专注研究、做好传承，最终达到保护、传播、传承、发展非物质文化遗产的目的。

第二，面对互联网为非物质文化遗产保护开发带来的挑战。以往非物质文化遗产的传承靠的是口口相传，如今要通过互联网传播，这就对传承人方方面面的要求更高了。再加上，互联网的环境极其复杂，如果对一些安全隐患没有充分认识，就会对非物质文化遗产造成伤害。另外，非物质文化遗产虽是全人类的财富，但其衍生品的自主产权的保护亟须加强。

第三，厘清政府、保护机构和传承人在"非物质文化遗产"保护工作中的责任划分。在非物质文化遗产的保护工作中，针对存在的"重申报、轻保护"现象，致使部分"非物质文化遗产"项目在"后申遗时代"陷入了"越保护，越消亡"的境地。《非物质文化遗产法》规定了要对"非物质文化遗产"项目保护规划的实施情况进行定期检查，发现保护规划未能有效实施的，应当及时纠正、处理。对于代表性传承人无正当理由不履行保护义务的，责令限期改正，逾期不改正的，由原认定部门取消其传承人资格，丧失传承能力的，原认定部门可重新认定传承人。还要求地方政府在每年的财政预算中划拨一定比例的资金用于"非物质文化遗产"的保护，在一定程度上督促了地方政府对"非物质文化遗产"进行持续、有计划的保护。

第四，强化全社会的"非物质文化遗产"保护责任意识。非物质文化遗产的调查由文化主管部门进行。"非物质文化遗产"传承人和项目保护责任单位是保护主体。政府应当加强对非物质文化遗产保护工作的宣传，提高全社会保护非物质文化遗产的意识。公民、法人和其他组织可以依法进行非物质文化遗产调查，新闻媒体应当开展非物质文化遗产代表性项目的宣传，普及非物质文化遗产知识。对学校、公共文化机构、学术研究机构等开展非物质文化遗产保护教育研究、宣传展示、整理出版等。

（五）走河南非物质文化遗产开发产业化之路

加强对非物质文化遗产产品的创意研发尤为重要，既要继承传统的经典工艺、经典作品，也要结合时代创造新的产品，真正做到传承与创新的统一，真正把非物质文化遗产产品当作艺术作品而非简单意义的产品，充分体现非物质文化遗产作品的审美趣味和艺术境界。在开发非物质文化遗产文化产品时，需要把非物质文化遗产悠久的历史传统、丰富的文化内涵展示出来，在新时代注入新观念，通过全新的手段，用现代的眼光包装、解读非物质文化遗产，使其获得新生。

1. 非物质文化遗产开发产业的集聚化

在产业的快速发展时期，集群是产业生存与发展重要的空间布局和组织方式。当前，河南省已有不少地区开始探索集研发、生产、包装、培训、观摩、销售等功能于一体，配套旅游、餐饮、演出、影视、会展、出版等相关产业融合的综合性非物质文化遗产产业集聚区，以达到延伸非物质文化遗产产业链、提升关联度、扩大经济效益的目的。这种运营模式可以为非物质文化遗产项目的产业化实现资源—资产—资本的有效转化提供动力。目前，钧瓷、玉雕、三彩行业的集聚程度较高，但有些行业相对较低，今后需要进一步加强。

2. 非物质文化遗产开发产业的创意化

河南的非物质文化遗产资源很多，有的需要保留原汁原味，有的需要进一步创意创新。文化资源不等于文化产品，文化资源要成为文化产品必要经过创意转化。比如河南有陈氏太极，但缺乏创意转化，著名导演李安利用太极元素拍成的电影《推手》却蜚声海内外，这充分体现了创意的力量。又如河南的唐三彩过去主要是骆驼和马，现在李学武等人利用洛阳牡丹这一著名符号做成立体的牡丹瓷盘很受市场欢迎，这也是创意的力量。河南有很多民间故事、神话故事以及饮食文化、功夫文化、书法文化、工艺文化等文化遗产，但要将其转化为文化产品，就需要在创意上下功夫。真正的创意不是对于原有文化的简单复制，而是整合、再造与升华，是一种二度创作，是用全新的思维对原有文化进行审视、加工和再创造。

3. 非物质文化遗产开发产业的传媒化

好的非物质文化遗产资源也需要传播，在当今的媒介化社会，人们的信息来源主要是传媒，传媒自身也可以利用本地文化资源形成自身的影响力。近年来，河南做得比较成功的电视栏目都是成功地利用了河南自身的文化资源，比如《梨园春》利用河南的戏曲资源，持续 20 年成为河南电视第一品牌；《华豫之门》利用河南的文物资源做鉴宝收藏，持续 10 余年不衰，在全国很有影响。随着网络、手机移动媒体的普及，以《豫记》为代表的自媒体在传播中原文化方面异军突起。目前，利用网络新媒体传播河南非物质文化遗产才刚刚开始，政府、企业、个人都有发挥各自作用的空间和优势。

4. 非物质文化遗产开发产业的品牌化

对于非物质文化遗产产业来说，品牌是关系到其生死存亡的重要东西。在信息时代和全球化时代，品牌比一般产品具有更高的文化附加值和经济附加值。品牌既是一种符号，又是一种市场号召力，它代表了人们对于一个行业顶级品质的文化认同和心理认同，如电影产业的好莱坞、动画产业的迪士

第八章　知识产权与非物质文化遗产

尼、服装行业的皮尔卡丹、饮料行业的可口可乐、手机行业的苹果等。河南的少林功夫、太极拳、豫菜、钧瓷、汝瓷、三彩、黄帝故里拜祖大典、洛阳牡丹文化节、开封清明文化节、信阳茶叶节、淮阳庙会等，已经有了一定的知名度，但要成为全国品牌、国际品牌，还有很长的路要走。河南的实践表明，非物质文化遗产作为文化产业的重要资源，在与文化产业有效对接转化中，要发掘其丰富的文化内涵，在合理开发利用的同时，使非物质文化遗产得到有效的保护、传承和弘扬。在兼顾经济价值和文化价值的同时，实现非物质文化遗产保护与文化产业发展的双赢。

第九章

知识产权与互联网

郭 谦[1]

2014年5月23日至24日,中共中央总书记、国家主席、中央军委主席习近平在出席亚信上海峰会之后,深入中国上海自由贸易试验区(Free Trade Zone,FTZ),深入企业、园区、科研基地,考察调研经济社会发展情况。习近平指出,"在当今的世界,科技创新已经成为提高综合国力的关键支撑,成为社会生产方式和生活方式变革进步的强大引领,谁牵住了科技创新这个牛鼻子,谁走好了科技创新这步先手棋,谁就能占领先机、赢得优势"。"'互联网+'行动计划"也出现在2015年国家的政府工作报告中,并被放在了互联网经济各个因子构成的关系链条的重要位置。网络作为一种新的传播方式,也就是大家口中的第四媒体,对人类生活有很大的影响,而且这个影响从广度与深度都是史无前例的,这里对知识产权的影响也是一样。在网络环境下,传统的知识产权融入了新的意义。

一、知识产权与互联网的基本理论

(一) 互联网的出现与发展

因特网始于1969年的美国,是美军在ARPA(阿帕网,美国国防部研究计划署)制定的协定下,首先用于军事连接,后将美国西南部的加利福尼亚大学洛杉矶分校、斯坦福大学研究学院、加利福尼亚大学和犹他州大学的四

---

[1] 郭谦(1987—),河南南阳人,中原工学院法学院/知识产权学院,讲师,博士,主要研究方向:知识产权法与竞争法。

台主要的计算机连接起来。这个协定由剑桥大学的 BBN 和 MA 执行，在 1969 年 12 月开始联机。另一个推动 Internet 发展的广域网是 NSF 网，它最初是由美国国家科学基金会资助建设的，目的是连接全美的 5 个超级计算机中心，供 100 多所美国大学共享它们的资源。NSF 网也采用 TCP/IP 协议，且与 Internet 相连。ARPA 网和 NSF 网最初都是为科研服务的，其主要目的为用户提供共享大型主机的宝贵资源。随着接入主机数量的增加，越来越多的人把 Internet 作为通信和交流的工具。一些公司还陆续在 Internet 上开展了商业活动。随着 Internet 的商业化，其在通信、信息检索、客户服务等方面的巨大潜力被挖掘出来，使 Internet 有了质的飞跃，并最终走向全球。

（二）中国互联网的状况

互联网应用迅猛发展。互联网越来越深刻地改变着人们的学习、工作以及生活方式，甚至影响着整个社会进程。根据中国互联网络信息中心（CNNIC）2017 年 8 月 4 日发布的第 40 次《中国互联网络发展状况统计报告》显示，截至 2017 年 6 月，中国网民规模达到 7.51 亿，占全球网民总数的 1/5，互联网普及率为 54.3%，超过全球平均水平 4.6 个百分点，而网民中人数最多的是学生群体。此外，即时通信、搜索引擎、网络新闻是使用频率最高的互联网应用。

互联网成为经济社会发展的重要引擎。根据 2016 年 6 月 11 日艾瑞咨询发布的《2017 年中国网络经济报告》显示，2015 年中国网络经济营收规模达到 14707 亿元，同比增长 28.5%。其中，PC 网络经济营收规模为 6799.5 亿元，移动网络经济营收规模为 7907.4 亿元；电商营收规模为 8946.2 亿元，占比超过 60%。

互联网企业上市热情高涨。在互联网产业及中国经济发展向好的预期下，互联网企业再现上市潮。2010 年以来，中国互联网公司频频赴海外上市，其中以美国 IPO 居多，这批上市公司占到了美国 IPO 公司总数的 1/4，成为 2000 年北京新浪互联信息服务有限公司、北京搜狐互联网信息服务有限公司、广州网易计算机系统有限公司等网络公司上市后的第二波集体上市浪潮。

互联网行业管理体系基本建立。初步形成"分工负责、齐抓共管"的管理格局，基本建立了行业管理体系，形成了多个管理部门协同配合的工作机制。初步形成以《中华人民共和国电信条例》《互联网信息服务管理办法》等为基础的互联网行业管理法规框架，在互联网市场准入、互联与结算、资源管理、网络与信息安全等方面建立了依法管理的基础。

(三) 互联网对知识产权的影响

1. 互联网对知识产权的冲击

"互联网+"时代的到来对知识产权保护和服务提出了新的更高的要求。一方面,互联网技术蓬勃发展催生更多新业态,知识产权保护受网络虚拟性、开放性、线上线下交织等影响,实施严格保护的难度增大。另一方面,移动互联网新技术也为知识产权保护和公共服务提供更多高效便捷手段,更为优化知识产权公共服务、发展知识产权服务业提供了重大的机遇。互联网在打乱传统产业模式的同时,也为知识产权保护带来更多的挑战,使知识产权和服务更加复杂。知识产权归根结底是服务企业的,知识产权保护在当前应该转变观念,采用更加务实的方法促进创新成果加快应用。

2. 网络知识产权的特征

网络知识产权除了具备传统知识产权的专有性、地域性、时间性外,还具有如下几个特征。

第一,知识产权拥有的空前普遍性。英文域名、中文域名、中文网址(通用网址/无线网址)具有品牌商标标识功能,受国家法律保护,全球唯一性,已被正式纳入国际知识产权体系。传统经济中区分商品与服务的商标难以达到每个独立的企业都拥有商标的程度。网络经济中每一个独立的网站都至少拥有一种知识产权,即域名权。网络经济,特别是"互联网+"行动,使知识产权拥有者的普遍性得到了空前的提高与强化。

第二,知识产权的宽外延性。网络经济的发展,产生了域名权和数据库等新型知识产权,拓展了知识产权的外延,同时,知识产权的内涵也更为丰富。数据库是长期储存在计算机内、有组织的、可共享的数据集合。1996年12月,由于多数代表反对,由WIPO主持的有120多个国家代表参加的外交会议上,未对WIPO专家委员会提交的《世界知识产权组织数据库知识产权条约草案》进行讨论,最终通过的《WIPO版权条约》只是逐字重述了TRIPS关于保护具有独创性的数据汇编的规定。从世界范围内,对于具有独创性的数据库,可以作为汇编作品利用著作权法保护成为世界上大多数国家的普遍做法。但著作权保护使非独创性数据库被排除在外。非独创性数据库具有重要的社会及经济价值,为了保护非独创性数据库,1996年3月11日,欧洲联盟议会和部长理事会向欧盟各成员国政府发出了《关于数据库法律保护的指令》（1998年1月1日生效），欧盟在世界上率先设立了数据库特别权利制度，不仅为非独创性数据库提供了前所未有的法律保护模式，更为独创性数据库提供了双重保护。因此，数据库作为知识产权已成为世界共识，但对非独创性数据库的保护还存在一定争议。

第三，知识产权的高度集聚性。传统经济业态下，知识产权也具有一定的集聚性。如一个企业既可以拥有著作权、商标权，还可以拥有专利权。但任何一个企业拥有和使用的知识产权在数量上都是有限的。如我国久负盛名的商务印书馆创办110年才出书近4万种且其能够使用的享有著作权的作品只是在合同有效期内的一部分。而超星数字图书馆声称可提供"数百万册电子图书，500万篇论文，全文总量13亿余页，数据总量1000000GB"的庞大资源。因此，知识产权的高集聚性是网络知识产权的重要特征。

第四，权利对象多样化。根据我国《民法总则》第5章第123条关于知识产权课题的规定，知识产权的对象包括作品、商标、技术方案等。网络知识产权的对象更加复杂，在传统类型的基础上，还衍生出了电子出版物、多媒体作品、计算机软件、网络域名等新的类型。如在网络环境下，创作者可以对传统文献加上各种文字、图片、声音等信息，或者在数字传播技术的基础上开发出网络游戏、计算机字库等作品，这些新的作品意味着新的知识产权对象的产生。

第五，作品的技术性更强。网络知识产品是借助于计算机和互联网技术而传播的，其必然带有计算机和互联网的技术性特质，如涉及P2P技术、网络定时播放技术、网络快照服务技术。对于此类技术，即使是行政执法人员也未必能够透彻认识。

3. 知识产权问题复杂化

第一，创新是"互联网+"时代的重要特征，新事物的出现不可避免地带来新鲜的问题。阿尔法围棋（AlphaGo）战胜诸多人类围棋高手引发了人们对人工智能的兴趣和关注，与之相关的各种法律问题随之出现。目前，人工智能已经能够撰写诗歌、谱写音乐、进行绘画创作，单从表象上，人们甚至无法将人工智能"作品"与人类作品区别开来，那么，人工智能的"作品"是否构成著作权保护的对象？如果构成，权利归属如何确定？针对诸如此类的问题众说纷纭，至今未有定论。

第二，"互联网+"时代，知识产权不必依附于有形物质载体而存在，传播途径增加、传播速度变快、表现形式和利用方式更为丰富，与之相对应的，知识产权侵权形式也更为多样，如侵权人通过微信等社交媒体销售侵权产品、通过网络直播平台播送电影等，对侵权行为的监测越加困难，知识产权的实施越加脱离权利人的控制。此外，"互联网+"时代知识产权问题的复合性增强。《梦幻西游》侵权案中，网易公司对《梦幻西游》游戏本身及多个美术作品进行了著作权登记，并对包括游戏名称"梦幻西游"在内的25个商标进行了注册，网易公司发现侵权行为后，通过提起侵害著作权、商标权及不正当竞争纠纷诉讼全方位地维护自身权益，并获得了法院支持。可见，"互联网+"时代，不同类型的知识产权并非完全独立，而是存在各种交叉，使知识产权问题具有复合性而变得更为复杂。

二、河南省知识产权与互联网的适应性变化

（一）河南省互联网行业发展的特点

2016年5月16日，河南省人民政府召开新闻发布会，河南省通信管理局副局长、省互联网协会副理事长赵会群在会上发布了《2016河南省互联网发展报告》。根据《2016河南省互联网发展报告》显示，2016年河南省互联网行业发展呈现出以下四个鲜明特点。

一是网民规模持续快速增长，接近8000万。从2013年以来，河南省网民规模连续三年保持快速增长，从5803万人增长到7960万人。二是互联网基础设施建设成效显著，多项指标均居全国前列。2016年，河南省加速推进"宽带中原"建设，在全国率先实现固定宽带50兆以上接入，互联网宽带接入端口、省际出口带宽、4G基站、光缆线路长度分别增长了41.2%、70.5%、55.6%、42%，互联网基础设施支撑经济社会发展动能不断增强。三是宽带速率大幅提升。2016年，河南省宽带用户平均接入速率提高了3.3倍，宽带用户平均可用下载速率提高了3.6倍，宽带用户平均视频下载速率提高了2.4倍，4G网络覆盖。四是互联网应用成效显著，电子商务、网络支付、网络娱乐类用户规模大幅增长。2016年，河南省"互联网+"快速发展，网络娱乐类应用高速增长，各类网络娱乐类应用的增长率均超过了10%。网络理财类快速增长，网上支付增长了10.1个百分点。商务交易类持续增长，网络购物、网上订餐的渗透率分别高于全国平均水平13.8、6.7个百分点。网络政务发展较快，河南省网络政务应用渗透率高于全国平均水平4.9个百分点，政府机构微博拥有量和开通政务头条号的数量均居全国首位。

（二）与互联网有关的知识产权政策变化

1. 知识产权创造方面

构建"互联网+"知识产权创新生态体系，完善知识产权创造激励机制。《河南省知识产权事业发展"十三五"规划》（以下简称《"十三五"规划》）中"主要任务"这一部分指出要"健全知识产权创新机制，增强区域核心竞争力"，其中具体措施之一就是"完善知识产权创新激励机制"。积极探索改革财政支持知识产权创新发展的方式，设立"知识产权创新基金"，加大支持力度增强创新活力。构建"互联网+"知识产权创新生态体系，开放知识产权情报资源，支持大众创新。推进科技型中小企业实现专利申请"消零"，促进企业学会利用知识产权规则参与市场竞争。

2. 知识产权运用方面

支持发展互联网金融，培育知识产权运营机构。《河南省人民政府关于新形势下加快知识产权强省建设的若干意见》（以下称《强省意见》）的第3部分"促进知识产权创造运用"中指出要"高标准建设中部知识产权运营体系"。具体措施之一就是健全知识产权投融资体系，设立省重点产业知识产权运营基金，培育一批产业特色突出的知识产权运营机构。探索支撑创新发展的知识产权运行机制，组建中部知识产权运营中心。建立知识产权价值评级制度，发展专业化知识产权评估机构。支持商业银行和证券、保险等机构广泛参与知识产权金融服务，扶持知识产权互联网金融企业创新发展。

支持知识产权+互联网金融服务，促进专利运营。《"十三五"规划》"重点任务与措施"这一部分中指出，要实施"专利运营支持专项行动"，创新专利运营模式与服务产品，构建开放、多元、融合、共生、互利发展的专利运营生态体系。支持河南技术产权交易所建立专利网上实时评估系统和竞价系统，构建以专利价值评估、转让许可、投融资、股权交易、债券交易、质押物处置等为支撑的网上网下相结合的交易服务体系。探索市场化专利管理公司建设，发展具有第三方支付等功能的专利转移机构。大力发展专利投融资和专利保险工作，推动金融机构开发专利质押融资和专利保险新模式，完善专利投融资风险管理及补偿机制。推进采用债转股及反向许可等模式，探索开展专利权证券化、信托、出资，支持知识产权+互联网金融服务。鼓励开展同业担保、供应链担保等业务，探索建立多样化专利担保机制。

3. 知识产权保护方面

加大网络知识产权行政执法力度。《强省意见》第4部分"实行严格的知识产权保护"中指出要"加大知识产权行政执法力度"。具体措施是：加强知识产权执法队伍建设，完善知识产权执法体系，建设中部领先、国内一流的知识产权执法强局。探索建立综合行政执法机制。以侵权案件高发地、制造业集中地、专业市场、展会、商品流通环节等为重点，开展知识产权执法维权专项行动，严厉打击恶意、重复侵权等违法行为。加强注册商标专用权保护，严厉打击商标侵权行为。加强著作权保护，推动文化产业发展壮大。加强知识产权海关保护。完善植物新品种、生物遗传资源及相关传统知识的知识产权保护措施。加强互联网、电子商务、大数据、云计算等新业态、新领域创新成果的知识产权保护。

严厉打击网络侵权盗版。2016年6月6日，河南省人民政府办公厅通过《河南省加强互联网领域侵权假冒行为治理实施方案》（豫政办〔2016〕89号文）。该方案在"工作重点"这一部分就明确指出要"打击网络侵权盗版"。具体措施包括"严厉打击利用互联网实施的侵权违法犯罪""加大对销售仿冒知名商标、涉外商标商品的查处力度"等。此外，2017年以来，河南省版权局对一些互联网企业在没有取得授权的情况下，视国家法律法规于不顾，随意转载传播未经版权人授权的作品，而造成侵权盗版的违法行为多发频发的情况，河南省版权局联合省网信办、省公安厅等部门开展了"剑网2017"专项行动，重点打击和规范互联网版权秩序，整治了影视和新闻两类作品的侵权盗版行为，进一步规范电子商务和APP两个平台的版权秩序。

加大电子商务领域专利执法监管力度。为了精准、快速打击专利侵权假冒行为，加大对专利侵权假冒行为惩治力度，提升打击效果。提高专利执法办案力度和影响力，加大对群体侵权、重复侵权的打击力度和打击声势，河南省开展执法维权"雷霆"专项行动，并制定了《2017年河南省知识产权局系统执法维权"雷霆"专项行动工作方案》。方案指出：要加大电子商务领域知识产权保护力度，引导电子商务平台加强网络交易平台监管，对经营者入网审核、日常经营各环节的专利维权保护提出明确要求，引导网络交易平台建立针对侵权假冒行为的内部投诉处理机制。强化与网络交易平台合作，加强对侵权假冒的预警监测和事前风险防范，及时发现和掌握专利侵权假冒违法线索。严格对跨境电子商务的专利执法监管，严格按照电子商务领域线上专利侵权假冒案件办理规程开展工作。

加强互联网领域侵权假冒行为治理。2016年6月14日，河南省人民政府办公厅印发了《2016年河南省打击侵犯知识产权和制售假冒伪劣商品工作方案》。该工作方案在第1部分"继续强化重点领域专项治理"中就指出，要"加强互联网领域侵权假冒行为治理"。具体内容包括"对食品药品、农资、家用电器、建筑材料、汽车配件、儿童用品等重点商品，加强监管执法""组织开展净网利剑、2016中原红盾网剑"等集中整治行动，打击网上销售假冒伪劣商品行为等措施。

4. 知识产权服务方面

运用"互联网+"模式，构建高水平便民利民的知识产权服务体系。《强省意见》第3部分"促进知识产权创造运用"中指出要"构建高水平便民利民的知识产权服务体系"。具体措施之一为发挥郑州国家知识产权服务业集聚发展试验区的引领带动作用，推进知识产权服务业集聚发展。加快知识产权服务平台建设，运用"互联网+"模式，实现区域专利、商标、版权、植物新品种等知识产权基础信息平台互联互通，推动基础信息免费或低成本向社会开放，提高知识产权信息利用率。

5. 知识产权文化方面

利用网络传播平台，营造知识产权社会环境。《"十三五"规划》中"主要任务"这一部分指出要"营造知识产权社会环境，培育知识产权文化"，其中具体措施之一就是"积极推进知识产权宣传活动"。加强对知识产权文化建设工作的系统筹划，围绕知识产权热点、焦点话题，开展不同形式的主题活动。利用知识产权典型案例，针对不同受众群体，出版一批可读性强的优质书刊。积极整合社会资源，制作播出一批观赏性强的影视作品。借助互联网等新兴媒体，搭建权威高效的知识产权传播平台，开展丰富多彩的知识产权宣传工作。

三、河南省知识产权与互联网中存在的问题

互联网的世界是一个互联互通的世界，因此，河南省网络知识产权保护所面对的问题同我国整体上网络知识产权保护的问题具有很多的相似之处。

（一）网络知识产权保护意识待提高

河南省乃至全国在知识产权方面一直不是很重视，社会大众更是知之甚少。尤其当网络迅猛发展，博客、微信、微博等逐渐兴起，现在很多人通过

博客写出了很多有思想性的博文，尽管博客在博客中明确指出，"未经本人许可，严禁转载"，但是许多网站和个人为了吸引眼球，增加点击率，纷纷转载。尤其是一些互联网企业在没有取得授权的情况下，视国家法律法规于不顾，随意转载传播未经版权人授权的作品，而造成侵权盗版的违法行为多发频发的情况。尽管博主通过百度等搜索引擎查到了别人的转载，但是很多时候，作者也是不去追究的。从这一方面，就可以看出大众对知识产权保护方面的意识和观念非常的薄弱。

（二）网络知识产权法律法规不完善

我国有《著作权法》《商标法》《专利法》《反不正当竞争法》等法律对传统知识产权予以保护，但对网络知识产权进行保护的法律规定较少且散见于法律、行政法规、部门规章、司法解释中。2016—2017年，河南省在《专利法》《商标法》《著作权法》等知识产权基本法律制度的基础上出台并颁布了诸多的关于知识产权的政策法规，对全省网络知识产权发展提供了法律和政策支持，但由于缺少《网络知识产权发展规划》等纲领性政策和法律法规，因此并未形成完善的网络知识产权法律体系，这严重制约了河南省网络知识产权事业的有序、健康发展。立法滞后导致很多实践问题无法有效解决。比如，经营者销售数据库给企业、学校、图书馆等单位后，这些单位将数据库放在内部局域网中向用户提供免费在线阅览、下载或既阅览又下载等服务，该行为是否构成对信息网络传播权的侵犯？对此，尚无立法予以明确。另外，现有涉及网络知识产权的法律规范比较庞杂，一些法条之间不协调、相冲突，给司法实务部门在适用法律时造成了困难。

（三）网络知识产权行政执法不严

在网络知识产权行政执法方面，河南省的行政执法是不严格的，执法不严格背后的原因是多方面的。第一，网络知识产权行政执法体系不健全。主要表现在：河南省各个地区的行政执法没有较好的沟通机制、行政执法与司法缺乏有效衔接等。第二，网络知识产权人才缺乏。网络知识产权人才需要具备知识产权等多学科的背景，目前河南省这方面的人才相对匮乏。第三，知识产权执法能力不足。在网络知识产权行政执法中，存在地方保护主义的问题，这就不能充分发挥知识产权行政执法的优势，增加了知识产权人的维权成本。

（四）网络知识产权侵权责任追究难

"互联网+"带来的产业变革和创新对传统知识产权造成了冲击，同时也给知识产权保护工作带来了挑战。

1. 主体身份确定难

一些人会用虚拟名称或者匿名在网络上发表作品，该作品借助于互联网的开放性被完全或部分地复制、粘贴、改编后再次传播，此类情况可能多次发生，最后已很难确定该作品最初的权利主体。另外，有的改编作品本身就具有一定的创造性，可能产生新的知识产权，这加剧了从法律层面确定网络知识产权主体的困难。目前，网络实名制还不完善，很多用户在网络上只留下虚拟名称、虚假身份，发生网络知识产权纠纷后，很难获得侵权行为人的真实信息。在有多个侵权主体的情况下，若要一一查证其身份信息，工作难度更大。

2. 侵权行为认定难

网络环境下出现了一些非常复杂的涉嫌侵犯知识产权的行为，囿于对新技术认知的局限性，这类行为的性质认定及其责任追究都面临一定困难。这类行为主要有三种：一是涉嫌侵犯著作权的行为。比如，在"三网"（电信网、广播电视网、互联网）融合的背景下，网络实时播放或定时转播新闻事件、IPTV电视回看服务、网络播放设备在线播放影视作品、手机客户端转播影视作品等行为引发了许多知识产权纠纷，对于此类行为在相关纠纷中的作用及其性质、责任认定，需要进行事实层面、法律层面和技术层面的准确分析，难度较大。二是涉嫌侵犯商标权的行为。比如，一些人选用他人商标作为搜索引擎在网络上进行关键词推广，有的在推广链接中展示他人商标，有的在推广链接中不展现他人商标，此类行为是否构成侵权？实践中已有这方面的典型案例，理论界和实务部门对于是否存在侵权行为认识不一。三是涉嫌进行不正当竞争的行为。我国《反不正当竞争法》列举了11种不正当竞争行为，但一些行为（如搜索引擎竞价排名、安插"流氓软件"等）具有明显的不正当竞争倾向却很难归入这11个类型中。

3. 证据收集、保存难

互联网的虚拟性导致网络侵权行为的隐蔽性比较强，侵权信息很容易被删除，在没有及时予以公证和保存的情况下，原始证据很容易灭失。在侵权行为人众多的情况下，通过其上网痕迹追踪其所在地域，进而对散布在不同地域的侵权人进行调查取证,这也非常困难。

4. 赔偿数额难以准确计算

我国现有法律对侵犯知识产权的赔偿标准作了规定,但该标准不能直接套用到网络领域。比如,我国《著作权法》第49条规定了侵犯著作权及相关权利的赔偿标准,但侵犯网络知识产权的案件中,多数侵权人并不直接利用作品获利,法院很难确定损害赔偿数额。此外,由于网络作品的统一定价机制缺失,所以很难确定涉案作品的市场价格,进而难以确定权利人的实际损失和侵权人的违法所得。

(五)网络知识产权服务功能不健全

河南省已初步建立了政府主导的知识产权公共服务平台体系,但各个平台所提供的服务功能水平参差不齐。河南省知识产权局所开发的"河南省知识产权公共服务平台"相对比较完善,其子板块"信息检索"中整合了专利、商标、版权、集成电路布图设计、植物新品种、地理标志等知识产权信息的查询和检索,改善了以往这些信息分属不同政府部门管理的局面,为公众查询提供了便利,"政策法规"板块也罗列了较全的相关政策法规,"维权援助"和"举报投诉"板块都有相应的申报指南和工作流程,但是其"在线申报"功能却处于无法打开状态,最近一次信息更新在2017年1月。再以"中国(河南)知识产权维权援助中心"为例,打开网页后,除了首页的"工作动态"可以打开看到具体内容外,很多子板块无法继续打开或者打开后页面空白,甚至连平台简介都没有。另外,在移动互联全面发展的今天,尚没有一个知识产权公共服务平台开发手机APP业务,无法实现与时俱进。

四、应对互联网知识产权问题的对策

近年来,河南省互联网的知识产权保护逐渐得到重视、法律体系不断完善,执法手段不断加强、行政监管力度也不断加大。但是目前,还应着手解决网络知识产权保护立法滞后、侵权成本低、取证困难、维权成本高等问题,为互联网指明知识产权保护的"有法可依,有据可查"之路。

(一)提高公民网络知识产权意识

政府有关部门要利用政府门户网站以及重点新闻单位的网站等平台,积极开展网络知识产权保护相关信息的宣传,让网民了解、支持、参与网络知识产权保护。网络服务提供者要在网民上网注册时特别提示其注意知识产权保护，并动态地对典型侵权案例进行公告。互联网企业可以在网络电视、视频中植入保护网络知识产权的公益性广告，在其职工培训中设置知识产权法课程等。河南省采取了包括"第十一届中国专利周河南地区活动""知识产权巡讲活动"等在内的多项措施，这些活动应该坚持并不断赋予新内涵。河南省知识产权局官方网站、各市知识产权网络平台、"知识产权报""河南知识产权"微信公众号等媒介应该协同发力，营造有利于知识产权强省建设的良好氛围。

（二）完善网络知识产权法律规范

在数字技术的发展和著作权环境的变化的情况下，对网络知识产权的新规定进行了研究。但随着互联网的飞速发展，出现了 P2P 互联网的技术、搜索引擎等新的网络服务。美国政府在新技术出现很短的时间就迅速对网络知识产权的相关法律修改了，根据新的技术，提出相应的法律，这样就可以很好地保护信息的安全。针对互联网的知识产权保护法，河南省要尽快完善知识产权保护相关法律法规，着重要从提升立法层次，增加法律震慑力做起，通过完善立法制度，使之知识产权保护工作有法可依，使之适应互联网时代的知识产权保护。

（三）加强网络知识产权行政执法

政府有关部门要积极探索治理网络知识产权侵权行为的有效措施，以保护网络著作权、商标权为重点，严厉查处违法违规互联网文化产品及其经营单位；要探索建立针对跨境电子商务中侵犯知识产权行为的追溯机制，重点打击通过电子邮件、网购等渠道进口、出口假冒知识产权商品的行为；要加强网站备案、域名和 IP 地址管理等工作，畅通举报、投诉渠道，同时督促、指导网络服务提供者严格审核网站内容，增强自律能力。政府相关职能部门要与司法部门和网络平台加强联动，对侵犯网络知识产权的行为实现信息共享、联合打击。

（四）开展网络知识产权专项整治

1. *严厉打击网络环境下版权侵权行为*

网络知识产权体系中，著作权是数量最为庞大知识产权族群。在我国知识产权保护中始终占据着重要地位。2016年各级人民法院共新收知识产权一审民事案件136534件，其中，专利案件12357件，商标案件27185件，著作权案件86989件，技术合同案件2401件，竞争类案件2286件（含垄断民事案件156件），其他知识产权案件5316件，分别约占知识产权一审民事案件的9%、20%、64%、2%、2%、4%。另据最高人民法院披露，网络著作权案件约占著作权案件的60%。可见，网络著作权案件占据着一审案件的近38%。从河南省2015年审结案件看，著作权案件占审结案件的56%，与全国情况大致一致（略低于全国平均比，从一个侧面上反映了河南省网络经济发展的相对滞后）。因此，河南省应将严格而有力的著作权保护作为重点，大致可以实现对全省知识产权的38%覆盖面的有效保护，对于净化河南省网络知识产权保护环境具有极为重要的意义。

2. 严格保护网络专利技术

河南省同步推进需要将严格而有力的专利保护作为关键。从河南省网络经济大省强省同步推进而言，此处严格专利保护具有以下含义：一是严格网络专利技术保护，这是建设网络强省的基本保障，是创新驱动网络发展的基本依托，为网络强省建设提供不竭的技术创新源泉和动力。二是严格线上专利保护，这是全面严格知识产权保护不可或缺的重要方面，至少自2014年起，随着电子商务和现代物流的发展，侵权行为呈现出链条化、网络化、复杂化的新特点，网络平台已成为销售假冒伪劣产品专利侵权的新途径。

3. 推进严格而有力的商标（包含域名权）保护

我国商标侵权案约居各类知识产权案件的20%。因此，适应商标侵权网络化趋势，河南省网络经济（特别是电子商务）同步推进需要以严格而有力的商标（包含域名权）保护作为依托，净化网络知识产权法制环境。

（五）强化网络知识产权司法保护

首先，司法机关要认真梳理网络知识产权案件的法律适用问题，适时制定相关司法解释，及时发布指导性案例、典型案例，统一裁判标准和尺度。其次，法院要协调公安、检察机关做好网络知识产权刑事案件的侦查和移送起诉工作，构建符合实际情况的民事、行政、刑事"三审合一"审判模式。最后，法院系统要积极吸纳兼具互联网知识和知识产权法知识的人才，建立科学的法官培训制度和地方知识产权法官联席会议制度，加强国际交流与合作，着力培养一批业务能力强、法律素养高、具有国际化视野的处理网络知识产权案件的法官。

(六) 运用"互联网+",深化完善知识产权服务平台建设

在目前大数据、智能化、移动终端、云计算的"互联网+"深度发展背景下,河南省的知识产权服务平台还有非常大的进一步深化发展空间,应充分利用"互联网+"的发展机遇,在完善大数据的同时,开拓新的服务领域与方式,与互联网企业合作开发知识产权服务产品,从网络平台延伸到移动终端,在免费提供信息的基础上,可以关注创新企业和创新人才的实际需求,结合大数据挖掘,进行付费的个性化信息服务。可借鉴国外谷歌等信息共享平台的发展模式,在政府主导之外,扶持鼓励个性化的私人知识产权信息服务平台的发展。

(七) 开展网络知识产权国际合作

加强网络空间知识产权保护的国际合作,加强与国内外互联网企业特别是国际组织和世界各国、各地区政府部门,在相互信任、相互理解、互利共赢的基础上,在执法、培训、宣传等领域进行协作。积极推动互联网环境下知识产权保护相关国际规则的制定,为互联网时代知识产权的保护提供更加清晰、完善的国际法框架。同时,可以借助互联网全球化的特质,在实施知识产权保护国际化的过程中,探索构建区域一体化的互联网知识产权保护规则,用实际行动促进国家"一带一路"倡议目标的实现。

第三部分

附录

附录一

2016—2017 年河南省知识产权政策与法规

《河南省建设支撑型知识产权强省试点省实施方案》
《河南省政府关于新形势下加快知识产权强省建设的若干意见》
《国家知识产权创意产业试点园区发展规划（2016—2020 年）》
《河南省加强互联网领域侵权假冒行为治理实施方案》
《2016 年河南省打击侵犯知识产权和制售假冒伪劣商品工作方案》
《2016 年河南省知识产权系统执法维权"护航"专项行动工作方案》
《河南省知识产权局系统加强专利行政执法的工作方案》
《河南省专利导航产业发展工作实施方案》
《河南省专利导航产业试验区管理办法》
《河南省知识产权局 2016 年知识产权执法维权"护航"专项行动工作方案》
《河南省政府投资基金暂行管理办法》
《河南省人民政府办公厅关于促进产业集聚区和开发区改革创新发展的实施意见》
《河南省重点产业知识产权运营基金实施方案》
《河南省重点产业知识产权运营基金受托管理机构委托协议》
《关于做好 2016 年企业知识产权管理标准化认证工作的通知》
《开展打击商标侵权"溯源"专项行动方案》
《2016 年河南省专利事业发展战略推进计划》
《河南省知识产权专家库管理办法》
《河南省知识产权强企培育备案管理办法》
《河南省专利代理专项整治工作方案》
《河南省专利代理行业发展促进措施》
《河南省知识产权服务品牌机构管理办法》
《知识产权系统电子商务领域专利执法维权协作调度机制运行协调会议备

忘录》

《河南省电子商务领域专利执法维权专项行动工作方案》
《河南省产业集聚区知识产权维权援助工作方案》
《河南省产业集聚区知识产权维权援助工作站管理办法》
《知识产权信息服务平台建设工作计划》
《河南省人民政府专利奖评审办法》
《河南省高校知识产权综合能力提升专项行动工作方案》
《河南省重大经济活动知识产权评议管理办法》
《河南省知识产权局新闻宣传工作管理办法》
《河南省知识产权强县工程管理办法》
《河南省知识产权战略实施工作联席会议制度》
《河南省重大经济活动知识产权评议办法》
《河南省专利权质押融资管理办法》
《河南省专利权质押融资奖补项目管理办法》
《2017年河南省知识产权强省试点省建设推进计划》
《2017年河南省知识产权质押融资和专利保险工作方案》
《2017年河南省知识产权局系统执法维权专项行动工作方案》
《国家知识产权试点示范城市2017年度督导工作方案》
《2017年河南省知识产权局系统执法维权"雷霆"专项行动工作方案》
《河南省专利奖励办法》
《河南省小型微型企业发展考核评价办法》
《河南省知识产权事业发展"十三五"规划》
《河南省专利事业发展"十三五"规划》
《河南省产业集聚区知识产权维权援助工作方案》
《河南省产业集聚区知识产权维权援助工作站管理办法》
《加强郑洛新国家自主创新示范区专利创造运用保护暂行办法》
《加强中国（河南）自由贸易试验区知识产权工作的若干意见》
《河南省专利奖励办法实施细则》
《河南省知识产权软科学研究计划管理办法》
《河南省国家知识产权试点示范城市管理办法》
《河南省知识产权局社会信用体系建设实施方案》
《关于推广专利权质押融资促进实体经济发展的意见》

《郑州国家知识产权服务业集聚发展示范区建设方案》

《郑州市国家知识产权强市创建市工作方案（2017—2020年）》

《许昌市专利资助资金管理办法》

《许昌市专利资助办理指南》

《许昌市专利收费减缴办法》

《许昌市科技局关于经济社会发展科技创新指标考评实施细则》

《2017年许昌市知识产权局系统执法维权专项行动工作方案》

《洛阳市知识产权质押融资风险补偿及奖补实施办法》

《洛阳市小微企业授权专利奖励办法》

《洛阳市专利促进与保护条例》

《洛阳市中小微企业知识产权维权援助资金管理办法》

《洛阳市知识产权专项资金管理使用办法》

《新乡市专利资助奖励暂行办法》

《2016年南阳市知识产权执法维权"护航"专项行动工作方案》

《焦作市科技创新券实施管理暂行办法》

《平顶山市专利导航试点工程暂行办法》

《安阳市人民政府关于新形势下加快知识产权强市建设的实施意见》

《安阳市专利奖励办法》

《商丘市知识产权强企培育备案管理办法》

《中共驻马店市委　驻马店市人民政府关于深化科技体制改革加快创新驱动发展的若干意见》

《驻马店市科技创新平台建设与管理办法》

《驻马店市市级科技研发专项资金管理办法》

《驻马店市国际科技合作基地管理办法》

《驻马店市科技计划项目管理办法》

《驻马店市2017年度重大科技专项评审工作实施方案》

《信阳市科技计划项目经费管理办法》

《信阳市人民政府关于加强科技创新推进活力信阳建设的意见》

《开封市人民政府办公室　关于深入推行科技特派员制度的实施意见》

《开封市科技创新"十三五"规划》

《开封市农业特色产业科技示范基地管理办法》

《开封市推进技术创新攻坚方案》

《开封市科技扶贫专项行动实施方案》
《濮阳市专利发展专项资金管理办法》
《濮阳市科技计划项目全过程管理办法》
《濮阳市专利违法行为举报奖励办法》
《2017·第十一届中国专利周濮阳地区活动方案》
《濮阳市关于加强中小微企业知识产权质押融资工作的指导意见》
《周口市科技创新"十三五"规划》
《周口市科技计划项目经费管理暂行办法》
《周口市创新型科技团队管理办法》
《周口市科技计划项目申报及管理的有关规定》
《周口市农业科技示范园区（基地）暂行管理办法》
《周口市关于促进科技成果转移转化工作实施方案》
《周口市科技企业孵化器认定管理办法》
《周口市科技企业孵化器考核评价办法》
《漯河市诚信建设联合奖惩实施细则》
《漯河市委、市政府关于加快创新驱动发展的实施意见》
《漯河市"十三五"社会信用体系建设规划》
《三门峡市人民政府关于加强知识产权工作提升自主创新能力的意见》
《济源市加快科技创新驱动发展若干政策》
《济源市科技创新奖励办法》
《鹤壁市人民政府关于新形势下加快知识产权强市建设的实施意见》
《鹤壁市知识产权示范企业认定管理办法》
《鹤壁市科学技术奖励办法》
《鹤壁市科技计划项目管理办法》
《鹤壁市市级科技专项资金管理暂行办法》
《邓州市支持大众创业万众创新扶持政策》
《永城市"十三五"科学技术发展规划》
《汝州市科技功臣评选办法》
《第三批固始县县级非物质文化遗产代表性名录》
《滑县专利奖励资金管理办法》
《2016年兰考县知识产权宣传周活动实施方案》

附录二

2016—2017年河南省知识产权大事记

2016年河南省知识产权大事记

1月

1月5日,由河南省知识产权人才工作小组在全省展开的第四批知识产权高层次人才选拔推荐工作,经省知识产权高层次人才评选专家组和评选委员会评选,确定郑州大学法学院王玉辉教授、河南省高级人民法院民三庭宋旺兴副庭长等19人为河南省第四批知识产权高层次人才。至此,河南省已评选出79名知识产权高层次人才。

1月10日,河南省10家企业获得知识产权"贯标"认证。

1月11日,河南省知识产权局召开会议传达学习全国局长会精神。

1月17日,河南省知识产权局发布全省知识产权执法维权"护航"专项行动成果:2015年河南省共受理专利侵权假冒案件1448件,其中专利纠纷案件226件,假冒专利案件1222件。

1月18—19日,国家知识产权局专利管理司张宏副司长调研郑州专利导航产业发展实验区。

1月26日,河南省知识产权局组织召开中小学知识产权普及教育专题会议。

1月28日,河南省知识产权局一行到淮滨县开展扶贫慰问活动。

2月

2月16日,河南省七人当选第二批国家知识产权专家库专家。

2月17日，河南省知识产权局发布2015年专利统计有关数据：2015年省专利申请首次突破7万件大关，专利授权首次突破4万件大关，增幅均高于全国平均水平。

2月26日，河南省知识产权局召开国家专利导航产业发展实验区建设座谈会。

3月

3月1—4日，河南省知识产权局系统领导干部加强党性教育培训班成功举办。

3月2日，河南举行强国建设文件宣传解读会。

3月2日，河南召开全省知识产权局局长会议。

3月9日，河南省知识产权局召开挂职干部对接座谈会。

3月26日，由中国知识产权报社主办的2015年中国专利代理行业综合实力评价活动成果发布会暨创新引领中的专利服务业研讨会在北京举行，河南省多家专利代理机构和专利代理人入围中国专利代理行业综合实力名单，获得了"星级代理机构"或"星级代理人"称号。

3月30日，河南省企业海外知识产权运用与保护培训班在郑州举办。

4月

4月7日，河南省工业设计大赛颁奖仪式暨河南省第四届设计服务与制造业融合发展经验交流活动在金水区国家知识产权创意产业试点园区举行。

4月14日，根据国家知识产权局发布的《国家知识产权局办公室关于在吉林省等开展专利代理行业改革试点工作的通知》的文件精神，河南省被国家知识产权局列为全国首批10个专利代理行业改革试点省份之一。

4月14日，由新华社、河南日报等中央驻豫及省、市主流媒体12名记者组成的"河南省知识产权中原行"媒体采访团首站走进郑州大学，开启了"河南省知识产权中原行"序幕。

4月20日，河南省知识产权宣传周在郑州大学启动。

4月20日，河南省知识产权局到郑州大学调研。

4月21日，平顶山市知识产权宣传周在河南城建学院启动。

4月26—27日，由河南省知识产权局、河南省教育厅联合主办的"河南省中小学知识产权师资培训班"在郑州举办。

5月

5月初，河南省知识产权局在全局开展了"两学一做"学习教育征文活动，共评出一等奖2名，二等奖5名，三等奖8名，并对获奖同志进行了表彰。

5月19日，由河南省知识产权局主办，郑州大学知识产权学院、国家知识产权培训（河南）基地、河南省知识产权法学研究会、郑州睿信知识产权代理有限公司联合承办的"2016全国专利代理人资格考试宣传推介会"首站走进郑州大学，郑州睿信知识产权代理有限公司总经理陈浩应邀到校作讲座。

5月25日，河南省知识产权局召开知识产权评议工作座谈会，来自北京、江苏、深圳、河南等地区的知识产权服务机构和省内的部分企业等20余家单位代表参加了座谈。

5月25日，河南省中小学知识产权普及教育巡讲活动走进郑州。

5月26日，中国（河南）知识产权维权援助中心分中心工作会议在漯河召开。

5月28日，中国（郑州）第二届国际创新创业大会暨跨国技术转移大会——知识产权与创新设计论坛在国家知识产权创意产业试点园区举行。

6月

6月1—3日，由中共河南省委组织部、中国知识产权培训中心、河南省知识产权局联合举办的2016年河南省县处级领导干部知识产权战略研究班在北京开班。

6月8日，知识产权出版社中原工学院专利翻译实训中心揭牌仪式在11号楼214会议室成功举行。

6月13日，河南省知识产权局与郑州大学法学院就郑州大学知识产权学院建设方案进行座谈。

6月20—24日，由国家知识产权局主办、中国知识产权培训中心承办的2016年全国高校知识产权师资培训班在苏州举行，全国各地知识产权基地及高校教师 100 余人参加，中原工学院法学院/知识产权学院知识产权系教师李尊然及胡翠平应邀参加培训。

6 月 21 日，由国家知识产权局文献部主办，河南省知识产权局承办的专利信息助力创新能力提升培训班在郑州开班。

6 月 23 日，中原工学院院长俞海洛教授一行到河南省知识产权局共商知识产权学院建设工作。刘怀章局长对中原工学院在知识产权特色领域的全省领先地位及近年来取得的成绩予以充分肯定，就双方尽早达成共建协议、在知识产权强省建设中发挥关键作用表达了期待之情，并表示省局将加大力度支持知识产权学院建设。韩平副局长期望中原工学院制定知识产权工作规划、完善有关政策措施，领先进行高校知识产权贯标，在专利申请授权、协同运用以及宣传、培训等方面有新突破。

6 月 23 日，河南省专利代理机构座谈会在河南省知识产权局召开。

6 月 23—24 日，中原工学院法学院/知识产权学院法律系、知识产权系部分教师及该院 3 名硕士研究生应邀赴重庆参加中国知识产权法研究会 2016 年年会。

6 月 27 日，中原出版传媒投资控股集团公司出版部郭孟良主任和经营部赵新杰主任慕名前来中原工学院，就加强双方在包括版权在内的知识产权合作进行调研并达成初步合作意向。

6 月 30 日，创客学苑专利系列培训之"外观设计专利申请中容易遇到的问题"讲座在国家知识产权创意产业试点园区举行。

6 月底，河南省知识产权局联合省教育厅共同制定《河南省中小学知识产权普及教育示范基地管理办法》，并于印发实施。

7 月

7 月 6 日，河南省知识产权局召开了省直管县（市）知识产权巡讲活动座谈会。

7 月 8—10 日，由国家知识产权局主办、河南省知识产权局承办的 2016 年专利代理行业改革试点倾斜政策培训班在郑州举办。

7 月 14 日，河南省知识产权局组织召开全省中小学知识产权创意大赛座谈会。

7 月 20 日，河南省政府常务会议审议并通过《河南省知识产权强省建设试点省实施方案》，标志着河南省知识产权强省试点省建设工作全面展开。《实施方案》分总体思路、试点任务、实施步骤、保障措施四个部分。

7月28日，河南省知识产权巡讲活动在长垣县启动，标志着全省知识产权巡讲活动全面展开。

8月

8月2日，由河南省知识产权局主办的全省电子商务领域专利执法维权专项行动暨实战培训班在郑州举办。

8月2日，为深入实施知识产权战略，加快知识产权强省建设，河南省政府办公厅正式下发通知，建立河南省知识产权战略实施工作联席会议制度。

8月9日，河南省知识产权局专家组赴漯河市光明路市场开展国家局第一批知识产权保护规范化市场认定初评工作。

8月12日，河南省知识产权巡讲活动在郸城县举行。

8月17日，由河南省知识产权局主办，国家知识产权培训（郑州大学）基地和郑州市邦成知识产权服务有限公司联合承办的"河南省全国专利代理人资格考试考前培训班"在郑州市豫棉宾馆举办。

8月22日，河南省知识产权局出台《河南省知识产权强企培育备案管理办法》，正式启动河南省知识产权强企培育工作。

8月22日，第二批"全国知识产权服务品牌机构"评鉴发布会在北京召开，授予49家单位"全国知识产权服务品牌机构"称号，河南省郑州大通专利商标代理有限公司、郑州联科专利事务所、洛阳公信知识产权事务所3家机构成功入选。

8月25日，第三届"创青春"中国青年创新创业大赛河南分赛暨第二届"创赢未来"全国大学生创新创业大赛初赛分赛场在金水区国家知识产权创意试点园区举行。

8月26日，河南省知识产权巡讲活动在邓州市举行。

8月26日，河南省知识产权局与哈密地区知识产权局共同举办的哈密地区企业知识产权培训班正式开班。

9月

9月1日，国家知识产权局发文批复《河南省知识产权局关于申请设立中国郑州（创意产业）知识产权快速维权中心的请示》，同意设立中国郑州（创意产业）知识产权快速维权中心。

9月2日，在国家知识产权局下发的《关于在广州市等地区和单位开展专利质押融资及专利保险试点示范工作的通知》中，国家知识产权创意产业试点园区被列为全国专利质押融资试点单位，这标志着该园区在发挥专利质押融资促进创新发展方面进入新阶段。

9月1—2日，河南省知识产权巡讲活动先后在汝州、巩义举行。

9月5日，河南省知识产权局收到的国家知识产权局批复文件，国家知识产权局正式批复河南省为支撑型知识产权强省试点省，标志着河南省知识产权强省建设开启了新的征程。

9月8—9日，河南省知识产权巡讲活动先后在固始、新蔡举行。

9月8—9日，由国家知识产权局主办、河南省知识产权局承办的"牵手河南·服务强省"——2016年全国知识产权服务品牌机构牵手河南发展行动在郑州举行。

9月12—13日，河南省知识产权评议培训班在郑州举办。

9月13日，2016年"知识产权走基层，服务经济万里行"大型公益活动在河南省郑州市举行。

9月13—14日，2016年全国地方知识产权战略实施工作会在郑州召开。

9月14日，河南省知识产权巡讲活动在滑县举行。

9月18日，为推进产业集聚区知识产权维权援助工作站建设，完善知识产权保护与服务体系，发挥工作站作用，服务产业集聚区提质转型创新发展，有力推进知识产权强省试点省建设，河南省知识产权局组织制定了《河南省产业集聚区知识产权维权援助工作站管理办法》并正式印发全省产业集聚区实行。

9月19日，河南省知识产权局启动了专利导航产业发展工作，明确提出，到2020年建设36个专利导航产业发展实验区，同时出台了《河南省专利导航产业发展实验区管理办法》。这是继7月20日河南省政府常务会议审议并通过《河南省知识产权强省建设试点省实施方案》后，河南省知识产权局出台的以专利导航引领我省产业集聚区转型升级、创新发展，培育专利密集型产业，支撑知识产权强省试点省建设的重要举措之一。

9月21—23日，河南省知识产权巡讲活动先后在永城、鹿邑和兰考举行。

9月27日，"河南省高校知识产权综合能力提升研讨培训班"在中原工学院举办。

9月28—29日，河南省知识产权巡讲活动先后在河南大学和郑州高新区举行。

9月26—30日，河南省知识产权局承办的全国专利行政执法上岗培训班在郑州成功举办。

10月

10月13日，国家知识产权局"创新花蕾—知识产权走进中小学"活动在郑州市高新区外国语小学举行。

10月14日，"知识产权进高校"活动走进河南中医药大学。

10月15日，由河南省法学会知识产权法学研究会和河南省知识产权局主办，郑州大学知识产权学院与国家知识产权培训（河南）基地承办的"河南省法学会知识产权法学研究会2016年会暨知识产权强省论坛"在郑州嵩山饭店举行。190余名来自省内外的专家、学者和实务界人士围绕着"知识产权强省"主题，从"知识产权保护""知识产权创造运用"和"知识产权管理改革"三个方面进行了研讨。

10月19日，由中国发明协会和河南省知识产权局共同主办的"知识产权强国建设巡讲"培训班在郑州举办。

10月20日，河南师范大学法学院院长王鹏祥一行到河南省知识产权局共商知识产权学院建设事宜。

10月21日，河南省知识产权巡讲活动在河南理工大学举行。

10月21日，国家知识产权局专利局专利审查协作河南中心社会服务工作站揭牌仪式在许昌科技大市场举行，全国首个专利社会服务工作站落户许昌。

10月25日，《河南省建设支撑型知识产权强省试点省实施方案》正式由河南省人民政府印发实施，标志着河南省知识产权强省试点省建设工作全面展开。

10月26—28日，河南省知识产权巡讲活动先后在淮滨、中原工学院和郑州大学举行，三地共计400余人参加本次巡讲活动。

10月31日，2016年河南省知识产权巡讲活动于7月正式启动，经过各方面历时三个月的共同努力，取得了圆满成功。

11月

11月4日,河南省知识产权事务中心组织召开了《新疆哈密地区哈密瓜产业专利分析报告》和《新疆哈密地区大枣产业专利分析报告》专家咨询会。

11月6日,为期两天的河南省2016年全国专利代理人考试在郑州圆满结束。

11月9日,2016中国(郑州)产业转移系列对接活动之一的"文化产业与知识产权创意设计融合发展对接活动"在郑州市金水区国家知识产权创意产业试点园区举行。

11月16日,由河南省知识产权局、河南省知识产权研究会联合主办,中原工学院与中原大地传媒股份有限公司共同承办,河南智汇元知识产权运营管理有限公司协办的河南省知识产权研究会2016年年会暨"首届知识产权中原论坛"在郑州召开。本届年会上,河南省知识产权研究会会长、中原工学院校长俞海洛教授作了《河南省知识产权研究会年度工作报告》,向与会人员汇报了河南省知识产权研究会自成立以来所做的工作、取得的成绩以及存在的不足。在"知识产权中原论坛——知识产权运营问题"主题演讲环节,中南财经政法大学原校长吴汉东教授、大连理工大学知识产权学院院长陶鑫良教授、横琴国际知识产权交易中心有限公司季节总经理分别围绕知识产权运营现状进行了精彩演讲。在"知识产权中原论坛"研讨会上,来自省内外知名院校、科研院所、知识产权服务机构及企业的人士先后就"创新视野下知识产权运营""品牌建设与运营""产业集聚区知识产权协同创新的政府功能""知识产权运营中的法律问题""高校知识产权运营问题""知识产权证券化及相关问题""知识产权质押融资的多元发展"等问题进行了发言与研讨。河南财经政法大学方润生教授、郑州大学张德芬教授、郑州大学杨红军副教授、北京大成(郑州)律师事务所合伙人田小伍律师对各位代表的发言进行了深入浅出的分析与点评。论坛活动期间,河南省知识产权研究会还特别聘请吴汉东教授等14位知名专家学者为"学术咨询委员会"委员,聘请刘怀章等20名知识产权实务界专家为"政策顾问委员会"委员。中原大地传媒股份有限公司与河南省知识产权研究会、中原工学院、横琴知识产权交易中心等单位签订了合作协议。

11月21日,随着河南省知识产权局官方网站专利周专题上线,标志着第十届中国专利周河南地区活动网上开幕式正式开幕。本届专利周河南地区活动为期一周，以"加强知识产权运营、开拓知识产权强企之路"为主题，旨在通过集聚整合知识产权服务资源，搭建对接平台，着力解决企业关注的知识产权热点问题。

11月21日，河南省濮阳市油田第六中学入选"全国第二批中小学知识产权教育试点学校"，这是我省继河南省实验二中入选首批试点学校后，第二批唯一入选的学校。

11月22日，作为第十届中国专利周河南地区重要活动之一的"专利布局与专利运营"专题培训在国家知识产权创意产业试点园区A座三楼会议室举行。

11月23—25日，国家知识产权示范城市专利行政执法能力提升专项培训班在新乡举办。

11月24日，"外观设计专利保护与运用"专题培训班在国家知识产权创意产业试点园区A座三楼会议室举行。

11月25日，第十届中国专利周河南地区又一重要活动——"专利质押融资银企对接会"在国家知识产权创意产业试点园区A座2楼会议室举办。

11月26日，"河南省社会工作教育协会2016年会"在中原工学院召开，该校法学院具体承办了这次会议。

12月

12月2日，河南省中国烟草总公司郑州烟草研究院、好想你枣业股份有限公司2家企业入选国家知识产权示范企业。

12月5日，河南省知识产权局正式下发《关于成立河南省知识产权专家咨询委员会的通知》，成立河南省知识产权专家咨询委员会。

12月5—6日，河南省知识产权局在商丘召开2016年全省专利执法维权工作会议。

12月7—8日，河南省知识产权局在商丘举办2016年全省专利执法维权业务研讨培训班。

12月8日，河南省知识产权局和河南省教育厅联合组织开展中小学实验基地知识产权创意大赛活动。

12月9日，河南省知识产权保护协会第二届会员代表大会在郑州召开，来自企事业单位、高校的 60 多位代表参加了大会。中原工学院法学院/知识产权学院王肃院长当选河南省知识产权保护协会副会长。

12 月 14 日，河南省知识产权远程教育工作会议在郑州召开。

12 月 15 日，河南省知识产权宣传及政务信息培训会议在郑州召开。

12 月 20 日，国家知识产权局印发了《关于第十八届中国专利奖授奖的决定》，公布了第十八届中国专利奖获奖名单，河南省共有 13 项专利获奖，其中：洛阳大华重型机械有限公司的"高效立式复合破碎机"等 12 项专利获得中国专利优秀奖；河南新飞电器有限公司的"叠翼冰箱（竖）"获得中国外观设计优秀奖。

12 月 21 日，由河南省知识产权局主办的河南省高校知识产权创造运用能力提升培训班在郑州举办。

12 月 22 日，接国家知识产权局办公室函，郑州国家知识产权服务业集聚发展试验区顺利通过国家知识产权局验收，成绩优秀。

12 月 22 日，由河南省知识产权局主办的河南省企业知识产权创造运用能力提升培训班在郑州举办。

12 月 23 日，河南省知识产权远程教育工作再创新高，平台选课学习突破万人次，超额完成全年目标任务，并在全国知识产权远程教育工作综合考评中取得第四名，打造了富有特色的河南知识产权远程教育品牌。

12 月 23 日，由河南省知识产权局主办的专利导航产业发展实验区工作推进研讨培训班在郑州举行。

12 月 26 日，国家知识产权局公布了 2016 年度国家知识产权示范企业和优势企业名单，河南省河南牧翔动物药业有限公司、鹤壁佳多科工贸股份有限公司、河南巨烽生物能源开发有限公司、迈奇化学股份有限公司、河南心连心化肥有限公司、河南卫华重型机械股份有限公司、中铁隧道集团有限公司、安阳市翔宇医疗设备有限责任公司 8 家企业获得 2016 年度国家知识产权优势企业称号。

2017 年河南省知识产权大事记

1 月

1 月 5 日，洛阳市五项专利荣获第十八届中国专利优秀奖。

1 月 5 日，河南省知识产权局副局长韩平赴洛阳调研省专利导航工作，并召开专利导航产业发展实验区工作座谈会。

1月9日，河南省知识产权局局长刘怀章为河南财经政法大学知识产权产业发展研究院揭牌。

1月9日，周口市顺利完成2017年专利权质押贷款第一单：河南乾丰暖通科技股份有限公司通过专利权质押的方式，成功从农信社融资3500万元。

1月9日，第一期专利导航"双创"人才实验班开班仪式在河南财经政法大学举行。

1月9日，濮阳市2家国家知识产权优势企业通过复核。

1月10日，河南省四家单位荣获"全国专利系统先进集体"称号。

1月10日，濮阳市政府与审协河南中心签订知识产权服务合作协议。

1月12日，河南省知识产权局召开全局会议，专题传达学习了王勇国务委员在知识产权工作座谈会上的重要讲话和全国知识产权局局长会议精神，并做了题为《强化工作部署、狠抓工作落实、奋力推进我省知识产权工作跨越发展》的工作报告。

1月14日，首期专利导航"双创"人才实验班在河南财经政法大学行政楼8楼报告厅正式开课。

1月16日，荥阳市两个项目荣获河南省科学技术进步奖。

1月16日，中国工业设计协会专家工作委员会年度会议暨第三届全国高等教育综合设计基础教学论坛在郑州市金水区国家知识产权创意产业试点园区举行。

1月16—17日，国家知识产权局考核组来河南省知识产权局考核挂职干部，召开挂职干部考核座谈会。

1月17日，郑州睿信在2016年度专利代理行业综合实力评价活动中获多项荣誉。

1月24日，河南省科技厅召开总结表彰大会，河南省知识产权局获得多项表彰。

1月24日，郑州高新区2016年成绩硕果累累，2016年全年完成质押贷款3689万元，6家企业开展专利保险，签订专利执行保险10单，全年共有20家企业通过《企业知识产权管理规范》，有15项PCT国际专利申请提交了资助材料，涉及资助资金15万元。同时，有25项国外授权专利申请专利资助，涉及资助资金110万元。

2月

2月7日，河南省知识产权局与审协河南中心就2017年知识产权工作合作计划进行座谈交流。

2月7日，中原内配集团股份有限公司发明专利获得第十八届中国专利奖优秀奖。

2月10日，长垣县知识产权局荣获全国专利系统先进集体荣誉称号。

2月10日，"联科"商标被认定河南省著名商标。

2月13日，中原工学院法学院/知识产权学院王肃院长主持研究的《河南省知识产权事业发展"十三五"规划》被采纳并正式印发。这是中原工学院第三次主持研究制定全省和区域性知识产权政策，2011年主持制定了《河南省知识产权事业发展"十二五"规划》，2013年主持研究了《国家知识产权局关于深入实施知识产权战略支持中原经济区经济社会发展的若干意见》。

2月14日，安阳市五中通过省中小学知识产权普及教育实验基地考核。

2月21日，濮阳市知识产权局赴华龙区验收知识产权重点项目。

2月22日，濮阳市2所省中小学知识产权普及教育实验基地顺利通过考核。

2月28日，河南省知识产权局制定印发《河南省知识产权局系统2017年知识产权执法维权专项行动工作方案》，组织全省各级知识产权局系统开展为期一年的知识产权执法维权专项行动。

3月

3月7日，濮阳市知识产权局荣获2016年度省局目标管理考核先进单位。

3月9日，2017年河南省知识产权工作会议在安阳召开，会议总结了2016年全省知识产权工作取得的成绩，部署了2017年知识产权工作任务。

3月16日，加拿大驻华使馆商务二秘罗晗晶女士一行来河南省知识产权局进行知识产权工作访问，并围绕知识产权的质押融资、执法维权、宣传普及等方面进行了深入交流。

3月16日，濮阳市南乐县截至3月下旬，专利权质押融资累计金额达到9400万元，企业累计获省、市专利权质押融资贴息专项资金支持232万元。

3月16日，洛阳八家企业被确定为河南省知识产权强企备案企业。

3月17日，漯河食品职业学院顺利通过省级知识产权培训基地考核。

3月21日，专利复审委员会第九巡回审理庭在郑州口审5起案件。

3月22日，中国郑州（创意产业）知识产权快速维权中心启动仪式系列活动在国家知识产权创意产业试点园区举行。中国郑州（创意产业）知识产权快速维权中心是全国第13家知识产权快速维权中心。

3月22日，漯河市经济技术开发区成立知识产权维权援助工作站。

3月22日，国家知识产权局专利管理司赵梅生副司长来到中国（河南）知识产权维权援助中心，调研指导专利执法和知识产权维权援助工作。

3月23日，长葛市成立中国（河南）知识产权维权援助中心长葛产业集聚区工作站。

3月30日，驻马店平舆县科工信委荣获"2016年度全市知识产权工作先进单位"称号。

3月30日，大疆创新科技入驻周口市西华无人机产业园。

3月31日，中原工学院查国防等3位老师受邀参加2017年第六届中国知识产权研讨会。

4月

4月1日，驻马店确山县产业集聚区知识产权维权援助工作站挂牌成立。

4月1日，许昌市召开全市科技创新暨"许昌英才计划"表彰大会。

4月7日，汽车后市场维修连锁创新模式高峰论坛在郑州举行，并成立汽车后市场知识产权运营中心。

4月9日，河南省知识产权局制定下发《2017年全省知识产权宣传周活动方案》。宣传周活动围绕"创新创造改变生活，知识产权竞争未来"主题，省知识产权局并于4月20日至26日，开展五项知识产权宣传周活动。

4月11日，漯河市源汇区知识产权局参加全国打击侵权假冒工作电视电话会议。

4月11日，中国郑州（创意产业）知识产权快速维权中心开始接受企业备案，首批面向郑州市辖区（包括新郑市、登封市、新密市、荥阳市、中牟县、巩义市等郑州辖区内六县市）创意产业外观设计专利企业开放快速通道。

4月11日，洛阳市有关领导赴省知识产权局就知识产权工作开展座谈。

4月19日,中原工学院法学院/知识产权学院王肃院长率队应邀参加2017年知识产权南湖论坛国际研讨会。

4月19日,河南省知识产权首场巡讲在周口市举行,特邀中原工学院法学院王肃院长进行授课,主题为"知识产权强省建设方案政策解读"。

4月19日,濮阳市南乐县专利权质押融资额累计突破亿元,截至4月中下旬,南乐县共有8家企业参与专利权质押融资工作,质押融资额累计达到1.045亿元。

4月20日,郑州市发布2016年知识产权发展保护状况白皮书。

4月20日,西华县首届"知识产权宣传周"启动仪式在无人机产业园举行。

4月20日,河南省知识产权宣传周开幕式暨首届中小学知识产权创意大赛颁奖仪式在国家知识产权创意产业试点园区举行。

4月20日,焦作市知识产权局荣获河南省知识产权局、河南省教育厅共同授予的"河南省中小学知识产权创意大赛"优秀组织奖;省级知识产权普及教育实验基地学校——鄢陵县实验小学共有4件作品获二等奖、三等奖、优秀奖。

4月21日,河南省知识产权局副局长吴灯展在河南省政府网站接受访谈。访谈围绕"世界知识产权日"设立的背景、什么是知识产权、河南省在知识产权宣传周期间举办的系列活动以及知识产权强省建设的目标、任务和措施等和网友进行交流互动。

4月21日,海峡两岸创新驱动发展与知识产权保护论坛在郑州大学举行。中原工学院法学院老师应邀参加,王肃教授、杜爱霞老师分别作为单元评议人作了相应发言。本次论坛以"创新驱动发展与知识产权保护"为主题,涉及科技创新与制度创新、知识产权司法保护、知识产权政策、知识产权运营以及海峡两岸知识产权保护合作等具体议题,旨在分享知识产权法之最新研究成果,加强两岸专家学者之学术交流与合作。

4月23日,新乡市第一届"牧野新知杯"辩论赛圆满结束。

4月24日,"专利导航驱动产业发展"研讨会暨知识产权联络员聘请仪式在郑州召开。

4月25日,武陟县科技局、知识产权局举办"知识产权强企培训班",河南省知识产权局韩平副局长出席培训班并进行授课,各乡镇、办事处科技主管人员和企业负责人共计130余人参加培训。

4月25日，在开封市举办"自由贸易试验区的法治建设"研讨会，中原工学院法学院/知识产权学院王肃院长和副院长张金艳副教授应邀参加。

4月25日，漯河市发布知识产权司法保护白皮书。

4月26日，由河南省知识产权局与河南师范大学共建的河南省知识产权培训基地·河南师范大学知识产权学院签约揭牌仪式及"知识产权强省战略下专业人才培养路径"研讨会在河南师范大学举行，这是继中原工学院、郑州大学后，河南省成立的第三所知识产权学院。

4月26日，河南省知识产权巡讲活动在三门峡举行。

4月26日，河南香雪海家电科技有限公司成为商丘首家知识产权贯标企业。

5月

5月2日，河南省知识产权远程教育分站荣获2016年度中国知识产权远程教育"优秀子平台""优秀分站"两项荣誉称号；王学军同志被评为2016年度中国知识产权远程教育"优秀子平台管理员""优秀分站管理员"。

5月4日，河南（商丘）知识产权维权援助中心入驻第五届商丘电动车展览会。

5月8日，洛阳市《小微企业授权专利奖励办法（试行）》印发实施。

5月9日，河南省知识产权巡讲活动在驻马店举行。

5月10日，航空港实验区首批企业通过国家知识产权贯标体系认证。

5月11日，中国郑州（创意产业）知识产权快速维权中心仅一个月已接受近百家企业备案，分布在高新区、航空港试验区、高新区、上街区、巩义市、荥阳市等全市多个区域。

5月11日，河南省知识产权巡讲活动在信阳举行。

5月11日，河南省人民政府正式印发《关于新形势下加快知识产权强省建设的若干意见》。

5月11日，河南省知识产权研究会成功举办首届"品牌建设"研讨会。中原工学院法学院/知识产权学院王肃院长应邀参加，并以"品牌建设与知识产权"为切入点进行了精彩的主题分享。

5月15日，河南省知识产权局下发《关于开展2017年度河南省向国外申请专利资助申报工作的通知》，启动2017年向国外申请专利资助申报工作。

5月17—19日，由国家知识产权局和河南省知识产权局联合主办的2017年专利代理行业改革试点倾斜政策培训班在郑州举行。

5月22日，漯河市专利质押融资额2017年上半年达7700万迈入"2亿元俱乐部"，超过2016年全年1800万元。

5月23日，郑州市中级人民法院"知识产权巡回法庭"在郑州市金水区国家知识产权创意产业试点园区揭牌，这是河南省设立的首家知识产权巡回法庭。

5月27日，濮阳市南乐县4家知识产权优势（培育）企业喜获省企业技术创新引导专项经费。

6月

6月1日，鹤壁市经济开发区获批河南省首批专利导航产业发展实验区。

6月2—4日，中国知识产权法学研究会2017年会、2017强国知识产权论坛在北京同期举行。中原工学院法学院/知识产权学院王肃院长出席并主持2017强国知识产权论坛"人才发展与模式创新"人才分论坛。知识产权学院师生代表等一行10余人参加会议，开展学习交流活动。

6月5日，河南省知识产权局联合省人民政府发展研究中心、河南省社会科学院印发文件，在全省开展知识产权强省试点省建设征文活动。

6月5日，国家知识产权局举办的全国中小学知识产权教育培训班在北京开班，河南省知识产权局在培训班上作典型发言。

6月5日，鹤壁市2人获全国企业知识产权工作先进个人表彰。

6月7日，经国家知识产权局批准设立的郑州意创知识产权代理事务所（特殊普通合伙）（机构代码41138），正式在国家知识产权创意产业园区B座挂牌成立，这是河南省成立的第33家具有专利代理资质的代理机构。目前，河南省具有专利代理资质的代理机构已经达到36家。

6月8日，河南省知识产权巡讲活动在南阳市镇平县举行。

6月8日，巩义市知识产权局获得2016年度河南省企业服务工作先进单位称号。

6月10—11日，中原工学院法学院/知识产权学院王肃院长应邀出席第九届（2017）中国高校知识产权人才培养研讨会，并主持"综合探寻我国高校培养知识产权经营管理人才的模式与路径"议题的研讨。

6月13日，河南省确立国家中小学知识产权教育试点学校2所、省级中小学知识产权普及教育实验基地116所。

6月14—16日，河南省县处级领导干部知识产权战略研究班在北京中国知识产权培训中心举办。

6月20日，国家知识产权局办公室公布了2016年度专利执法维权工作绩效考核结果，新乡市知识产权局再创佳绩，两项考核均为全省第一。其中，专利行政执法工作绩效考核在140个副省级城市及地级市中排名17位，较2015年上升10个名次。知识产权维权援助举报投诉工作考核在全国的排名远高于河南省其他维权援助中心排名；濮阳市在全国140个副省级城市及地级市中排名第17位，较2015年上升了56位，在参评的6个河南省地市级城市中名列第一。

6月20日，鹤壁市专利质押解融资工作取得新突破，截至6月中下旬已累计帮助13家企业完成专利权质押融资，总金额近9.471亿元。

6月21日，省长陈润儿主持召开省政府常务会议，审议并原则通过了《河南省专利奖励办法》。

6月22日，2017年河南省首期企业总裁知识产权培训班在郑州举行。

6月22日，航空港实验区经济发展局联合智能终端（手机）孵化器共同举办了智能终端知识产权专场培训会。

6月23日，洛阳市获批两家河南省专利导航产业发展实验区。

6月26日，正阳县、平舆县产业集聚区知识产权维权援助工作站挂牌成立。

6月27日，河南省知识产权巡讲活动在安阳市举行。

6月27日，驻马店市知识产权局与中国平安财险公司签订专利保险项目合作意向书。

6月28日，驻马店市知识产权局召开全市专利保险业务培训会。

6月28日，孟州市出台2017年专利资助奖励办法。

6月29日，河南省知识产权巡讲活动在濮阳市举行。

6月29日，郑洛新国家自主创新示范区知识产权工作交流会在郑州市高新区举行。

6月30日，河南省首个企业专利导航项目全部建设完毕并通过验收。作为平顶山市企业专利导航工程试点企业项目，该项目对平顶山天晟电气有限公司的变压器节能技术进行专利分析和布局，各项指标均达到预期目标。

7月

7月4日，河南省知识产权局下发《河南省知识产权局关于公布河南省专利导航产业发展实验区名单的通知》，确定首批6家专利导航产业发展实验区。

7月6日，由国家知识产权局主办、河南省知识产权局承办的2017年全国专利调查中期检查培训会在郑州举行。

7月7日，洛阳市人民政府与审协河南中心签订知识产权服务合作协议。

7月11日，平舆县产业集聚区知识产权维权援助工作站举行授牌仪式。

7月13日，中原工学院法学院/知识产权学院与北京市京师（郑州）律师事务所院所战略合作签约仪式在京师郑州分所举行。

7月18日，河南省知识产权巡讲活动在新乡市举行。中原工学院法学院/知识产权学院查国防博士应邀参加。

7月19日，驻马店市一家企业通过专利权质押融资获得500万元贷款。

7月20—21日，河南省全省知识产权局局长座谈会在郑州召开。

7月24日，鹤壁市知识产权局举办全市中小微企业知识产权实务技能提升培训班。

7月26—28日，河南省知识产权高端服务能力提升培训班在郑州举办。

7月27日，信阳首家企业通过知识产权管理体系（IPMS）认证。

7月29日，第二届"法治河南青年论坛"暨河南省法学会知识产权法学研究会2017年年会在郑州举行。

7月30日，河南省截至7月底专利权质押融资超30亿元。

7月31日，鹤壁市举办首届科技创新创业大赛决赛。

8月

8月3日，安阳市开展市县两级联合专利行政执法检查活动。

8月3日，许昌市新增2家审查员流动工作站。

8月10日，2017专利电子申请推广（河南）培训班在郑州举行。

8月10日，焦作市举行专利行政执法"8·10"打击假冒专利专项行动。

8月11日，商丘市举办知识产权战略宣讲暨专利应用工程师培训班。

8月12日，由中原工学院、河南省知识产权研究会以及河南省律师协会知识产权业务委员会联合举办的"商标争议法律实务研讨会"在中原工学院图书馆报告厅举行。

8月13日，郑州获批国家知识产权重点城市，获得中央财政2亿元资金支持。

8月14日，河南省"百城提质"工作推进会在商丘召开。

8月15日，河南省知识产权局印发《加强郑洛新国家自主创新示范区专利创造运用保护暂行办法》。

8月15日，国家知识产权创意产业试点园区入驻企业中共有8人通过全国专利代理人资格考试并喜获证书。

8月15日，濮阳市首家"国家专利审查员流动工作站"在南乐县挂牌。

8月16日，"国家专利审查员流动工作站"落户濮阳市华龙区。

8月18日，驻马店市政府与审协河南中心签订知识产权服务合作协议。

8月20日，洛阳市出台《洛阳市知识产权质押融资风险补偿及奖补实施办法》。

8月20日，漯河市人民政府印发《漯河市"十三五"社会信用体系建设规划》。

8月22日，河南省"冶金功能保护材料知识产权评议"入获国家优秀项目。

8月22—24日，河南省知识产权巡讲活动先后在商丘、开封举行。

8月22日，河南省人民政府正式印发《河南省专利奖励办法》，并开始实行。

8月23日，平顶山市知识产权局联合郏县科技局开展专利执法专项行动。

8月24日，郑州市知识产权强市建设工作会议召开。

8月24日，平顶山市召开知识产权工作座谈会。

8月25日，洛阳市知识产权局召开上半年知识产权工作促进会。

8月28日，焦作市知识产权局举办知识产权执法实战培训班。

8月28日，《河南省知识产权局社会信用体系建设实施方案》印发，并开展知识产权领域信用信息采集和使用工作。

8月29日，新乡市两家"审查员流动工作站"正式挂牌，分别为"河南科隆集团有限公司"和"新乡市中科科技有限公司"。

8月30日，洛阳市知识产权局召开专利代理机构座谈会。

8月31日，濮阳市举办知识产权质押融资工作座谈会。

8月31日，南阳市举办专利质押融资暨专利保险业务培训班。

8月31日，河南省知识产权局会同省人力资源社会保障厅共同出台《河南省专利奖励办法实施细则》。

9月

9月1日，郑州高新区举行北斗导航与遥感产业知识产权联盟筹备会。

9月3日，郑州高新区召开国家知识产权示范园区建设工作领导小组首次会议。

9月5日，濮阳市南乐县前八个月知识产权工作实现新突破。

9月8日，河南省专利奖工作培训会在郑州举行。

9月11日，河南省财政厅与省知识产权局联合下发《河南省重点产业知识产权运营基金实施方案》，设立河南省首支重点产业知识产权运营基金，规模为3亿元。

9月12日，河南省知识产权巡讲活动在许昌市举行。

9月12日，洛阳市启动知识产权强企备案工作。

9月13日，平顶山召开首期企业知识产权管理规范培训班。

9月13日，平顶山市召开首届省级专利奖申报工作培训会。

9月13日，洛阳市知识产权局召开省专利奖申报工作培训会。

9月14日，河南省知识产权巡讲活动在漯河市举行。

9月14—15日，许昌市知识产权局对全市10家知识产权维权援助工作站进行授牌。

9月15日，中共河南省知识产权局委员会成立。

9月15日，三门峡市召开首届省级专利奖申报工作培训会。

9月17日，洛阳市出台《知识产权质押融资风险补偿及奖补实施办法》，成为河南省第一个对知识产权质押融资进行风险补偿和奖励补贴的城市。

9月18日，洛阳市出台知识产权"金典四策"实现全省"四个第一"。

9月19日，郑州首家知识产权联盟成立。郑州高新区北斗导航与遥感产业知识产权联盟成立，标志着高新区加快建设国家自主创新示范区和国家知识产权示范园区，郑州知识产权运营和创建知识产权强市工作实现新的突破。

9月20日，河南省专利行政执法维权能力提升培训班在郑州举办。

9月20日，河南省知识产权巡讲活动在郑州市举行。

9月20日，鹤壁市知识产权局与中国银行鹤壁分行签署"专利贷"战略合作协议。

9月21—24日，安阳市知识产权局组织举办了2017年安阳市专利布局初级实战培训班。

9月22日，新乡市知识产权法学研究会成立。

9月26日，河南省知识产权战略实施业务培训班在郑州举行。

9月26日，河南省知识产权巡讲活动在鹤壁市举办。

9月27日，河南省中国知识产权报社全国通联工作再创佳绩。河南省通联站被评为2017年度"优秀通联站"，这是河南通联站连续15年蝉联"优秀通联站"或"最佳通联站"称号。此外，河南省知识产权局吴灯展副局长、魏薇副主任分别被评为优秀通联站站长和优秀通联工作者，张晓燕被评为优秀通讯员。

9月27—30日，驻马店市平舆县开展专利集中申报行动。

9月28日，河南省知识产权巡讲活动在焦作市举行。

9月28日，平顶山市新城区科技局举办首期专利培训班。

9月29日，洛阳市知识产权局组织开展"五查五促五改"集中督察活动。

9月30日，鹤壁市人民政府印发了《新形势下加快知识产权强市建设的实施意见》。

10月

10月11日，漯河市市级知识产权优势企业获表彰。

10月11日，漯河市政府与审协河南中心签订合作议定书。

10月12日，登封市科技局组织召开郑州（登封）知识产权服务共享平台运用培训会。

10月12日，漯河局与中原银行漯河分行召开专利质押融资工作座谈会。

10月13日，许昌市知识产权局举办知识产权远程教育暨政务信息培训班。

10月16日，河南省全国专利代理人资格考试通过人数三年翻三番。2016年实际参考考生809人，考试通过率27.4%，高于当年全国通过率2个百分点。

10月16日，河南省知识产权局等4单位荣获2016年度国家知识产权试点示范工作先进集体。

10月17日，河南省知识产权巡讲活动在洛阳举行。

10月17日，濮阳市再获国家知识产权试点城市工作考核优秀成绩。

10月19日，河南省知识产权巡讲活动在济源举行。

10月19日，洛阳市知识产权局组织召开专利权质押融资金融机构座谈会。

10月19日，安阳市知识产权局举办知识产权维权援助与专利保险知识培训班。

10月20日，驻马店市知识产权局在产业集聚区举办知识产权保护专题培训班。

10月20—21日，新乡市举行2017年度知识产权示范、优势企业授牌大会暨企业知识产权运用与管理培训班。

10月21日，由河南省知识产权局、河南省知识产权研究会联合主办，郑州高新技术产业开发区管委会与中原工学院共同承办，河南科技期刊传媒集团、中原大地传媒股份有限公司、河南省知识产权保护协会、河南智汇元知识产权运营管理有限公司协办的"2017年河南省知识产权研究会年会暨第二届知识产权中原论坛"在郑州召开。

10月23日，鹤壁知识产权局在河南省知识产权局软科技项目立项中实现零突破。

10月24日，国家知识产权局知识产权运营（专利导航、试点示范园区）培训班在郑州举办。

10月25日，安阳市知识产权局开展市县乡专利执法检查及维权援助宣传活动。

10月26日，郑州市高新区举办"北斗导航产业专利导航项目"专利信息报告分析解读会。

10月27日，洛阳市召开知识产权强企备案评审会。

10月30日，濮阳市知识产权局荣获晋冀鲁豫专利行政协作区"8·10"行动突出贡献奖，2名同志评为先进个人。

10月30日，鹤壁市知识产权局获准成为晋冀鲁豫四省知识产权执法协作成员单位。

10月31日，南阳市举办上市拟上市及高新技术企业知识产权战略高端研修班。

10月31日，漯河市截至10月底共11家企业成功通过知识产权质押获得贷款，总金额达1亿元。

11月

11月1日，濮阳市经济技术开发区被列入河南省第二批专利导航产业发展实验区拟认定名单。

11月2日，濮阳市认定12所中小学知识产权教育示范（试点）学校。

11月2日，河南省中小学生知识产权普及教育实验基地宣讲活动在济源市实验中学举行。

11月3日，郑州市惠济区举行打击假冒伪劣侵权产品活动。

11月3日，鹤壁市人民政府与审协河南中心签订知识产权战略合作协议。

11月3日，新乡市知识产权局组织召开专利质押融资工作研讨会。

11月3日，河南省知识产权局、省教育厅联合印发《河南省知识产权局 河南省教育厅关于公布2016年度河南省高校知识产权综合能力提升专项行动十强十快高校名单的通知》。郑州大学、河南师范大学、中原工学院等10所高校获得2016年河南省高校知识产权综合能力提升专项行动"十强"高校；河南工程学院、郑州航空工业管理学院、河南职业技术学院等10所高校获得2016年河南省高校知识产权综合能力提升专项行动"十快"高校。

11月4日，河南省2017年全国专利代理人资格考试参考人数再创新高。

11月6日，郑州成功财经学院成立专利申请团队。

11月7日，鹤壁市知识产权局对宝山循环经济产业集聚区知识产权维权援助工作站进行授牌。

11月7日，安阳市知识产权局开展市县联合专利执法活动。

11月7日，河南省知识产权局会同省财政厅联合出台了《河南省专利权质押融资奖补项目管理办法》。

11月8日，濮阳市南乐县"三结合"扎实开展知识产权宣传培训活动。

11月8—11日，新乡市知识产权局举办了为期4天的专利布局实战培训班。

11月9—10日，郑州高新区知识产权局举办企业知识产权管理体系内审员培训班。

11月10日,漯河市食品产业知识产权战略联盟举办座谈会。

11月14日,中原工学院法学院/知识产权学院王肃院长当选中国知识产权研究会常务理事。

11月14日,河南省知识产权强县培训班在郑州举办。

11月14日,郑州市印发《郑州市国家知识产权强市创建市工作方案(2017—2020年)》。

11月14日,漯河市郾城区知识产权局举办知识产权创新能力提升培训班。

11月16日,河南省高校知识产权综合能力提升培训班在郑州举办。

11月17日,郑州睿信入选2017年专利代理机构发明专利授权量年度百强。

11月20日,濮阳银座商城有限公司通过第二批国家级知识产权保护规范化市场认定。

11月21日,国家知识产权局专利信息实务培训班在郑州举办。

11月22日,漯河市知识产权工作获人民政府市长蒿慧杰批示肯定。

11月23日,邓州市专利周知识产权宣传培训活动。

11月23日,许昌局印发《第十一届中国专利周许昌市活动方案》。

11月23日,范县工信委深入企业开展"专利消零"服务活动。

11月24日,漯河市389项专利获市级专利资助。

11月25日,河南省法学会国际法学研究会2017年年会(第二届)在郑州召开。中原工学院法学院/知识产权学院李尊然副教授论文"专利无效诉讼中的国家自由裁量权"荣获年会论文一等奖。

11月25—26日,中原工学院法学学生在第四届河南省"卓越杯"法治辩论赛中取得三连胜佳绩。

11月27日,启动第十一届中国专利周河南地区活动。

11月27日,河南省中小学知识产权师资培训班在郑州举办。

11月29日,漯河市知识产权局举办专利导航培训班。

11月29日,开封市举办第十一届专利周培训会。

11月29日,鹤淇产业集聚区知识产权维权援助工作站揭牌。

11月30日,河南省知识产权质押融资服务联盟成立。

11月30日,濮阳市知识产权局举办专利行政执法业务培训班。

11月30日，河南省知识产权远程教育研修班在新乡举办。

11月30日，河南年度专利申请量截至11月底首次突破10万件。

11月30日，漯河市知识产权局在郾城区举办农业领域知识产权与科技创新培训班。

11月30日—12月3日，新乡市知识产权局举办为期4天的专利分析实战培训班。

12月

12月1日，濮阳举办全市中小学知识产权教育示范（试点）学校师资培训班。

12月1日，许昌市知识产权局举办知识产权执法维权培训班。

12月1日，郑州市金水区企业一项专利技术喜获美国和日本授权。

12月1日，国家知识产权局公布2017年度国家知识产权优势企业评审结果，本批河南省上榜企业共6家。

12月7日，河南省首批专利导航产业发展实验区工作座谈会在郑州举行。

12月7日，商丘召开专利导航产业发展实验区建设工作座谈会。

12月8日，国家知识产权局专利局专利审查协作河南中心社会服务（濮阳）工作站揭牌。

12月9日，郑州一诺工业产品设计有限公司两项产品荣获2017中国设计红星奖。

12月11日，商丘市知识产权局积极开展2017年执法维权"雷霆"行动。

12月12日，国家知识产权局发布《国家知识产权局关于表扬2016年度企业知识产权工作先进集体和先进个人的通知》，郑州高新区两人荣获知识产权"企业先进个人"称号。

12月12日，安阳市高新区获批河南省第二批专利导航产业发展实验区。

12月13日，中原工学院法学院/知识产权学院李尊然副教授作为《红十字国际委员会与保护战争受难者》（第二卷）的译校受邀参加第三卷中译版首发式。

12月13日，第十九届中国专利奖揭晓，河南省获奖数量创历史新高。共有14项专利获第十九届中国专利奖，其中金奖2项，优秀奖12项。

12月13—14日，郑州市知识产权局举办2017年全市知识产权服务机构能力提升培训班。

12月13—14日，漯河市举办侵权判定咨询研讨会。

12月13—15日，洛阳市高新区举办首期专利导航实战培训班。

12月15日，洛阳市知识产权局在伊滨经开区商会大厦开展了知识产权远程教育暨政策培训会。

12月15—17日，中原工学院法学院/知识产权学院吴殿朝教授受邀参加全国院校战略规划专业委员会成立大会暨"高校有效治理：战略规划与法治化建设"学术研讨会，并当选为"全国院校战略规划专业委员会"常务理事、学术委员会委员。

12月19日，河南省知识产权质押融资巡讲（漯河站）开班。

12月19日，周口市郸城高新技术产业开发区被列入河南专利导航试验区。

12月20日，河南省企业知识产权创造运用能力提升培训班在郑州举办。

12月20日，国家知识产权局发布《关于确定2017年度国家知识产权示范企业和优势企业的通知》，河南省新增9家国家知识产权示范企业、优势企业。

12月20日，河南省知识产权质押融资巡讲（周口站）正式开讲。

12月21日，河南省专利质押融资座谈会在省知识产权局办公室召开。

12月22日，河南省知识产权质押融资巡讲在洛阳市开班。

12月22日，信阳市发明协会成立大会暨第一次会员大会在信阳市羊山新区召开。

12月25日，鹤壁市知识产权局参加"打击侵权假冒违法犯罪活动工作考核汇报会"，并顺利通过考核。

12月26日，科技部发布《科技部关于公布2017年度国家备案众创空间的通知》，河南省24家企业榜上有名。

12月26日，漯河市知识产权局出台《漯河市知识产权信用档案制度》，规定侵犯知识产权行为将记入信用档案。

12月26日，南乐县开展专利服务系列活动。

12月27日，河南省知识产权局发布《河南省知识产权局关于确定2017年度河南省知识产权强企备案企业的通知》，新增58家知识产权强企备案企业。

12月27日，河南省知识产权质押融资巡讲在濮阳开班。

12月27日，中原工学院举行法学院/知识产权学院2016级知识产权专业本科生校外导师聘任仪式暨师生见面会。中原工学院知识产权学院自2015年起推行"双导师制"，在知识产权教学过程中将知识产权理论和实践知识有机结合，增加学生的实践认知和实务操作能力，拓展学生实践学习领域，使学生提前对行业所需有所了解，明晰就业意向，拓宽就业渠道。两年来，知识产权专业校外导师为学生的实习实践提供了诸多便利条件，同时也扩充了其从业所在领域的人力资源储备，在学校与企业之间搭建起交流合作的平台。

12月27日，中原工学院知识产权学院2018届毕业班知识产权实务培训班在该校知识产权学院启动。

12月27日，洛阳市知识产权远程教育暨政策宣讲会在伊川县商会大厦举行。

12月28日，河南省知识产权质押融资巡讲活动在新乡举行。

12月28日，驻马店市广大鸿远车业有限公司利用4项专利技术，获得了洛阳银行驻马店分行提供的3000万元的专利质押融资贷款。

12月29日，郑州市印发《郑州市知识产权运营服务体系建设实施方案》。

12月30日，孟州市获批河南省第二批专利导航产业发展实验区。

附录三

2016—2017年河南省知识产权十大典型案例

2016—2017年，河南省法院继续贯彻落实党中央、国务院"实施严格的知识产权保护制度"精神，不断加大知识产权司法保护力度，涌现出了一大批具有良好法律效果和社会效果的优秀案例。为进一步加大知识产权司法保护宣传力度，增强社会公众的知识产权法律意识，为知识产权权利人提供可供借鉴的维权样本，在全社会营造浓厚的知识产权司法保护氛围，河南省高级人民法院每年度公布10件典型案例。具体如下。

2016年河南省知识产权十大典型案例

一、范某非法制造"好想你"注册商标标识罪案

基本案情：好想你枣业公司是第11573358号"好想你"商标所有人。被告人范某曾因犯销售非法制造的注册商标标识罪，被判处刑罚并宣告缓刑；在缓刑考验期内，范某假冒好想你枣业公司名义委托他人为其印刷标有"好想你"商标的包装袋。法院认定范某犯非法制造注册商标标识罪，撤销其前罪缓刑，与后罪进行并罚，判处有期徒刑5年6个月，并处罚金12万元；并发出禁止令，禁止范某自刑罚执行完毕或者假释之日起5年内从事与印刷业及制造、销售商标标识有关的职业。

典型意义：加大对侵犯知识产权刑事犯罪的处罚力度，有力遏制知识产权刑事犯罪行为，是全省法院加强知识产权保护的重要举措。本案对重复进行知识产权犯罪的范某，在依法撤销缓刑、判处实体刑，并处罚金的基础上，对其职业范围进行限制，禁止其在一定时期内从事与知识产权有关的职业，降低其侵犯知识产权的可能性，开辟了对知识产权进行保护的新途径。

二、被告人何某侵犯著作权案

基本案情：被告人何某为谋取非法利益，从互联网上购进含有Windows、Office计算机软件的光盘及包装材料，未经微软公司许可，包装后通过其在淘宝网网店进行销售，共计销售盗版微软软件5606套。公安机关在何某租住处查获大量未包装的Windows、Office计算机软件光盘、COA标签和包装材料。经鉴定，上述查获的软件光盘和COA标签均系未经微软公司授权生产的盗版产品。法院认定何某犯侵犯著作权罪，判处有期徒刑3年8个月，并处罚金78万元人民币；对其违法所得653458.02元人民币予以追缴后上缴国库；对扣押的侵权软件及相关包装材料予以没收并销毁。

典型意义：近几年，全省法院加强了对电子商务中知识产权侵权问题的打击力度。本案被告人从网上成批购进大量盗版操作系统和软件光盘，包装后在互联网上以正版软件的名义贩卖，侵犯了正版软件的著作权，同时严重破坏我国电子出版物市场的发展，造成软件出版、发行方面国家税收的巨额损失。通过本案的审理，彰显了对知识产权严格保护的原则，既对被告人处以实体刑罚，又从经济上剥夺其再犯罪的能力和条件。

三、金星啤酒公司与省外某啤酒公司侵害商标权及不正当竞争纠纷案件

基本案情：金星啤酒公司的第520199号"金星啤酒"注册商标被认定为驰名商标。省外某啤酒公司于2014年通过受让获得第381761号商标，并在其生产的产品及其外包装的正面、背面、侧面的显著位置均使用较大字号"金星啤酒"字样，金星啤酒公司提起诉讼。法院认定某啤酒公司未合法使用其注册商标，其在产品上使用"金星啤酒"字样侵害了金星啤酒公司的商标权，判令某啤酒公司停止侵权并赔偿损失20万元。

典型意义：河南作为第一农业大省，也是食品加工大省，涉及食品的商标纠纷较多，审理好食品行业知识产权纠纷，规范食品行业经营秩序，推进相关产业持续发展，对促进社会经济发展，意义巨大。"金星啤酒"商标经过金星啤酒公司多年培养，在全国享有盛誉；某啤酒公司在2014年才通过受让商标的方式，取得了另外一个"金星牌"商标的使用权，但其不规范使用自己的商标，使消费者对其产品的来源容易产生混淆误认，从而达到攀附金星啤酒公司商誉、促进销售的目的。本案在两个商标都合法有效的前提下，加

强对知名商标的保护力度，对规范企业的正当经营行为，制止不正当竞争和侵害商标权行为有一定的标本意义。

四、路易威登马利蒂诉郑州某商贸有限公司及马某侵害商标权纠纷案

基本案情：路易威登马利蒂（以下简称"LV 公司"）是法国一家知名的奢侈品公司。郑州某商贸有限公司经营郑州一家大型服饰、箱包等批发、零售商场，该商场部分商铺售出后由业主招租，但由该商贸公司统一管理。马某租赁该商场内一商铺经营服装。LV 公司的委托代理人从马某经营的店铺公证购买了有假冒"LV"商标的一条皮带，并以律师函告知郑州某商贸有限公司，要求该公司彻底查处出售假冒"LV"商标商品的商户。郑州某商贸有限公司接到律师函后在商场内张贴公告，禁止商户售卖 LV 公司的商品；并向 LV 公司回函称涉嫌侵权商品全部撤柜，彻查售假行为。4 个月后，LV 公司在马某经营的商铺再次购买到假冒"LV"商标的皮带，遂引发诉讼。法院判决，郑州某商贸有限公司和马某共同停止侵权行为，并连带赔偿 LV 公司 4 万元。

典型意义：郑州是我国知名的商贸城市，也是我国"一带一路"倡议的重要节点城市，完善法治化、国际化的营商环境，对形成对外开放新体制举足轻重。本案中市场的经营、管理者，虽然并不直接出售侵权产品，但加强对市场内众多小商户的管理、避免侵犯知名商标，仍具有高度的注意义务；法院对其课以较为严格的管理责任，责令其对小商户的商标侵权行为承担连带赔偿责任，对于规范郑州各类批发、零售市场竞争秩序具有典型借鉴意义。

五、河南有线电视网络集团有限公司诉商丘某电视公司侵害广播组织权案

基本案情：河南有线电视网络集团有限公司经中央电视台、中广影视卫星有限责任公司授权，在河南省辖区范围内对中央电视台第 3、5、6、8 套电视节目进行经营管理、收视费收缴、知识产权保护。商丘某电视公司未经授权，在商丘市转播中央电视台第 3、5、6、8 套电视节目。法院认为，商丘某电视公司侵犯河南有线电视网络集团有限公司的广播组织权，判决该公司赔偿经济损失 40 万元并赔礼道歉。

典型意义：随着无线传输技术的不断革新，未经授权而通过无线模式转播电视节目成为广播组织权制度面临的新问题。我国《著作权法》对广播组织权的规定较为笼统，本案判决细化了广播组织权的权利主体和权利内容，无论是侵权行为的认定，还是判决赔偿的数额，都为类似案件的审理提供了参照标准。本案也是全国首例电视公司侵犯中央电视台第3、5、6、8套收费电视节目广播组织权的案件，对制止盗播电视信号的侵权行为具有警示意义。

六、香港正大国际投资有限公司诉商丘某公司、郑州某公司不正当竞争纠纷案

基本案情：香港正大国际投资有限公司系泰国正大集团投资的负责大中华地区业务的公司，在国内仅饲料企业就有70多家，并于1986年注册了"正大"商标，核定使用商品第78类。郑州某公司和商丘某公司系生产饲料的企业，该两公司在名称中使用"正大"字号，且在其产品包装袋、产品名称及公司网站上突出"正大"字样。法院认为，该两公司没有尽到合理规避正大国际公司在先商标权利的义务，在公司名称中使用"正大"字号构成不正当竞争；同时在商品上及宣传中突出"正大"字样又构成商标侵权，判决该两公司停止侵权，并赔偿40万元。

典型意义：在市场经济中，企业字号和商标是识别商品来源和质量的重要标识。一些企业和个人出于攀附商誉的目的，在为企业取名时，往往将他人较为知名的字号或商标嵌入自己企业名称中，并在商品或服务上突出使用，对社会公众选择商品或服务造成混淆误导，但被控侵权人往往以公司名称系行政机关依法核准为由进行抗辩。人民法院对这种攀附、混淆行为一直采取严格禁止的态度，维护市场的正常竞争秩序。

七、河南梦祥纯银制品有限公司诉郑州某首饰公司侵害外观设计专利权纠纷案

基本案情：河南梦祥纯银制品有限公司是河南省一家生产、销售银饰的知名企业，拥有一百多项首饰及首饰包装盒的外观设计专利。郑州某首饰公司系批发零售珠宝的企业，其出售银饰使用的包装盒，与河南梦祥纯银制品有限公司拥有外观设计专利权的包装盒相似。河南梦祥纯银制品有限公司以该公司侵犯其外观设计专利权提起诉讼。法院认定郑州某首饰公司侵权成立，判决停止制造、销售、许诺销售侵害河南梦祥纯银制品有限公司具有外观设计专利权的包装盒，并赔偿损失3万元。

典型意义：银饰制造在我国有悠久的历史，深受广大人民群众的喜爱。

外观设计专利，赋予了传统工艺新的生命力，创造了巨大的市场价值，也容易产生各种"搭便车"的侵权行为。本案中的包装盒，能够提升产品形象、促进产品销售，具有一定的市场价值，所以，被控侵权人的模仿抄袭行为同样是不劳而获的性质。法院对创新的市场价值给予充分尊重，因而对该侵权行为予以严厉打击。

八、驻马店市张书奶粉营销有限公司与张某特许经营合同纠纷案

基本案情：2014年9月，张书奶粉公司与张某签订协议，约定张书奶粉公司授权张某经营的4家门店以"张书奶粉专卖"为商号，在张书奶粉公司的指导下从事奶制品及孕、婴、幼相关产品的经营活动；同时约定，张某在协议履行期间及终止后3年内，承担保密及竞业禁止义务。2015年1月3日，该协议解除。张某虽不再使用"张书奶粉专卖"的品牌形象，但仍在进行奶粉经营行为。法院经审理认为，张某从事"张书奶粉"特许经营业务，实际掌握了"张书奶粉"的商业秘密，即使特许经营合同解除，被特许人也无法将其掌握的商业秘密去除，因此，判决张某承担竞业禁止义务，赔偿张书奶粉公司25万元，并在3年内不得从事奶粉经营。

典型意义：商业特许经营合同的双方当事人作为平等主体，应当给予平等保护。在特许经营合同中，只要被特许人开始从事特许经营业务，即实际掌握特许人的商业秘密，该过程具有不可逆性，需要竞业禁止条款来保护特许人，才能实现特许人与被特许人之间权利义务上的平衡。本案在双方未约定违约金，也无证据证明特许人经济损失的情况下，参照被特许人经营获利情况酌定赔偿数额，体现了"严格保护"的司法精神，在维护守法企业经营利益的同时，也维护了规范有序、诚实守信的市场经营秩序。

九、鲁山县尧山大峡谷漂流有限公司与平顶山某公司侵害商标权纠纷一案

基本案情：鲁山县尧山大峡谷漂流有限公司成立于2007年1月，其经营的水上漂流项目位于鲁山县尧山村，2014年9月21日，该公司取得"尧山大峡谷漂流"文字组合注册商标专用权。2015年9月24日，鲁山县尧山大峡谷漂流景区被评定为国家"AAAA"级景区。平顶山某公司在鲁山县尧山镇某村庄新建一条漂流项目，使用"尧山漂流"名号进行宣传，引发双方诉讼。后经法院调解，平顶山某公司同意变更公司名称，并保证不再单独使用"尧山

漂流"进行市场推广和宣传。

典型意义：本案涉及旅游服务项目的商标侵权之诉。河南省鲁山县尧山景区有多家经营者从事水上漂流旅游项目，平顶山某公司在广告宣传、市场营销等商业活动中单独使用"尧山漂流"，且未附加适当区别标识，使相关公众或消费者对尧山景区从事水上漂流旅游项目的经营者产生混淆或误认，不利于各经营者公平竞争。本案的处理对于规范公平有序的旅游市场竞争秩序有重要借鉴意义。

十、新乡市华畜商贸有限公司诉沧州某公司要求确认不侵权之诉

基本案情：沧州某公司于2015年7月核准注册"舔砖"文字加图形商标，核定使用在饲料、牲畜饲料等商品上。新乡市华畜商贸有限公司（以下简称"华畜公司"）成立于2014年8月，在"天猫"开设三家店铺，经营兽用"舔砖"产品。沧州某公司两次对华畜公司进行商标侵权投诉，导致华畜公司的相关产品被下架。华畜公司一方面向国家商标局提出"舔砖"商标无效申请，另一方面向法院提起确认不侵害商标权纠纷之诉。法院经审理认为，"舔砖"在20世纪90年代已被畜牧行业作为给家畜补充矿物质饲料的通用名称使用，沧州某公司注册的商标中含有本商品的通用名称，无权禁止他人正当使用。确认华畜公司销售带有"舔砖"字样的牲畜饲料的行为，未侵犯沧州某公司的商标专用权。

典型意义：在知识产权的保护过程中，发挥司法保护的主导作用，是知识产权法治进程的必然选择。沧州某公司虽然有合法注册的商标，但是，法院查明其商标中含有通用名称，判令其他人可以正当使用，依法厘清了商标权人与其他民事权利主体的法律边界，既保护权利人的正当权益，又避免权利人不适当地扩张权利，影响其他相关主体的合法利益，实现了权利人与社会公众之间的利益平衡。

2017年河南省知识产权十大典型案例

一、金博士种业公司诉某种子公司、河南某种业公司侵害植物新品种权纠纷案

基本案情："郑单958"玉米品种种子是由母本"郑58"与公知技术父本"昌7-2"自交系品种杂交而成。金博士种业公司享有母本"郑58"的植物

新品种权，某农科院享有"郑单958"的植物新品种权。2010年某农科院与某种子公司签订协议，授权其在一定期限内、一定地域销售、生产"郑单958"玉米杂交种。自2011年至2014年三年内某公司共生产"郑单958"玉米杂交种34834402千克，某种子公司从事上述销售、生产时未取得"郑单958"母本"郑58"权利人金博士种业公司许可，各方遂产生纠纷。金博士种业公司诉至法院，要求某种子公司停止侵权、赔偿损失，并要求河南某种业公司承担连带责任。后经省法院主持调解达成一致意见，某种子公司赔偿金博士种业公司植物新品种权使用费2700万元，最终调解结案。

典型意义：国以农为本，农以种为先，种子是农业生产中特殊的、不可替代的、最基本的生产资料。种子安全事关国家的繁荣和社会的稳定，是全社会关注的热点。涉案的玉米新品种是我国完全自主知识产权第一大玉米品种，其高产、稳产、抗倒、适应性强、抗病虫害能力强、综合性能好，其种植范围覆盖我国大部分地区，十几年来一直稳居我国玉米种植量的榜首。而本案是全国第一例关于在杂交本生产过程中涉及交本和亲本的关系问题，各方主体在签订杂交本生产许可时，前提一定要经过亲本权利人的同意，否则便构成侵权，该案一审判决侵权赔偿数额高达近5000万元，巨额赔偿数额已经引起了理论界、实务界和媒体的广泛关注，二审在省法院主持下，双方调解结案，化解了矛盾纠纷。

二、新乡恒基公司与某市化工公司、某省化工公司及梁某侵害商业秘密纠纷案

基本案情：新乡恒基公司从2006年开始投入巨资，聘请多位专家研发了乙腈、乙炔法合成2-甲基吡啶的连续化生产技术，该技术的应用，节省了大量人力、物力，降低了生产成本。梁某曾为新乡恒基公司员工并与公司签订了保密协议，但其离职后却将其非法获取的新乡恒基公司商业秘密，提供给了某市化工公司及某省化工公司使用。各方遂产生纠纷，并诉至法院。法院经审理认为，某市化工公司、某省化工公司作为生产2-甲基吡啶的企业，应知梁某在新乡恒基公司负有保守商业秘密义务，明知其使用的技术是梁某通过非法手段获取，仍然使用该商业秘密进行生产经营活动，侵害了新乡恒基公司的商业秘密，而梁某违反保密协议，非法获取新乡恒基公司商业秘密，并提供给他人使用，也应承担相应的法律责任。最终，法院判决某市化工公司、某省化工公司立即停止侵权，分别赔偿新乡恒基公司经济损失400万元

和 300 万元，梁某对上述 700 万元负连带赔偿责任。

典型意义：商业秘密是指不为公众所知悉、能为权利人带来经济利益，具有实用性并经权利人采取保密措施的技术信息和经营信息。本案系侵犯专业技术信息类的商业秘密案件，专业性强，案涉标的额大，影响较大。本案通过充分论述技术信息构成商业秘密的认定标准、商业秘密侵权及赔偿标准的认定，给予权利人以保护，进而通过对企业商业秘密的保护，增强人们知识产权意识，有效维护经济秩序的健康发展。

三、某省电器公司诉郑州知识产权局行政纠纷案

基本案情：美的公司是一家领先的消费电器等产品的生产企业，其发现某省电器公司制造的，某某商场销售的智能电压力锅侵犯了其专利权，向郑州市知识产权局提出了专利侵权处理请求。2016 年 7 月，郑州市知识产权局作出处理决定书，认定涉案智能电压力锅侵犯了美的公司相关专利的专利权，责令某某商场、某省电器公司立即停止销售涉案智能电压力锅。某省电器公司不服该行政处理决定，向法院提起诉讼，请求撤销该处理决定，判令郑州市知识产权局重新作出处理决定。法院经审理后认为郑州市知识产权局作出的行政处理决定事实清楚，适用法律正确，程序合法，对浙江某电器公司的诉讼请求予以驳回。某省电器公司对该一审判决不服，向省法院提起上诉，后在二审审理过程中，其自愿撤回了上诉。

典型意义：我国对知识产权实行行政保护和司法保护的双轨制，在认定是否成立侵权上，行政机关和司法机关都有法定职权，但司法保护知识产权具有主导作用。当事人不服行政机关处罚决定，可向人民法院提起知识产权行政诉讼，通过对知识产权行政执法的司法审查，可进一步确定事实真相，支持正确的行政处罚或纠正错误的处罚，切实保护当事人的合法权益。

四、吴某与郑州某环保公司、包头某稀土铝业公司侵害发明专利权纠纷案

基本案情：吴某是"一种程控、手控电解铝大修渣无害化生产工艺"的发明专利权人，该专利主要适用于铝厂电解槽大修渣有毒物质的无害化处理。该专利权利要求书除了包含除氰、除氟化学反应的步骤及反应剂的种类，还包含发生化学反应的装置的结构关系和其他设备的种类。后吴某以郑州某环保公司为包头某稀土铝业公司承建的大修渣无害化处理项目侵害了自己的发

明专利权为由提起诉讼，要求停止该项目工艺的实施，并赔偿损失200万元。法院审理后认为，郑州某环保公司实施的工艺虽然化学反应的步骤与吴某的专利相同，但其发生化学反应装置的结构关系与专利不同，且可以有效避免加入反应剂过程中因误操作导致爆炸的危险事故，故不落入吴某专利权的保护范围，法院最终判决驳回吴某的诉讼请求。

典型意义："依法保护"是人民法院在知识产权保护中坚持的基本原则。一方面，依法严厉打击侵害发明专利权的侵权行为，保护发明人的创新成果；另一方面，依法支持发明专利权保护范围之外的其他创新行为，避免专利权利人借保护专利权之名阻碍技术的创新发展。本案的处理，较好地体现了法院对创新的依法保护。在对案涉专利权的技术特征与被控侵权工艺的技术特征进行逐一比对的基础上，依法认定郑州某环保公司的创新技术与案涉专利不构成相同或等同，肯定了创新技术的市场价值。本案厘清了保护发明专利权与保护创新发展的关系，对类似案件的处理具有一定启示意义。

五、何某销售假冒注册商标商品罪案

基本案情：波司登公司是第5140655号"波司登BOSIDENG"、第5140656"BOSDENG"、第5140657"波司登"商标权人，核定使用商品类别均为第24类：羽绒被；金属棉（太空棉）；毛巾被；床单（纺织品）；枕套；床罩；被子；被罩；褥子；毛毯。被告人何某自2013年12月、2014年7月起，分别从汤某、王某（均另案处理）等人处大量购进假冒"波司登"天然蚕丝被，在淘宝网、阿里巴巴网注册名为"潞哥热卖""鲁山潞哥批发"的网店进行销售，截至案发时共计销售总金额达836455.98元。法院认定被告人何某犯销售假冒注册商标的商品罪，判处有期徒刑3年8个月，并处罚金50万元人民币。

典型意义：加大对侵犯知识产权刑事犯罪的处罚力度，有力遏制知识产权刑事犯罪行为，是全省法院加强知识产权保护的重要举措。本案波司登公司作为全国享有盛名的品牌羽绒服生产商，其相关品牌市场知名度较大，为加大对国内知名品牌的保护力度，本案对犯罪故意明显的范某，在依法判处实体刑的同时，对其处以高额罚金，充分发挥了法律威慑作用，又从经济上剥夺其再犯罪的能力和条件。

六、湖北新洋丰肥业股份有限公司与某市洋丰肥业公司侵害商标权及不正当竞争纠纷案

基本案情：湖北新洋丰肥业股份有限公司于2001年注册第1536037号"洋丰YF"商标，核定使用商品第1类并使用至今，并于2007年8月被认定为中国"驰名商标"。某市洋丰肥业公司成立于2012年，曾经生产"赛福洋丰"复合肥料并予以宣传，在该肥料的宣传资料上，着重显示生产厂家为"中国洋丰肥业有限公司"，后经湖北新洋丰肥业股份有限公司举报，在包装上其不再使用"赛福洋丰"字样，但其宣传页及宣传横幅上仍在产品前注明"洋丰"字样。双方产生纠纷，湖北新洋丰肥业股份有限公司诉至法院。法院经审理后认定某市洋丰肥业公司侵犯了湖北新洋丰肥业股份有限公司商标权，同时构成不正当竞争行为，判决其立即停止在其企业名称中使用"洋丰"文字及侵犯注册商标专用权的行为；赔偿各项经济损失120500元等。

典型意义：化肥在农业中应用广泛，河南作为农业大省，也是化肥使用大省，涉及化肥的商标纠纷较多，审理好涉化肥行业知识产权纠纷，规范化肥行业经营秩序，推进相关产业持续发展，对促进社会经济发展，意义巨大。"洋丰YF"商标经过权利人多年培养，被认定为中国"驰名商标"，某市洋丰肥业公司成立较晚，其登记字号中虽含有洋丰字样，但其不规范使用自己的企业字号，使消费者对其产品的来源容易产生混淆误认，应承担相应责任。法院通过本案裁判，加强对知名商标的保护力度，对规范企业的正当经营行为，制止不正当竞争和侵害商标权行为有一定的标本意义。

七、郑州市某机电设备商行与浙江某机电科技有限公司侵害实用新型专利权纠纷案

基本案情：刘中怀系"一种便携式空气压缩机"实用新型专利的专利权人。2015年11月10日，刘中怀的委托代理人与公证人员一道在郑州市某机电设备商行购买"威普"牌空气压缩机一台，取得使用说明书一份。使用说明书载明，制造商：浙江某机电科技有限公司。公证封存产品显示有"weipu威普"字样，产品铭牌显示"浙江某机电科技有限公司制造"。经法院比对，公证封存产品包含了刘中怀"一种便携式空气压缩机"实用新型专利权利要求1的全部技术特征。法院遂判决浙江某机电科技有限公司立即停止生产、销售侵权产品的行为，郑州市某机电设备商行立即停止销售侵权产品的行为，

同时，判令浙江某机电科技有限公司赔偿刘中怀经济损失8万元，郑州市某机电设备商行对其中1万元承担连带赔偿责任。

典型意义：实用新型是指对产品的形状、构造或者其结合所提出的适于实用的新的技术方案，其创造性和技术水平虽较发明专利低，但实用价值大，相关纠纷数量也比较多。本案的处理，较好地保护了实用新型专利权人的利益，对鼓励中小发明，保护我国普通从业者或个人发明的专利权具有直接的现实意义。

八、孔某、王某与浚县中华冬熟果树研究中心技术合同纠纷案

基本案情：孔某系滑县某园艺场（后变更为家庭农场）经营者，王某与孔某是夫妻关系。浚县中华冬熟果树研究中心系经国家工商行政管理总局商标局核准注册"红叶冬桃"及图商标的所有者。该中心是我国唯一从事冬熟果树栽培研究、杂交育种和实生选育的专业科研机构，从1987年起开始从事我国晚熟桃的杂交育种、实生选育工作，先后培养出"中华冬桃""中华冬桃2号"等七个晚熟桃新品种，填补了我国晚熟桃育种的空白。滑县某园艺场与浚县中华冬熟果树研究中心于2012年12月2日签订了《红叶冬桃新品种有偿引种区域试验协议书》，此后滑县某园艺场及王某在区域试验期间没有提供区域试验报告，未经育种单位同意擅自进行广告宣传，自行繁殖红叶冬桃苗木并出售。双方产生纠纷，诉至法院，法院经审理后认定王某、孔某未经育种单位授权同意使用其商标的行为构成违约，侵犯了浚县中华冬熟果树研究中心的合法权益，判决孔某、王某赔偿浚县中华冬熟果树研究中心经济损失8万元。

典型意义：一个植物新品种的培育往往要耗费育种权人大量心血，从事品种培育的科研工作者的合法权益应得到保护。加大相关权益的司法保护力度，有助于激发科研工作者培育具有自主知识产权的优良品种，实现以科技为支持内涵式现代农业的发展。本案裁判保护了植物新品种权人的合法权益，对保护植物新品种权人的创新积极性，营造激励创新的司法环境具有积极的作用。

九、河南某数码商务有限公司侵害著作财产权纠纷案

基本案情：天津市网城天创科技有限责任公司、天津市网城科技股份有限公司是"网城天创ShopNC电商门户系统软件V2013"的计算机软件共同著

作权人。河南某数码商务有限公司未经权利人许可，在其主办的泰购网对上述两家公司享有著作权的软件进行商业性使用，双方产生纠纷，诉至法院。法院经审理后认定河南某数码商务有限公司构成侵权，判决其赔偿权利人经济损失25.5万元。

典型意义：信息化时代，计算机软件开发能力是国家竞争力的重要标志，我国对计算机软件著作权实行立法保护，但从司法实践看，计算机软件著作权侵权行为的认定是一个难点。当代的计算机软件著作权侵权案件很少是那种简单的复制抄袭行为，而是已经更多地涉及软件中更深层次的问题，该类案件中大量的法律问题与技术问题相互交织、相互影响，本案通过对司法实践中发生的软件著作权侵权案件进行研究，对涉及的侵权认定、技术鉴定等常见问题及其解决、应对方法进行了分析。

十、梁某销售假冒注册商标商品罪案

基本案情：美国强生公司系第601208号"强生"、第1112078号"强生"商标的商标权人；德国拜耳司道夫股份有限公司系215396号"NIVEA"、第624888号"妮维雅"商标的商标权人。被告人梁某雇用谷某等人在2011年2—4月期间销售假冒强生、妮维雅等品牌的洗化用品及化妆品，2011年4月12日，郑州市公安局经济技术开发区分局在郑州市管城区南四环柴郭村一仓库查获了一批假冒（碧香）强生、妮维雅（NIVEA）等品牌洗化用品。后经法院审理，认定梁某构成销售假冒注册商标的商品罪，判处有期徒刑3年6个月，并处罚金50万元人民币。

典型意义：近年来，人民法院不断加强知识产权司法保护力度，全省法院严格落实"公正是法治的生命线"的精神，坚持对国内外企业的知识产权一视同仁，同等保护，克服地方保护主义，通过案件审理，实现对境内外知识产权权利人的平等保护。本案就是通过对侵权人判处实刑，并处以巨额罚金的方式，保护了美国强生公司、德国拜耳司道夫股份有限公司等境外公司的合法权益。

附录四

河南省知识产权人才培养高校名单

一、河南省高校知识产权学历教育情况

河南省现有河南财经政法大学、中原工学院等七所本科院校开设有知识产权（法）本科专业。各校开设知识产权专业的基本情况如下。

（一）河南财经政法大学

河南财经政法大学的知识产权法（法学）本科专业是教育部2011年公布设立的，由该校民商经济法学院开设，该校有多年的法学本科办学历史。知识产权专业2012年开始招生，文理兼收，截至2017年6月，共招收5届300名本科生，其中河南生源273人，占91%，其他27人分别来自内蒙古、黑龙江、山东、辽宁、吉林等省份。目前已有两届毕业生近120人。

（二）河南师范大学

河南师范大学的知识产权本科专业是教育部2012年公布设立的，由该校法学院/知识产权学院开设，该校有多年的法学本科办学历史。知识产权专业2013年开始招生，文理兼收，截至2017年6月共招收4届280名本科生，河南生源245人，占87.5%，其他35人分别来自天津、福建、湖南、贵州等省市。目前有首届毕业生60人。

（三）安阳工学院

安阳工学院的知识产权本科专业是教育部2012年公布设立的，由该校文法学院开设，该校无法学本科办学历史。知识产权专业2013年开始招生，全部招收文史类考生，截至2017年6月共招收4届224名本科生，河南生源187人，占83.1%，其他37人分别来自内蒙古、福建、山西、山东、海南、

重庆、四川、陕西、甘肃等省、自治区、直辖市。目前有首届毕业生60人。

（四）中原工学院

中原工学院的知识产权本科专业是教育部2013年公布设立的，由该校法学院/知识产权学院开设，该校有多年的法学本科办学历史。知识产权专业2014年开始招生，全部招收理科生考生，截至2017年6月共招收3届159名本科生，河南生源84人，占52.8%，其他75人分别来自福建、山西、吉林、广东、新疆等省自治区。目前无毕业生。从2013年始，知识产权远程教育在线学习人数为近2000人。知识产权双学位87人。知识产权通识教育人数423人。2016年开始，在工程硕士开设"知识产权实务"必修课，培养134人。

（五）河南科技大学

河南科技大学的知识产权本科专业是教育部2013年公布设立的，由该校法学院开设，该校有多年的法学本科办学历史。知识产权专业2014年开始招生，文理兼收，该校采用的是法学和知识产权专业按法学类招生的方式，从大二下学期开始根据学生志愿进行分流。截至2017年6月知识产权专业共有两届（2016级学生尚未分流）69名本科生，河南生源约占52.8%，目前无毕业生。

（六）郑州成功财经学院

郑州成功财经学院的知识产权本科专业是教育部2013年公布设立的，由该校文学与新闻传播系开设，该校无法学本科办学历史。知识产权专业2014年开始招生，文理兼收。截至2017年6月共招收3届150名本科生，全部为河南生源。目前无毕业生。

（七）河南师范大学新联学院

河南师范大学新联学院的知识产权本科专业是教育部2013年公布设立的，由该校法学系开设，该校无法学本科办学历史。知识产权专业2014年开始招生，文理兼收。截至2017年6月共招收3届270名本科生，全部为河南生源。目前无毕业生。

河南省共7所本科院校开设知识产权本科专业。其中河南财经政法大学已毕业两届学生近120人；河南师范大学和安阳工学院第一届毕业生约120

人；中原工学院、河南科技大学、郑州成功财经学院和河南师范大学新联学院尚无毕业生。7所院校共培养知识产权本科毕业生约240人，在校生约1200人。

河南财经政法大学的知识产权专业申请和获批的均为知识产权法（030102W）专业，其培养也以知识产权法为主。其他6所院校开办的都是知识产权（030102T）专业，河南师范大学、中原工学院和河南科技大学都有较长的法学本科办学历史，法学学科以知识产权为特色之一。安阳工学院和郑州成功财经学院无法学本科，河南师范大学新联学院虽有法学本科，但和郑州成功财经学院同为新兴独立学院，知识产权专业办学条件相对较差。中原工学院、河南科技大学和安阳工学院属传统理工科院校，河南财经政法大学和郑州成功财经学院为传统财经类院校，河南师范大学和河南师范大学新联学院属传统师范类院校。

二、河南省高校知识产权学位教育情况

（一）博士研究生层次

郑州大学法学院民商法学博士点目前培养的主要是民法方向、商法方向和竞争法方向的法学博士，目前尚未培养知识产权获知识产权法博士研究生。

（二）硕士研究生层次

1. 郑州大学

郑州大学民商法学科1995年获得硕士学位授予权，并开始招收硕士研究生，2004年被确定为河南省省级重点学科。近年来，该学科每年培养5名左右的"知识产权法理论与实践"方向学术型硕士研究生及知识产权法方向的法律硕士研究生。目前，已培养知识产权法方向的硕士研究生70多名。

2. 中原工学院

中原工学院自2006年起在科技哲学学科（省级重点学科）招收科技创新与知识产权方向硕士研究生，目前已培养50多名知识产权方面的硕士层次人才。2016年起，该校开始招收知识产权管理二级学科硕士研究生，在MBA专业硕士点招收知识产权管理方向的硕士研究生7名。

3. 河南大学

河南大学民商法学知识产权法方向每年招收1~2名学术型硕士研究生，

目前已培养知识产权法方向的硕士层次人才20多名。

4. 河南师范大学

河南师范大学民商法学知识产权法方向每年招收1~2名学术型硕士研究生，目前已培养知识产权法方向的硕士层次人才10多名。

5. 河南财经政法大学

河南财经政法大学近年来在民商法学科招收著作权法方向的硕士研究生，在技术经济及管理（120204）学科招收知识产权经济与知识产权战略方向研究生，目前已培养知识产权法和招收产权管理方面的硕士研究生20多名。

三、知识产权学科专业建设情况

河南省高校知识产权本科专业开办时间均不长，还在蓄积力量阶段。在博士学科点方面，目前仅郑州大学有相关的民商法学博士学科点，为河南省重点学科。但该学科点的研究方向限于民法学、商法学和竞争法三个领域。尚未开展知识产权或知识产权法方面的学科建设工作。在硕士学科点方面，河南省目前与知识产权或知识产权法相关的有郑州大学民商法学、中原工学院科技哲学（科技创新与知识产权方向）等省级重点学科。郑州大学民商法学招收知识产权法理论与实践方向的学术型硕士和法律硕士；中原工学院科技哲学学科招收科技创新与知识产权方向学术型硕士。河南省目前在知识产权学科专业建设方面尚处于起步阶段。既缺乏知识产权（法）方面的学科点，更无省级及以上重点学科。在本科专业建设上也需要加大建设力度。

四、知识产权继续教育情况

在知识产权继续教育方面，河南省目前主要是各知识产权远程教育平台和分站提供的知识产权远程教育。目前，有中国知识产权远程教育河南平台和濮阳分站、郑州分站、焦作分站、中原工学院分站、安阳师范学院分站和河南科技大学分站7个分站。2016年知识产权远程教育河南平台各分站、地市及培训基地远程教育在线学习人数为6431人，选课人数12435人，参考人数7117人。

五、河南省知识产权学院建设基本情况

河南省高度重视高校知识产权人才培养工作，先后在中原工学院、郑州大学、河南师范大学、河南财经政法大学四所高校设立知识产权学院。

（一）中原工学院知识产权学院

中原工学院知识产权学院发文成立于 2014 年 7 月 9 日，与河南省知识产权局签订共建协议，与法学院合署办公。旨在贯彻落实国家知识产权战略、有效整合该校优势学科资源、彰显该校法学知识产权特色。其具体职能是：开展知识产权学科建设，积极培育新的学科增长点；开展知识产权学科团队建设，构建科学合理的学科团队；吸引、汇集、整合各类资源，协同创新，开展知识产权科学研究，建设知识产权科研平台；制定并实施知识产权人才培养计划，造就高层次、复合型的知识产权法律和管理人才；适应地方与社会需求，承担或参与政府、行业、企业等知识产权咨询、规划、培训、维权、运营等社会服务；根据需要服务"中原工学院科技园"，开展学校知识产权授权、维护、运用等管理工作；开展国内外知识产权领域交流与合作，建设知识产权信息交流与运用平台等。

（二）郑州大学知识产权学院

郑州大学知识产权学院成立于 2015 年 11 月 24 日，由国家知识产权局专利局专利审查协作河南中心、河南省知识产权局和郑州大学共建。郑州大学知识产权学院是"河南省第一家从事本科到博士培养知识产权人才的平台"。目前郑州大学知识产权学院尚未知识产权本科专业，硕士和博士层次也没有知识产权或知识产权法专业，该学院目前培养的主要是硕士层次的知识产权法人才。具体包括民商法学和法律硕士专业学位中的知识产权理论与实践方向学术型硕士研究生和法律专业学位硕士研究生。

（三）河南师范大学知识产权学院

河南师范大学知识产权学院成立于 2017 年 4 月 26 日，由河南省知识产权局与河南师范大学共建。河南师范大学知识产权学院将积极探索创新培养模式，形成复合型交叉学科，为河南省培养更多真正符合社会需要的知识产权人才。该知识产权学院目前有知识产权本科专业，在民商法学科中培养部分知识产权法方向的硕士研究生。

（四）河南财经政法大学知识产权学院

河南财经政法大学知识产权学院由河南省知识产权局与河南财经政法大

学共建，成立于 2018 年 4 月 26 日，旨在培养知识产权高层次人才、加强知识产权学科建设、促进知识产权理论研究、提高知识产权社会服务水平、传承和培育知识产权文化，把知识产权学科进一步做大做强，为我省知识产权事业发展提供智力支持。河南财经政法大学近年来已毕业两届本科生一百余人；在民商法学科招收著作权法方向的硕士研究生，在技术经济及管理学科招收知识产权经济与知识产权战略方向研究生，目前已培养知识产权法和招收产权管理方面的硕士研究生 20 余人。

六、河南省知识产权能力提升"十强十快"高校名单

河南省自 2016 年会同省教育厅，在全省 159 所教育部公布的高校开展高校知识产权综合能力提升专项行动，并联合下发了《河南省高校知识产权综合能力提升专项行动工作方案》。2017 年 11 月 3 日，河南省知识产权局、河南省教育厅联合印发《河南省知识产权局 河南省教育厅关于公布 2016 年度河南省高校知识产权综合能力提升专项行动十强十快高校名单的通知》。获得 2016 年河南省高校知识产权综合能力提升专项行动"十强"的高校分别为河南科技大学、河南理工大学、郑州大学、河南师范大学、黄河科技学院、洛阳理工学院、许昌学院、中原工学院、华北水利水电大学、河南工业大学 10 所高校；获得 2016 年河南省高校知识产权综合能力提升专项行动"十快"高校分别为河南职业技术学院、河南工程学院、郑州航空工业管理学院、周口师范学院、商丘师范学院、信阳农林学院、信阳师范学院、新乡学院、河南城建学院、新乡职业技术学院 10 所高校。高校综合能力提升专项行动进一步创新了知识产权学历教育和人才培养方式。